CBAC
WJEC

technoleg gwybodaeth a chyfathrebu

ar gyfer **TGAU CBAC**

Peter Vickers

Cyhoeddwyd dan nawdd
Cynllun Cyhoeddiadau Cyd-bwyllgor Addysg Cymru

Hodder Murray

A MEMBER OF THE HODDER HEADLINE GROUP

Technoleg Gwybodaeth a Chyfathrebu ar gyfer TGAU CBAC
Addasiad Cymraeg o *Information & Communication Technology for WJEC GCSE* a gyhoeddwyd gan Hodder Murray.

Noddwyd gan Lywodraeth Cynulliad Cymru

Cyhoeddwyd dan nawdd
Cynllun Cyhoeddiadau Cyd-bwyllgor Addysg Cymru

Hoffai'r Cyhoeddwyr ddiolch i'r canlynol am ganiatâd i gynhyrchu deunydd sydd dan hawlfraint:

Cydnabyddiaeth lluniau

t.3 g PhotoDisc; **t.3** t, **29, 42, 44, 46, 57, 156, 189, 190, 195** g, **197, 198** t, **199** t, **200, 204** d a **205** t Steve Connolly; **t.12** Janine Wiedel Photolibrary/Alamy; **t.13** © Royalty-Free/Corbis; **t.14** Ferruccio/Alamy; **t.15** Getty Images; **t.16** © Royalty-Free/Corbis; **t.18** Peter Dejong/AP/Empics; **t.23** © John Turner/Corbis; **t.24** t PA/Empics, g Ace Stock Limited/Alamy; **t.35** © Jon Feingersh/Zefa/Corbis; **t.47** Spencer Grant/Science Photo Library; **t.61** t Martin F. Chillmaid/Science Photo Library, g David J. Green/Alamy; **t.63** education photos.co.uk/walmsley; **t.64** © Owen Franken/Corbis; **t. 68** David Parker/600-Group/Science Photo Library; **t.70** © Royalty-Free/Corbis; **t.75, 78, 79, 80, 147** a **159** Peter Vickers; **t.90** Jeff Greenberg/Alamy; **t.117** Maximilian Stock Ltd/Science Photo Library; **t.119** Image State/Alamy; **t. 123** Emil Pozar/Alamy; **t.124** Photodisc; **t.129** Ed Young/Science Photo Library; **t.130** © BMW AG; **t.131** © BMW AG; **t.132** Image State/Alamy; **t.140** AJ Photo/Science Photo Library; **t.144** © Serra Antoine/Corbis Sygma; **t.155** Volker Steger/Siemens AG/Science Photo Library; **t.157** Access Keyboards Ltd; **t.160** Isaac Newman/Alamy; **t.176** t Action Press/Rex Features, g Helene Rogers/Alamy; **t.177** James King-Holmes/Science Photo Library; **t.188** Esa Hiltula/Alamy; **t.191** Scenics & Science/Alamy; **t.194** Scenics & Science/Alamy; **t.195** t PhotoDisc; **t.196** t Geoff Oliver/photographersdirect.com, g © Royalty-Free/Corbis; **t.199** g © Royalty-Free/Corbis; **t.201** © Royalty-Free/Corbis; **t.204** ch © Royalty-Free/Corbis; **t.205** g Hewlett Packard; **t.206** mediacolor's/Alamy; **t.207** Helene Rogers/Alamy; **t.215** Transtock Inc./Alamy; **t.228** Belkin; **t.262** Rex Features.

Cydnabyddiaeth

t.37 Tudalen o www.gwales.com gyda chaniatâd Cyngor Llyfrau Cymru; **t.39** © 2005 National Westminster Bank Plc. Cedwir pob hawl heblaw am yr hawl a roddir yma; **t.40** www.chatdanger.com, Childnet International; **t.41** World Radio Network; **t.43** Testun Cyf; **t.44** © Sky 2006; **t.56** bbc.co.uk; **t.59** © 1998–2006 QVC Inc/QVC; **t.136** Argraffwyd gyda chaniatâd Mathemedics, Inc./Easydiagnosis, http://easy diagnosis.com; **t.139** Londontheatrebookings.com.

Ymdrechwyd i olrhain deiliaid hawlfreintiau. Os oes rhai nas cydnabuwyd yma trwy amryfusedd, bydd y Cyhoeddwyr yn falch o wneud y trefniadau priodol ar y cyfle cyntaf.

Ymdrechwyd i sicrhau bod cyfeiriadau gwefannau'n gywir adeg mynd i'r wasg, ond ni ellid dal Hodder Murray yn gyfrifol am gynnwys unrhyw wefan a grybwyllir yn y llyfr hwn. Gall fod yn bosibl dod o hyd i dudalen we a adleolwyd trwy deipio cyfeiriad tudalen gartref gwefan yn ffenestr LlAU (*URL*) eich porwr.

Polisi Hodder Headline yw defnyddio papurau sydd yn gynhyrchion naturiol, adnewyddadwy ac ailgylchadwy o goed a dyfwyd mewn coedwigoedd cynaliadwy. Disgwylir i'r prosesau torri coed a'u gweithgynhyrchu gydymffurfio â rheoliadau amgylcheddol y mae'r cynnyrch yn tarddu ohoni.

Archebion: cysyllter â Bookpoint Ltd, 130 Milton Park, Abingdon, Oxon OX14 4SB.
Ffôn: (44) 01235 827720. Ffacs: (44) 01235 400454. Mae'r llinellau ar agor 9.00–5.00, dydd Llun i ddydd Sadwrn, ac mae gwasanaeth ateb negeseuon 24-awr. Ewch i'n gwefan www.hoddereducation.co.uk.

I gyrchu ffeiliau sy'n cefnogi gweithgareddau sy'n dwyn yr arwydd www ewch i www.ict4wjecgcse.co.uk

© Peter Vickers 2006 (Argraffiad Saesneg)
© Cyd-bwyllgor Addysg Cymru 2007 (Argraffiad Cymraeg)
Cyhoeddwyd gyntaf yn 2007 gan
Hodder Murray, un o wasgnodau Hodder Education,
aelod o Hodder Headline Group ac yn un o gwmnïoedd Hachette Livre UK,
338 Euston Road
London NW1 3BH

Rhif yr argraffiad   5 4 3 2 1
Blwyddyn   2011 2010 2009 2008 2007

Addasiad Cymraeg gan Howard Williams

Llun y clawr © Royalty Free/Corbis
Cysodwyd yn 11/14 pt Memphis Light
Argraffwyd a rhwymwyd yn yr Eidal.

Mae cofnod catalog ar gael gan y Llyfrgell Brydeinig.

ISBN: 978 0340 929 261

Cynnwys

ADRAN

Technoleg gwybodaeth: ei defnyddio a'i heffaith ar gymdeithas

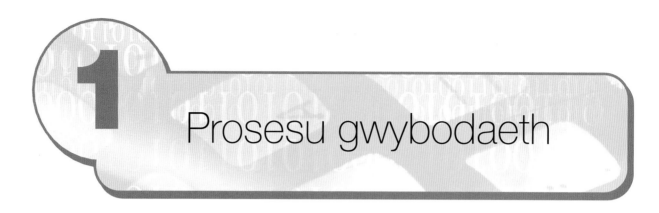

1 Prosesu gwybodaeth

1.1 Data, gwybodaeth a gwybod (*knowledge*)

Ffeithiau a ffigurau crai yw data.
Dyma enghraifft o ddata:

17	17	18	20	20	21	22	22	23

Rhifau mewn dilyniant yw'r rhain, ac nid oes ganddynt unrhyw ystyr.

Ond os cawn wybod mai darlleniadau mewn °C a gymerwyd bob awr o synhwyrydd tymheredd mewn ystafell ddosbarth yw'r ffigurau, yna mae'r data'n troi yn wybodaeth.

Data + Ystyr = Gwybodaeth

Mae cyfrifiaduron yn prosesu data. Dyna eu gwaith. Byddwn yn bwydo data i gyfrifiadur, a bydd y cyfrifiadur yn prosesu'r data ac yn rhoi gwybodaeth yn ôl i ni. Gall y prosesu hwn gynnwys trefnu'r data, eu didoli mewn rhyw ffordd neu wneud gwaith cyfrifo arnynt.

Gallwn ddod i wybod pethau o'r wybodaeth hon. Er enghraifft, rydym yn gwybod yn awr fod yr ystafell wedi mynd yn gynhesach a bod y tymheredd wedi codi 6°C dros gyfnod o 8 awr.

Un math yn unig o ddata yw rhifau. Mae sawl math arall, megis geiriau, darluniau, fideos neu seiniau. Gall cyfrifiadur brosesu'r holl fathau hyn yr un mor hawdd.

Er mwyn i'r wybodaeth a gynhyrchir gan gyfrifiaduron fod yn ddefnyddiol, rhaid i'r data a ddefnyddir fod o ansawdd da. Bydd llawer o amser yn cael ei dreulio yn sicrhau nad yw unrhyw ddata anghywir yn mynd i mewn i system gyfrifiadurol. Mae gan ddefnyddwyr cyfrifiaduron ddywediad:

GIGO – Garbage In, Garbage Out

Mae hyn yn golygu y bydd cyfrifiadur yn rhoi canlyniadau anghywir os rhoddwn ddata anghywir i mewn iddo. Mae llawer o'r problemau sy'n codi wrth ddefnyddio cyfrifiaduron yn cael eu hachosi gan y data a ddefnyddir, ac nid gan y cyfrifiadur ei hun. Mae tuedd i bobl roi'r bai ar y cyfrifiadur am gamgymeriadau, ond fel rheol y person a gasglodd neu a fewnbynnodd y data sydd ar fai.

*Mae cyfrifiaduron yn prosesu **data** i gynhyrchu **gwybodaeth**.*

GIGO: Garbage In, Garbage Out (Sbwriel i Mewn, Sbwriel Allan).

1.2 Pam defnyddio TGCh?

TGCh: Mae Technoleg Gwybodaeth a Chyfathrebu yn edrych ar sut mae data'n cael eu casglu, eu storio, eu prosesu a'u dosbarthu.

Wrth ichi astudio Technoleg Gwybodaeth a Chyfathrebu (TGCh), byddwch yn dysgu am y ffordd y caiff gwybodaeth ei chasglu, ei storio a'i phrosesu, yn ogystal â dod i wybod am y gwahanol ffyrdd o anfon gwybodaeth o gyfrifiadur i gyfrifiadur. Fe ddysgwch hefyd sut y defnyddir yr wybodaeth hon yn y gwaith neu'r cartref.

Fel yn achos y rhan fwyaf o dechnolegau, mae rhai pethau da am TGCh a rhai pethau drwg, ac felly byddwn yn edrych yma ar fanteision ac anfanteision defnyddio TGCh.

Manteision defnyddio TGCh:

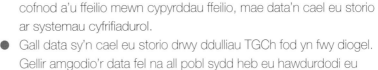

- Pan ddefnyddir TGCh i storio data, mae angen llai o le storio. Yn lle'r hen ddulliau o storio data ar ddalennau o bapur neu gardiau cofnod a'u ffeilio mewn cypyrddau ffeilio, mae data'n cael eu storio ar systemau cyfrifiadurol.
- Gall data sy'n cael eu storio drwy ddulliau TGCh fod yn fwy diogel. Gellir amgodio'r data fel na all pobl sydd heb eu hawdurdodi eu deall neu eu defnyddio.
- Os caiff data eu storio ar system gyfrifiadurol, gellir eu cyrchu'n gyflym. Felly mae'n llawer cyflymach i ddefnyddwyr ddod o hyd i ddata.
- Mae'n hawdd gwneud copïau wrth gefn o ddata sydd wedi'u storio ar systemau cyfrifiadurol, a'u cadw am resymau diogelwch. Yna os caiff y data eu colli'n ddamweiniol, mae'n bosibl defnyddio'r copi wrth gefn i gael y data'n ôl.
- Mae'n hawdd newid y data sydd wedi cael eu storio mewn system gyfrifiadurol. Mae'n fwy anodd newid testun sydd wedi cael ei argraffu ar bapur.
- Mae prosesu data yn llawer cyflymach ar gyfrifiadur.
- Mae angen llai o staff, ond rhaid iddynt ddysgu'r sgiliau TGCh angenrheidiol.

Ffigur 1.1 *Mae dulliau TGCh yn disodli hen ddulliau o storio a dosbarthu data.*

- Gall data gael eu cyflwyno mewn nifer mawr o wahanol ffyrdd. Gellir arddangos gwybodaeth fel testun wedi'i argraffu neu mewn tablau o ddata. Gellir creu siartiau i ddangos gwybodaeth. Gellir dangos lluniau neu fideos neu gellir creu cyflwyniadau sy'n cynnwys nifer o sleidiau. Gall cyfrifiaduron allbynnu seiniau a cherddoriaeth hefyd.
- Gall data ar rwydwaith cyfrifiadurol gael eu cyrchu gan unrhyw ddefnyddiwr arall ar y rhwydwaith.

Gall cyfrifiaduron anfon data o un defnyddiwr cyfrifiadur i ddefnyddiwr cyfrifiadur arall mewn ychydig o eiliadau, hyd yn oed os ydynt mewn gwahanol rannau o'r byd. Mae'r cyfathrebu cyflym hwn yn elfen hanfodol mewn llawer o systemau busnes.

Anfanteision defnyddio TGCh:

Mae'n llawer mwy anodd dod o hyd i anfanteision, ond dyma rai...

- Gall cost y cyfarpar fod yn uchel. Mae'n bosibl na fydd llawer o fusnesau neu bobl yn gallu fforddio prynu'r cyfrifiaduron a'r cyfarpar cysylltiedig.
- Gall anawsterau godi gan nad yw pobl yn gwybod sut i ddefnyddio'r cyfarpar. Efallai y bydd busnes yn gorfod treulio llawer o amser a gwario llawer o arian ar hyfforddi staff er mwyn iddynt allu defnyddio system gyfrifiadurol yn effeithiol.
- Gall firysau neu hacwyr ddinistrio data ar rwydweithiau cyfrifiadurol.

Fel y gwelwch, mae'r manteision yn fwy niferus na'r anfanteision, felly mae llawer o fusnesau heddiw yn defnyddio TGCh i wella'r gwasanaethau a gynigiant i'w cwsmeriaid.

Mae datblygiadau ym maes TGCh wedi achosi llawer o newidiadau yn y ffordd y mae busnesau a sefydliadau'n gweithredu. Mae cyfrifiaduron bellach yn helpu rheolwyr i wneud penderfyniadau neu i gynllunio cyllidebau ariannol. Cyflogir llai o staff, ond maent wedi derbyn hyfforddiant da yn y defnydd o TGCh. Mae marchnata ar raddfa fyd-eang yn gyffredin heddiw, a gall busnesau ddefnyddio'r Rhyngrwyd i hysbysebu eu nwyddau ym mhedwar ban byd.

> 02
> Mae busnesau wedi gallu ehangu i bedwar ban byd.

1.3 Diogelu data

> 03
> Bydd busnesau a sefydliadau'n treulio llawer o amser yn ceisio sicrhau nad yw data anghywir yn mynd i mewn i'w systemau cyfrifiadurol.

Mae bron pob busnes sy'n defnyddio TGCh yn storio rhywfaint o ddata. Gall fod yn ddata am yr eitemau a werthant, manylion eu cwsmeriaid neu eu ffigurau gwerthiant y llynedd. Beth bynnag yw'r data, mae'n hanfodol nad ydynt yn cynnwys unrhyw wallau. Gall camgymeriadau arwain at benderfyniadau amhriodol neu golli gwerthiant.

Mae data anghywir yn fwy peryglus byth mewn systemau sy'n storio data personol. Sut y byddai cwsmer yn teimlo pe bai banc yn dweud wrtho fod llai o arian yn ei gyfrif nag yr oedd yno mewn gwirionedd? Beth allai ddigwydd pe bai claf mewn ysbyty yn cael y driniaeth anghywir ar sail data anghywir? Gallai cofnod troseddol anghywir olygu bod rhywun yn colli cyfle i gael swydd.

■ Gweithgaredd 1.1 Chwilio'r Rhyngrwyd

Ym mis Mawrth 2003 roedd rhywun yn Huddersfield wedi methu â thalu ei fil trydan, felly anfonwyd un arall ato, ynghyd â bygythiad i fynd ag ef i'r llys pe bai'n gwrthod talu. Cafodd ei syfrdanu pan agorodd y bil i weld faint yr oedd disgwyl iddo ei dalu!

Defnyddiwch y Rhyngrwyd [Chwiliad posibl: = +"electricity bill" +Huddersfield +2003] i ddarganfod:

1 Swm ei fil trydan syfrdanol.
2 Swm ei fil gwreiddiol.

Ydych chi'n meddwl mai'r cyfrifiadur a achosodd y broblem, neu a gafodd y data anghywir eu mewnbynnu?

Allwch chi ddod o hyd i achosion eraill lle mae defnyddio cyfrifiaduron wedi arwain at sefyllfaoedd chwerthinllyd?

1.3.1 Gwallau

Mae sawl math o wall, ac mae angen i fusnesau a sefydliadau sicrhau bod eu data'n ddiogel. Gall busnes golli cwsmeriaid os collant ffydd yn y ffordd y mae'r busnes yn cael ei redeg. Defnyddir nifer o wahanol ddulliau i geisio sicrhau nad yw'r data'n cael eu llygru, a byddwn yn trafod y rhain yn yr adrannau nesaf.

Gall gwallau godi mewn nifer o wahanol gyfnodau yn ystod oes y data.

● Gall data gael eu casglu a'u cofnodi'n anghywir.
● Gall data gael eu mewnbynnu i'r cyfrifiadur yn anghywir.
● Gall prosesu'r data achosi problemau.
● Mae data sydd wedi'u storio yn wynebu problemau diogelwch.
● Gall data gael eu llygru wrth gael eu trosglwyddo rhwng cyfrifiaduron.

04 Rhaid i **ffurflenni cipio data** a holiaduron gael eu dylunio'n ofalus i leihau'r posibilrwydd y caiff gwallau eu cofnodi arnynt.

Gwall Posibl	Ateb
Pan gaiff data eu casglu gyntaf oll gallant gael eu cofnodi ar ffurflen cipio data arbennig neu holiadur. Gall y sawl sy'n cofnodi'r data wneud camgymeriad ac ysgrifennu'r data anghywir.	Mae'n bwysig dylunio ffurflenni cipio data neu holiaduron yn y fath fodd fel bod gwallau'n cael eu lleihau i'r eithaf. Rhaid i'r cwestiynau fod yn ddiamwys – rhaid i'r sawl sy'n llenwi'r ffurflen fod yn hollol glir ei feddwl ynghylch beth y mae disgwyl iddo ei gofnodi. Gellid defnyddio blychau ar y ffurflen i sicrhau bod y data'n cael eu mewnbynnu'n daclus ac nid eu hysgrifennu mor gyflym fel na all neb eu darllen.

Ar ôl llenwi'r ffurflenni cipio data, maent yn cael eu rhoi i gyfrifiadurwr sy'n trawsgrifio'r data. Mae hyn yn golygu bod y data'n cael eu teipio i mewn i'r cyfrifiadur, gan ddefnyddio bysellfwrdd mae'n debyg. Mae dulliau eraill o wneud hyn, megis defnyddio sganiwr, a rhoddwn sylw i'r rhain mewn man arall yn y llyfr.

05 Mae **gwireddu** data yn golygu chwilio am wallau trawsgrifio (gwallau sy'n cael eu gwneud wrth deipio'r data).

Gwall Posibl	Ateb
Gall gwallau trawsgrifio ddigwydd. Gall y person sy'n teipio'r data i'r cyfrifiadur wneud camgymeriad a rhoi data anghywir i mewn.	Byddwn yn astudio dulliau o wireddu data yn fanylach mewn adran arall (Adran 7.3), ond rhaid i'r data gael eu gwirio'n ofalus drwy edrych arnynt neu drwy eu teipio ddwywaith i'r cyfrifiadur – ni chaiff eu derbyn oni bai bod y ddau fersiwn yn union yr un fath.

Cyn eu prosesu, caiff y data eu gwirio eto i weld a ydynt yn gwneud synnwyr. Dilysu data yw'r enw ar y broses hon, ac mae'n sicrhau nad yw'r cyfrifiadur yn prosesu unrhyw ddarlleniadau 'gwirion'.

Mae llawer o wahanol ddulliau o ddilysu data, a byddwn yn edrych ar rai ohonynt yma. Dylech ddefnyddio rhai o'r rhain yn eich gwaith cwrs.

Mae'r mwyafrif o raglenni cronfa ddata a thaenlen yn caniatáu i'r defnyddiwr osod rheolau dilysu fel bod y data'n cael eu gwirio wrth eu mewnbynnu.

Gwall Posibl	Ateb
Mae data annilys yn cael eu mewnbynnu, oherwydd casglu data anghywir neu oherwydd gwall trawsgrifio.	Gellir defnyddio dulliau dilysu data i wirio bod y data yn gwneud synnwyr.
	Gwiriad Amrediad: Caiff data rhifiadol eu gwirio i weld a yw'r gwerthoedd o fewn amrediad derbyniol o rifau.
	Enghraifft: Rhaid i'r mis mewn dyddiad fod yn yr amrediad 1 i 12.
Mae data ar goll.	Gwiriad Presenoldeb: Gwiriad i sicrhau nad oes data ar goll.
	Gwiriad Fformat: Gwiriad i sicrhau bod y data yn y fformat cywir.
	Enghraifft: Rhaid i god post fod ar ffurf dwy lythyren wedi'u dilyn gan rif, bwlch, ac yna rhif a dwy lythyren.
Gwall trawsosod – teipio'r digidau mewn rhif yn y drefn anghywir.	Digid Gwirio: Mae cyfrifiad yn cael ei wneud ar ddigidau rhif i greu digid ychwanegol, sy'n cael ei ychwanegu at ddiwedd y rhif.
	Pan gaiff y data eu mewnbynnu, bydd y cyfrifiadur yn gwirio bod y digid gwirio yn gywir.

1.3.2 Difrod damweiniol i ffeiliau

Nid yw data'n ddiogel hyd yn oed ar ôl cael eu storio ar system gyfrifiadurol. Mae'n hawdd iawn i ddefnyddiwr ddinistrio data'n ddamweiniol.

Felly mae'n bwysig bod gan fusnes neu sefydliad strategaeth ar gyfer gwneud copïau o'i ddata. Copi ychwanegol o'r data, wedi'i storio mewn lle gwahanol i'r data gwreiddiol, yw copi wrth gefn. Os caiff y data eu dileu, gellir defnyddio'r copi wrth gefn i adfer y data.

Mae angen gwneud copïau wrth gefn yn rheolaidd. Pan wnewch eich gwaith cwrs mae'n hollbwysig ichi sicrhau bod gennych fwy nag un copi ohono. Diweddarwch eich copïau'n gyson a'u cadw mewn gwahanol leoedd os gallwch. Rhowch enw a dyddiad ar eich copïau i sicrhau eich bod yn gwybod pa un yw'r un mwyaf diweddar. Yna os collwch eich gwaith, gallwch gael y rhan fwyaf ohono'n ôl.

Gall busnes fabwysiadu'r strategaeth o wneud copi wrth gefn o'i ddata ar ddiwedd pob dydd. Mae'n bosibl gosod y cyfrifiadur i storio'r data'n awtomatig ar dâp dros nos. Yna, gellir storio'r tâp mewn sêff wrthdan mewn adeilad gwahanol a pheidio â'i ail-ddefnyddio hyd nes bod wythnos wedi mynd heibio.

Ffordd arall o ddiogelu data rhag cael eu dileu drwy ddamwain yw newid y ffeil i un 'darllen yn unig'. Gosodiad ar y cyfrifiadur yw hwn sy'n ei gwneud hi'n amhosibl newid neu ddileu ffeil yn ddamweiniol.

1.3.3 Firysau

Gall fod angen diogelu ffeiliau data rhag rhai mathau o ddifrod maleisus, hynny yw, rhag ymgais bwriadol i'w difrodi. Y bygythiad mwyaf cyffredin yw rhaglen o'r enw firws.

Mae firws yn rhaglen sy'n gallu:

- ei gopïo ei hun o un disg i ddisg arall (e.e. drwy gyfrwng disg hyblyg);
- ei gysylltu ei hun ag e-bost a lledu o un system gyfrifiadurol i system arall;
- achosi difrod i'r ffeiliau sydd wedi'u storio ar ddisg caled cyfrifiadur.

Mae gan bob firws enw gwahanol, a gallant ledu mor gyflym fel bod cyfrifiaduron ar hyd a lled y byd yn cael eu heintio o fewn ychydig o ddyddiau.

Rhaid i ddefnyddwyr cyfrifiaduron ddiogelu eu ffeiliau rhag cael eu difrodi gan firws. Y ffordd orau o wneud hyn yw drwy osod meddalwedd gwrthfirysau arbennig ar y cyfrifiadur a fydd yn canfod unrhyw firws sydd wedi cael ei dderbyn ac yn ceisio ei ddileu.

08

Gellir gosod **meddalwedd gwrthfirysau** arbennig ar gyfrifiadur i ddiogelu'r ffeiliau rhag firysau. Bydd angen ei ddiweddaru'n rheolaidd gan fod firysau newydd yn cael eu creu drwy'r amser.

Ffigur 1.2 *Y ffordd orau o amddiffyn rhag firysau yw gosod rhaglen wrthfirysau.*

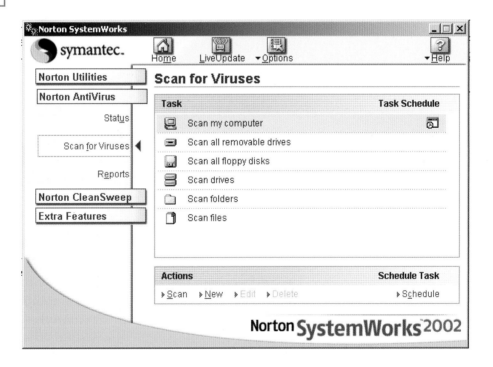

Dyma rai rhagofalon i atal firysau:

- Ceisiwch beidio â defnyddio disg neu ffon gof ar un cyfrifiadur ac yna ei throsglwyddo i gyfrifiadur arall.
- Peidiwch ag agor e-bost gan rywun nad ydych yn ei adnabod. Yn arbennig, peidiwch byth ag agor unrhyw ffeil sydd ynghlwm wrth y neges.
- Peidiwch â llwytho data neu feddalwedd i lawr o'r Rhyngrwyd. Dyma un o'r prif ffyrdd y caiff firysau eu lledu.

● Gwiriwch am firysau'n rheolaidd. Fel rheol, gall rhaglenni gwrthfirysau gael eu gosod i wirio pob ffeil newydd yn awtomatig cyn ei chadw ar eich cyfrifiadur.

● Gwnewch yn sicr eich bod yn diweddaru diffiniadau firws eich meddalwedd gwrthfirysau. Defnyddir y diffiniadau hyn i ganfod firysau a gellir eu diweddaru drwy eu llwytho i lawr o'r Rhyngrwyd fel rheol.

... a pheidiwch ag anghofio gwneud copïau wrth gefn yn rheolaidd rhag ofn bod eich ffeiliau'n cael eu difrodi!

Mathau o firysau yw Trojans a Worms. Os dilynwch y camau uchod, dylech allu osgoi'r rhain hefyd.

■ Gweithgaredd 1.2 Chwilio'r Rhyngrwyd

Ar Ddydd Mercher 22 Ionawr 2003, rhoddodd barnwr ddedfryd o garchar i'r sawl a ysgrifennodd firws o'r enw Gokar.

Defnyddiwch y Rhyngrwyd [Chwiliad posibl: = +Gokar +2003] i ddarganfod:

1 O ble roedd ysgrifennwr y firws hwn yn dod?
2 Beth mae'r firws hwn yn ei roi yng nghyfeiriadur Microsoft Windows y cyfrifiadur heintiedig?
3 Pa fath o firws yw hwn a sut mae'n lledu?
4 Beth yw enwau'r ddau firws arall a ysgrifennodd?
5 Faint o garchar gafodd ef?

Credir i'r firws Gokar heintio 27 000 o gyfrifiaduron mewn 42 o wahanol wledydd.

1.3.4 Hacio

HACIWR: Rhywun sy'n cyrchu data ar gyfrifiadur heb gael awdurdod.

Mae hacio wedi dod yn broblem ers datblygu rhwydweithiau, ac mae wedi dod yn broblem fyd-eang ers cyflwyno'r Rhyngrwyd. Rhywun sy'n mynd ati i gyrchu data ar gyfrifiadur heb gael awdurdod yw haciwr.

Gall hacwyr newid y data er eu lles eu hunain, neu gallant ddileu neu ddifrodi ffeiliau. Mae nifer o storïau am bobl sydd, ar ôl cael eu diswyddo, wedi dial ar eu cyflogwyr drwy hacio i mewn i'w cyfrifiaduron a dileu'r ffeiliau. Bydd rhai'n hacio i mewn i gyfrifiaduron i gael data at bwrpasau troseddol, megis blacmel.

Un o dargedau poblogaidd hacwyr yw banciau. Mae hacwyr wedi ceisio torri i mewn i'w ffeiliau neu fonitro ffeiliau sy'n cael eu hanfon i'r banc yn y gobaith o gael manylion cwsmeriaid a gwybodaeth am sut i gyrchu eu cyfrifon. Wedi cael yr wybodaeth hon, gallant gymryd arnynt mai nhw yw'r person dan sylw a thynnu arian o'r cyfrif neu ddefnyddio cerdyn credyd i brynu nwyddau. Mae'n anodd gwybod beth yw maint y broblem gan nad yw banciau yn fodlon cyfaddef bod eu systemau gwarchod wedi methu.

Rhaid i gwmnïau a sefydliadau geisio cadw un cam ar y blaen i'r hacwyr a dyfeisio ffyrdd mwy a mwy soffistigedig o'u rhwystro rhag cyrchu eu ffeiliau. Mae hacwyr yn ystyried bod hyn yn gryn her, a byddant yn ceisio helpu ei gilydd dros y Rhyngrwyd drwy gynnig syniadau ar sut i oresgyn mesurau diogelwch newydd.

Diogelu rhag hacwyr:

- Dylid defnyddio system o gyfrineiriau. Mae pob defnyddiwr yn mewnbynnu ei enw defnyddiwr a'i gyfrinair wrth fewngofnodi. Rhaid newid cyfrineiriau'n rheolaidd a dylid osgoi cyfrineiriau amlwg fel dyddiadau geni ac enwau anifeiliaid anwes. Ni ddylai defnyddiwr byth ddweud wrth rywun arall beth yw ei gyfrinair.
- Rhaid i ddefnyddwyr allgofnodi'n gywir bob tro y gorffennant ddefnyddio eu cyfrifiadur.
- Dylid diffodd neu ddatgysylltu cyfrifiaduron o rwydweithiau, yn enwedig y Rhyngrwyd, pan nad ydynt yn cael eu defnyddio.
- Gellir defnyddio system galw'n ôl. Mae'r defnyddiwr yn galw i mewn i'r system dros gyswllt telathrebu ac yn teipio enw defnyddiwr a chyfrinair i mewn. Yna mae'r system yn datgysylltu'r defnyddiwr ac yn ei alw'n ôl ar rif y penderfynwyd arno ymlaen llaw.
- Mae'n bosibl amgryptio data pwysig i sicrhau na all rhywun eu defnyddio at bwrpas anghywir os caiff y data eu rhyng-gipio wrth gael eu trawsyrru i lawr rhwydwaith. Mae amgryptio yn golygu codio'r data fel na all yr haciwr eu deall na'u defnyddio.
- Gall math arbennig o feddalwedd o'r enw mur gwarchod (*firewall*) rwystro hacwyr rhag cyrchu rhwydwaith.

> Mae'n bosibl atal hacio drwy ddefnyddio cyfrineiriau, allgofnodi'n gywir, datgysylltu cyfrifiaduron o'r rhwydwaith, defnyddio system galw'n ôl, neu osod meddalwedd mur gwarchod. Gellir amgryptio data i sicrhau na ellir eu defnyddio os cânt eu rhyng-gipio.

Ffigur 1.3 *Cyfrineiriau – yr amddiffyniad gorau rhag hacwyr.*

Enw defnyddiwr: `JenkiSu`

Cyfrinair:

■ Gweithgaredd 1.3 Prosesu geiriau (Hawdd)

Defnyddiwch raglen prosesu geiriau i deipio'r darn canlynol, fformatiwch y testun ac argraffwch ef. (Y ffont a ddefnyddir yma yw Arial maint 11 ac mae'r paragraff wedi'i unioni'n llawn.)

Yr Hacwyr Da
Nid yw pob haciwr yn ddrwg! Mae rhai cyrff bellach yn cyflogi hacwyr i 'hacio'r hacwyr'. Galwant eu hunain yn '*hacwyr moesegol*' neu'n '*ymgynghorwyr hysbysrwydd*' (*intelligence consultants*). Eu gwaith yw dod o hyd i hacwyr troseddol a'u dwyn o flaen eu gwell.
Pob lwc iddynt!

Allwch chi enwi pum gwahanol fath o fformatio testun a ddefnyddiwyd yn y paragraff hwn?

Crynodeb

01 Mae data'n cynnwys ffeithiau a ffigurau crai.

02 Mae cyfrifiaduron yn prosesu data i gynhyrchu gwybodaeth.

03 Mae gwybod (*knowledge*) yn deillio o wybodaeth.

04 *GIGO – Garbage in, Garbage Out* / Sbwriel i Mewn, Sbwriel Allan. Os rhoddwch ddata anghywir i gyfrifiadur, cewch wybodaeth anghywir yn ôl.

05 Mae Technoleg Gwybodaeth a Chyfathrebu (TGCh) yn edrych ar sut mae data'n cael eu casglu, eu storio, eu prosesu a'u dosbarthu.

06 Mae dulliau TGCh yn gofyn am lai o ymdrech ddynol a rhoddant ganlyniadau cyflymach a mwy dibynadwy na dulliau traddodiadol. Mae'n haws cadw'r wybodaeth yn ddiogel. Gall busnesau wella eu gwasanaethau i gwsmeriaid fel rheol drwy ddefnyddio dulliau TGCh.

07 Mae TGCh wedi effeithio ar bobl. Gall fod angen llai o staff mewn rhai busnesau. Efallai y bydd yn rhaid i staff hyfforddi i wella eu sgiliau TGCh.

08 Gellir cyflwyno gwybodaeth mewn llawer ffordd wahanol, er enghraifft, testun, tablau, siartiau, graffiau, lluniau, fideos, seiniau neu gerddoriaeth.

09 Gellir anfon data rhwng cyfrifiaduron sydd ar rwydwaith.

10 Gall costau cychwynnol TGCh fod yn uchel.

11 Mae llawer gwahanol fath o wall. Bydd busnesau'n gwneud popeth yn eu gallu i geisio sicrhau nad yw gwallau'n digwydd.

12 Gellir lleihau nifer y gwallau trawsgrifio drwy ddylunio ffurflenni cipio data'n ofalus.

13 Defnyddir dulliau gwireddu data i leihau'r perygl o wneud gwallau trawsgrifio.

14 Caiff gwiriadau dilysu data eu gwneud i sicrhau bod y data'n gwneud synnwyr. Rhai gwiriadau dilysu cyffredin yw:

- gwiriadau amrediad (sicrhau bod data o fewn amrediad derbyniol);
- gwiriadau presenoldeb (sicrhau nad yw unrhyw ddata ar goll);
- gwiriadau fformat (sicrhau bod data o'r math cywir ac yn y fformat cywir);
- digidau gwirio (digidau wedi'u cyfrifo sy'n cael eu hychwanegu at ddiwedd data rhifiadol).

15 Mae'n hanfodol gwneud copïau wrth gefn o ddata pwysig yn rheolaidd.

16 Rhaglenni bach yw firysau sy'n gallu lledaenu o un cyfrifiadur i gyfrifiadur arall. Gellir gosod meddalwedd gwrthfirysau arbennig i'w canfod a'u hatal.

17 Rhywun sy'n cyrchu system gyfrifiadurol heb awdurdod yw haciwr. Defnyddir system o enwau defnyddwyr a chyfrineiriau fel rheol i geisio rhwystro hacwyr.

18 Yn aml, caiff data eu hamgryptio fel na all hacwyr eu defnyddio.

Cwestiynau ymarfer 1

1 Mae swyddfa cyfreithwyr wedi newid yn ddiweddar o system bapur, wedi'i seilio ar storio dogfennau, i system TGCh, wedi'i seilio ar gyfrifiaduron a disgiau caled.

   a) Disgrifiwch un fantais i'r gweithwyr yn y swyddfa. [1]

   b) Rhowch un fantais i'r cwmni o gyfreithwyr. [1]

   c) Rhowch un anfantais i'r cwmni o gyfreithwyr. [1]

   ch) Sut y gall y gweithwyr yn y swyddfa sicrhau na fydd unrhyw broblemau'n codi os bydd disg caled yn methu? [1]

2 Pan fydd disgybl newydd yn ymuno ag ysgol, bydd ffurflen yn cael ei llenwi gyda'i holl fanylion. Yna bydd ysgrifennydd yr ysgol yn mewnbynnu'r data i'r system gyfrifiadurol.

   a) Disgrifiwch ddau wall posibl a allai godi wrth wneud hyn. [2]

   b) Sut y gellid osgoi'r ddau wall hyn? [2]

A allwch chi gofio...?

1 Am beth y mae *GIGO* yn sefyll (Cymraeg a Saesneg) a beth yw ei ystyr?

2 Beth yw ystyr gwireddu data?

3 Beth yw ystyr dilysu data?

4 Beth yw'r pedwar dull o ddilysu data sy'n cael sylw yn y bennod hon? Beth y mae pob dull yn ei wirio?

5 Beth yw firws? Sut y gallwch warchod cyfrifiadur rhag firysau?

6 Beth yw haciwr? Sut y gallwch warchod cyfrifiadur rhag hacio?

2 Goblygiadau defnyddio TGCh

2.1 TGCh a gwasanaethau adwerthu

Mae siopau'n defnyddio TGCh yn helaeth. Pan ewch i'r uwchfarchnad i brynu bwyd neu i asiantaeth deithio i brynu gwyliau, mae'n debyg y cewch eich gweini gan rywun sy'n defnyddio system gyfrifiadurol gymhleth. Mae banciau'n fath arall o fusnes sy'n defnyddio systemau cyfrifiadurol i brosesu trafodion, p'un ydych chi'n tynnu arian allan, yn talu sieciau i mewn, neu'n gofyn am gyfriflen.

2.1.1 Pwynt talu

Ffigur 2.1 *Terfynell pwynt talu (POS) mewn uwchfarchnad.*

Fel rheol mae'r desgiau talu mewn uwchfarchnad neu siop fawr arall i gyd wedi'u cysylltu â chyfrifiadur sy'n monitro'r eitemau a werthir. Bydd y prif gyfrifiadur yn storio data am brisiau'r holl nwyddau a faint o bob eitem sydd ar ôl yn y siop. Enw cyffredin ar ddesgiau talu yw Terfynellau Pwynt Talu (*POS: Point of Sale*).

Defnyddir darllenydd codau bar neu fysellfwrdd i fewnbynnu'r data fel rheol. Caiff eitemau a phrisiau eu harddangos ar fonitor (sgrin) bach a defnyddir argraffydd bach i argraffu'r dderbynneb ar bapur.

2.1.2 Rheolaeth stoc

Stoc yw'r holl nwyddau sydd gan fusnes i'w gwerthu neu'r holl eitemau a ddefnyddir ganddo mewn proses weithgynhyrchu. Mae'n bwysig i siop beidio â chadw gormod o unrhyw un eitem. Efallai na fydd yn gallu eu gwerthu i gyd ac, yn achos uwchfarchnadoedd sy'n stocio llawer o nwyddau darfodus, mae'n bosibl y byddant yn difetha cyn y gellir eu gwerthu. Rhaid i siopau leihau gwastraff o'r fath i sicrhau nad ydynt yn gwario'n ddiangen ar nwyddau na fyddant yn gallu eu gwerthu.

Ar y llaw arall, os oes gan siop rhy ychydig o unrhyw un eitem, gall redeg allan o'r eitem honno. Yna bydd cwsmeriaid sy'n dod i'r

RHEOLAETH STOC: Rheoli lefelau stoc yw hyn. Mae'n bwysig sicrhau bod digon o bob eitem i gwrdd â'r galw, ond nid gormod fel bod rhai'n cael eu gwastraffu.

siop i brynu'r eitem dan sylw yn cael eu siomi, ac mae'n bosibl na fyddant yn dod yn ôl. Nid yw hyn yn ffordd dda o redeg busnes!

Dyma pam y mae rheolaeth stoc mor bwysig.

Lefel stoc unrhyw eitem yw'r nifer o'r eitem honno sydd ar ôl yn y siop. Mae gan bob eitem lefel ailarchebu benodol. Pan fydd lefel y stoc yn gostwng i'r lefel ailarchebu, bydd rhagor o'r eitem honno'n cael ei archebu oddi wrth y cyflenwr. Ar ôl i'r stoc newydd gyrraedd, mae'r lefel stoc ar gyfer yr eitem honno'n cael ei haddasu.

2.1.3 Rheolaeth stoc awtomatig

Dyma'r camau sy'n cael eu dilyn wrth i gwsmer brynu eitem mewn siop sy'n defnyddio terfynell pwynt talu:

DERBYNNEB WEDI'I HEITEMEIDDIO: Derbynneb yn dangos amser a dyddiad y pryniant, rhestr o enwau a phrisiau'r holl eitemau a brynwyd, a'r cyfanswm, y swm a dalwyd a'r newid a roddwyd.

- Mae'r eitem yn cael ei hadnabod. Mae hyn yn cael ei wneud fel rheol drwy ddarllen codau bar, ond y mae sawl dull arall, a ddisgrifir yn yr adrannau sy'n dilyn.
- Caiff y data eu hanfon i'r prif gyfrifiadur.
- Bydd y cyfrifiadur yn chwilio am yr eitem yn y gronfa ddata ac yn anfon manylion megis disgrifiad a phris yn ôl i'r derfynell pwynt talu.
- Caiff y disgrifiad a'r pris eu harddangos ar sgrin i'r cwsmer eu gweld.
- Ar ôl prosesu'r holl eitemau, mae cyfanswm y bil yn cael ei gyfrifo ac mae derbynneb wedi'i heitemeiddio'n cael ei hargraffu i'r cwsmer.
- Mae'r cwsmer yn defnyddio arian parod, siec neu gerdyn i dalu am y nwyddau.

2.1.4 Cipio data

Mae cyfrifiaduron yn defnyddio dulliau **cipio data** i gael y data a brosesir ganddynt.

Mae'r holl ddata sy'n cael eu prosesu gan gyfrifiadur yn dod o rywle. Mae'r dull a ddefnyddir i gael y data hyn yn cael ei alw'n gipio data, a gellir ei wneud mewn llawer o wahanol ffyrdd. Yn yr adrannau nesaf byddwn yn edrych ar y dulliau cipio data mwyaf cyffredin:

- codau bar
- AMG (Adnabod Marciau Gweledol/*OMR: Optical Mark Recognition*)
- ANG (Adnabod Nodau Gweledol/*OCR: Optical Character Recognition*)
- tagiau darllenadwy i beiriant

2.1.5 Codau bar

Defnyddir **codau bar** i adnabod eitemau, yn enwedig mewn siopau. Mae cyfres o linellau'n cael ei sganio gan **ddarllenydd codau bar** ac anfonir rhif y cod i gyfrifiadur.

Mae cod bar yn batrwm o linellau du a gwyn paralel o wahanol drwch sy'n cynrychioli data wedi'u codio.

Ffigur 2.2 *Cod bar 13 digid (4006501730572).*

Fel rheol bydd y cod yn cynnwys 13 digid a bydd ganddo bedair rhan:

- Cod dau ddigid sy'n dynodi'r wlad lle cynhyrchwyd yr eitem (e.e. 50 ar gyfer y DU).
- Cod pum digid sy'n dynodi'r gwneuthurwr.
- Cod pum digid sy'n dynodi'r cynnyrch.
- Digid gwirio a ddefnyddir i sicrhau darllen y cod bar yn gywir.

Ffigur 2.3 *Eitem yn cael ei darllen gan sganiwr codau bar.*

Sylwch nad yw pris yr eitem yn cael ei godio fel rhan o'r cod bar. Y rheswm am hyn yw fod codau bar yn cael eu hargraffu ar duniau, pecynnau neu lyfrau fel rheol ac felly mae bron yn amhosibl eu newid. Gall prisiau amrywio o siop i siop, ac weithiau mae angen newid y pris dros dro ar gyfer sêl neu gynnig arbennig.

Mae darllenydd codau bar yn sganio'r cod bar gan ddefnyddio paladr laser pŵer-isel, ac yn synhwyro'r patrwm o olau a adlewyrchir. Weithiau mae'r darllenydd wedi'i adeiladu i mewn i wyneb y derfynell, a **sganiwr codau bar** yw'r enw a roddir arno. Mae darllenwyr llaw yn cael eu galw'n **hudlathau codau bar** weithiau.

Manteision i'r cwsmer:

- Dylai fod llai o gamgymeriadau prisio gan nad oes angen teipio'r prisiau i mewn â llaw.
- Mae'r broses o wasanaethu cwsmeriaid yn gyflymach, felly dylent dreulio llai o amser yn aros mewn ciw.
- Mae'r cwsmer yn cael derbynneb wedi'i heitemeiddio a gall gadarnhau a yw'r bil wedi'i gyfrifo'n gywir.

Anfanteision i'r cwsmer:

- Nid yw'r pris i'w weld ar god bar. Os yw cwsmer wedi rhoi eitem yn ei droli, ni all weld faint y mae'n ei gostio wedyn heb fynd yn ôl at y silff lle mae'r pris yn cael ei arddangos.
- Gall codau bar sydd wedi cael eu crafu neu eu crychu achosi oedi yn y ciw gan fod yn rhaid mewnbynnu'r cod bar â llaw.

Manteision i'r siop:

- Nid oes angen rhoi pris ar bob eitem sydd ar werth.
- Mae rheolaeth stoc awtomatig yn golygu nad oes angen cyflogi pobl i gyfrif nifer yr eitemau sydd ar ôl ar y silffoedd.
- Caiff pob gwerthiant ei gofnodi gan y cyfrifiadur. Gall rheolwyr ddadansoddi patrymau gwerthu, sy'n eu helpu i benderfynu pa eitemau i'w gwerthu, neu ba rai y dylid eu hyrwyddo.
- Mae llai o dwyll gan nad yw'n bosibl i'r person wrth y ddesg dalu roi pris is yn y til a chadw'r gwahaniaeth.

Defnydd:

Defnyddir codau bar mewn siopau o bob math (e.e. uwchfarchnadoedd, siopau papurau newydd a siopau dillad), ond

---

1.2

Bydd system godau-bar mewn siop yn darparu **gwasanaeth cyflym** i gwsmeriaid ac yn **lleihau camgymeriadau**. Mae'r cwsmer yn cael derbynneb wedi'i heitemeiddio.

1.3

Gall rheolwyr y siop ddefnyddio'r cofnodion gwerthiant i ddadansoddi patrymau gwario a gwneud penderfyniadau effeithiol a chynhyrchiol.

hefyd mewn lleoedd megis llyfrgelloedd lle cânt eu defnyddio i adnabod ac olrhain llyfrau ac ar gardiau aelodaeth y benthycwyr.

Mae'n bosibl eich bod wedi gweld codau bar ar y labeli ar gesys dillad mewn meysydd awyr neu ar grysau rhedwyr marathon er mwyn eu hadnabod yn gyflym wrth iddynt groesi'r llinell. Defnyddir codau bar mewn ysbytai ar y tagiau breichled a roddir i gleifion. Mae llawer defnydd arall hefyd, ond un peth sydd ganddynt i gyd yn gyffredin: adnabod eitem unigol yn gyflym.

■ Gweithgaredd 2.1 Ymchwiliad ar y Rhyngrwyd

Mae ymchwilwyr ym maes bioleg wedi llwyddo i roi codau bar bach iawn ar gefnau gwenyn er mwyn astudio eu harferion hedfan a pharu. Mae sganiwr laser yn darllen y cod bar bob tro mae gwenynen yn dod i mewn i'r cwch neu'n ei adael.

Darganfyddwch ragor am hyn.

2.1.6 Adnabod marciau gweledol

Dull a ddefnyddir i ganfod lleoliad marciau bach ar ddalen o bapur yw **Adnabod Marciau Gweledol** (AMG/*OMR*). Mae dalen gynargraffedig yn cael ei marcio â llinellau bach gan ddefnyddio pensil neu ysgrifbin ac yna'n cael ei bwydo i **Ddarllenydd Marciau Gweledol**, sef peiriant sy'n defnyddio golau adlewyrchedig i synhwyro ble ar y ddalen y mae'r marciau wedi cael eu gwneud.

ADNABOD MARCIAU GWELEDOL (AMG/*OMR*): Dull o ganfod marciau ar ddalen o bapur megis ffurflen. Mae'r ffurflenni'n hawdd eu llenwi a gall y darllenydd fewnbynnu data o'r ffurflenni'n gyflym iawn.

Defnydd:

Bydd rhai ysgolion yn defnyddio dalennau AMG wrth gymryd y gofrestr ddyddiol. Mae rhestr o'r disgyblion ar y ddalen, a rhoddir marc ar y ddalen gyferbyn ag enw pob disgybl mewn un o ddwy golofn i nodi a yw'r disgybl yn bresennol neu'n absennol.

Defnyddir AMG gan y Loteri Genedlaethol i ddarllen tocynnau loteri y chwaraewyr. Caiff chwe rhif eu marcio â llinell ar y tocyn.

Defnyddir AMG hefyd ar gyfer arholiadau amlddewis. Mae gan bob cwestiwn nifer o wahanol atebion posibl a rhaid i'r ymgeisydd roi marc i nodi'r un cywir.

Manteision:

● Mae AMG yn cynnig dull cyflym o lenwi ffurflenni.
● Mae defnyddio peiriannau AMG yn ddull cyflym o ddarllen y data ar ffurflenni. Bydd y data fel rheol yn cael eu mewnbynnu'n uniongyrchol i gyfrifiadur i'w brosesu.

Anfanteision:

● Gall y ffurflenni fod yn fawr os oes rhaid iddynt gynnig llawer o ddewisiadau.
● Mae'n bosibl i bobl ddibrofiad lenwi'r ffurflenni'n anghywir fel na all y darllenydd ddarllen y marciau.

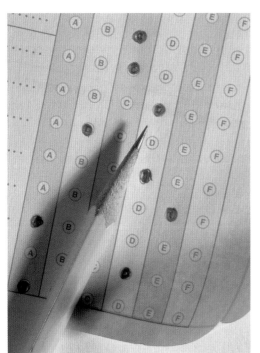

Ffigur 2.4 *Ffurflen AMG (OMR) ar gyfer arholiad amlddewis.*

2.1.7 Adnabod nodau gweledol

Dull a ddefnyddir i synhwyro'r patrymau o olau a adlewyrchir oddi ar ddalen o bapur sydd â nodau wedi'u hargraffu neu'u hysgrifennu arni yw **Adnabod Nodau Gweledol** (ANG/OCR). Caiff y patrymau eu cymharu â data sydd wedi'u storio a chaiff y nod cyfatebol agosaf ar gyfer pob nod ar y papur ei fewnbynnu i'r cyfrifiadur.

Rhaid i feddalwedd ANG allu adnabod llythrennau mewn amrywiaeth eang o ffontiau, gan gynnwys nodau wedi'u hysgrifennu â llaw weithiau

Defnydd:

Gellir defnyddio sganiwr i sganio delweddau o destun printiedig i mewn i gyfrifiadur. Yna mae meddalwedd ANG yn troi'r delweddau hyn yn destun y gellir ei olygu â meddalwedd prosesu geiriau. Gall y broses hon arbed llawer iawn o deipio!

Gall ANG gael ei ddefnyddio hefyd ar nodau wedi'u hysgrifennu â llaw os yw'r llawysgrifen yn daclus.

Gall biliau trydan gael eu cyfrifo a'u hargraffu gan gyfrifiadur ar ffurflenni arbennig a'u hanfon at gwsmeriaid. Mae slip ar waelod y ffurflen hon i'r cwsmer ei dorri i ffwrdd a'i anfon yn ôl gyda'i siec. Defnyddir ANG i sganio a darllen y manylion ar y slip ac yna mae'r cyfrifiadur yn credydu cyfrif y cwsmer â'r swm a dalwyd.

Manteision:

● Mae'n gyflymach sganio dogfen i brosesydd geiriau na'i theipio.

Anfanteision:

● Gall fod problemau gyda chywirdeb os yw'r testun printiedig yn wan neu os yw'r ffont yn un anghyffredin. Gall sganio nodau sydd wedi'u hysgrifennu â llaw arwain at lawer o wallau.

2.1.8 Tagiau darllenadwy i beiriant

Mewn rhai siopau fe welwch dagiau ar eitemau megis dillad. Mae data wedi'u codio ar y tagiau hyn sy'n dweud beth yw'r eitem, a phan werthir yr eitem caiff y tag ei dynnu a'i storio wrth y ddesg dalu. Ar ddiwedd y dydd, rhoddir y tagiau mewn peiriant sy'n darllen y data o'r tagiau yn awtomatig ac yn cofnodi pob gwerthiant ar gyfrifiadur. Gall y data ar y tag gael eu storio ar ffurf nodau printiedig, cod bar neu batrymau o dyllau.

ADNABOD NODAU GWELEDOL (ANG/OCR): Defnyddio sganiwr i ddarllen testun yn uniongyrchol o bapur a'i roi mewn dogfen prosesydd geiriau. Gall hyn arbed llawer o amser gan nad oes angen teipio'r testun.

TAGIAU DARLLENADWY I BEIRIANT: Tagiau â data wedi'u hamgodio arnynt sy'n dweud beth yw'r eitemau y maent wedi'u cysylltu â nhw. Gall peiriant ddarllen y tagiau hyn yn awtomatig.

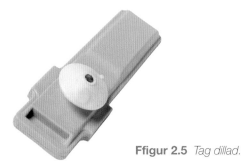

Ffigur 2.5 *Tag dillad.*

Defnydd:

Gall siopau ddefnyddio tagiau i adnabod yr eitemau y mae'r tagiau ynghlwm wrthynt. Adeg gwerthu'r eitem, caiff y tag ei dynnu a'i anfon i beiriant sy'n darllen yr holl dagiau ar ddiwedd y dydd. Caiff y data eu prosesu a'r lefelau stoc eu haddasu'n awtomatig.

Manteision:

- Rheolaeth stoc awtomatig.
- Gellir cadw a storio'r tagiau fel cofnod o werthiant y dydd.

Anfanteision:

- Gall y tagiau gael eu difrodi wrth i gwsmeriaid gyffwrdd â nhw.
- Nid yw'n system amser real. Caiff y data eu diweddaru ar ddiwedd y dydd, ac felly nid yw'r data yn union gywir ar hyd yr amser.

■ Gweithgaredd 2.2 Ymchwiliad ar y Rhyngrwyd

Mae yn awr yn bosibl i berchenogion anifeiliaid anwes gael eu hanifeiliaid wedi'u tagio â microsglodion bach a roddir o dan y croen. Os bydd rhywun yn dod o hyd i anifail sydd wedi mynd ar goll, mae'n bosibl sganio'r tag a chwilio am y perchennog ar gronfa ddata ganolog.

Darganfyddwch ragor am hyn.

2.1.9 Dyfeisiau mewnbynnu data cludadwy

Gall **Terfynell Mewnbynnu Data Gludadwy** (*PDET: Portable Data Entry Terminal*) gael ei chario o gwmpas a'i defnyddio i fewnbynnu data naill ai drwy fysellu neu drwy ddefnyddio darllenydd codau bar sy'n rhan o'r ddyfais.

Wedyn gellir cysylltu'r ddyfais â chyfrifiadur a llwytho'r data i lawr. Mae rhai terfynellau mewnbynnu data cludadwy yn defnyddio cysylltiad diwifr i lwytho'r data i lawr.

Defnydd:

Gellir casglu data am eitemau mewn siop neu warws, er enghraifft, y nifer o bob eitem sy'n dal mewn stoc.

Gall data am becynnau sydd i'w cludo mewn faniau neu lorïau gael eu logio yn y depo.

Gall wardeiniaid traffig fewnbynnu data am docynnau parcio a roddwyd.

Manteision:

- Maent yn hwyluso casglu data. Gall y staff sy'n eu defnyddio gerdded o gwmpas a chasglu data o wahanol ardaloedd neu adeiladau.

2.1.10 Dyfeisiau mewnbynnu data sy'n sensitif i gyffyrddiad

Cyffyrddiad y defnyddiwr sy'n gweithio rhai dyfeisiau. Mae'r man sy'n cael ei gyffwrdd yn cael ei synhwyro a'i ddefnyddio fel data.

Gall fod dewislen ar **sgrin gyffwrdd**. Bydd y defnyddiwr yn dewis drwy gyffwrdd â'r sgrin mewn un o nifer o leoedd.

Defnyddir sgriniau cyffwrdd yn aml mewn sefyllfaoedd lle gallai dyfeisiau fel llygoden neu fysellfwrdd gael eu difrodi neu eu dwyn. Nid oes ganddynt unrhyw ddarnau rhydd.

SGRIN GYFFWRDD: Dull hwylus o wneud dewisiadau drwy gyffwrdd â sgrin. Nid oes angen i'r defnyddiwr fod yn arbenigwr TGCh.

Ffigur 2.6 *Sgrin gyffwrdd yn cael ei defnyddio mewn amgueddfa.*

Defnydd:

Mae sgriniau cyffwrdd yn gyffredin mewn lleoedd cyhoeddus. Er enghraifft, byddwn yn dod o hyd iddynt mewn amgueddfeydd, banciau neu feddygfeydd. Gall y sgrin roi gwybodaeth am amgueddfa neu egluro i gwsmer y gwasanaethau y gall banc eu cynnig. Mae rhai meddygfeydd yn defnyddio sgriniau cyffwrdd i ganiatáu i gleifion gofrestru eu bod wedi cyrraedd heb weld y croesawydd.

Defnyddir sgriniau cyffwrdd mewn llawer o dai bwyta a barrau. Mae pob eitem a brynir gan gwsmer yn cael ei chyffwrdd ar y sgrin, ac mae cyfanswm y bil yn cael ei gyfrifo a'i arddangos.

Manteision:

● Mae sgiliau TGCh isel yn ddigonol.
● Mae'r posibilrwydd o ddifrod neu ladrad yn fach.

Anfanteision:

● Gall y sgrin gyffwrdd fynd yn fudr ac anodd ei darllen.

2.1.11 System siopa awtomatig

Mae'r mwyafrif o siopau mawr ac uwchfarchnadoedd bellach yn defnyddio system gyfrifiadurol i reoli eu gweithrediadau, ac erbyn hyn mae llawer o'r tasgau a arferai gael eu gwneud gan bobl yn cael eu gwneud yn awtomatig. Mae hyn yn golygu nad oes angen i'r siop gyflogi cymaint o weithwyr, ac mae hyn yn cadw'r bil cyflogau'n isel.

Yn ogystal â gwerthu nwyddau, rhaid i siopau eu prynu yn y lle cyntaf gan wahanol gyflenwyr. Cyn belled ag y mae'r arian sy'n cael ei wneud o werthu nwyddau yn fwy na'r arian sy'n cael ei wario i'w prynu neu i dalu biliau, bydd y siop yn gwneud elw ac yn aros mewn busnes. Prif waith y system gyfrifiadurol yw sicrhau bod y cydbwysedd rhwng gwerthiant ac archebion yn cael ei gynnal.

Bydd gan y siopau **system rheolaeth stoc** awtomatig. Bydd pob eitem a werthir yn cael ei chofnodi, a bydd lefel y stoc yn cael ei haddasu. Enghraifft o **system amser real** yw hon ac mae'r data yn gyfoes ar hyd yr amser.

Bob diwrnod bydd y cyfrifiadur yn chwilio drwy'r gronfa ddata o stoc i ddarganfod yr eitemau hynny y mae eu lefelau stoc wedi disgyn o dan eu lefelau ailarchebu. Bydd angen archebu rhagor o'r eitemau hyn oddi wrth y cyflenwyr, ac mewn rhai systemau mae'r cyfrifiadur yn gwneud hyn yn awtomatig heb i'r staff orfod gwneud dim.

SYSTEM SIOPA AWTOMATIG: System sy'n defnyddio cyfrifiaduron i reoli lefelau stoc. Maent yn cadw cofnod o bob gwerthiant, yn darganfod pa eitemau sy'n mynd yn isel ac yn anfon archebion i gyflenwyr.

LEFEL AILARCHEBU: Dyma'r nifer o unrhyw eitem y gall lefel y stoc ddisgyn iddo cyn y bydd rhagor o'r eitem honno'n cael ei archebu oddi wrth y cyflenwr.

Mewn rhai systemau defnyddir y ffigurau gwerthiant dyddiol i ailarchebu stoc yn awtomatig gan y cyflenwyr. Mae hyn yn golygu bod lefelau stoc yn cael eu cadw ar yr un lefel ar gyfer pob eitem drwy'r adeg. Pan fydd y cyflenwadau newydd yn cyrraedd, caiff y lefelau stoc ar gyfer yr eitemau hyn eu haddasu.

Bydd y system gyfrifiadurol yn gwneud mwy na rhedeg system rheolaeth stoc awtomatig. Gall ddadansoddi'r holl eitemau a werthir i ddarganfod patrymau gwario. Er enghraifft, bydd rhai eitemau megis sbectolau haul yn gwerthu'n well ym misoedd yr haf nag yn y gaeaf, ac felly bydd angen stocio rhagor ohonynt yn yr haf. Ond mae gwerthiant Wellingtons yn debygol o fod yn uwch ym misoedd y gaeaf.

Gall maint y gwerthiant amrywio hefyd, ac mae'n bosibl y bydd rheolwyr siopau yn gorfod penderfynu a ddylid cyflogi mwy o staff ar wahanol adegau o'r flwyddyn neu ar wahanol ddyddiau o'r wythnos.

Mae rhai siopau'n cynnig **cynlluniau ffyddlondeb**, lle y bydd cwsmeriaid yn ennill nifer o bwyntiau ffyddlondeb bob tro y byddant yn prynu rhywbeth yn y siop. Ar ôl casglu digon o bwyntiau, bydd y cwsmer yn derbyn rhoddion neu dalebau 'arian i ffwrdd'.

Efallai y bydd gan y cwsmer **gerdyn ffyddlondeb**. Math o gerdyn adnabod yw hwn, ac mae'n galluogi'r cyfrifiadur i gasglu gwybodaeth o'r derfynell pwynt talu am wariant y cwsmer a chyfrifo'r pwyntiau ffyddlondeb i'w hychwanegu at ei gyfrif ffyddlondeb.

Manteision i'r cwsmer:

- Mae rheolaeth stoc awtomatig yn golygu nad yw'r eitemau a werthir yn mynd yn brin.
- Gellir cadw lefelau stoc yn isel i sicrhau bod nwyddau'n fwy ffres (mae hyn yn arbennig o bwysig mewn uwchfarchnad).
- Mae cynllun ffyddlondeb yn golygu y gall nwyddau gael eu prynu'n rhatach drwy ddefnyddio talebau neu bwyntiau.

Manteision i'r siop:

- Gall patrymau gwerthiant gael eu dadansoddi a'u defnyddio gan y rheolwyr i wneud penderfyniadau priodol.
- Mae angen llai o staff i redeg y system rheolaeth stoc.
- Mae cwsmeriaid yn aros yn ffyddlon ac nid ydynt yn mynd i siopau eraill.

2.1.12 Archebu ar-lein

Y dyddiau hyn gallwch gerdded i mewn i asiantaeth deithio a gwneud holiadau am wyliau. Mae'r cyfrifiadur a ddefnyddir yn y siop wedi'i gysylltu â system fwy o faint drwy system ffôn neu'r Rhyngrwyd. Gall y cwsmer ofyn a yw'r gwyliau yr hoffai fynd arnynt ar gael ar ddyddiad penodol, ac yna archebu'r gwyliau hynny.

Bydd angen mewnbynnu manylion y cwsmer a'r gwyliau. Mae hyn yn cael ei wneud fel rheol drwy gyfrwng ffurflen a arddangosir ar sgrin y monitor. Bydd y cyfrifiadur yn gwirio'r data'n ofalus cyn trefnu'r gwyliau ac yn storio'r manylion yng nghronfa ddata'r cwmni teithio. Rhaid prosesu'r archeb ar unwaith i rwystro unrhyw gwsmer arall rhag prynu'r un gwyliau.

Mae **cynlluniau ffyddlondeb** yn gwobrwyo cwsmeriaid rheolaidd sy'n gwario cryn dipyn o arian ac yn darparu data am batrymau gwario.

SYSTEM ARCHEBU AR-LEIN: System sy'n galluogi cwsmeriaid i ddefnyddio'r Rhyngrwyd i wneud ymholiadau am wyliau a'u prynu.

Hefyd gall y cwsmer ddefnyddio ei gerdyn credyd neu ddebyd i dalu am y gwyliau ar y cyfrifiadur.

Erbyn heddiw defnyddir systemau archebu ar-lein i brynu tocynnau ar gyfer teithiau awyren, trên, bws, fferi draws-sianel neu Eurotunnel a thocynnau i'r theatr neu'r sinema, i gadw ystafelloedd mewn gwesty, ac i logi ceir ac ati. Mae'r rhestr yn hir iawn ac mae'n mynd yn hwy bob blwyddyn.

Cwestiynau ymarfer 2.1

1 Mae systemau pwynt talu (*POS*) yn gyffredin mewn siopau mawr ac uwchfarchnadoedd.

   a) Ble mae'r terfynellau pwynt talu mewn uwchfarchnad? [1]

   b) Enwch ddwy ddyfais fewnbynnu sydd i'w cael mewn terfynell pwynt talu. [2]

   c) Enwch ddwy ddyfais allbynnu sydd i'w cael mewn terfynell pwynt talu. [2]

   ch) Disgrifiwch ddwy fantais i'r cwsmer o ddefnyddio system pwynt talu. [2]

   e) Disgrifiwch ddwy fantais i'r uwchfarchnad o ddefnyddio system pwynt talu. [2]

2 Mae gan rai siopau gynlluniau ffyddlondeb lle mae'r cwsmeriaid yn derbyn pwyntiau am y nwyddau a brynant. Gyda rhai cynlluniau, pan fydd y cwsmer wedi ennill digon o bwyntiau, bydd yn derbyn talebau i'w gwario yn y siop.

   a) Disgrifiwch un fantais cynllun ffyddlondeb i'r cwsmer. [1]

   b) Disgrifiwch un fantais i'r siop o redeg cynllun ffyddlondeb. [1]

3 Rhaid i siopau a busnesau gweithgynhyrchu gael system rheolaeth stoc effeithiol.

   a) Sut mae system rheolaeth stoc awtomatig yn gweithio mewn siop fawr? [3]

   b) Rhowch ddau reswm pam y mae'n bwysig i siop gael system rheolaeth stoc effeithiol. [2]

Allwch chi gofio...?

1 Am beth y mae AMG (*OMR*) yn sefyll?

2 Am beth y mae ANG (*OCR*) yn sefyll?

3 A fyddech chi'n defnyddio AMG (*OMR*) neu ANG (*OCR*) ar gyfer:

   a) sganio dogfen brintiedig i mewn i brosesydd geiriau;

   b) darllen data o docyn loteri?

4 Beth yw prif fantais defnyddio Terfynell Mewnbynnu Data Gludadwy i gofnodi data?

5 Beth fyddai manteision rhoi sgrin sensitif i gyffyrddiad mewn canolfan siopa brysur?

2.2 Systemau bancio ac arian

Bydd banciau'n defnyddio TGCh yn helaeth. Erbyn hyn, cyfrifiaduron sy'n prosesu'r holl drafodion arian bron ar hyd a lled y byd. Roedd banciau ymhlith y sefydliadau cyntaf i gyfrifiaduro eu prosesau ac mae systemau bancio bellach yn fyd-eang.

Dyma rai o'r pethau y gall cwsmer banc eu gwneud:

- Agor cyfrif newydd. Mae banciau'n cynnig sawl math o gyfrif gyda gwahanol fanteision.
- Talu arian i mewn. Gall y cwsmer roi arian i mewn i unrhyw gyfrif.
- Tynnu arian allan. Gall y cwsmer dynnu arian allan o unrhyw gyfrif.

> Banciau yw un o ddefnyddwyr mwyaf TGCh. Mae bron pob proses fancio yn cael ei chyflawni gan gyfrifiaduron.

- Talu biliau â siec.
- Gofyn am gyfriflen. Mae hyn yn dangos manylion y trafodion arian mwyaf diweddar.
- Gall y cwsmer gael cerdyn debyd i brynu eitemau mewn siopau neu ar y Rhyngrwyd.
- Mae llawer o wasanaethau eraill y gall banciau eu cynnig, sy'n rhy niferus i'w rhestru yma – gwasanaethau fel trefnu gorddrafft neu roi benthyg arian, newid arian o un arian cyfred i arian cyfred arall (e.e. o bunnoedd i ewros), anfon arian i wledydd tramor ac ati.

2.2.1 Pa ran y mae TGCh yn ei chwarae mewn system fancio?

Pan fydd cwsmer yn agor cyfrif gyda banc, bydd ei fanylion yn cael eu storio yng nghronfa ddata'r banc. Bydd y gronfa ddata hon hefyd yn storio manylion holl drafodion arian y cwsmer. Bydd hyn yn galluogi'r banc i argraffu cyfriflenni rheolaidd a'u hanfon i'r cwsmer i ddweud wrtho faint o arian sydd ar ôl yn ei gyfrif.

Bob tro y bydd y cwsmer yn defnyddio siec neu gerdyn i dalu bil, bydd yn rhaid i'r banc symud arian o un cyfrif i gyfrif arall. Mae hyn yn cael ei wneud yn awtomatig gan gyfrifiaduron y dyddiau hyn, heb i unrhyw arian go iawn newid dwylo.

Un peth pwysig iawn y mae'n rhaid i TGCh ei wneud yw sicrhau bod y system yn ddiogel. Bydd angen i'r cyfrifiaduron fonitro'r system gyfan i atal unrhyw dwyll neu ladrad.

> 1.6
>
> Un o brif dasgau system gyfrifiadurol banc yw atal neu ddarganfod twyll.

■ Gweithgaredd 2.3 **Trafodaeth**

Yn 2003, costiodd twyll gyda chardiau credyd a debyd yn y DU dros £1 filiwn y dydd. Rhaid i bobl sy'n berchen ar gardiau gymryd pob gofal i sicrhau na chânt eu dwyn. I ymladd y twyll, mae cardiau 'sglodyn a *PIN*' wedi cael eu cyflwyno.

Pa ragofalon y mae'n rhaid eu cymryd os defnyddiwch gardiau credyd 'sglodyn a *PIN*'?

2.2.2 Sieciau banc

Defnyddir sieciau i dalu arian i rywun arall, er enghraifft, wrth dalu bil. Rhoddir llyfr o sieciau i gwsmer gan y banc ar ôl iddo agor cyfrif. I wneud taliad, mae'r cwsmer yn llenwi'r siec ac yn ei rhoi i'r sawl sy'n cael ei dalu. Yna bydd y person hwnnw yn rhoi'r siec i'w fanc ef i'w phrosesu.

Pan gaiff siec ei hysgrifennu, mae angen rhoi pum eitem o wybodaeth:

- y dyddiad
- enw'r person (neu'r busnes) sy'n cael ei dalu
- y swm mewn geiriau
- y swm mewn ffigurau
- llofnod.

Ffigur 2.7 *Mae pum peth i'w llenwi wrth ysgrifennu siec.*

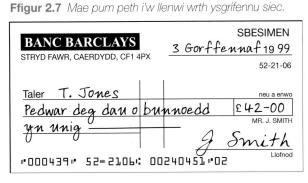

2.2.3 Adnabod nodau inc magnetig

Mae rhai nodau arbennig wedi'u hargraffu ar waelod pob siec. Ffont arbennig a ddefnyddir gan fanciau yw hwn, ac mae'r inc a ddefnyddir yn inc arbennig y gellir ei fagneteiddio.

Mae tair eitem o ddata wedi'u hamgodio ar waelod pob siec:

- **Rhif y siec**. Mae rhif gwahanol gan bob siec yn y llyfr.
- **Rhif cyfrif** y cwsmer.
- **Cod didoli**'r banc. Mae gan bob cangen ym mhob banc ei rhif unigryw ei hun.

Ar ôl derbyn y siec bydd y banc yn argraffu pedwerydd rhif, sef y swm o arian.

Gall banc dderbyn nifer mawr o sieciau bob diwrnod ac anfonir pob un ohonynt i dŷ clirio canolog.

Adnabod Nodau Inc Magnetig (ANIM/*MICR: Magnetic Ink Character Recognition*) yw'r broses sy'n darllen y data o'r sieciau hyn ac yn ei fewnbynnu i gyfrifiadur. Mae'r darllenydd ANIM yn magneteiddio'r inc wrth i'r sieciau gael eu bwydo i'r peiriant ac mae synwyryddion yn canfod patrwm y maes electromagnetig o'u cwmpas. Gall y peiriannau ddarllen nifer mawr o sieciau'n gyflym iawn a darparu mewnbwn awtomatig i'r system gyfrifiadurol i brosesu'r holl sieciau.

Defnydd:

Mewn gwirionedd, banciau yw'r unig sefydliadau sy'n defnyddio ANIM. Nid yw'r dechnoleg yn briodol ar gyfer cymwysiadau eraill, yn bennaf oherwydd y gost uchel o osod y system a phrynu'r caledwedd sydd ei angen.

Manteision:

- Gellir darllen nifer mawr o sieciau'n gyflym iawn.
- Gellir darllen sieciau budr neu grychlyd. Bydd y peiriant yn gallu darllen siec hyd yn oed os yw inc neu goffi wedi cael ei golli drosti!
- Mae'n anodd ffugio'r nodau.

Anfanteision:

- Mae'r cyfarpar yn ddrud iawn. Mae angen darllenyddion arbennig ac argraffyddion sy'n defnyddio'r inc magnetig.
- Ni ellir defnyddio ond nifer cyfyngedig iawn o nodau.

2.2.4 Trosglwyddo cyfalaf electronig

Pan fydd siopwr yn talu am nwyddau mewn uwchfarchnad neu siop fawr, mae nifer o wahanol ffyrdd y gall wneud hyn:

- arian parod
- siec
- cerdyn credyd
- cerdyn debyd
- talebau.

ADNABOD NODAU INC MAGNETIG (ANIM/*MICR*): Dull mewnbynnu a ddefnyddir gan fanciau i ddarllen y data ar sieciau yw hwn. Mae'n ddull prosesu cyflym iawn ond mae'r cyfarpar yn ddrud.

Mae'r 'gymdeithas heb arian parod' yn dal yn freuddwyd bell – mae angen arian parod arnom o hyd i wneud taliadau bach, e.e. i dalu gyrrwr tacsi neu i brynu pethau o beiriannau gwerthu.

TROSGLWYDDO CYFALAF ELECTRONIG YN Y PWYNT TALU: System sy'n gadael i daliadau gael eu gwneud drwy lithro cerdyn drwy ddarllenydd. Yna mae cyfrifiaduron yn trosglwyddo arian yn awtomatig rhwng cyfrifon banc.

Ffigur 2.8 *Cerdyn yn cael ei lithro drwy ddarllenydd stribed magnetig.*

Heddiw mae pobl yn cario ac yn defnyddio llai a llai o arian parod. Mae gennym ddulliau mwy cyfleus o dalu erbyn hyn, ond defnyddiwn arian parod o hyd i dalu am bethau megis tocynnau parcio, bwyd a diod o beiriannau gwerthu, a theithiau yn y bws neu dacsi.

Mae rhai pobl yn dal i amau'r dulliau newydd, ac mae'n well ganddynt ddefnyddio arian parod o hyd. Mae defnyddio arian parod yn sicrhau mwy o breifatrwydd gan nad oes unrhyw gofnod o bwy sydd wedi prynu'r eitem. O ganlyniad, ni all pobl farchnata ddiegwyddor ddefnyddio'r wybodaeth i anfon llythyrau sothach neu i wneud galwadau hysbysebu dieisiau.

Gall cwsmeriaid ysgrifennu sieciau i dalu am nwyddau, ond gall hwn fod yn ddull araf. Hefyd mae'n bosibl na fydd sieciau dros swm arbennig yn cael eu derbyn, hyd yn oed gyda cherdyn gwarant.

Dull o ddefnyddio cardiau wrth derfynellau pwynt talu i dalu am nwyddau a brynwyd yw **Trosglwyddo Cyfalaf Electronig yn y Pwynt Talu** (TCEPT/*EFTPOS: Electronic Funds Transfer at Point of Sale*). Mae stribed magnetig ar y cerdyn sy'n cynnwys gwybodaeth am gyfrif y cwsmer. Caiff y cerdyn ei lithro drwy ddarllenydd stribed magnetig sy'n darllen y data ar y cerdyn. (Gweler Adran 2.2.7 hefyd.)

Mae'r derfynell pwynt talu wedi'i chysylltu â phrif gyfrifiadur y siop ac mae'n anfon manylion cyfrif y cwsmer a'r swm i'w dalu iddo. Yna mae'r cyfrifiadur hwn yn cysylltu â chyfrifiaduron eraill sy'n gwneud y trosglwyddiadau arian priodol.

Cerdyn credyd: Caiff yr arian ei drosglwyddo o gyfrif y cwmni cardiau credyd i gyfrif banc y siop. Yna bydd y cwmni cardiau credyd yn anfon bil i'r cwsmer am y swm a drosglwyddwyd a bydd angen i'r cwsmer drefnu taliad.

Cerdyn debyd: Caiff yr arian ei drosglwyddo'n uniongyrchol o gyfrif banc y cwsmer i gyfrif banc y siop. Bydd y cwsmer yn gweld y taliad ar ei gyfriflen nesaf.

Mae gan rai siopau eu cardiau eu hunain ac mae'r rhain yn gweithio yn yr un ffordd â chardiau credyd.

Un broblem fawr sy'n gysylltiedig â defnyddio cardiau yw twyll. Mae'n hawdd copïo stribedi magnetig, a bu llawer achos o droseddwyr yn gwneud copïau o gardiau credyd ac yn eu defnyddio i brynu nwyddau. Dyma pam y mae'n bwysig cadw eich cardiau'n ddiogel a pheidio â gadael iddynt fynd allan o'ch golwg wrth eu defnyddio mewn siopau. Nid yw banciau a chwmnïau cardiau credyd yn awyddus i gydnabod gwir faint y broblem gan y bydd yn effeithio ar barodrwydd pobl i agor cyfrifon os ydynt yn meddwl nad ydynt yn ddiogel. Mae cardiau clyfar yn cael eu datblygu i ymladd twyll o'r math hwn.

Cerdyn clyfar: Mae microsglodyn bach wedi'i ymgorffori yn y cerdyn. Gellir storio cryn dipyn o ddata ar y sglodyn hwn: llawer iawn mwy nag ar stribed magnetig. Hefyd mae'n llawer mwy anodd i droseddwyr gopïo'r cerdyn. Gall data am gyfrif y cwsmer gael eu storio arno, a llu o fanylion eraill megis faint o bwyntiau y mae'r cwsmer wedi'u hennill mewn cynllun ffyddlondeb.

Ffigur 2.9 *Dyfais dalu 'sglodyn a PIN'. Mae'r cerdyn yn cael ei lithro trwy'r slot ar ben y ddyfais.*

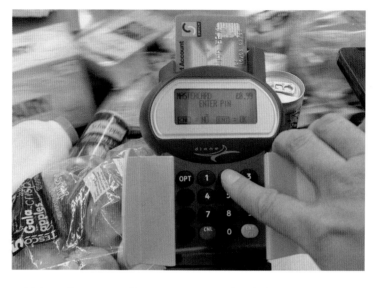

Mae cynlluniau 'sglodyn a PIN' yn lleihau twyll â chardiau. Defnyddir **cardiau clyfar** i wneud taliadau drwy deipio Rhif Adnabod Personol (*PIN*).

Erbyn hyn mae llawer o siopau'n defnyddio cynlluniau 'sglodyn a PIN' ar gyfer taliadau cerdyn. Defnyddir cerdyn clyfar sydd hefyd yn storio manylion *PIN* (Rhif Adnabod Personol/*Personal Identification Number*) y cwsmer. Yn hytrach na llofnodi derbynneb, mae'r cwsmer yn teipio ei rif ar fysellbad er mwyn talu.

2.2.5 Peiriant arian parod

Rhoddir cardiau plastig i gwsmeriaid banc ar ôl iddynt agor cyfrif. Mae gan y cardiau hyn sawl pwrpas, megis gwarantu sieciau hyd at werth penodol, neu gellir eu defnyddio fel cerdyn debyd wrth brynu nwyddau. Cânt eu defnyddio mewn peiriannau arian parod (*ATMs/Automatic Teller Machines*) hefyd. Dyma'r dyfeisiau sydd i'w gweld yn y waliau y tu allan i fanciau, siopau neu orsafoedd petrol. Enw cyffredin arnynt yw 'twll yn y wal'.

Ffigur 2.10 *Peiriant Arian Parod.*

Terfynell gyfrifiadurol sydd wedi'i chysylltu'n uniongyrchol â system gyfrifiadurol y banc yw peiriant arian parod.

Mae peiriannau arian parod yn cynnig nifer o wasanaethau. Dyma rai ohonynt:

● Tynnu arian o'ch cyfrif.
● Argraffu gweddill, sef y swm o arian sydd ar ôl yn eich cyfrif.
● Argraffu cyfriflen fach sy'n dangos manylion y trafodion mwyaf diweddar.
● Archebu llyfr siec newydd.
● Newid eich Rhif Adnabod Personol (*PIN*).

PEIRIANT ARIAN PAROD: Dyfais sy'n gadael i gwsmeriaid gael arian o'u cyfrif heb fynd i mewn i'r banc. Mae gwasanaethau eraill ar gael.

Mae'r drefn y bydd cwsmer yn ei dilyn wrth dynnu arian o beiriant arian parod yn cael ei rhoi ar dudalen 25.

1 Mae'r cwsmer yn gwthio ei gerdyn credyd i mewn i slot y darllenydd cerdyn. Mae gan y cerdyn stribed magnetig sy'n storio gwybodaeth am gyfrif banc y cwsmer.

2 Mae'r cwsmer yn defnyddio bysellbad i fewnbynnu ei PIN. Mae'r peiriant yn sicrhau mai'r cwsmer yw perchennog y cerdyn. Os nad yw'r PIN yn gywir, caiff y cerdyn ei wrthod.

3 Mae'r cwsmer yn dewis y gwasanaeth sydd ei angen arno, sef 'Tynnu arian' yn yr achos hwn.

4 Mae'r cwsmer yn dewis y swm o arian i'w dynnu.

5 Daw'r arian allan o slot arall. Mae sêff sy'n storio swm mawr o arian wedi'i chuddio y tu ôl i'r peiriant arian parod. Mae synwyryddion arbennig yn archwilio'r papurau arian cyn eu rhyddhau i sicrhau nad ydynt wedi'u treulio neu eu plygu. Gall y synhwyrydd fesur y trwch hefyd rhag ofn bod dau bapur wedi glynu wrth ei gilydd.

6 Caiff derbynneb ei hargraffu gan argraffydd bach os gofynnir am un.

Manteision i'r cwsmer:

● Mae peiriannau arian parod ar agor 24 awr y dydd, drwy'r flwyddyn.

● Maent yn aml wrth law, fel rheol y tu allan i uwchfarchnadoedd mawr, gorsafoedd petrol neu fanciau. Mewn trefi, nid ydych byth yn bell o beiriant arian parod.

● Mae'r gwasanaeth yn gyflym, felly nid yw ciwiau'n rhy hir.

Anfanteision i'r cwsmer:

● Mae banciau'n cynnig mwy o wasanaethau.

● Gall fod problemau gyda'r peiriannau, e.e. gall yr arian redeg allan ar adegau prysur megis gwyliau banc, neu gall cerdyn gael ei wrthod os yw wedi'i ddifrodi gan na all y darllenydd cerdyn ei ddarllen.

● Os anghofiwch eich *PIN*, ni allwch ddefnyddio'r peiriant.

Manteision i'r banc:

● Bydd llai o gwsmeriaid yn dod i'r banc, felly nid oes angen cyflogi cymaint o staff.

● Gan ei bod hi'n system awtomatig sydd wedi'i rheoli gan gyfrifiadur, gellir gwneud gwiriadau i rwystro cwsmeriaid rhag tynnu arian allan os nad oes ganddynt ddigon yn eu cyfrifon.

Anfanteision i'r banc:

● Mae peiriannau arian parod yn ddrud eu prynu a'u gosod.

2.2.6 Bancio cartref

Wrth i fwy a mwy o bobl ddefnyddio'r Rhyngrwyd, mae nifer y bobl sy'n rheoli eu materion ariannol gartref ar gynnydd. Erbyn heddiw mae'n bosibl ymgymryd ag amrywiaeth eang o drafodion banc o'ch cartref. (Gweler Adran 2.3.9 hefyd.)

Sicrhewch na all neb weld eich *PIN* pan deipiwch ef i beiriant arian parod.

BANCIO CARTREF:
Gwasanaeth bancio dros y Rhyngrwyd neu'r ffôn. Gallwch wneud trafodion ariannol ar unrhyw adeg o'r dydd neu'r nos o gysur eich cartref eich hun.

2.2.7 Y 'gymdeithas heb arian parod'

Ers peth amser bellach bu sôn am y 'gymdeithas heb arian parod', hynny yw, adeg pan na fydd angen i ni gario arian gyda ni a phan ddefnyddiwn ddulliau electronig i wneud ein holl drafodion ariannol. Byddwn yn prynu popeth â cherdyn credyd neu ddebyd mewn terfynellau Trosglwyddo Cyfalaf Electronig yn y Pwynt Talu (*EFTPOS*) ac yn defnyddio bancio cartref i dalu ein holl filiau.

Byddai'r manteision yn enfawr. Ni fyddai'n bosibl dwyn arian parod. Ni fyddai unrhyw ladrata o fanciau. Byddai ymosodiadau ar berchenogion a chynorthwywyr siop yn dod i ben a byddai'r strydoedd yn fwy diogel gan na fyddai unrhyw fygio na gwerthu cyffuriau ar y strydoedd. Ni fyddai'n rhaid i bobl gario arian gyda nhw na mynd i beiriannau arian parod neu'r banc i dynnu arian allan.

Pam, meddech chi, nad yw hyn wedi digwydd eto? Wel, y gwir yw nad yw pawb am iddo ddigwydd. Mae pobl yn hoffi teimlo arian yn eu pocedi neu eu pwrs ac mae'n sicr yn ddull cyflymach o dalu am rai eitemau bach na defnyddio cerdyn.

Mae hefyd rai pryderon ynghylch preifatrwydd yr ydym wedi'u crybwyll eisoes (gweler adran 2.2.4). Nid yw taliadau arian parod yn gadael unrhyw dystiolaeth, ond gall taliadau cerdyn gael eu holrhain yn ôl i'r sawl a dalodd ac i ble a phryd y cafodd y taliad ei wneud.

Nid yw'n gwneud synnwyr economaidd ar hyn o bryd i ddefnyddio cardiau i wneud taliadau bach. Mae cost y cyfarpar, a gosod y cyfarpar, yn llawer rhy fawr i bobl fel gyrwyr tacsi a chwmnïau bysiau. Byddai'n rhaid newid peiriannau gwerthu diodydd a pheiriannau maes parcio i dderbyn taliadau cerdyn a byddai hynny'n hynod o ddrud.

Cwestiynau ymarfer 2.2

1 Mae rhywun yn defnyddio peiriant arian parod (*ATM*) i dynnu arian o'i gyfrif.

   a) Pa ddwy eitem o ddata y mae'n rhaid i'r person hwn eu mewnbynnu? [2]

   b) Rhowch ddwy o fanteision defnyddio peiriannau arian parod i dynnu arian allan yn hytrach na mynd i mewn i'r banc. [2]

   c) Rhowch ddwy broblem a all godi wrth ddefnyddio peiriant arian parod i dynnu arian allan. [2]

   ch) Rhowch un fantais i'r banc o ddefnyddio peiriannau arian parod. [1]

   d) Ar wahân i dynnu arian allan, disgrifiwch ddau wasanaeth arall sydd ar gael o beiriant arian parod. [2]

2 Defnyddir ANIM (*MICR*) i ddarllen data o sieciau banc a'i fewnbynnu i gyfrifiadur.

   a) Am beth y mae ANIM yn sefyll? [1]

   b) Pa dair eitem o ddata sydd wedi'u hargraffu ar waelod siec? [3]

   c) Rhowch ddwy o fanteision defnyddio ANIM dros ddulliau eraill. [2]

A allwch chi gofio…?

1 Beth yw'r pum peth y mae'n rhaid eu hysgrifennu ar siec?

2 Beth yw cyfriflen?

3 Beth yw gweddill banc?

4 Beth yw'r ddau brif fath o gerdyn plastig? Beth yw'r gwahaniaeth rhyngddynt o ran sut maen nhw'n gweithio?

5 Beth yw trosglwyddo cyfalaf electronig a sut mae'n gweithio?

6 Am beth y mae PIN yn sefyll (Cymraeg a Saesneg)?

7 Nodwch ddau beth na ddylech byth eu gwneud gyda'ch *PIN*.

2.3 Gwasanaethau cyfathrebu

Ymhlith holl ddatblygiadau'r blynyddoedd diwethaf, nid oes yr un sydd wedi cael mwy o effaith ar ein ffordd o fyw na'r Rhyngrwyd. Mae'r Rhyngrwyd wedi newid y ffordd yr ydym yn gweithio a'r ffordd yr ydym yn cyflawni tasgau pob dydd megis siopa neu fancio, ac mae hi hyd yn oed wedi cael effaith ar y ffordd y treuliwn ein hamser hamdden. Mae rhai pobl wedi ymdopi'n rhwydd â'r newidiadau hyn, ond mae pobl eraill wedi cael trafferth addasu neu maent yn newid yn araf iawn.

Mae'r Rhyngrwyd wedi gwneud bywyd yn haws mewn llawer ffordd. Yn awr gallwn gyflawni tasgau gartref y bu'n rhaid i ni eu cyflawni gynt drwy deithio i'r siop, y swyddfa bost, y banc neu leoedd gwaith eraill, ond mae'r Rhyngrwyd hefyd wedi achosi problemau newydd. Mae hi wedi creu mathau newydd o droseddwr sy'n defnyddio'r Rhyngrwyd i ddwyn, difrodi neu dwyllo. Yn ogystal ag amddiffyn ein cartrefi rhag lladron, rhaid i ni amddiffyn ein cyfrifiaduron rhag firysau a hacwyr.

2.3.1 Y Rhyngrwyd

Nifer o gyfrifiaduron sydd wedi'u cysylltu â'i gilydd drwy gebl neu'r rhwydwaith ffôn ac sy'n gallu cyfnewid data yw rhwydwaith cyfrifiadurol. Rhwydwaith byd-eang o gyfrifiaduron sy'n gallu cyfathrebu â'i gilydd yw'r Rhyngrwyd. Gall unrhyw gyfrifiadur sydd ar y Rhyngrwyd gysylltu ag unrhyw gyfrifiadur arall ac yna anfon neu dderbyn data.

Y RHYNGRWYD:
Rhwydwaith byd-eang o gyfrifiaduron. Gall pob cyfrifiadur sydd ar y Rhyngrwyd gyfathrebu â'i gilydd (h.y. anfon neu dderbyn data).

Ychydig iawn o fusnesau heddiw sydd heb gysylltiad â'r Rhyngrwyd, ac mae nifer mawr o ddefnyddwyr cartref hefyd yn cysylltu â hi wrth i'r gost ostwng ac wrth i fwy a mwy o bobl ddod i ddeall manteision bod yn rhan o'r rhwydwaith mwyaf yn y byd.

Mae'r mathau o rwydwaith a gewch ar y Rhyngrwyd yn cynnwys:

- Rhwydweithiau masnachol: siopau, banciau, gwasanaethau darlledu.
- Rhwydweithiau'r llywodraeth: adrannau'r llywodraeth, llywodraeth leol.
- Rhwydweithiau addysgol: prifysgolion, ysgolion.
- Rhwydweithiau preifat: wedi'u sefydlu gan unigolion.

■ Gweithgaredd 2.4 Ymchwiliad ar y Rhyngrwyd

Cafodd y Rhyngrwyd (enw gwreiddiol ARPANET) ei ddatblygu yn UDA ar ddiwedd y 1960au gan fod Adran Amddiffyn yr UD eisiau rhwydwaith cyfathrebiadau milwrol pe bai rhyfel yn digwydd. Ar ddiwedd y 1980au dyfeisiodd Tim Berners-Lee y We Fyd-Eang a dechreuwyd defnyddio'r Rhyngrwyd fel yr ydym ni'n ei hadnabod heddiw. Lansiwyd y wefan fasnachol gyntaf ym 1993.

Erbyn hyn, daeth y Rhyngrwyd yn rhwydwaith o dros 100 miliwn o gyfrifiaduron gyda dros 50 miliwn o wefannau, ac mae'n parhau i dyfu!

Darganfyddwch ragor am dwf gwefannau ar y Rhyngrwyd. Os gallwch ddod o hyd i ystadegau, rhowch nhw i mewn i daenlen a lluniwch graff i ddangos cyfradd y twf.

2.3.2 Caledwedd a meddalwedd ar gyfer y Rhyngrwyd

Gall unrhyw gyfrifiadur gael ei gysylltu â'r Rhyngrwyd os yw'r caledwedd a meddalwedd priodol wedi'u gosod arno, ond bydd angen defnyddio Darparwr Gwasanaeth Rhyngrwyd (*ISP: Internet Service Provider*). Mae gan Ddarparwyr Gwasanaeth Rhyngrwyd gyfrifiaduron nerthol o'r enw gweinyddion sydd wedi'u cysylltu'n barhaol â'r Rhyngrwyd.

Mae nifer o Ddarparwyr Gwasanaeth Rhyngrwyd ar gael. Mae rhai'n ddi-dâl, ond mae'r mwyafrif yn codi am eu gwasanaeth. Gall y tâl hwn fod yn ffi fisol neu gall fod yn seiliedig ar eich defnydd o'r Rhyngrwyd. Mae'r darparwyr di-dâl yn cael eu harian o hysbysebu. Bydd pob darparwr yn cyflenwi'r meddalwedd sydd ei angen i ddefnyddio ei wasanaeth.

Pan ewch ar y Rhyngrwyd mae eich cyfrifiadur yn cysylltu ag un o gyfrifiaduron eich Darparwr Gwasanaeth Rhyngrwyd. Mae'n debyg y bydd angen ichi roi eich enw defnyddiwr a chyfrinair nesaf. Os cânt eu derbyn, bydd eich darparwr yn cysylltu eich cyfrifiadur â'i weinydd a fydd wedyn yn darparu cysylltiad â'r Rhyngrwyd.

Y meddalwedd arall y mae'n rhaid ichi ei roi ar eich cyfrifiadur yw porwr Rhyngrwyd. Mae llawer o'r rhain, ond y prif rai yw Netscape Navigator a Microsoft Internet Explorer.

Gall cyfrifiadur gyrchu'r Rhyngrwyd mewn nifer o wahanol ffyrdd.

Deialu:

I gysylltu'ch cyfrifiadur â system ffôn, bydd angen modem arnoch. Dyfais yw hon sy'n gwneud yn siŵr bod y signalau digidol a ddefnyddir gan y cyfrifiadur yn gytûn â signalau'r llinellau ffôn. Caiff y cyfrifiadur ei gysylltu â'r modem a'r modem â'r soced ffôn, er bod y modem yn aml o fewn cas y cyfrifiadur. Gallwch glywed y modem yn deialu ac yn cysylltu â chyfrifiadur y Darparwr Gwasanaeth Rhyngrwyd.

20

I ddefnyddio'r Rhyngrwyd rhaid tanysgrifio i Ddarparwr Gwasanaeth Rhyngrwyd (*ISP*). Mae gan hwn weinyddion sydd wedi'u cysylltu'n barhaol â'r Rhyngrwyd.

RHWYDWEITHIO DEIALU: Dull o gysylltu cyfrifiadur â Darparwr Gwasanaeth Rhyngrwyd (*ISP*) drwy fodem, gan ddefnyddio'r system ffôn. Mae'n araf.

MODEM: (Modylydd-Dadfodylydd) Y caledwedd sydd ei angen i drawsnewid signalau digidol cyfrifiadur yn signalau analog y gellir eu hanfon i lawr llinell ffôn. Mae'r modem hefyd yn troi signalau ffôn yn ôl yn signalau digidol y gall y cyfrifiadur eu defnyddio.

Ffigur 2.11 *Dau ficrogyfrifiadur wedi'u cysylltu dros y Rhyngrwyd.*

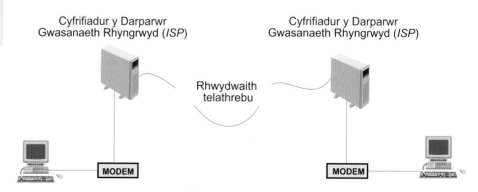

Cyfrifiadur y Darparwr Gwasanaeth Rhyngrwyd (*ISP*)   Cyfrifiadur y Darparwr Gwasanaeth Rhyngrwyd (*ISP*)

Rhwydwaith telathrebu

MODEM   MODEM

Ffigur 2.12 *Modem allanol.*

Mae buanedd anfon a derbyn data yn cael ei fesur mewn cilodidau'r eiliad (Kbps) neu mewn megadidau'r eiliad (Mbps). Po fwyaf yw buanedd y cysylltiad, mwyaf cyflym y byddwch yn gallu pori gwefannau ar y Rhyngrwyd neu lwytho data i lawr.

Rhwydwaith Digidol Gwasanaethau Integredig:

Dull cyflymach o gysylltu â'r Rhyngrwyd yw'r Rhwydwaith Digidol Gwasanaethau Integredig (*ISDN: Integrated Services Digital Network*). Mae'n defnyddio rhwydwaith cenedlaethol o gysylltiadau digidol. Gan fod y system yn defnyddio signalau digidol (sydd eisoes yn gytûn â signalau cyfrifiadur), nid oes angen modem.

Os yw cwmni yn dymuno defnyddio'r rhwydwaith hwn i gysylltu â'r Rhyngrwyd, bydd angen cael cebl arbennig wedi'i osod. Erbyn heddiw mae llinellau *ISDN* yn cael eu disodli gan ddulliau cyflymach megis *ADSL*.

Llinell Danysgrifio Ddigidol Anghymesur:

Mae Llinell Danysgrifio Ddigidol Anghymesur (*ADSL: Asymmetrical Digital Subscriber Line*) yn defnyddio'r llinellau ffôn presennol i gysylltu â'r Rhyngrwyd. Mae'r dechnoleg yn sicrhau buanedd cysylltu arbennig o gyflym. Mae llwytho data i lawr yn llawer cyflymach na llwytho data i fyny, felly mae'r system hon yn addas iawn ar gyfer cymwysiadau megis pori'r we.

Gellir gadael cysylltiadau *ADSL* wedi'u cysylltu'n barhaol â'r Rhyngrwyd, sy'n ei gwneud hi'n gyflymach cyrchu gwefannau ac yn caniatáu i negeseuon e-bost gael eu hanfon yr eiliad y maent yn cyrraedd. Caiff rhai tudalennau gwe eu diweddaru (*refresh*) yn awtomatig ar ôl cyfnod penodol o amser, ac mae hyn yn caniatáu i fusnesau gadw llygad cyson ar ddata megis prisiau cyfranddaliadau.

Ceblau:

Mae gan lawer o gartrefi gysylltiad cebl ar gyfer y teledu ac mae'n bosibl defnyddio'r rhain hefyd i gysylltu â'r Rhyngrwyd.

> Dulliau cyflym o gysylltu â'r Rhyngrwyd yw *ISDN*, *ADSL* a chebl.

> **BAND LLYDAN:** Term a ddefnyddir i ddisgrifio cysylltiadau Rhyngrwyd cyflym, megis *ADSL*.

2.3.3 Defnyddio'r Rhyngrwyd

Yn yr adrannau nesaf byddwn yn trafod y gwahanol ffyrdd i ddefnyddio'r Rhyngrwyd:

- Pori: chwilio am wybodaeth.
- E-bost: anfon negeseuon i ddefnyddwyr e-bost eraill.
- Cronfeydd data ar-lein.
- Telegynadledda: cynnal cyfarfodydd gyda phobl ym mhedwar ban byd.
- E-fasnach: defnyddio'r Rhyngrwyd i brynu a gwerthu.
- Telefancio: bancio o'ch cartref.
- Cyhoeddi gwe: sefydlu gwefannau.
- Llinellau sgwrsio: cyfathrebu ar-lein â defnyddwyr eraill.
- Radio: gwrando ar raglenni o orsafoedd byd-eang neu ar adeg ar ôl y darllediad gwreiddiol.

2.3.4 Pori

Un o brif gymwysiadau'r Rhyngrwyd yw dod o hyd i wybodaeth. Mae swm enfawr o wybodaeth i'w gael ar wefannau, o storïau newyddion i brisiau cyfranddaliadau, o ganlyniadau chwaraeon i ragolygon y tywydd. Mae'r rhestr yn ddiddiwedd. Ond rhaid cymryd gofal! Nid yw'r holl wybodaeth ar y Rhyngrwyd yn gywir ac mae llawer ohoni wedi hen ddyddio. Mae'n ddoeth defnyddio nifer o wahanol wefannau a chyrchu gwefannau sydd ag enw da.

Mae gan bob gwefan ar y Rhyngrwyd Leolydd Adnoddau Unffurf (*URL: Uniform Resource Locator*). Cyfeiriad y wefan yw hwn a gellir ei fewnbynnu i flwch cyfeiriad y porwr. Er enghraifft, www.bbc.co.uk/cymru yw URL gwefan BBC Cymru.

Mae gan URL cyflawn ragddodiad sy'n dangos y math o adnodd Rhyngrwyd yr ydych chi'n dymuno ei ddefnyddio. Os na ddefnyddiwch hwn, bydd y porwr yn cymryd eich bod yn dymuno edrych ar wefan ac yn rhoi http:// ar ddechrau'r cyfeiriad. Mae yna fathau eraill o dudalen a all gael eu harddangos, er enghraifft ftp://, adnodd sy'n caniatáu ichi drosglwyddo ffeiliau ar draws y Rhyngrwyd.

Bydd gan bob tudalen we hypergysylltau. Mae'r rhain yn gadael ichi symud o un dudalen i dudalen arall. Gall yr hypergyswllt gael ei roi ar air neu lun a bydd clicio'r hypergyswllt â'r llygoden yn peri i'r porwr arddangos tudalen we arall.

Os nad ydych chi'n gwybod beth yw cyfeiriad y wefan yr ydych chi'n chwilio amdani, mae yna beiriannau chwilio grymus megis Google, Yahoo! ac Ask Jeeves a all eich helpu. Os ewch i wefan peiriant chwilio a theipio allweddeiriau i mewn (h.y. beth yr ydych chi'n chwilio amdano), bydd yn rhestru nifer mawr o gysylltau a all fod yn ddefnyddiol. Cliciwch un o'r rhain i fynd i'r wefan. Mae'n well bod yn benodol wrth chwilio er mwyn osgoi cael rhestr hirfaith o gysylltau.

Gall porwyr gwe gynnig cyfleusterau eraill:

- Rhestr o 'ffefrynnau'. Os dewch o hyd i wefan yr hoffech ei defnyddio'n aml, yna gallwch ei hychwanegu at restr o ffefrynnau er mwyn ei chyrchu'n hawdd.
- Gallwch fynd at 'hanes' i weld y gwefannau y buoch yn ymweld â nhw'n ddiweddar a'u harddangos eto.
- Botwm 'yn ôl' sy'n gadael ichi fynd yn ôl i'r wefan flaenorol y buoch yn ymweld â hi.
- Tudalen 'gartref' (neu 'hafan') y gallwch ei gosod eich hun. Y dudalen gartref yw'r wefan a arddangosir pan agorwch y porwr gyntaf. Mae botwm ar y porwr y gallwch ei glicio i ddychwelyd i'r dudalen gartref.
- Cyfleuster 'argraffu'. Mae'n bosibl argraffu tudalen we fel rheol.

2.3.5 Post electronig

System ar gyfer anfon negeseuon o un defnyddiwr cyfrifiadur i ddefnyddiwr arall, naill ai ar rwydwaith lleol neu dros y Rhyngrwyd, yw post electronig (e-bost). I ddefnyddio e-bost, rhaid i'r ddau ddefnyddiwr fod yn danysgrifwyr i'r Rhyngrwyd a rhaid bod ganddynt feddalwedd e-bost ar eu cyfrifiaduron. Y meddalwedd e-bost mwyaf cyffredin yw Microsoft Outlook Express, ond mae llawer o rai eraill.

LLEOLYDD ADNODDAU UNFFURF (*URL*): Cyfeiriad unigryw ar gyfer gwefan ar y Rhyngrwyd.

http = Protocol Trosglwyddo Hyperdestun.
ftp = Protocol Trosi Ffeiliau.

Mae peiriannau chwilio yn eich helpu i ddod o hyd i wefannau, ond byddwch mor benodol â phosibl.

E-BOST: System sy'n caniatáu i ddefnyddiwr rhwydwaith anfon neges i ddefnyddiwr rhwydwaith arall.

Rhaid i bob defnyddiwr e-bost gael cyfeiriad e-bost. Caiff hwn ei ddarparu gan y Darparwr Gwasanaeth Rhyngrwyd (*ISP*) fel rheol, a bydd yn edrych fel hyn:

john.jones@fynarparwr.co.uk

john.jones yw enw'r defnyddiwr a **fynarparwr.co.uk** yw enw'r parth a ddefnyddir gan y Darparwr Gwasanaeth Rhyngrwyd (*ISP*) y mae'r defnyddiwr yn tanysgrifio iddo. Mae pob cyfeiriad Rhyngrwyd yn unigryw, hynny yw, ni fydd gan unrhyw ddau ddefnyddiwr yr un cyfeiriad e-bost ac ni fydd pobl eraill yn gallu darllen eich e-bost. Gallwch gael mwy nag un cyfeiriad e-bost a bydd pobl yn defnyddio gwahanol gyfeiriadau e-bost at wahanol ddibenion. Er enghraifft, gallai rhywun benderfynu defnyddio un cyfeiriad e-bost o'i gartref ac un gwahanol o'i waith.

Os anfonwch e-bost at berson arall ar y Rhyngrwyd, mae angen rhoi cyfeiriad y person hwnnw a theipio'r pwnc (pennawd sy'n rhoi amcan o gynnwys yr e-bost). Bydd y pwnc a roddwch yn ymddangos ar restr e-bost y sawl sy'n derbyn eich e-bost. Bydd y neges ei hun yn cael ei theipio mewn blwch mwy o dan y pwnc.

24

Mae gan bob defnyddiwr e-bost gyfeiriad e-bost unigryw.

■ Gweithgaredd 2.5 Taenlen a'r Rhyngrwyd

Yr her yma yw darganfod map o'r llifogydd ym Mhanama a gafodd sylw yn y newyddion ym mis Rhagfyr 2004.

1 Paratowch daenlen gyda dwy golofn fel y dangosir isod.

Allweddeiriau chwilio	Nifer y gwefannau a ddarganfuwyd
News	
News about floods	
News about floods in Panama	
"Panama Flood"	
"Panama Flood" +2004	
+"Panama Flood" +2004 +map	

2 Gan ddefnyddio'r Rhyngrwyd, dewiswch beiriant chwilio a rhowch gynnig ar bob un o'r chwiliadau a roddir yn y tabl uchod, gan gofnodi ar y daenlen faint o gysylltau gwefan a ddarganfyddwch.

Os defnyddiwch allweddeiriau mewn dyfynodau, bydd y peiriant chwilio yn chwilio am wefannau sydd â'r union eiriau hyn ynddynt. Gyda'r mwyafrif o beiriannau chwilio gallwch wneud chwiliadau uwch megis yr un olaf yn y tabl uchod. Mae'r allweddeiriau chwilio yn y rhes olaf yn golygu: dewch o hyd i bob gwefan sy'n cynnwys y geiriau 'Panama Flood'; rhaid iddynt hefyd gynnwys y gair '2004' a'r gair 'map'.

3 A allwch chi ddod o hyd i fap o'r llifogydd?

4 Ychwanegwch ragor o golofnau a defnyddiwch beiriannau chwilio eraill.

Ffigur 2.13 *Sgrin e-bost nodweddiadol.*

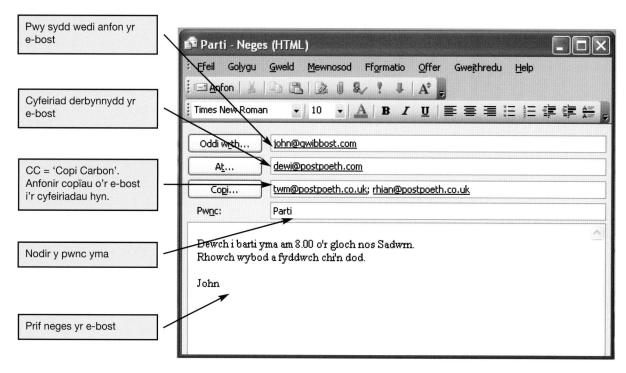

Pwy sydd wedi anfon yr e-bost	
Cyfeiriad derbynnydd yr e-bost	
CC = 'Copi Carbon'. Anfonir copïau o'r e-bost i'r cyfeiriadau hyn.	
Nodir y pwnc yma	
Prif neges yr e-bost	

Ar ôl ichi deipio eich neges, mae angen ichi ei hanfon. Os nad ydych wedi'ch cysylltu â'r Rhyngrwyd, caiff y neges ei rhoi yn eich 'blwch allan', lle bydd yn aros hyd nes ichi gysylltu. Dyma un o fanteision pwysicaf e-bost: gallwch gasglu ac anfon eich negeseuon ar adeg sy'n gyfleus i chi.

Gallwch hefyd ddewis pryd i dderbyn eich negeseuon. Mae hyn yn fantais dros neges ffôn sy'n torri ar draws ac yn gofyn am eich sylw ar unwaith, ni waeth pa mor anghyfleus ydyw.

Pan fyddwch yn rhoi eich cyfrifiadur ymlaen ac yn agor eich rhaglen e-bost, bydd cysylltiad yn cael ei wneud a bydd unrhyw e-bost sy'n aros yn cael ei lwytho i lawr. Caiff unrhyw e-bost yn eich blwch allan ei lwytho i fyny i gyfrifiadur eich *ISP* a fydd yn ei drosglwyddo i gyfrifiadur *ISP* y derbynnydd, lle caiff ei storio hyd nes y bydd y derbynnydd yn mewngofnodi ac yn ei lwytho i lawr.

Ffigur 2.14 *Mae Siôn yn anfon e-bost at Siân.*

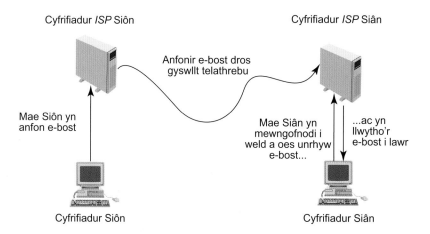

Mae gan raglenni e-bost y cyfleusterau canlynol fel rheol:

- **Llyfr cyfeiriadau:** Mae hwn yn eich galluogi i storio cyfeiriadau e-bost y bobl yr ydych chi'n anfon e-bost atynt a'u rhoi yn nhrefn yr wyddor. Gall cyfeiriadau e-bost fod yn hir ac anodd eu cofio ac mae'r llyfr cyfeiriadau'n cynnig ffordd gyfleus o'u storio a chwilio drwy'r rhestr am gyfeiriad penodol. Pan ewch ati i greu e-bost, gallwch ddewis un o'r cyfeiriadau yn y llyfr cyfeiriadau heb orfod teipio'r cyfeiriad cyfan.
- **Ffolder y mewnflwch:** Caiff yr e-bost a dderbyniwch ei storio yn ffolder y mewnflwch, ond gallwch greu eich ffolderi eich hun a gosod rheolau fel bod y rhaglen yn gwybod ym mha ffolder i storio'r e-bost wrth iddo gyrraedd. Er enghraifft, gallwch ddweud wrth y rhaglen am storio pob e-bost o gyfeiriad ffrind mewn ffolder ar wahân.

Pan welwch e-bost yn y mewnflwch, gallwch ei agor a'i ddarllen neu ei argraffu, ond gallwch hefyd ei ateb ac anfon neges yn ôl i'r anfonwr, neu gallwch ei anfon ymlaen i gyfeiriad e-bost defnyddiwr arall.

- **Ffolder y blwch allan:** Mae hwn yn cynnwys yr holl e-bost sy'n aros i gael ei anfon. Pan wnewch gysylltiad, caiff y ffolder hwn ei wagio wrth i'r holl e-bost gael ei lwytho i fyny i gyfrifiadur yr *ISP*.
- **Ffolder eitemau a anfonwyd:** Mae cofnod yn cael ei gadw o'r holl e-bost yr ydych wedi'i anfon.
- **Ffolder eitemau a ddilëwyd:** Mae'r holl e-bost yr ydych wedi'i ddileu yn cael ei storio yn y ffolder hwn hyd nes ichi benderfynu ei wagio, gan ei ddileu'n barhaol.
- **Copïau lluosog:** Gallwch anfon yr un e-bost i nifer o wahanol gyfeiriadau.
- **Atodiadau:** Gall unrhyw ffeil y gellir ei storio ar gyfrifiadur – dogfen, llun, ffeil sain neu glip fideo – gael ei hatodi i e-bost a'i hanfon i ddefnyddiwr arall.

Mae anfon e-bost yn gyffredin iawn bellach ac mae'n prysur ddisodli dulliau cyfathrebu confensiynol. Y peth cyntaf y bydd llawer o bobl yn ei wneud ar ôl rhoi'r cyfrifiadur ymlaen yw 'edrych ar yr e-bost'.

Manteision e-bost:
- Mae e-bost yn cyrraedd o fewn eiliadau. Mae'r gwasanaeth post yn cymryd diwrnod neu ddau ac yn cael ei ystyried yn araf iawn.
- Mae'n ddull cyfathrebu rhad ac nid oes unrhyw dâl ychwanegol am anfon e-bost.
- Nid oes unrhyw wahaniaeth os yw'r derbynnydd ar-lein pan anfonir yr e-bost. Gall ei dderbyn ar adeg sy'n gyfleus iddo.
- Gall e-bost gael ei anfon at nifer o wahanol ddefnyddwyr yr un pryd.
- Gall ffeiliau gael eu hatodi i e-bost a'u hanfon gydag ef.

Anfanteision e-bost:
- Ni ellir anfon gwrthrychau. Er enghraifft, ni allwch anfon anrheg pen-blwydd drwy e-bost.
- Mae llawer o'r negeseuon e-bost a dderbynnir yn rhai dieisiau. Yr enw a roddir ar y rhain yw sbam a bydd Darparwyr Gwasanaeth Rhyngrwyd weithiau'n gosod hidlyddion **sbam** ar eu cyfrifiaduron i geisio eu hatal.
- Bydd angen sganio dogfen bapur cyn gallu ei hanfon drwy e-bost.
- Mae rhai prosesau cyfreithiol yn gofyn am ddogfennau gwreiddiol ac nid yw copïau wedi'u sganio yn dderbyniol. Felly bydd angen anfon y rhain drwy'r post confensiynol.
- Mae cyfyngiadau weithiau ar faint y ffeil y gallwch ei hatodi, felly mae'n bosibl y byddwch yn methu ag anfon ffeiliau mawr.

2.5

Caiff e-bost a dderbynnir ei storio yn y **mewnflwch**. Caiff e-bost sy'n aros i gael ei anfon ei storio yn y **blwch allan**.

Sbam: Gair am e-bost dieisiau.

GWE-BOST: Dull o anfon a derbyn e-bost, gan ddefnyddio gwefan.

Ffigur 2.15 Un enghraifft o safle gwe-bost yw Hotmail.

Gwe-bost

Mae gwe-bost yn caniatáu i ddefnyddwyr anfon a derbyn e-bost drwy ymweld â gwefan ar-lein. Mae'r cyfrifiadur sy'n rheoli'r wefan yn storio'r holl negeseuon e-bost ac ni chânt eu hanfon i'ch cyfrifiadur. Prif fantais hyn yw y gellir edrych ar negeseuon o unrhyw le yn y byd lle mae cysylltiad Rhyngrwyd. Er enghraifft, gallwch agor eich e-bost os ydych ar eich gwyliau.

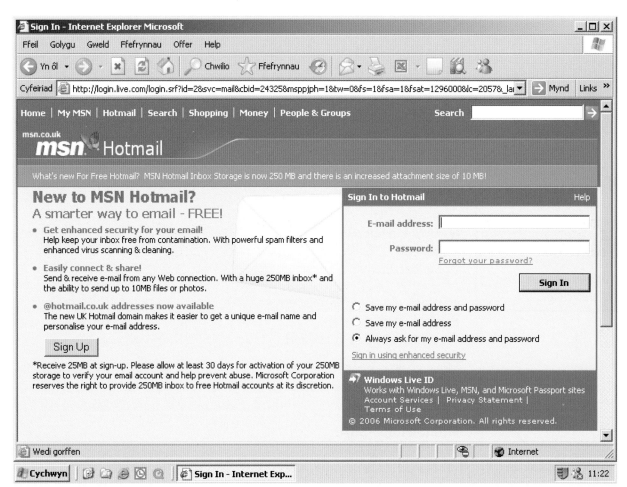

2.3.6 Cronfeydd data ar-lein

Un o brif gymwysiadau'r Rhyngrwyd yw darganfod gwybodaeth. Mae llawer o bobl y mae'n bwysig iddynt gael gwybodaeth ddibynadwy, gan gynnwys disgyblion ysgol a myfyrwyr coleg. Gall meddyg ddymuno cael yr wybodaeth ddiweddaraf am afiechyd a sut i'w drin, neu gall fod angen i wyddonydd ddarganfod priodweddau cemegyn penodol.

Mae nifer o gronfeydd data ar y Rhyngrwyd ac mae llawer ohonynt yn ddi-dâl. Rhai enghreifftiau nodweddiadol yw:

Gall **cronfeydd data ar-lein** gael eu cyrchu ar dudalennau gwe ar y Rhyngrwyd.

- Geiriaduron sy'n diffinio geiriau, a thesawrysau sy'n rhoi dewis o eiriau ag ystyr debyg.
- Geiriaduron ar gyfer cyfieithu i ieithoedd modern.
- Cronfeydd data meddygol sy'n cynnwys gwybodaeth am afiechydon a sut i'w trin.

- Cofnodion o bapurau a dadleuon gwleidyddol (e.e. Hansard: trafodion Senedd y DU – http://www.parliament.uk/hansard/hansard.cfm; Cofnod y Trafodion, Cynulliad Cenedlaethol Cymru – http://www.cymru.gov.uk/keypubrecordproceedings/).
- Cofnodion gwyddonol.
- Amserlenni teithio ar gyfer trenau, bysiau ac awyrennau.
- Cofnodion o blanhigion ar gyfer garddwyr a gwaith amgylcheddol (e.e. cronfa ddata o berlysiau yn http://herb.umd.umich.edu/).
- Cofnodion o droseddwyr sydd ar ffo neu bobl sydd ar goll. Gellir cyrchu'r cronfeydd data hyn o bob cwr o'r byd.

Bydd gan y mwyafrif o gronfeydd data ar-lein eu cyfleuster chwilio eu hun er mwyn cyflymu'r broses o ddod o hyd i'r pwnc yr ydych chi'n chwilio amdano.

Prif fantais cronfeydd data ar-lein yw nad oes rhaid prynu geiriadur neu deithio i'r llyfrgell leol i gael yr wybodaeth yr ydych chi'n chwilio amdani, ond mae rhai o'r cronfeydd data hyn yn gymhleth a gall gymryd llawer o amser i ddod o hyd i'r union wybodaeth yr ydych ei heisiau.

Gweithgaredd 2.6 Ymchwiliad ar y Rhyngrwyd

Defnyddiwch y Rhyngrwyd i ddod o hyd i ystyr y geiriau canlynol:

- Teclado (Sbaeneg)
- Boktryckare (Swedeg)
- Ellenõrzõmûszer (Hwngareg)
- Kiboko (Swahili)

... a'r un gwahanol yw?

2.3.7 Telegynadledda

TELEGYNADLEDDA: Ffordd o gynnal cyfarfodydd rhwng pobl nad ydynt yn yr un ystafell.

Yn y mwyafrif o weithleoedd, mae angen cynnal cyfarfodydd i drafod strategaethau busnes neu i wneud penderfyniadau, ond heddiw gall staff cwmni weithio filltiroedd oddi wrth ei gilydd. Gallant fod mewn gwahanol wledydd hyd yn oed, ac mae hyn yn ei gwneud hi'n anodd cynnal cyfarfodydd ar fyr rybudd. Gall fod yn ddrud hefyd, o ran costau teithio ac amser, i drefnu i staff gyfarfod â'i gilydd.

Mae **telegynadledda**, neu **fideo-gynadledda** os yw'n cynnwys cysylltau fideo, yn datrys y broblem hon. Defnyddir cyfrifiaduron sydd wedi'u cysylltu â'r Rhyngrwyd i gynnal cyfarfodydd: gall pawb gyfathrebu â'i gilydd drwy ddefnyddio microffonau a seinyddion i siarad â'i gilydd a chamerâu i'w gweld ei gilydd. Rhaid gosod meddalwedd fideo-gynadledda arbennig yn yr holl gyfrifiaduron sy'n cael eu defnyddio.

Ffigur 2.16 *Cyfarfod telegynadledda.*

Manteision:

- Nid oes rhaid i bobl deithio i'r cyfarfod. Yn ogystal ag arbed amser, mae hyn yn arbed arian oherwydd nad oes angen prynu tocynnau neu drefnu llety. Gall pobl fynychu'r cyfarfod yn y swyddfa neu yn eu cartref.
- Gellir galw cyfarfodydd ar fyr rybudd ac nid oes gwahaniaeth ble yn y byd y mae'r bobl yn digwydd bod, ond iddynt allu cyrchu cyfrifiadur fideo-gynadledda.

Anfanteision:

- Mae'n well gan lawer o bobl gyfarfod wyneb yn wyneb â phobl eraill pan fo angen gwneud penderfyniadau pwysig. Nid oes gan gyfarfodydd a gynhelir ar gyfrifiadur y cyffyrddiad personol.
- Mae angen prynu'r cyfarpar fideo-gynadledda. Mae angen microffon, seinyddion, camera fideo a'r meddalwedd angenrheidiol ar gyfer pob cyfrifiadur.
- Er ei fod yn gwella, nid yw'r dechnoleg yn berffaith eto. Mae'n bosibl na fydd y lluniau a'r sain wedi'u llwyr gydamseru a gall y lluniau edrych braidd yn 'herciog'.

2.3.8 E-fasnach

Erbyn heddiw mae gan y mwyafrif o fusnesau wefannau ar y Rhyngrwyd sy'n gweithredu fel ffenestri siop, gan ganiatáu iddynt ddangos manylion y cwmni a'r nwyddau sydd ar werth. E-fasnach yw'r term a ddefnyddir ar gyfer prynu a gwerthu nwyddau neu wasanaethau yn 'electronig' dros y Rhyngrwyd, ac mae'n dod yn fwyfwy poblogaidd.

Gall prynwr fynd i wefan busnes, pori drwy'r eitemau sydd ar werth drwy edrych ar luniau a disgrifiadau, a rhoi'r eitemau y mae eisiau eu prynu mewn 'basged siopa'. Ar ôl dewis ei holl eitemau, bydd y prynwr yn mynd i'r 'ddesg dalu' lle caiff manylion y pryniant eu cadarnhau a'r dull o dalu ei ddewis. Fel rheol mae hyn yn golygu rhoi manylion cerdyn debyd neu gredyd a gwybodaeth am y cyfeiriad y bydd y nwyddau'n cael eu danfon iddo. Yna anfonir y nwyddau, o fewn ychydig o ddyddiau fel rheol, i gartref y prynwr. Bydd y mwyafrif o gwmnïau'n codi am gludiant neu am bostio a phacio.

Mae'n bosibl prynu bron unrhyw eitem dros y Rhyngrwyd y dyddiau hyn, o lyfrau, CDau a DVDau i blanhigion, yswiriant, cyfarpar cyfrifiadurol a'r nwyddau a werthir gan fferyllwyr. Mae'r rhestr yn fawr iawn ac yn cynyddu drwy'r adeg wrth i ragor a rhagor o gwmnïau sefydlu gwefannau e-fasnach.

> ??
>
> Gallwch ddefnyddio gwefannau e-fasnach i siopa o gysur eich cartref eich hun, ond ichi dalu â cherdyn. Codir rhagor am bacio a phostio fel rheol.

Manteision:

- Mae'r dewis o nwyddau sydd ar gael yn enfawr. Gellir defnyddio peiriannau chwilio i ddod o hyd i bron unrhyw eitem ar wefannau e-fasnach. Wedi mynd y mae'r dyddiau pan fyddech yn teithio cryn bellter i siop a darganfod nad yw'n stocio'r eitem yr ydych chi'n chwilio amdani.
- Gallwch siopa o gysur eich cartref. Nid oes angen treulio amser yn mynd i'r siop na gwario arian ar y daith.
- Caiff y nwyddau eu cludo i stepen y drws. Gall rhai eitemau fod yn fawr, yn drwm neu'n anodd eu cario.

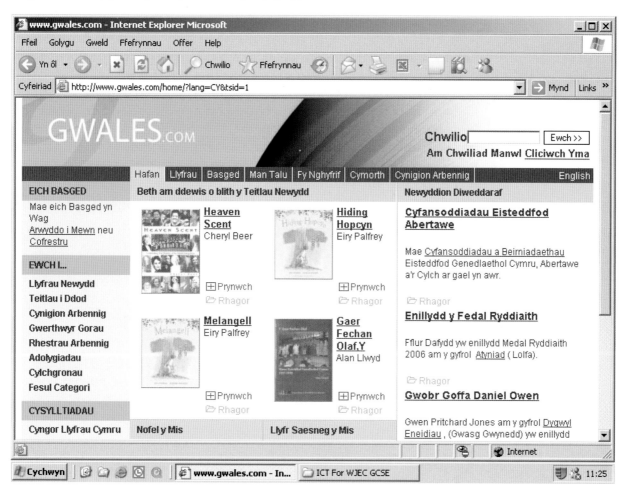

- Nid oes angen i fusnes sy'n gweithredu gwefan e-fasnach dalu'r rhent ar swyddfa neu siop.
- Gall busnesau ehangu eu marchnad yn hawdd i unrhyw le yn y byd. Gall unrhyw un sy'n gallu cyrchu'r Rhyngrwyd archebu eitem o wefan.

Anfanteision:

- Weithiau gallwch aros am ddyddiau neu wythnosau cyn y bydd eitem a brynwyd gennych o wefan e-fasnach yn cyrraedd. Os prynwch o siop, gallwch gael yr eitem honno ar unwaith.
- Ni allwch gyffwrdd nac arogli'r nwyddau yr ydych chi'n eu prynu. Er enghraifft, weithiau nid yw'n amlwg o lun sut mae dilledyn yn teimlo (e.e. pa mor feddal neu drwm ydyw). Mae'n bosibl na fydd bwyd ffres a brynir dros y Rhyngrwyd yn union yr un fath ag yn y llun ac mae'n amhosibl teimlo pa mor ffres yw ffrwythau. Ni allwch ddweud chwaith sut arogl sydd ar bersawr neu sebon.
- Mae rhai pobl yn amheus ynglŷn â rhoi manylion eu cerdyn credyd dros y Rhyngrwyd er bod cwmnïau e-fasnach yn cymryd rhagofalon mawr i sicrhau nad yw'r manylion yn cael eu rhyng-gipio. Caiff y manylion eu hamgryptio (codio) fel rheol cyn eu hanfon fel eu bod yn ddiystyr i unrhyw un arall.

2.3.9 Telefancio

Erbyn hyn mae gan lawer o fanciau a chymdeithasau adeiladu wefannau ar y Rhyngrwyd lle gall cwsmeriaid ymgymryd â thasgau bancio sylfaenol. Rhaid cael cyfrif gyda'r banc a bydd y banc yn gofyn ichi gofrestru gyda nhw er mwyn cael defnyddio ei wasanaethau ar-lein. Bydd yn rhoi cyfrinair i chi i'w ddefnyddio pryd bynnag y defnyddiwch y safle, i sicrhau bod cwsmeriaid yn gallu cyrchu eu cyfrif eu hun yn unig. Hefyd, fel mesur diogelwch ychwanegol, mae'n bosibl y bydd gofyn ichi deipio Rhif Adnabod Personol (*PIN*).

Mae'r gwasanaethau ar-lein sydd ar gael yn amrywio, ond y tasgau mwyaf cyffredin y gallwch eu gwneud yw:

- Gweld cyfriflen. Bydd hon yn dangos eich trafodion banc mwyaf diweddar ac yn rhoi gweddill (h.y. faint o arian sydd ar ôl yn eich cyfrif).
- Trosglwyddo arian o un cyfrif i gyfrif arall. Er enghraifft, gall arian gael ei drosglwyddo o gyfrif cyfredol i gyfrif cynilo.
- Talu biliau. Mae hyn yn cael ei wneud drwy drosglwyddo arian o'ch cyfrif chi i gyfrif y busnes y mae ei fil yn cael ei dalu.
- Trefnu neu newid archebion sefydlog neu ddebydau uniongyrchol. Taliadau rheolaidd yw'r rhain.
- Gwneud cais am fenthyciad neu forgais.

Gall gwasanaethau eraill gynnwys archebu llyfr siec newydd neu wneud cais am gerdyn credyd.

Manteision:
- Gallwch wneud eich bancio yn eich cartref, gan arbed amser ac osgoi'r angen i deithio.
- Mae gennych fwy o reolaeth dros eich materion ariannol. Gallwch weld faint o arian sydd yn eich cyfrif bob dydd.
- Gallwch ddefnyddio'r gwasanaeth ar unrhyw adeg yn ystod yr wythnos.

Anfanteision:
- Mae pobl yn poeni am ddiogelwch. Maent yn ofni y bydd pobl eraill yn hacio i'w cyfrifon a throsglwyddo arian, er bod banciau'n cymryd pob mesur diogelwch posibl i atal problemau o'r fath.
- Mae'n amhersonol iawn. Weithiau mae'n well gan bobl drafod materion bancio â phobl yn hytrach na pheiriannau.
- Nid yw pob gwasanaeth bancio ar gael ar-lein.

2.3.10 Cyhoeddi ar y We

Y We Fyd-Eang yw'r brif ffordd o gyflwyno gwybodaeth erbyn hyn, nid yn unig i fusnesau ond hefyd i ddefnyddwyr cyfrifiaduron yn eu cartrefi. Mae gwefannau newydd yn ymddangos bob dydd ac mae eraill yn cael eu diweddaru'n gyson.

Bydd busnesau'n defnyddio gwefan fel ffenestr siop, i ddangos eu nwyddau a'u gwasanaethau ac i roi gwybodaeth am y cwmni a'r hyn y mae'n ei gynnig. Gall cyrff eraill gyflwyno gwahanol fathau o wybodaeth megis amserlenni teithio, catalogau llyfrau neu ddeunydd addysgol.

Bydd rhai pobl yn creu gwefannau amdanynt hwy eu hunain a'u teulu neu am bwnc y mae ganddynt ddiddordeb mawr ynddo.

28

Gellir gwneud tasgau bancio cyffredin o'r cartref. Nid oes angen teithio i gangen agosaf eich banc, a gallwch wneud y tasgau pryd bynnag y dymunwch.

29

Mae angen i fanciau gymryd mesurau diogelwch dibynadwy.

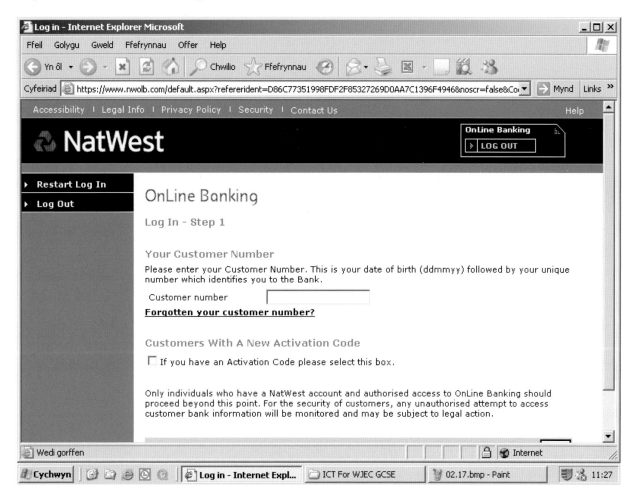

Mae llawer o raglenni ar gael y gellir eu defnyddio i greu gwefan, ac maent yn debyg iawn i brosesydd geiriau. Caiff testun a graffigwaith eu cyfuno a'u trefnu ar y dudalen, a darperir cysylltau i lywio rhwng y tudalennau.

Mae angen i ddylunwyr gwefannau fod yn ofalus iawn wrth gynllunio pob tudalen a'r ffordd y mae'r tudalennau wedi'u cysylltu. Dylai fod yn hawdd i'r defnyddiwr symud o gwmpas y wefan a chael yr wybodaeth y mae'n chwilio amdani. Rhaid dylunio tudalennau gyda'r defnyddiwr mewn golwg, a rhaid i'r dyluniad fod yn briodol i'r defnyddwyr hynny. Er enghraifft, bydd angen i ddudalennau i blant fod yn lliwgar a syml.

Un ffordd o gyhoeddi gwefan ar y We Fyd-Eang yw tanysgrifio i gwmni sy'n cynnig lle i wefannau. Mae rhai Darparwyr Gwasanaeth Rhyngrwyd yn cynnig lle i'w cwsmeriaid i greu gwefannau, ond mae busnesau eraill ar y Rhyngrwyd yn codi tâl yn ôl faint o le yr ydych chi am ei brynu.

Os crëwch wefan, bydd angen ichi ei llwytho i fyny i'ch lle chi ar y we a bydd angen rhaglen Protocol Trosi Ffeiliau (*FTP: File Transfer Protocol*) ar gyfer hyn. Bydd y rhaglen yn sefydlu cyswllt Rhyngrwyd â'ch gwefan ac yn llwytho i fyny y ffeiliau a ddewiswch.

Bydd angen rhaglen Protocol Trosi Ffeiliau (*FTP*) arnoch i lwytho tudalen i fyny i wefan.

2.3.11 Llinellau sgwrsio

Mae'n bosibl i ddefnyddwyr y Rhyngrwyd fewngofnodi i wefannau sgwrsio arbennig a chynnal sgyrsiau wedi'u teipio amser-real gyda defnyddwyr eraill. I reoli hyn, ac i'w gwneud hi'n haws i wahanol bobl ddod o hyd i'w gilydd, mae yna 'ystafelloedd sgwrsio' arbennig lle gall defnyddwyr drefnu 'cyfarfod'.

Bydd defnyddwyr weithiau'n defnyddio byrfoddau i arbed amser wrth deipio, er enghraifft, mae WDN yn sefyll am 'wedyn'. Defnyddir byrfoddau tebyg wrth anfon negeseuon testun ar ffonau symudol.

■ Gweithgaredd 2.7 Ymchwiliad ar y Rhyngrwyd

Dyma rai byrfoddau Saesneg a ddefnyddir mewn ystafelloedd sgwrsio. Beth yw eu hystyr?

BBL	BTW	CUL
FYI	OTT	TNX
ROTFL	HHOK	NHOH
OIC	TTYL	BRB

Ffigur 2.19 *Gwefan a sefydlwyd gan ChildNet International i roi gwybod i bobl am beryglon llinellau sgwrsio*

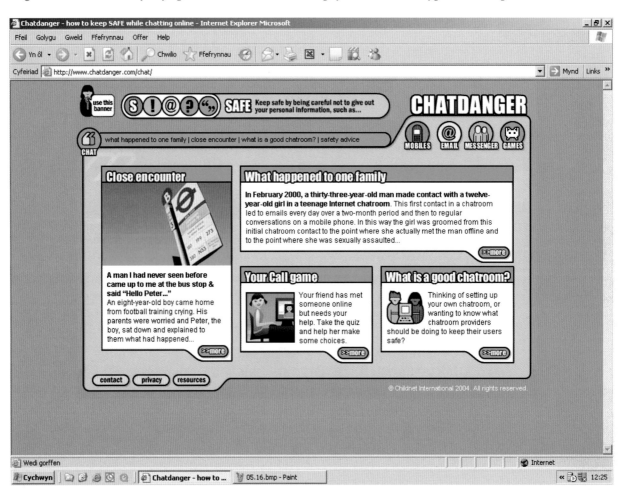

Cymerwch ofal! Gall ystafelloedd sgwrsio fod yn lleoedd peryglus.

RHYBUDD:

Dylech fod yn ofalus dros ben wrth ddefnyddio ystafell sgwrsio. Mae'n amhosibl gwybod pwy sy'n sgwrsio â chi ac ni ddylech byth â rhoi unrhyw wybodaeth bersonol i unrhyw un, er enghraifft, eich enw, cyfeiriad, cyfeiriad e-bost neu rif ffôn. Peidiwch byth â threfnu i gyfarfod â rhywun os nad ydych chi'n ei adnabod yn bersonol.

Os oes unrhyw beth yn eich poeni neu'n gwneud ichi deimlo'n anghysurus, dywedwch wrth rywun – eich rhieni neu'ch athro fyddai orau.

2.3.12 Darlledu radio, cerddoriaeth a fideo

Gellir defnyddio'r Rhyngrwyd ar gyfer adloniant hefyd. Gallwch diwnio i orsaf radio o bron unrhyw le yn y byd a gwrando ar ddarllediadau byw os oes gan eich cyfrifiadur gerdyn sain a seinyddion neu ffonau pen. Hefyd bydd angen meddalwedd chwarae cyfryngau arnoch megis Real Player neu Windows Media Player.

Mae buanedd eich cysylltiad Rhyngrwyd yn ffactor pwysig wrth wrando ar ddarllediadau radio neu fideo oherwydd y gall cysylltiad araf beri i'r sain stopio'n aml am eiliadau ar y tro. Y rheswm am hyn yw bod y cyfrwng yn cael ei chwarae'n gyflymach nag y mae'r signal yn cael ei dderbyn.

Ffigur 2.20 *Caiff rhaglenni radio eu darlledu ar y Rhyngrwyd o lawer o wledydd.*

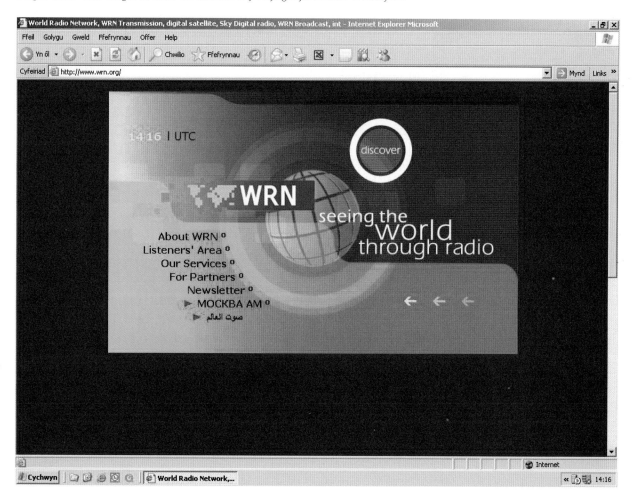

Mae hefyd nifer o orsafoedd darlledu fideo y gellir eu derbyn dros y Rhyngrwyd, gan gynnwys llawer o orsafoedd newyddion a chwmnïau cerddoriaeth, er bod y rhain yn codi am eu gwasanaethau fel rheol.

2.3.13 Gwasanaethau cyfathrebu eraill

Mae nifer o wasanaethau cyfathrebu a gwybodaeth eraill nad ydynt yn defnyddio'r Rhyngrwyd. Dyma rai ohonynt:

- facs
- lleisbost
- teledestun
- teledu digidol rhyngweithiol
- ffonau symudol

FFACS (O FFACSIMILI):
Dull o anfon dogfennau wedi'u sganio dros linellau ffôn neu'r Rhyngrwyd.

2.3.14 Ffacs

Dull o anfon a derbyn dogfennau dros y llinellau ffôn yw ffacs. Rhoddir y ddogfen mewn peiriant ffacs ac yna mae rhif y person yr ydych chi'n anfon y ffacs ato yn cael ei ddeialu. Ar ôl cysylltu'n llwyddiannus mae'r peiriant yn sganio'r ddogfen ac yn ei thrawsyrru dros y system ffôn i beiriant ffacs y derbynnydd, lle mae'n cael ei hargraffu.

Mae rhai peiriannau llungopïo yn cynnwys cyfleusterau ar gyfer argraffu neu anfon ffacsys. Gellir hefyd anfon ffacs dros y Rhyngrwyd drwy ddefnyddio meddalwedd ffacsio arbennig a sganiwr.

Ffigur 2.21 *Peiriant ffacs.*

Manteision:
- Mae'n ddull cyflym o anfon copïau o ddogfennau dros bellter mawr. Pe câi'r ddogfen ei llungopïo a'i hanfon yn y post, cymerai sawl diwrnod i gyrraedd.

Anfanteision:
- Nid yw ansawdd y dogfennau a dderbynnir yn dda iawn weithiau, yn enwedig os oes lluniau ynddynt.
- Nid yw'r ddogfen yn cael ei derbyn ar ffurf electronig, felly ni ellir ei golygu neu ei chadw'n syth ar gyfrifiadur.

2.3.15 Lleisbost

Mae systemau lleisbost yn ei gwneud hi'n bosibl anfon negeseuon llafar. Cânt eu defnyddio'n aml fel gwasanaeth ateb ar linellau ffôn. Gall galwr dderbyn neges wedi'i recordio os yw'r llinell yn brysur a chael cyfarwyddiadau ar sut i adael neges ym mlwch post y person y mae'n dymuno siarad ag ef neu gyrchu'r dewisiadau eraill sydd ar gael. Defnyddir lleisbost yn aml mewn sefydliadau mawr i gyfeirio galwr i estyniad priodol a all ymdrin â'i gais.

Pan fo'n gyfleus, gall perchennog y blwch post wrando ar y negeseuon lleisbost a adawyd gan y galwyr.

2.3.16 Teledestun

Gwasanaeth gwybodaeth a ddarperir gan ddarlledwyr teledu yw Teledestun. Mae gan bob tudalen o wybodaeth ei rhif ei hun a gellir eu gweld drwy wasgu'r botymau ar declyn pell-reoli. Caiff yr holl dudalennau eu trawsyrru mewn dilyniant gyda'r signal teledu, ac ar ôl oediad byr caiff y dudalen y gofynnwyd amdani ei derbyn a'i dangos ar sgrin y teledu. Oherwydd yr oedi hwn, mae cyfyngiad ar nifer y tudalennau o wybodaeth y gellir eu storio. Pe bai gormod o dudalennau, byddai'n rhaid i'r gwyliwr aros yn rhy hir.

Mae'r tudalennau'n ymdrin â storïau newyddion, rhagolygon y tywydd, chwaraeon, prisiau cyfranddaliadau, rhaglenni teledu a llawer o bynciau eraill. Defnyddir ffont arbennig ond mae'r graffigau'n sylfaenol iawn, wedi'u ffurfio o flociau o liw.

Mae Teledestun yn bwysig iawn i wylwyr byddar gan ei fod yn cael ei ddefnyddio i ddarparu'r isdeitlau ar raglenni teledu.

Gwasanaeth di-dâl yw Teledestun, ond yr unig beth y gall gwylwyr ei wneud yw edrych ar yr wybodaeth – ni allant ymateb iddi. Nid yw'n wasanaeth rhyngweithiol. Er bod llai o ddefnydd yn cael ei wneud o Deledestun heddiw gan fod cymaint yn fwy o wybodaeth ar gael ar y Rhyngrwyd, sy'n system ryngweithiol, mae'n parhau'n boblogaidd gan ei fod mor hawdd ei gyrchu ar y set deledu.

Ffigur 2.22 *Tudalen Teledestun.*

2.3.17 Teledu digidol rhyngweithiol

Mae byd teledu yn newid. Erbyn hyn mae llawer o setiau teledu'n rhai digidol, ac ar ôl 2012 ni fydd yr hen system analog ar gael. Bydd hyn yn sicrhau lluniau a sain o well ansawdd ond, yn bwysicach, bydd ein setiau teledu yn rhyngweithiol. Mae hyn yn golygu y bydd gennym lais yn yr hyn a wyliwn ac y byddwn yn gallu cymryd rhan mewn sioeau cwis, holiaduron, arolygon a gemau.

Bydd y gwasanaethau a gynigir gan y Rhyngrwyd ar gael drwy ein setiau teledu a byddwn yn gallu eu defnyddio i anfon e-bost neu i brynu nwyddau.

Gallwch wylio rhai digwyddiadau chwaraeon ar y teledu o sawl ongl, drwy ddewis gwahanol gamerâu, neu gallwch edrych ar ystadegau amser real, ac mae rhai sianelau newyddion yn caniatáu ichi ddewis pa stori i'w gwylio.

RHYNGWEITHIOL:
Cyfathrebu dwyffordd rhwng y defnyddiwr a'r peiriant.

Ffigur 2.23 *Mae gwasanaethau sydd ar gael ar y Rhyngrwyd bellach yn cael eu cynnig ar sianelau teledu rhyngweithiol.*

2.3.18 Ffonau symudol

PROTOCOL CYMHWYSIAD DIWIFR (WAP): safon a ddefnyddir gan ffonau symudol i arddangos tudalennau gwe.

Ffigur 2.24 *Ffôn symudol.*

Mae rhai ffonau symudol yn gadael ichi bori drwy dudalennau ar y Rhyngrwyd neu wylio fersiynau llai o dudalennau gwe gan ddefnyddio *WAP*. Mae angen i'r tudalennau fod yn fach gan fod y sgriniau ar ffonau symudol yn fach, ond mae'n hawdd cyrchu gwybodaeth megis y newyddion, digwyddiadau chwaraeon, prisiau cyfranddaliadau ac ati. Mae'n bosibl creu eich tudalennau eich hun hefyd.

Mae perchenogion ffonau symudol *WAP* hefyd yn gallu:

● anfon a derbyn negeseuon testun;
● anfon a derbyn e-bost;
● chwarae gemau;
● gwrando ar gerddoriaeth neu'r radio;
● tynnu lluniau ac anfon y negeseuon i rywun arall;
● cipio clipiau fideo byr;
● llwytho gwahanol donau canu i lawr;
● defnyddio sglodyn cof yn y ffôn i storio data.

Cwestiynau ymarfer 2.3

1 Mae Tomos yn defnyddio ffôn symudol WAP i gyrchu'r Rhyngrwyd.
   a) Rhowch ddwy broblem a all godi wrth ddefnyddio ffôn symudol. [2]
   b) Rhowch un fantais defnyddio ffôn symudol yn hytrach na ffôn cyffredin. [1]
   c) Rhowch ddau wasanaeth arall a allai fod ar gael i Tomos drwy ei ffôn. [2]

2 Mae Sara'n anfon negeseuon e-bost i'w ffrindiau yn rheolaidd.
   a) Beth yw e-bost? [1]
   b) Rhowch ddwy o fanteision defnyddio e-bost yn hytrach na'r gwasanaeth post cyffredin. [2]
   c) Rhowch ddwy o anfanteision defnyddio e-bost. [2]

3 Mae cwmni bach eisiau defnyddio'r Rhyngrwyd i werthu ei nwyddau. Un peth mae angen iddo ei wneud yw tanysgrifio i *ISP*.

a) Beth yw *ISP*? [1]

b) Rhowch un peth arall y mae angen i'r cwmni ei wneud. [1]

c) Rhowch un fantais gwerthu nwyddau dros y Rhyngrwyd. [1]

A allwch chi gofio...?

1 Am beth y mae *URL* yn sefyll (Cymraeg a Saesneg)?

2 Enwch dri pheth y gallwch eu gwneud wrth delefancio.

3 Rhowch un fantais ac un anfantais telefancio.

4 Beth yw telegynadledda?

5 Beth mae'n rhaid i chi beidio byth â'i wneud wrth ddefnyddio llinell sgwrsio?

6 Wrth wneud ymchwil ar y Rhyngrwyd, pa feddalwedd sydd ei angen arnoch?

7 Enwch bum gwasanaeth sydd ar gael ar y Rhyngrwyd.

8 Enwch ddau wasanaeth sydd ar gael gyda gwasanaethau teledu digidol rhyngweithiol.

2.4 Y swyddfa electronig

Mae TGCh wedi cael effaith aruthrol ar y swyddfa. Mae'r ffordd y mae staff swyddfa'n cyflawni eu tasgau a'r sgiliau sydd eu hangen arnynt i wneud eu gwaith pob dydd wedi newid yn llwyr yn ystod y blynyddoedd diwethaf wrth i nifer cynyddol o fusnesau fabwysiadu dulliau modern o storio a phrosesu gwybodaeth.

Mae'r prosesydd geiriau wedi cymryd lle'r teipiadur, ac mae disgiau cyfrifiadur wedi disodli cypyrddau ffeilio. Mae dulliau cyfathrebu wedi symud i ffwrdd o'r hen wasanaethau post a ffôn tuag at e-bost, ffonau symudol, ffacsys a'r Rhyngrwyd. Mae'r newidiadau hyn wedi digwydd yn gyflym wrth i'r dechnoleg newydd ddatblygu, a bu'n rhaid i lawer o weithwyr swyddfa ailhyfforddi ac uwchraddio eu sgiliau. Defnyddir llai a llai o bapur wrth i ddulliau cyfathrebu electronig ennill tir.

Yn yr adrannau sy'n dilyn byddwn yn edrych ar y gwahanol ffyrdd y gall TGCh helpu staff swyddfa, ac yn astudio'r caledwedd a'r meddalwedd sydd ar gael iddynt.

> **3.2**
> Un rheswm pam nad yw'r swyddfa ddi-bapur wedi dod yn realiti yw fod papur yn gyfrwng dibynadwy iawn ar gyfer storio gwybodaeth.

2.4.1 Rhwydweithiau

Mae'n gyffredin bellach i'r cyfrifiaduron mewn swyddfa gael eu cysylltu â'i gilydd i ffurfio rhwydwaith. Rhaid i bob cyfrifiadur gael cerdyn rhwydwaith a meddalwedd cyfathrebu wedi'u gosod er mwyn gallu defnyddio'r rhwydwaith. Mae Cerdyn Rhyngwyneb Rhwydwaith (*NIC: Network Interface Card*) yn edrych fel bwrdd cylched bach ac mae'n cael ei osod ym mamfwrdd y cyfrifiadur fel rheol. Hefyd mae twll yn y cerdyn ar gyfer cysylltu cebl rhwydwaith. Ar ôl cysylltu'r holl gyfrifiaduron â'i gilydd gallant rannu adnoddau a chyfathrebu â'i gilydd.

Yr enw a roddir ar gyfrifiadur sydd heb ei gysylltu â'r rhwydwaith yw cyfrifiadur arunig.

Mae rhai rhwydweithiau'n cysylltu cyfrifiaduron yn yr un ystafell, ond mae eraill yn llawer mwy o faint a gallant gysylltu cyfrifiaduron mewn gwahanol adeiladau neu hyd yn oed mewn gwahanol wledydd. Gall cyfrifiaduron ar yr un safle gael eu cysylltu â chebl ond os ydynt yn bell oddi wrth ei gilydd yna defnyddir y system ffôn.

> **3.3**
> Gall cyfrifiaduron gael eu cysylltu i ffurfio **rhwydwaith**, hyd yn oed os yw'r cyfrifiaduron yn bell oddi wrth ei gilydd.

45

Ffigur 2.25 *Cerdyn rhyngwyneb rhwydwaith.*

Defnyddir dau brif fath o gebl ar rwydweithiau: gwifrau metel wedi'u gwneud o gopr ac wedi'u hamddiffyn â chasin, a cheblau ffibr-optig sy'n defnyddio golau (gall y rhain gael eu defnyddio dros bellterau mwy na cheblau copr).

Mae rhai swyddfeydd yn defnyddio rhwydwaith diwifr. Mae hyn yn golygu nad oes angen ceblau. Mae cardiau rhwydwaith diwifr arbennig wedi'u gosod yn y cyfrifiaduron sy'n gallu derbyn y signalau a drawsyrrir gan foth ddiwifr.

Manteision rhwydweithiau:

- **Rhannu caledwedd**. Er enghraifft, gall argraffydd ar rwydwaith gael ei ddefnyddio gan yr holl gyfrifiaduron sydd wedi'u cysylltu ag ef. Nid oes angen prynu argraffydd ar wahân ar gyfer pob cyfrifiadur. Mae hyn yn wir am unrhyw eitem arall o galedwedd megis sganiwr neu ddyfais storio cynhwysedd mawr.
- **Rhannu meddalwedd**. Gall rhaglen gyfrifiadurol gael ei gosod ar un cyfrifiadur ar rwydwaith, ond gall gael ei rhedeg ar unrhyw un o'r cyfrifiaduron eraill. Nid yw hyn yn syniad da fel rheol gan ei fod yn arafu'r rhaglen cryn dipyn.
- **Rhannu data**. Gellir storio cronfa ddata ar un o'r cyfrifiaduron ar y rhwydwaith ond gall defnyddwyr cyfrifiaduron eraill ei chyrchu. Mae'r cyfrifiadur lle mae'r gronfa ddata wedi'i storio yn cael ei alw'n **weinydd ffeiliau** fel rheol. Mae'n bosibl i sawl defnyddiwr gyrchu'r gronfa ddata yr un pryd.

  Gall nifer o wahanol weithwyr swyddfa ddymuno gweithio ar yr un ffeil. Os yw hi wedi'i chadw ar ddisg caled y gweinydd ffeiliau yna gall pob gweithiwr lwytho'r ffeil oddi yno, gwneud unrhyw newidiadau a'i chadw'n ôl.
- **Gall y cyfrifiaduron ar rwydwaith gyfathrebu**. Gellir anfon negeseuon neu ffeiliau'n gyflym o un cyfrifiadur i un arall.

Anfanteision rhwydweithiau:

- **Cost uchel** y ceblau a gosod y system.
- **Firysau**. Mae cyfrifiaduron ar rwydwaith yn agored i ymosodiad gan firysau wrth i ffeiliau gael eu hanfon rhwng y cyfrifiaduron. Gall y firws ledu'n gyflym iawn ac mae angen cymryd rhagofalon i osgoi hyn.
- **Hacwyr**. Gall pobl heb awdurdod gyrchu'r ffeiliau ar y gweinydd gyda'r nod o wneud difrod.
- Weithiau bydd rhwydwaith yn **methu â gweithio**'n iawn a gall hyn beri anhrefn yn y swyddfa. Gall rhwydweithiau mawr fod yn hynod o gymhleth a rhaid iddynt gael eu cynnal gan staff TG medrus.

2.4.2 TGCh yn y swyddfa

Yn y swyddfa fodern, defnyddir TGCh yn bennaf ar gyfer creu dogfennau, storio a threfnu gwybodaeth, cyllidebu a gwneud penderfyniadau. Defnydd pwysig arall yw cyfathrebu.

Caiff pecynnau prosesu geiriau a chyhoeddi bwrdd gwaith (*DTP: desktop publishing*) eu defnyddio i greu dogfennau proffesiynol yr olwg. Mae'n bwysig i gwsmeriaid hoffi'r hyn a welant a theimlo'n hyderus y gall y cwmni ymdrin yn broffesiynol â'u gofynion. Mae llythyrau a dogfennau eraill yn creu argraff ar gwsmeriaid, ac os ydynt o safon wael mae'n bosibl y byddant yn colli hyder ac yn troi at gwmni arall.

> 34
> Nid oes angen ceblau drud a hyll ar rwydweithiau diwifr, ond mae cyfyngiad ar y pellter y gall y cyfrifiaduron fod o'r foth.

> 35
> Mae'r mwyafrif o swyddfeydd busnes yn defnyddio cyfrifiaduron a rhaid i staff swyddfa feddu ar sgiliau TGCh.

Defnyddir meddalwedd cronfa ddata i storio gwybodaeth, a dylai hwn ddarparu ffyrdd effeithiol o drefnu'r holl ddata fel y gellir eu hadfer yn gyflym pan fo'u hangen. Byddai'r hen ddulliau o ffeilio papurau yn cymryd llawer o amser ac roedd dod o hyd i wybodaeth bwysig yn aml yn broses araf, gyda staff yn gorfod chwilio drwy fynegeion cardiau a chael hyd i'r ffolder cywir mewn cwpwrdd ffeilio. Byddai llawer o amser yn cael ei dreulio yn sicrhau bod papurau'n cael eu ffeilio'n gywir.

Mae rhwydweithiau a'r Rhyngrwyd wedi cael effaith enfawr ar y ffordd y mae staff swyddfa'n cyfathrebu. Gellir anfon a derbyn negeseuon a llythyrau'n gyflym iawn drwy e-bost a gellir atodi ffeiliau electronig i'r rhain.

Bydd cwmnïau'n hysbysebu eu gwasanaethau ar wefannau a gellir gwneud llawer o drafodion prynu a gwerthu dros y Rhyngrwyd. Mae hyn wedi arwain at globaleiddio llawer o fusnesau, sydd wedi ehangu o un swyddfa leol i ymgyrraedd at ddarpar gwsmeriaid ar hyd a lled y byd.

2.4.3 Mewnrwydi

Rhwydwaith preifat, wedi'i sefydlu gan fusnes neu sefydliad, yw mewnrwyd. Mae'n debyg i'r Rhyngrwyd, ond bod ei thudalennau gwe ar gael i staff y sefydliad yn unig. Mae mewnrwyd yn edrych ac yn teimlo fel gwefan. Mae'r tudalennau o wybodaeth wedi'u cysylltu â'i gilydd drwy hypergysylltau, a defnyddir porwr i symud o le i le. Nid yw'r fewnrwyd wedi'i chysylltu'n uniongyrchol â'r Rhyngrwyd, er ei bod hi'n bosibl gwneud hyn drwy ddefnyddio cyfrifiaduron porth arbennig – ond bydd yn rhaid i'r rhain redeg rhaglenni 'mur gwarchod' i ddiogelu'r fewnrwyd rhag hacwyr neu firysau o'r tu allan.

Daeth mewnrwydi yn gyfrwng pwysig i roi gwybodaeth i'r staff am fusnes y cwmni. Gall mewnrwyd gynnwys tudalennau o wybodaeth y mae angen i'r staff ei gwybod a'i chyrchu, neu gall gynnwys y newyddion diweddaraf am y cwmni neu ffigurau ar gyfer targedau misol. Mae llawer o'r wybodaeth yn ymwneud â sut i ymdrin â thasgau swyddfa, neu mae ar ffurf Codau Ymddygiad, hynny yw, cyfarwyddiadau i'r staff ar beth mae disgwyl iddynt ei wneud a sut mae disgwyl iddynt ymddwyn yn y gwaith.

Mae llawer o ysgolion wedi sefydlu eu mewnrwydi eu hunain, sy'n cynnwys gwybodaeth ddefnyddiol i'r athrawon a'r disgyblion am yr ysgol a'r gwaith a wnânt. Gall fod tudalennau o wybodaeth am bob pwnc a ddysgir yn yr ysgol, neu galendrau'n dangos prif ddigwyddiadau'r flwyddyn ysgol. Gellir arddangos gwaith disgyblion ar y fewnrwyd fel y gall disgyblion eraill ei weld.

2.4.4 Meddalwedd yn y swyddfa

Bydd y meddalwedd sydd wedi'i osod ar y cyfrifiaduron mewn swyddfa yn cynnwys yr eitemau canlynol fel rheol.

Mae gan fusnesau a swyddfeydd fewnrwydi i sicrhau bod gwybodaeth bwysig ar gael yn hawdd a chyflym i'r staff.

- Rhaglenni **prosesu geiriau** neu **gyhoeddi bwrdd gwaith** ar gyfer creu a rheoli dogfennau.
- Rhaglenni **trin gwybodaeth** ar gyfer storio a threfnu cronfeydd data.
- Rhaglenni **taenlen** ar gyfer data lle mae angen gwneud gwaith cyfrifo.
- Meddalwedd **cyfathrebiadau** i wneud cyfathrebu rhwng cyfrifiaduron yn bosibl; mae hyn yn cynnwys cyfleusterau e-bost.
- Meddalwedd **dylunio graffig** ar gyfer creu a golygu delweddau.

2.4.5 Prosesu geiriau

Mae llawer o bobl wedi rhag-weld dyfodiad y 'swyddfa ddi-bapur' lle mae'r holl ddogfennau'n cael eu creu ar gyfrifiaduron a'u hanfon o un person i berson arall drwy e-bost neu ddulliau rhwydwaith eraill, heb yr angen i argraffu dim ar bapur. Wel, nid ydym wedi cyrraedd y sefyllfa honno eto! Mae'n ymddangos bod mwy byth o bapur mewn swyddfeydd gan ei fod mor hawdd argraffu dogfennau. Hefyd defnyddir llawer iawn o bapur gan beiriannau ffacs, ac mae staff swyddfa'n teimlo'n fwy diogel os oes ganddynt allbrint o ddogfen rhag ofn bod y cyfrifiadur yn methu.

Defnyddir prosesydd geiriau i greu dogfennau. Er bod bysellfwrdd yn cael ei ddefnyddio i deipio'r geiriau, mae gan y system hon lawer o fanteision dros y teipiadur. Mae'n haws o lawer i staff wneud newidiadau a gwella dogfen fel ei bod yn edrych yn dda ar ôl ei gorffen.

Gellir atodi dogfennau i e-bost a'u hanfon at bobl eraill yn y swyddfa, neu i rywle yn y byd os oes cysylltiad Rhyngrwyd. Gellir eu cadw ar ddisg caled y gweinydd ffeiliau os oes gan y swyddfa rwydwaith, a gall staff eraill eu llwytho i lawr oddi yno.

Hefyd mae proseswyr geiriau'n cynnwys gwirydd sillafu fel rheol sy'n tynnu sylw at eiriau sy'n ymddangos yn anghywir. Mae nifer mawr o eiriau wedi'u storio yng ngeiriadur y prosesydd geiriau a bob tro y caiff gair ei deipio bydd yn edrych i weld a yw'r gair hwnnw yn ei restr. Os nad ydyw, bydd yn dangos y gair fel gwall posibl ac yn awgrymu sillafiadau cywir. Gellir ychwanegu geiriau at y geiriadur ar unrhyw adeg. Ond, cofiwch, nid yw'r gwirydd sillafu yn ddi-fai: gall gair gael ei sillafu'n anghywir mewn cyd-destun penodol, ond os yw'r sillafiad hwnnw'n gywir mewn cyd-destun arall ni fydd y gwirydd yn nodi'r camgymeriad. Er enghraifft, ni fyddai'r gwirydd yn darganfod y camgymeriadau yn y frawddeg ganlynol:

Rydw i'n crefu eich bob chi wedi mynd yn rhy ball.

Mae rhai pecynnau prosesu geiriau yn cynnwys gwirydd gramadeg a fydd yn chwilio am gamgymeriadau gramadegol syml megis geiriau wedi'u hailadrodd neu atalnodau coll. Mae'n anodd ysgrifennu rhaglenni sy'n gwirio gramadeg: gan fod y rheolau mor gymhleth, gallant roi cyngor camarweiniol.

Cyfleuster arall sydd ar gael fel rheol yw thesawrws. Gallwch amlygu gair a bydd y thesawrws yn awgrymu nifer o gyfystyron (geiriau gwahanol ag ystyr gyffelyb).

Manteision defnyddio prosesydd geiriau

- Gallwch greu dogfennau **proffesiynol yr olwg** sy'n bleser eu darllen. Bydd hyn yn creu argraff dda ar gwsmer neu ar weithwyr eraill yn y swyddfa.

> 3.2
> Gall meddalwedd prosesu geiriau gynnwys gwirydd sillafu, gwirydd gramadeg a thesawrws.

Macro: Dilyniant o gyfarwyddiadau a storiwyd y gellir ei gyflawni ar unrhyw adeg.

- Gallwch **gadw** dogfen a'i defnyddio eto yn nes ymlaen. Ar ôl ei chreu, gallwch ei llwytho a'i defnyddio mor aml ag sydd angen.
- Gallwch **olygu** dogfen yn gyflym. Nid oes angen ei hailddeipio'n gyfan gwbl – gallwch ei llwytho a'i newid yn hawdd.
- **Copïau lluosog**. Ar ôl creu dogfen, gallwch argraffu cymaint o gopïau ag sydd eu hangen.
- Mae dyfeisiau **arbed amser** fel **macros** yn golygu y gallwch greu neu olygu dogfennau'n gyflym.

Postgyfuno

Os yw cwmni'n dymuno anfon llythyr tebyg at nifer o wahanol bobl, gall ddefnyddio techneg o'r enw postgyfuno. Defnyddir technegau postgyfuno i gynhyrchu cyfran helaeth o'r llythyrau sothach a dderbyniwn drwy ein blychau llythyrau bob dydd. Defnyddir cronfa ddata i roi data i mewn i gopïau o lythyr parod a baratowyd yn arbennig. Rhoddir eglurhad manylach o'r broses yn Adran 4.3.11.

2.4.6 Cyhoeddi bwrdd gwaith

Defnyddir rhaglen cyhoeddi bwrdd gwaith (*DTP: Desktop Publishing*) i greu dogfennau cymhleth y byddai'n anodd i raglen prosesu geiriau eu cynhyrchu, er enghraifft, cyhoeddiadau fel papurau newydd a chylchgronau, taflenni a hysbysebion.

Mae tudalennau'n cael eu creu drwy ddefnyddio fframiau y gellir eu gosod rywle ar y dudalen. Mae'r fframiau hyn yn cynnwys testun neu graffigwaith a gellir eu defnyddio i greu nifer o golofnau ar y dudalen.

Bydd y testun ar gyfer y ddogfen yn cael ei greu ar brosesydd geiriau fel rheol a'i fewnforio i'r ffrâm briodol ar y dudalen. Yn yr un modd, bydd angen defnyddio pecyn graffeg i baratoi'r graffigau cyn eu mewnforio. Mewn gwirionedd, ni ddylid defnyddio'r rhaglen *DTP* ond i drefnu'r eitemau ar y dudalen ac i greu effeithiau arbennig.

Manteision *DTP*:
- Gellir cynhyrchu cyhoeddiadau proffesiynol o safon uchel sy'n creu argraff.
- Mae'n hawdd golygu cynllun y cyhoeddiad.
- Mae'r arddangosiad yn un AWAG (A Welwch A Gewch/*WYSIWYG: What You See Is What You Get*).
- Gellir creu cyhoeddiadau sydd ag arddull gyson. Mae gan gwmnïau eu harddull eu hun ar gyfer cyhoeddiadau.
- Mae'n bosibl creu cynlluniau mwy cymhleth na chyda rhaglen prosesu geiriau.

AWAG (A Welwch A Gewch/*WYSIWYG*): Sut mae'n edrych ar y sgrin yw sut y bydd yn edrych ar ôl ei argraffu.

2.4.7 Taenlen

Defnyddir taenlenni'n helaeth mewn swyddfeydd i gyflawni tasgau lle mae angen gwneud cyfrifiadau neu luniadu graffiau. Er enghraifft, gellir defnyddio taenlen i gynllunio cyllideb flynyddol adran mewn cwmni, fel bod y rheolwyr yn gwybod faint o arian y gallant ei wario ar eitemau megis hysbysebu neu a allant fforddio cyflogi staff newydd.

Yna mae'n bosibl newid y rhifau ar y daenlen i ymchwilio i'r ffordd orau o ddyrannu'r arian. Gellir edrych ar wahanol gynlluniau gwario i ddarganfod a yw'r cyfanswm sydd i gael ei wario yn llai na'r swm sydd ar gael.

Rhoddir y testun, rhifau a chyfrifiadau mewn grid o gelloedd petryalog o'r enw dalen waith. Gall fod nifer o ddalennau gwaith mewn taenlen sy'n gysylltiedig ac yn rhyngweithio â'i gilydd.

Manteision defnyddio taenlen:

- **Cyfrifo awtomatig**. Bob tro y caiff cynnwys cell ei newid, caiff cyfrifiadau eu gwneud a chaiff y celloedd eraill eu diweddaru os oes angen.
- **Hawdd ei golygu**. Mae'n hawdd newid cynnwys y celloedd. Os cynhyrchwch daenlen ar bapur, mae'n llawer mwy anodd gwneud hyn.
- **Graffiau a siartiau**. Gellir lluniadu'r rhain yn hawdd drwy ddefnyddio'r data mewn celloedd detholedig. Cânt fwy o effaith weledol ac maent yn haws eu deall na dalennau cymhleth o ddata. Mae'n haws gweld tueddiadau a phatrymau ar graffiau.

■ Gweithgaredd 2.8 Taenlen (Microsoft Excel)

Llwythwch i lawr y ffeil **budget.xls**. Taenlen gyllidebu syml ar gyfer siop bapurau newydd yw hon. Mae ganddi ddwy ddalen waith:

- Cyllideb: Mae hon yn cyfrifo'r elw net am y mis.
- Cyflogau: Mae hon yn cyfrifo'r bil cyflogau misol.

Defnyddiwch y daenlen hon i ateb y cwestiynau canlynol:

1 Faint y gallai'r siop ei wario ar farchnata'r mis hwn a dal i gadw ei helw net yn £2000 o leiaf?
2 A allai'r siop gyflogi cynorthwyydd arall a dal i gadw'r elw net dros £2000?
3 Os yw gwerthiant papurau newydd yn disgyn i £12000, ac os yw un o'r cynorthwywyr siop yn cael ei ddiswyddo, a fydd y siop yn dal i wneud elw?

2.4.8 Meddalwedd trin gwybodaeth (Cronfa ddata)

Mae angen i bob busnes storio data o ryw fath, er enghraifft, manylion ei holl gwsmeriaid a'u harchebion, neu fanylion y staff er mwyn gallu cyfrifo eu cyflogau ar ddiwedd wythnos neu fis.

Mae cyfrifiaduron yn defnyddio cronfeydd data i storio gwybodaeth. Ar ôl teipio'r eitem i mewn, mae'n hawdd ei golygu, ei threfnu neu ei dileu, neu i chwilio amdani.

Mae cronfa ddata'n darparu cyfleusterau ar gyfer trefnu'r data mewn gwahanol ffyrdd, er enghraifft yn nhrefn yr wyddor, ac ar gyfer darganfod gwybodaeth yn gyflym. Prif fantais cronfa ddata fawr yw bod modd dod o hyd i'r wybodaeth ynddi yn gyflym.

Gallwn ddefnyddio'r wybodaeth mewn cronfa ddata mewn nifer o wahanol ffyrdd: i gynhyrchu adroddiadau neu ei hallforio i gymwysiadau eraill megis taenlenni neu raglenni prosesu geiriau.

Mewn swyddfa, caiff y gronfa ddata ei storio ar weinydd ffeiliau'r rhwydwaith fel rheol, fel y gall pob defnyddiwr arall ar y rhwydwaith gyrchu'r wybodaeth a'i diweddaru.

Manteision defnyddio cronfa ddata:

- **Cyrchu cyflym**. Mae'n llawer cyflymach dod o hyd i ddata mewn cronfa ddata nag mewn system draddodiadol lle mae'r data wedi'u storio ar bapur mewn cypyrddau ffeilio.

CRONFA DDATA: Casgliad trefnedig o ddata perthynol yw cronfa ddata. Gellir ychwanegu, golygu, rheoli ac adfer data. Oherwydd ei strwythur, gellir darganfod a defnyddio gwybodaeth yn gyflym.

Gallwch ddod o hyd i wybodaeth yn hawdd a chyflym mewn cronfa ddata.

- **Hawdd ei golygu**. Pryd bynnag y mae angen diweddaru data, mae cronfa ddata'n ei gwneud hi'n hawdd dod o hyd i'r data dan sylw a'u newid.
- **Dilysu**. Gellir gwirio'r data wrth iddynt gael eu mewnbynnu i sicrhau nad yw unrhyw ddata amhriodol yn mynd i mewn i'r gronfa ddata.
- **Adroddiadau**. Ar ôl gwneud chwiliad, gellir argraffu'r canlyniadau ar ffurf adroddiad a all helpu rheolwyr busnes i wneud penderfyniadau.
- **Rhannu**. Gellir rhannu'r gronfa ddata â defnyddwyr eraill ar rwydwaith a gall unrhyw ddefnyddiwr gyrchu a golygu'r data.
- **Diogelwch**. Gellir rhoi cyfrineiriau i'r defnyddwyr i rwystro unrhyw un heb awdurdod rhag cyrchu'r gronfa ddata, a all gynnwys gwybodaeth bersonol a sensitif.

2.4.9 Meddalwedd dylunio graffig

PICSEL: Y maint lleiaf o wybodaeth a arddangosir yn graffigol ar sgrin. Un dot lliw.

Mae llawer o becynnau meddalwedd ar gael sy'n eich galluogi i greu a golygu delweddau graffig, ond maent yn perthyn i ddau brif gategori:

- **Graffigau didfap**: Caiff lluniau eu storio fel nifer mawr o bicseli.
- **Graffigau fector**: Caiff lluniau eu lluniadu a'u cadw fel cyfesurynnau a fformiwlâu mathemategol, ac felly mae'r ffeiliau'n llawer llai o faint na didfapiau.

Gellir defnyddio offer megis brwsh paent neu lif-lenwi (*flood-fill*) i luniadu graffigau. Gallant gael eu sganio o ffotograffau neu eu llwytho i lawr o gamera digidol.

Mae pecynnau graffeg yn darparu delweddau cliplun fel rheol. Graffigau bach parod yw'r rhain y gellir eu defnyddio a'u golygu neu eu hymgorffori fel rhan o graffig mwy o faint. Er bod llawer o ddelweddau cliplun yn debyg i gartwnau, gallant gyflymu'r broses o gynhyrchu cyhoeddiad *DTP*. Mae'r Rhyngrwyd yn ffynhonnell dda ar gyfer delweddau cliplun, a gellir lawrlwytho a defnyddio llawer ohonynt yn ddi-dâl.

Gellir cadw graffigau mewn nifer o fformatau gwahanol. Gall lluniau didfap fod yn fawr iawn, gan fod pob picsel yn y llun yn cael ei gadw. Mae fformatau eraill (er enghraifft *JPEG*) yn defnyddio dulliau cywasgu i leihau maint y llun sy'n cael ei storio. Caiff peth manylder ei golli, ond ni ddylai hyn fod yn amlwg i'r llygad dynol.

Mae rhai pecynnau dylunio graffeg yn caniatáu ichi greu graffigau wedi'u hanimeiddio (graffigau sy'n symud) i'w defnyddio ar dudalen we. Mae animeiddiadau'n cynnwys cyfres o graffigau llonydd sy'n cael eu dangos yn gyflym iawn y naill ar ôl y llall.

Mae ffeiliau **graffig didfap** yn fawr ond gellir eu cywasgu i fformatau eraill megis *JPEG* (.jpg) neu *GIF* (.gif), er enghraifft i'w defnyddio ar dudalennau gwe, heb effeithio fawr ddim ar yr ansawdd.

Manteision defnyddio pecyn graffeg:

- **Golygu syml**: Mae golygu lluniau yn hawdd (e.e. gellir tynnu crafiadau o hen ffotograffau, gellir tynnu llygaid-coch o ffotograffau fflach).
- **Newid maint**: Mae'n hawdd newid maint y llun. Bydd graffig yn defnyddio llai o le storio os caiff ei ail-samplu i faint llai mewn pecyn graffeg yn hytrach na'i newid ar dudalen *DTP*.
- **Effeithiau arbennig**: Mae llawer o raglenni graffeg yn darparu rhai effeithiau arbennig megis newid disgleirdeb a chyferbyniad y llun, hidlyddion lliw a gweadau.
- **Profi a methu**: Gellir golygu lluniau i weld sut y byddant yn edrych. Os nad yw'r effaith yn plesio, gellir rhoi cynnig ar ddull gwahanol.

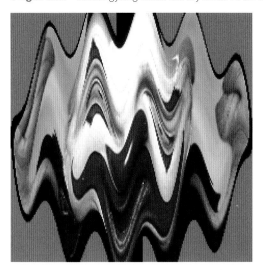

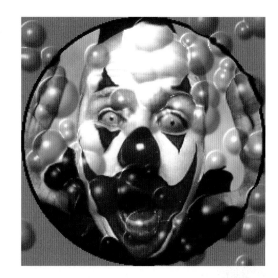

■ Gweithgaredd 2.9 Graffigau

Llwythwch i lawr y graffig **oldphoto.bmp**.

Hen ffotograff yw hwn sydd angen ei wella. A allwch chi olygu'r crafiadau fel na ellir eu gweld?

2.4.10 Rhyngwynebau: datblygiadau diweddar

Mae'r ffordd y mae pobl yn defnyddio cyfrifiaduron wedi newid dros y blynyddoedd. Man lle mae dau beth yn cyfarfod yw rhyngwyneb. **Rhyngwyneb Cyfrifiadur–Dyn** yw'r ffin lle mae'r defnyddiwr a'r cyfrifiadur yn cyfarfod. Yr enw cyffredin arno yw'r **rhyngwyneb defnyddiwr**, ac mae'n penderfynu sut mae'r defnyddiwr yn rhyngweithio â'r cyfrifiadur ac yn rhoi cyfarwyddiadau ynghylch beth sydd ei eisiau.

Mae dyluniad y rhyngwyneb defnyddiwr ar ddarn o feddalwedd yn cymryd i ystyriaeth sgiliau TGCh disgwyliedig y defnyddwyr. Bydd cwmnïau meddalwedd yn dylunio rhyngwynebau defnyddiwr i wneud eu rhaglenni mor hawdd â phosibl eu defnyddio, a byddant yn ceisio gwneud y gwahanol raglenni mor debyg â phosibl fel bod y defnyddwyr yn gyfarwydd â'r ffordd y maent yn gweithio. Er enghraifft, mewn rhaglenni Microsoft Office, daw'r ddewislen 'Ffeil' yn gyntaf bob amser, ac mae'r botwm argraffu bob amser yn edrych yr un fath.

Y prif fathau o ryngwyneb defnyddiwr yw:

● **Rhyngwyneb llinell orchymyn**: Mae'r defnyddiwr yn defnyddio set arbennig o eiriau a symbolau i deipio gorchmynion. Dyma'r rhyngwyneb a ddefnyddiwyd yn ystod dyddiau cynnar cyfrifiaduro, ac nid yw'n addas ond ar gyfer defnyddwyr TGCh medrus gan fod angen dysgu'r holl gyfarwyddiadau.

● **Rhyngwyneb dewislen**: Arddangosir dewislen o ddewisiadau ac mae'r defnyddiwr yn dewis un ohonynt. Nid oes angen cofio'r dewisiadau, felly mae hwn yn fwy cyfeillgar i'r defnyddiwr na'r rhyngwyneb llinell orchymyn.

● **Rhyngwyncb dcfnyddiwr graffigol (RDG/*GUI: Graphical Uscr Intcrfacc*)**: Defnyddir lluniau bach i gynrychioli dewisiadau. Mae Microsoft Windows yn

---

Heb ryngwyneb defnyddiwr ni allem ddefnyddio'r cyfrifiadur, ond mae rhai rhyngwynebau yn haws eu defnyddio nag eraill.

WIMP: (*Windows, Icons, Menus and Pointers*): Ffenestri, Eiconau, Dewislenni a Chyrchwyr. Un enghraifft yw'r system weithredu Windows.

defnyddio RDG (mae eiconau'n dangos y cymwysiadau y gellir eu rhedeg ac mae rhaglenni'n defnyddio botymau gyda lluniau arnynt). Enghraifft o amgylchedd WIMP yw hwn lle gellir gwneud dewisiadau drwy roi pwyntydd y llygoden dros eicon neu fotwm ar y sgrin a chlicio botwm y llygoden.

- **Rhyngwyneb llais**: Mae'r defnyddiwr yn defnyddio microffon i roi gorchmynion i'r cyfrifiadur. Mae meddalwedd soffistigedig yn dadansoddi patrwm y llais ac yn gweithredu'r cyfarwyddyd a roddwyd.

- **Dyfeisiau arbennig**: Mae nifer o ddyfeisiau ar gael i blant bach neu bobl sy'n cael trafferth defnyddio cyfrifiadur. Mae'r rhain yn cynnwys bysellfyrddau Braille gyda phatrymau o ddotiau wedi'u boglynnu ar y bysellau, a chyffyrddellau gyda throshaen wedi'i gosod dros y bysellfwrdd. Mae sgriniau sensitif i gyffyrddiad yn cynnig dull o ddewis sydd heb ei seilio ar fysellfwrdd.

Ffigur 2.28 *Mae Windows yn defnyddio RDG (Rhyngwyneb Defnyddiwr Graffigol).*

2.4.11 Iechyd a diogelwch

Rhaid cymryd nifer o faterion iechyd a diogelwch i ystyriaeth yn y swyddfa. Mae llawer o'r rhain yn ymwneud ag ergonomeg (astudio gweithiwr a'i amgylchedd). Rhaid rhoi sylw i ddyluniad y gadair, y ddesg, y cyfrifiadur, y ffôn a chyfarpar arall i gynyddu effeithlonrwydd ac osgoi anghysur, blinder neu broblemau iechyd.

Rhai problemau iechyd cyffredin yw:

- **Straenio'r cefn neu'r gwddf**: Gall defnyddio desg, cadair neu gyfrifiadur sydd mewn safle gwael am gyfnod hir arwain at boen yn y cefn neu'r gwddf.
  - Dylai fod modd addasu uchder cadeiriau (fel bod elinau'r defnyddiwr yn llorweddol).
  - Dylai gweithwyr gymryd seibiau bach a cherdded o gwmpas.
- **Straenio'r llygaid**: Gall monitorau o safon wael, goleuo gwael ac oriau hir yn rhythu ar sgrin cyfrifiadur wneud drwg i'r llygaid.
  - Dylid gosod sgrin cyfrifiadur ar y pellter cywir – hyd braich i ffwrdd.
  - Ni ddylai monitorau fflicro na bod yn rhy lachar. Dylai fod yn bosibl eu troi a'u gosod ar ongl gysurus.
- **Anaf straen ailadroddus**: Gall defnyddio cymalau'r bysedd, dwylo neu arddyrnau'n barhaus arwain at boen neu anystwythder tymor-hir yn y tendonau. Mae hon yn broblem gyffredin i weithwyr swyddfa sy'n treulio oriau lawer yn defnyddio bysellfwrdd neu lygoden, a rhaid cael llawdriniaeth weithiau i leddfu'r symptomau.
  - Dylid defnyddio dyfeisiau sy'n cynnal yr arddyrnau neu'r breichiau.
  - Dylid cael seibiau byr mynych rhag teipio neu ddefnyddio llygoden.

Problemau iechyd cyffredin yw straen gwddf, straen llygaid ac RSI. Rhaid i reolwyr swyddfa sicrhau bod eu staff yn eistedd yn gysurus a chywir i osgoi'r problemau hyn.

53

- Dylid gwneud ymarferion rheolaidd i ystwytho'r dwylo a'r arddyrnau.
- Dylid ymlacio, a gafael yn y llygoden yn ysgafn (gall tyndra achosi *RSI*).
- Dylid gosod y bysellfwrdd a'r llygoden ar bellter ac uchder priodol, ac eistedd yn gysurus.
- **Problemau gyda ffitrwydd**: Gall eistedd am gyfnodau hir o flaen desg gyfrifiadur arwain at broblemau ffitrwydd oherwydd diffyg ymarfer. Dylid cael digon o ymarfer y tu allan i'r gwaith.

Cwestiynau ymarfer 2.4

1 Gall cyfrifiaduron swyddfa fod ar rwydwaith.
   a) Beth yw rhwydwaith? [1]
   b) Rhowch ddwy o fanteision defnyddio rhwydweithiau yn hytrach na chyfrifiaduron arunig. [2]
   c) Rhowch un anfantais defnyddio rhwydweithiau. [1]
   ch) Pan fydd gweithiwr swyddfa yn mewngofnodi i'r rhyngrwyd, pa ddwy eitem o ddata y mae angen eu mewnbynnu? [2]
   d) Rhowch un fantais defnyddio rhwydwaith diwifr. [1]
2 Dyma boster sy'n hysbysebu Sioe Gerdd nesaf yr ysgol.

> Sioe Gerdd
> Nia Ben Aur
>
> Dydd Mercher y 12fed o Fai
> hyd
> Ddydd Gwener y 14eg o Fai
>
> Tocynnau ar gael nawr.

Mae'r cyfarwyddwr yn gweld y poster ac yn defnyddio meddalwedd *DTP* i'w wella.

> Sioe Gerdd
> **Nia Ben Aur**
> Dydd Mercher y 12fed o Fai
> hyd
> Ddydd Gwener y 14eg o Fai
>
> **Tocynnau ar gael nawr.**

Rhowch bump o gyfleusterau'r pecyn *DTP* sydd wedi cael eu defnyddio. [5]

A allwch chi gofio...?
1 Enwch dri math o ryngwyneb defnyddiwr.
2 Enwch dri math o berygl iechyd y mae gweithwyr swyddfa sy'n defnyddio cyfrifiaduron yn eu hwynebu.
3 Am beth y mae AWAG (*WYSIWYG*) yn sefyll?
4 Enwch y ddau brif fath o graffig.

'Does dim angen i unigolyn gael cyfrifiadur yn y cartref' – dyna eiriau enwog Ken Olsen, llywydd y Digital Enterprise Corporation ym 1977. Wel, mae pethau wedi newid cryn dipyn ers hynny, ac erbyn heddiw mae gan nifer helaeth o bobl gyfrifiadur personol yn y cartref, ac mae yna ddigon o resymau da dros hynny. Mae mwy nag un cyfrifiadur mewn llawer cartref bellach, ac mae gan rai pobl rwydwaith cartref lle mae'r holl gyfrifiaduron wedi'u cysylltu â'i gilydd.

Yn ogystal â chyfrifiaduron personol mae gan TGCh sawl defnydd arall yn y cartref. Mae gan lawer o gartrefi ddyfeisiau a reolir gan systemau rheoli microbrosesyddol fel y rheiny a ddefnyddir i reoli'r system wresogi. Yn yr adrannau nesaf byddwn yn edrych ar rai o'r prif resymau dros gael cyfrifiadur yn y cartref, a sut y dylem ei ddefnyddio.

> Mae nifer y cartrefi sy'n berchen ar gyfrifiadur yn cynyddu bob blwyddyn.

2.5.1 Dysgu gartref

Ar ôl cysylltu â'r Rhyngrwyd, mae cyfrifiadur yn dod yn arf dysgu hynod o ddefnyddiol i ddisgyblion a myfyrwyr, ac i bron unrhyw un sydd â diddordeb yr hoffent ei ddilyn, neu sgiliau newydd yr hoffent eu dysgu.

Gellir gwneud ymchwil ar y We Fyd-Eang, gan ddefnyddio porwyr a pheiriannau chwilio i ddod o hyd i wybodaeth, a gellir defnyddio prosesydd geiriau, rhaglen *DTP* neu hyd yn oed gyflwyniad amlgyfrwng i gyflwyno aseiniadau neu waith cartref.

Y ffordd orau o ddysgu sut i ddefnyddio rhaglen gyfrifiadurol yw rhoi cynnig arni ac arbrofi â hi. Wrth ddilyn eich cwrs TGCh, byddwch yn treulio llawer o amser yn dysgu sut i ddefnyddio rhaglenni prosesu geiriau, taenlenni, rhaglenni cronfa ddata a meddalwedd *DTP*. Os oes gennych yr un rhaglenni ar eich cyfrifiadur eich hun gartref, bydd yn haws dysgu'r sgiliau yn y cartref yn hytrach nag yn yr ystafell ddosbarth, lle gall pethau eraill fynd â'ch sylw.

Dysgu drwy gymorth cyfrifiadur (*CAL*):
Ffordd o ddysgu sgil, drwy ddefnyddio cyfrifiadur a meddalwedd rhyngweithiol ar CD neu DVD, neu'r Rhyngrwyd. Gall fod yn ffordd fwy pleserus o ddysgu na dulliau traddodiadol.

Mae dysgu drwy gymorth cyfrifiadur (*CAL: Computer-Assisted Learning*) yn defnyddio meddalwedd rhyngweithiol i helpu pobl i ddysgu pwnc. Er enghraifft, mae yna raglenni sy'n eich helpu i ddysgu ieithoedd tramor. Gellir dysgu geiriau ac ymadroddion a gwrando ar sut i'w hynganu drwy seinyddion. Mae profion byr ar gael i sicrhau eich bod wedi dysgu'r geiriau, a rhoddir adborth ar eich cynnydd.

Mae'r rhan fwyaf o feddalwedd *CAL* yn fodiwlaidd: rydych chi'n symud o un modiwl i'r modiwl nesaf, ond rhaid cyrraedd safon dderbyniol yn y profion gwybodaeth yn gyntaf. Gellir prynu meddalwedd *CAL* ar CD neu DVD, ond mae llawer o wefannau'n cynnig dysgu di-dâl.

Ffigur 2.29 *Gwefan sy'n dysgu Bioleg.*

Manteision dysgu gartref:

- Gallwch ddysgu yn eich cartref (dim teithio i ddosbarthiadau nos).
- Gallwch ddysgu yn eich amser eich hun ac wrth eich pwysau eich hun.
- Mae ystafelloedd sgwrsio neu fforymau trafod ar-lein ar gael yn aml lle gallwch gyfnewid syniadau neu drafod problemau â phobl eraill sy'n dysgu'r un pwnc.
- Mae amrywiaeth eang o gyrsiau ar gael.

Anfanteision dysgu gartref:

- Gall fod yn anodd datrys problemau, gan nad oes tiwtor i'w trafod. Gall myfyrwyr deimlo braidd yn ynysig.
- Gall fod diffyg cymhelliant os oes gan y myfyriwr ryddid i ddewis pryd i ddysgu.

2.5.2 Hamdden

> Gellir defnyddio TGCh i gael hwyl yn ogystal ag ar gyfer gwaith.

Defnyddir cyfrifiaduron yn y cartref at bwrpas hamdden ac adloniant yn bennaf. Gall hyn gymryd llawer gwahanol ffurf, ac mae'n debyg mai dyma'r prif reswm dros y cynnydd yn nifer y cartrefi sy'n berchen ar gyfrifiadur, nid yr awch i ddysgu!

2.5.3 Cyhoeddi gartref

Gellir defnyddio rhaglenni DTP yn y cartref i gynhyrchu cyhoeddiadau sy'n gysylltiedig â diddordeb neu hobi. Er enghraifft, gallai archaeolegydd brwd gynhyrchu cylchlythyr misol neu gylchgrawn am weithgareddau'r gymdeithas archaeolegol leol i'w anfon at yr holl aelodau, neu gallai gemwr rhyfel argraffu taflen yn rhoi'r senario a'r gorchmynion ar gyfer y frwydr nesaf.

Gellir cynhyrchu tudalennau gwe ar gyfer gwefan i bobl sydd â'r un diddordeb. Er enghraifft, gallai hanesydd greu gwefan am gyfnod mewn hanes y mae'n ei astudio, neu gallai cefnogwr rygbi gyhoeddi tudalennau am ei glwb. Mae llawer o enghreifftiau o hyn ar y We, ac mae nifer y gwefannau 'diddordeb arbennig' yn tyfu'n gyflym.

Mae pobl sy'n ymddiddori mewn ffotograffiaeth yn defnyddio camerâu digidol i dynnu lluniau a chyhoeddi eu ffotograffau ar y Rhyngrwyd. Gall pobl roi lluniau o'u teulu ar wefan fel y gall eu perthnasau neu eu cyfeillion eu gweld o unrhyw le yn y byd. Gellir llwytho lluniau i lawr o gamerâu digidol a'u storio ar gyfrifiadur, lle gellir eu trefnu'n albymau a'u gweld ar fonitor. Gan fod lluniau'n llyncu llawer iawn o le storio, cânt eu cadw ar CD neu DVD yn aml. Gellir dewis lluniau penodol a'u hargraffu ar argraffydd lliw. Mae hyn yn llawer cyflymach na'r dull confensiynol o aros i ffilm gael ei datblygu, er bod ansawdd y lluniau yn dibynnu ar ansawdd y papur.

Mae'n bosibl creu ffilmiau byr gyda rhai camerâu digidol a llwytho'r fideos hyn i lawr a'u storio, neu eu cyhoeddi ar wefan. Gellir defnyddio meddalwedd cyhoeddi i gynhyrchu catalogau o'r holl ffotograffau sydd wedi cael eu storio, neu o'ch CDau cerddoriaeth neu DVDau fideo.

LL4

Gall gwefannau 'diddordeb arbennig' gael eu gweld gan bawb sydd â diddordeb, o bedwar ban byd.

LL5

Gall catalogau ei gwneud hi'n llawer haws dod o hyd i eitem megis ffotograff neu drac ar CD.

2.5.4 Gemau

Mae gemau cyfrifiadur heddiw, gyda'u fideos a'u clipiau sain realistig, yn gymhleth dros ben. Y prif reswm am hyn yw fod pŵer cyfrifiaduron wedi cynyddu'n aruthrol. Mae'r prosesyddion yn gyflymach, felly mae'r graffigau yn llawer mwy manwl, ac mae sain ddigidol yn swnio'n realistig iawn. Mae cardiau graffeg a sain o safon uchel yn helpu i gyflymu'r prosesu ac i gynyddu perfformiad y gêm.

Gallwch brynu consolau un-pwrpas arbennig sy'n cynhyrchu fideo a sain o ansawdd gwell gan mai eu hunig swyddogaeth bron yw chwarae gemau.

Fel rheol bydd y gemau hyn ar CD neu DVD, ond mae rhai gwefannau rhyngweithiol arbennig i chwaraewyr gemau.

Mae rhai pobl yn poeni bod plant yn treulio gormod o amser yn chwarae gemau cyfrifiadur a'u bod yn mynd yn gaeth iddynt. Y pryder yw fod plant yn chwarae ar eu pennau eu hunain a bod hyn yn rhwystro rhyngweithio cymdeithasol â phlant eraill ac yn llesteirio datblygiad eu sgiliau cymdeithasol. Mae plant yn mynd yn llai heini gan nad ydynt yn cael digon o ymarfer,

LL6

Mae gemau rhyngweithiol yn defnyddio'r Rhyngrwyd i gysylltu'r rheiny sy'n chwarae mewn gêm amser real.

Ffigur 2.30 *Sgrinlun o gêm gyfrifiadur.*

ond wedyn, fel y dywedodd Bertrand Russell (mathemategydd Prydeinig enwog): 'Nid yw'r amser a dreuliwch yn mwynhau yn amser sy'n cael ei wastraffu.'

Cyngor: Peidiwch â threulio gormod o amser ar unrhyw weithgaredd cyfrifiadurol ... yn enwedig chwarae gemau!

2.5.5 Ffilmiau DVD

Oherwydd y lle storio mawr sydd ar DVD, mae'n bosibl recordio ffilm gyfan ar un disg, ei chwarae ar gyfrifiadur, a'i gwylio ar fonitor cyffredin. Defnyddir data digidol i wneud y recordiad, felly mae ansawdd y ffilm yn llawer gwell nag ar fideo.

Gyda DVDau gallwch fynd yn syth at le yng nghanol y ffilm: ar fideo mae llawer iawn o dâp i'w weindio!

Mae llawer o ffilmiau ar DVD yn cynnwys deunydd ychwanegol hefyd, megis lluniau llonydd, hanesion diddorol am y ffilm a'r sêr, neu raglen ddogfen fer ar sut y gwnaethpwyd y ffilm a'r effeithiau arbennig a ddefnyddiwyd.

2.5.6 Celf gyfrifiadurol

Gyda meddalwedd graffeg modern, gallwch ymarfer peintio heb wastraffu defnyddiau.

Mae rhai pecynnau graffeg modern yn eithriadol o soffistigedig ac yn cynnwys nifer mawr o gyfleusterau ac effeithiau arbennig, er enghraifft, offer arlunio effeithiol iawn megis brwshys paent a gwahanol fathau o greonau. Un ffordd o dreulio'ch amser hamdden yn greadigol yw llunio neu beintio gweithiau celf: os nad ydych chi'n hoffi'r canlyniad, gallwch ei daflu i ffwrdd heb wastraffu papur na phaent. Pwy a ŵyr? Efallai fod gennych ddoniau cudd! Gallwch ddangos eich lluniau gorau ar wefan i bawb yn y byd eu gweld a'u hedmygu.

Ffigur 2.31 *Byddwch yn greadigol! Defnyddiwch becyn graffeg i greu gweithiau celf.*

2.5.7 Gwasanaethau teledu rhyngweithiol

TELEDU RHYNGWEITHIOL: Teledu sy'n gadael i'r gwyliwr gymryd rhan mewn nifer o weithgareddau.

Mae rhai darlledwyr teledu'n darparu gwasanaethau y gall y gwyliwr gymryd rhan ynddynt neu eu rheoli mewn rhyw ffordd neu'i gilydd, er enghraifft:

- Gemau rhyngweithiol.
- Pleidleisio mewn arolygon syml a gweld y canlyniadau ar hyn o bryd.
- Siopa rhyngweithiol.
- Ffilmiau talu-i-wylio. Gallwch wylio ffilmiau o'ch dewis ar adeg o'ch dewis ac ychwanegir y gost at eich bil misol.

Ffigur 2.32 *Un o'r sianelau siopa sydd ar gael ar deledu digidol.*

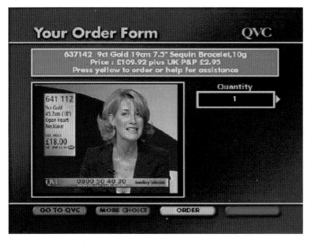

- Sianelau chwaraeon sy'n caniatáu i'r gwyliwr ddewis o blith nifer o wahanol gamerâu neu edrych ar ystadegau'r gêm.
- Sianelau newyddion lle gall y gwyliwr ddewis fideo o blith dewis o storïau newyddion.
- Hysbysebion gwyliau: gall y gwyliwr archebu gwyliau os yw'n dymuno.
- Gwasanaethau betio.
- E-bost.

Rhaid bod yn ofalus oherwydd y codir am rai gwasanaethau o'r fath er nad yw hyn yn amlwg bob amser.

2.5.8 Cerddoriaeth a sain

Os oes gan eich cyfrifiadur seinyddion, gallwch ddefnyddio rhaglenni megis Microsoft Media Player neu Real Player i chwarae cerddoriaeth.

Gallwch gael traciau cerddoriaeth o'r Rhyngrwyd mewn fformat cywasgedig arbennig o'r enw MP3, sy'n gwneud y ffeiliau'n llai ac yn gyflymach i'w llwytho i lawr er nad yw'r ansawdd cystal â CD. Hefyd gall ffeiliau cerddoriaeth gael eu copïo o CDau a'u storio mewn fformat MP3.

Er bod rhai cwmnïau'n gadael i gwsmeriaid lwytho samplau o gerddoriaeth i lawr, mae'r rhan fwyaf yn codi am bob trac. Gellir cadw'r ffeiliau ar ddisg caled y cyfrifiadur ac yna eu copïo i chwaraeydd MP3.

I'r rheiny sy'n cymryd eu cerddoriaeth o ddifrif, mae pecynnau meddalwedd ar gael sy'n caniatáu ichi gysylltu offerynnau cerdd megis allweddellau, drymiau a gitarau â chyfrifiadur. Yna gallwch recordio'r gerddoriaeth a chwarae, neu hyd yn oed cyfansoddi darnau o gerddoriaeth a'u chwarae'n ôl drwy'r offerynnau.

Gellir recordio nifer o wahanol draciau sain ac yna eu cyfuno a'u golygu gan ddefnyddio rhaglen o'r enw dilyniannwr: stiwdio recordio yn eich cartref eich hun!

Gellir defnyddio microffonau i 'samplu' seiniau. Mae hyn yn golygu bod recordiad o'r sain yn cael ei wneud ar adegau rheolaidd a'i storio'n ddigidol. Po fwyaf y gyfradd samplu, gorau oll fydd ansawdd y sain, ond bydd maint y ffeil yn fwy. Gall y sain gael ei golygu, ei chadw a'i defnyddio mewn cyflwyniad amlgyfrwng.

L8

Chwaraewch gerddoriaeth wrth ddefnyddio'r cyfrifiadur, neu gwyliwch fideos ar ôl gorffen eich gwaith.

L9

Rhaid cael rhyngwyneb *MIDI* i gysylltu offerynnau cerdd â chyfrifiadur.

MIDI: Rhyngwyneb Digidol Offeryn Cerdd (*Musical Instrument Digital Interface*).

■ Gweithgaredd 2.10 **Sain**

Llwythwch i lawr y ffeil **noises.wav**.

Chwaraewch y ffeil a byddwch yn clywed seiniau a wneir gan bum gwahanol wrthrych. Mae llythrennau cyntaf y gwrthrychau hyn yn sillafu gair (Saesneg) a ddefnyddir yn aml mewn TGCh.

A allwch chi enwi'r gwrthrychau a darganfod y gair cudd?

2.5.9 Systemau rheoli

Defnydd arall ar gyfer cyfrifiaduron yn y cartref yw rheoli systemau megis systemau gwresogi a systemau larwm. Enghreifftiau o systemau rheoli yw'r rhain, a defnyddiant nifer o synwyryddion sydd wedi'u cysylltu â chyfrifiadur drwy ryngwyneb. Mae'r synwyryddion yn cymryd darlleniadau rheolaidd o fesuriadau megis tymheredd neu sain ac yn eu mewnbynnu i'r cyfrifiadur.

Mae'r cyfrifiadur yn dadansoddi'r darlleniadau ac yn penderfynu a oes angen gwneud unrhyw beth. Os oes angen gwneud rhywbeth, bydd y cyfrifiadur yn anfon signal i weithredu dyfais megis gwresogydd neu larwm.

Ffigur 2.33 *System rheoli gwres syml.*

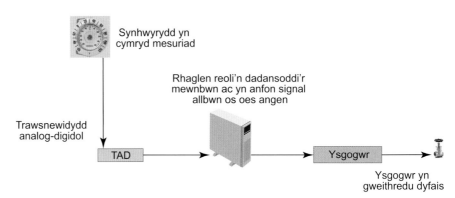

Synhwyrydd yn cymryd mesuriad

Rhaglen reoli'n dadansoddi'r mewnbwn ac yn anfon signal allbwn os oes angen

Trawsnewidydd analog-digidol

TAD

Ysgogwr

Ysgogwr yn gweithredu dyfais

2.5.10 Rheolaeth amgylcheddol

Mewn system wresogi, mae synhwyrydd yn cymryd darlleniadau rheolaidd o'r tymheredd mewn tŷ. Mesuriad analog yw tymheredd, felly rhaid ei drawsnewid yn fesuriad digidol cyn y gall y cyfrifiadur ei brosesu. Defnyddir trawsnewidydd analog-digidol (TAD/*ADC: Analogue-to-Digital Converter*) i wneud hyn.

Ar ôl i'r cyfrifiadur dderbyn y data, bydd y rhaglen reoli yn dadansoddi'r darlleniad. Os yw'r darlleniad yn rhy isel, bydd y cyfrifiadur yn anfon signal rheoli i ysgogwr a all droi'r gwresogydd ymlaen. Os yw'r darlleniad yn rhy uchel, bydd y cyfrifiadur yn anfon signal i ddiffodd y gwresogydd.

Gellir defnyddio system debyg i reoli'r tymheredd a'r lleithder mewn tŷ gwydr. Mae synwyryddion sy'n mesur tymheredd a lleithder wedi'u cysylltu â chyfrifiadur sy'n gallu troi ysgeintellau ymlaen os yw'r aer yn rhy sych neu agor a chau awyryddion os nad yw'r tymheredd o fewn amrediad derbyniol.

YSGOGWR: Modur a all weithredu dyfais ar ôl derbyn signal.

2.5.11 Systemau larwm

Mae nifer o wahanol synwyryddion ar gael ar gyfer systemau larwm yn y cartref. Mae synwyryddion isgoch goddefol yn mesur y pelydriad isgoch mewn ystafell, a gallant ganfod y newidiadau a achosir wrth i rywun symud o gwmpas. Mae gan synwyryddion agosrwydd ddwy ran a osodir ar ffenestri a drysau: pan gaiff y rhannau eu gwahanu, wrth i rywun agor ffenestr neu ddrws, mae signal yn cael ei anfon i'r larwm. Gellir rhoi synwyryddion gwasgedd o dan fatiau i ganfod pan fydd rhywun yn sefyll arnynt.

SYNHWYRYDD ISGOCH GODDEFOL: Dyfais ar gyfer canfod symudiad.

Ffigur 2.34 *Synhwyrydd PIR a ddefnyddir mewn system larwm gyfrifiadurol i ganfod symudiad.*

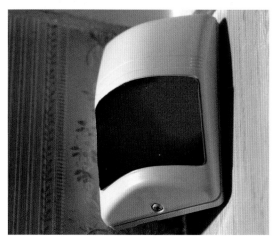

Bydd yr holl synwyryddion hyn, os cânt eu hysgogi, yn anfon signal i'r cyfrifiadur sy'n eu rheoli, a fydd yn ei dro yn allbynnu signal rheoli i'r larwm.

Mae oediad byr fel rheol rhwng derbyn y signal ac ysgogi'r larwm, er mwyn rhoi cyfle i berchennog y tŷ i ddiffodd y system drwy deipio cod diogelwch i mewn. Os na roddir y cod diogelwch i mewn, bydd y larwm yn seinio.

Pan gaiff lleidr ei ganfod, gall y system wneud i seiren seinio neu gall droi goleuadau ymlaen. Mae rhai systemau larwm wedi'u cysylltu â deialydd ffôn awtomatig sy'n anfon neges wedi'i recordio i'r heddlu.

2.5.12 Rheolaeth ficrobrosesyddol

Mae microbrosesyddion neu ficroreolyddion i'w cael mewn llawer o'r dyfeisiau trydanol a ddefnyddiwn yn y cartref, ac rydym yn tueddu i'w cymryd yn ganiataol. Cylched gyfannol ('sglodyn') gyda chylchedwaith ar raddfa fach sy'n gallu cyflawni llawer o dasgau prosesu yw microbrosesydd.

Un enghraifft o ddyfais sy'n cynnwys microbrosesydd yw'r peiriant golchi. Mae rhaglen reoli wedi'i storio yn y peiriant a all redeg y gwahanol olchiadau a osodir gan y defnyddiwr. Ar ôl cychwyn y golchiad, nid oes angen goruchwylio'r peiriant golchi gan y bydd yn rhedeg yn awtomatig, gan osod tymheredd y dŵr a chan fynd drwy'r holl gylchredau golchi, rinsio a throelli priodol yn eu tro.

Mae dyfeisiau a reolir gan ficrobrosesydd yn cael eu galw'n **systemau planedig** yn aml. Yr hyn sy'n eu gwneud yn bosibl yw maint bach y microbrosesyddion a'r ffaith y gall rhaglenni (dilyniannau o gyfarwyddiadau) gael eu storio ynddynt.

Rhai dyfeisiau yn y cartref a reolir gan ficrobrosesydd yw:

> Cylchedau cyfannol (sglodion) yw **microbrosesyddion** a microreolyddion. Fe'u defnyddir mewn llawer o ddyfeisiau yn y cartref.

Ffigur 2.35 *Mae gan ficrobrosesydd gylchedwaith cymhleth ar raddfa fach iawn.*

- **Peiriannau golchi llestri**: Gallwch ddewis gwahanol ddilyniannau a thymereddau a gallwch osod amserydd oedi. Mae gan rai modelau synwyryddion sy'n canfod faint o faw sydd yn y dŵr ac yn addasu'r gylchred yn unol â hynny.
- **Recordwyr/chwaraewyr fideo neu DVD**: Gallwch osod yr amser yr ydych eisiau dechrau a gorffen recordio a gallwch ddewis y sianel i'w recordio.
- **Poptai microdon**: Gallwch redeg gwahanol raglenni ar gyfer gwahanol fwydydd.
- **Oergelloedd**: Mae microbrosesyddion yn rheoli'r tymheredd y tu mewn.
- **Ffonau symudol**: Gallwch storio rhifau ffôn a rhedeg rhaglen sy'n gadael ichi anfon negeseuon testun.

- **Consolau gemau**: Cyfrifiaduron bach sy'n benodol ar gyfer chwarae gemau.
- ... a llawer rhagor: setiau teledu, systemau HiFi, camerâu digidol, teganau pell-reoli, ac ati.

■ Gweithgaredd 2.11 Ymchwiliad ar y Rhyngrwyd

Cip ar y dyfodol?

Darganfyddwch beth yw **system ddomotig**.

Rhestrwch bum tasg y byddech yn gallu defnyddio system ddomotig i'w cyflawni.

Cwestiynau ymarfer 2.5

1 Mae defnyddio cyfrifiaduron yn y cartref wedi cynyddu'n aruthrol yn ystod y blynyddoedd diwethaf. Rhowch enghraifft o sut y gallai pob un o'r canlynol gael ei ddefnyddio ar gyfrifiadur cartref:
   a) taenlen [1]
   b) meddalwedd rheoli [1]
   c) cyhoeddi bwrdd gwaith (*DTP*) [1]
   ch) cronfa ddata. [1]
2 Mae llawer o ddisgyblion yn chwarae gemau cyfrifiadur gartref.
   a) Rhowch un rheswm pam y gallai chwarae gêm gyfrifiadur fod yn beth da. [1]
   b) Rhowch un rheswm pam y gallai fod yn beth drwg. [1]
3 Mae llawer o bobl yn defnyddio cyfrifiaduron i ddysgu gartref.
   a) Rhowch ddwy o fanteision dysgu gartref. [1]
   b) Rhowch un rheswm pam y gallai fod yn anodd dysgu gartref. [1]

A allwch chi gofio...?

1 Am beth y mae *CAL* yn sefyll (Cymraeg a Saesneg)?
2 Enwch ddau synhwyrydd y gellir eu defnyddio mewn system larwm a reolir gan gyfrifiadur mewn tŷ.
3 Beth yw system blanedig?
4 Rhowch bum enghraifft o systemau mewnol yn y cartref.
5 Gall system reoli gynnwys TAD (*ADC*). Beth yw TAD?
6 Pam y gallai fod angen TAD mewn system reoli?

2.6 TGCh mewn addysg

Mae TGCh yn yr ystafell ddosbarth yn help i wneud dysgu'n fwy diddorol a phleserus. Mae'n wir!

Gall TGCh gael ei ddefnyddio mewn llawer ffordd yn yr ysgol. Yn ogystal â helpu i weinyddu'r ysgol, gall fod yn gymorth mawr wrth ddysgu. Mae TGCh yn gwneud addysg yn fwy diddorol; mae'n cynyddu cymhelliant disgyblion ac yn gwneud yr holl broses ddysgu yn brofiad mwy pleserus. Os yw cymhelliant disgybl yn uchel ac os yw'n awyddus i ddysgu, bydd yn canolbwyntio'n well ac yn rhoi ei sylw i'r gwaith. Byddwn yn dysgu mwy o wers ddiddorol nag o wers ddiflas!

Ffigur 2.36 *Bwrdd gwyn rhyngweithiol.*

DYSGU DRWY GYMORTH CYFRIFIADUR (CAL):
Ffordd o ddysgu sgil, gan ddefnyddio cyfrifiadur a meddalwedd rhyngweithiol ar CD neu DVD, neu'r Rhyngrwyd. Gall defnyddio rhaglenni *CAL* fod yn ffordd fwy pleserus o ddysgu na dulliau traddodiadol.

Mae cyfrifiaduron yn helpu i wneud y broses ddysgu yn fwy rhyngweithiol, sy'n golygu bod y disgyblion yn cymryd rhan weithgar yn eu haddysg. Mae gwneud rhywbeth bob amser yn fwy diddorol na gwrando'n unig.

Sgriniau gwyn mawr y gall y dosbarth cyfan eu gweld yw byrddau gwyn rhyngweithiol. Maent yn cael eu cysylltu â chyfrifiadur a gellir eu defnyddio fel monitor mawr. Yn ystod cyflwyniad, mae pen arbennig yn cael ei ddefnyddio fel pwyntydd llygoden i glicio ar y sgrin.

Gall disgyblion ddefnyddio meddalwedd rhyngweithiol i ddysgu am bwnc penodol. Er enghraifft, gallwch ddefnyddio rhaglen dysgu drwy gymorth cyfrifiadur (*CAL*) i'ch helpu i ddysgu iaith dramor. Gallwch ddysgu geiriau newydd, eu clywed yn cael eu siarad a'u hailadrodd, a gallwch eich profi eich hun ar eich cynnydd.

Os yw cyfrifiadur wedi'i gysylltu â rhwydwaith, gall y disgyblion gyfnewid syniadau neu drafod a dadlau ar-lein. Adnodd addysgol gwerthfawr yw'r Rhyngrwyd, sy'n darparu cyfleusterau eraill megis e-bost a grwpiau trafod.

2.6.1 Manteision TGCh mewn addysg

Gwaith cwrs

Mae gwaith cwrs yn rhan hanfodol o astudiaethau ysgol a gall TGCh eich helpu i'w wneud.

Mewn llawer o bynciau mae'n rhaid i'r disgyblion gyflwyno gwaith cwrs. Er bod yr athrawon yn rhoi arweiniad i chi, rhaid i chi wneud y gwaith ar eich pen eich hun. Dyma lle y gall TGCh fod o gymorth mawr i chi.

Gall y **Rhyngrwyd** eich helpu i ymchwilio a gall tudalennau ar y We Fyd-Eang gael eu defnyddio i ddarganfod gwybodaeth. Gall peiriannau chwilio ddod o hyd i dudalennau perthnasol ond rhaid sicrhau eu bod yn gyfoes a dibynadwy. Mae bob amser yn well chwilio am yr un wybodaeth ar sawl gwefan a chanolbwyntio ar y rhai adnabyddus. Mae sawl gwyddoniadur yn rhedeg gwefan lle gellir cael clipiau sain a fideo i gyd-fynd â gwahanol dopigau.

Gall grŵp trafod ar y Rhyngrwyd (**bwrdd bwletin** neu **fforwm**) eich helpu i gael syniadau. Gallwch bostio neges a gall unrhyw un sy'n ei gweld ymateb, gan roi eu meddyliau a'u syniadau nhw.

Gallwch ddefnyddio **e-bost** i gysylltu â disgyblion mewn ysgolion eraill yng ngwledydd Prydain a thramor. Byddwch yn gallu cyfnewid syniadau a chael gwybodaeth o ffynonellau cyfoes. Os ydych yn dysgu iaith fel Ffrangeg, bydd gohebu â disgybl yn Ffrainc yn rhoi hwb mawr i'ch ymdrechion i ddysgu'r iaith – ac i'w hymdrechion nhw!

Gall rhaglenni *DTP* eich helpu i gyflwyno eich gwaith cwrs. Mae'n hawdd cynhyrchu cynlluniau proffesiynol yr olwg: ffactor pwysig os ydych am greu argraff ar yr arholwr!

Gall **taenlenni** a **siartiau** eich helpu i drefnu data rhifiadol ar gyfer gwaith cwrs mathemategol neu wyddonol. Gallwch gopïo tablau o ddata a'u gludo mewn dogfen a defnyddio graffiau a siartiau i helpu i egluro pwyntiau.

Gellir defnyddio **cronfeydd data** i storio data a'u trefnu, ac i gynhyrchu adroddiadau drwy chwilio drwy'r data mewn gwahanol ffyrdd. Er enghraifft, gall ymchwil i faint teuluoedd mewn gwahanol grwpiau cymdeithasegol gael ei storio mewn cronfa ddata. Yna gellir cynhyrchu adroddiadau ar y cysylltiad rhwng maint teuluoedd a'u hamgylchiadau cymdeithasol.

Gall gwaith cwrs fod yn ddarn mawr o waith. Mae'n rhaid i chi wneud copi o'ch gwaith yn rheolaidd, a chadw'r copi mewn lle gwahanol os oes modd, rhag ofn bod y ffeil yn cael ei cholli neu ei llygru. Os oes gennych gopi diweddar o'ch gwaith, ni fydd hi'n drychinebus os caiff un copi ei golli.

> Cadwch gopi wrth gefn diweddar o'ch gwaith cwrs bob amser, rhag ofn i chi gael problemau gyda'r cyfrifiadur.

2.6.2 Anghenion arbennig

Mae gan rai disgyblion mewn ysgolion broblemau corfforol neu anawsterau dysgu. Gall TGCh helpu'r disgyblion hyn gyda'u dysgu. Mae dyfeisiau mewnbynnu arbenigol ar gael megis bysellfyrddau Braille a systemau adnabod llais, ac mae gan gyffyrddellau droshaenau arbennig sy'n helpu disgyblion dan anfantais i fewnbynnu data.

Ffigur 2.37 *Bysellfwrdd un-llaw.*

Mae banciau geiriau neu feddalwedd rhagfynegi ar gael i ddisgyblion sy'n cael trafferth teipio. Mae'r rhain yn cynnig nifer o eiriau neu ymadroddion y gellir dewis o'u plith i gyflymu'r broses o gynhyrchu testun.

Mae llawer o raglenni ar gael i helpu disgyblion ag anawsterau dysgu i wella eu sgiliau darllen ac ysgrifennu a'u mathemateg sylfaenol, fel eu bod yn gallu dilyn pynciau eraill yn well. Mae'r rhaglenni hyn yn defnyddio dulliau lliwgar, cyffrous a rhyngweithiol i symbylu'r disgybl a gwneud dysgu yn brofiad diddorol.

2.6.3 Dysgu o bell

> **DYSGU O BELL:** Ffordd o astudio am gymhwyster megis gradd yn eich cartref, yn eich amser eich hun, wrth eich pwysau eich hun.

Mae'n bosibl astudio o'r cartref neu o unrhyw le arall yn y byd drwy ddilyn cwrs dysgu o bell. Mae'r myfyrwyr yn cofrestru ar gwrs ar y Rhyngrwyd ac yn dysgu ar-lein, gan ddefnyddio tudalennau gwe ac adnoddau eraill. Yna byddant yn cymryd arholiadau ar-lein er mwyn ceisio ennill cymhwyster.

Erbyn heddiw mae llawer o golegau yng ngwledydd Prydain ac mewn gwledydd tramor yn cynnig cyrsiau gradd dysgu o bell.

Mae'n bwysig dewis cwrs o goleg ag enw da, ond heblaw am hynny gall fod yn fanteisiol iawn dysgu yn y ffordd hon oherwydd y gallwch ddewis pryd a ble i ddysgu a symud ymlaen pan fyddwch yn barod. Cynigir llawer o gyrsiau ar-lein, a gall fod yn haws dod o hyd i un sy'n gweddu i'ch anghenion, yn hytrach na cheisio dod o hyd i goleg sy'n cynnig y cwrs hwnnw.

2.6.4 Digwyddiadau yn yr ysgol

Gall TGCh helpu gyda threfnu digwyddiadau yn yr ysgol. Er enghraifft, efallai fod eich ysgol yn perfformio sioe gerdd ar ddiwedd y tymor, gyda cherddorfa'r ysgol ac actorion a dawnswyr ymhlith y disgyblion yn cymryd rhan. Dyma restr o rai o'r gwahanol ffyrdd y gall TGCh helpu:

- Gellir defnyddio **cronfa ddata** i storio manylion yr holl ddisgyblion sy'n cymryd rhan, gan gynnwys y dosbarthiadau y maent yn perthyn iddynt ac a ydynt yn actorion, yn ddawnswyr neu'n gerddorion. Bydd hyn yn ei gwneud hi'n haws cysylltu â'r disgyblion.
- Gellir creu **taenlen** a'i defnyddio i helpu gyda'r cynllunio ariannol. Gellir mewnbynnu costau disgwyliedig y sioe a defnyddio hyn i osod pris y tocynnau a'r rhaglenni i sicrhau bod y sioe yn gwneud elw.
- Gellir defnyddio meddalwedd **cyhoeddi bwrdd gwaith** i ddylunio'r tocynnau, y rhaglenni a'r posteri i hysbysebu'r sioe.
- Gellir defnyddio rhaglenni **prosesu geiriau** i gynhyrchu taflenni ymarfer wythnosol sy'n dangos amserau'r ymarferiadau a pha ddisgyblion sy'n cymryd rhan.
- Ar ôl y sioe, gellir creu **gwefan** sy'n cynnwys lluniau o'r perfformiad a disgrifiad o ddatblygiad y sioe, rhestri o'r cast ac unrhyw ddigwyddiadau gwerth eu cofnodi. Gellir rhoi'r cyfan ar fewnrwyd yr ysgol i'r holl ddisgyblion ei weld.
- Gellir defnyddio **MIDI** gydag offerynnau cerdd.
- Gellir defnyddio byrddau goleuo a systemau sain **a reolir gan gyfrifiadur** i redeg dilyniannau wedi'u rhag-raglennu o effeithiau goleuo neu seiniau a recordiwyd ymlaen llaw.

2.6.5 Logio data

Logio data: Term a ddefnyddir i ddisgrifio casglu data'n awtomatig o nifer o synwyryddion.

Gall cyfrifiaduron gael eu defnyddio i gasglu data'n awtomatig o nifer o synwyryddion. Logio data yw'r enw a roddir ar hyn. Gellir gosod amlder y darlleniadau ac am ba hyd y caiff y darlleniadau eu cymryd, ac ar ôl ei chychwyn nid oes angen goruchwylio'r system.

Gall logio data gael ei ddefnyddio mewn gwersi gwyddoniaeth, er enghraifft, pan fo angen cymryd darlleniadau mewn arbrawf bob 10 eiliad dros gyfnod o 20 munud. Yna gellir prosesu'r darlleniadau hyn i gynhyrchu graff am yr arbrawf.

Enghraifft arall yw casglu data'n awtomatig am y tywydd o orsaf dywydd yr ysgol. Gall darlleniadau o'r tymheredd, gwasgedd aer a buanedd y gwynt gael eu casglu bob awr gan gyfrifiadur, eu storio a'u prosesu i gynhyrchu ystadegau a graff o'r patrymau tywydd lleol.

Manteision defnyddio system logio data:

- Caiff y data eu casglu'n awtomatig. Nid oes rhaid cadw golwg ar y system.
- Gellir cymryd darlleniadau'n barhaus dros gyfnodau hir a thrwy gydol y nos os oes angen.
- Ni fydd neb yn anghofio cymryd darlleniad. Gall arbrofion gwyddonol fod yn ddi-werth os collir un darlleniad.
- Bydd y darlleniadau'n fwy cywir os cyfrifiadur sy'n eu cymryd: mae'r posibilrwydd o gamgymeriadau dynol yn cael ei osgoi.
- Gellir gosod synwyryddion mewn sefyllfaoedd lle mae'n beryglus i fodau dynol fynd. Er enghraifft, gellir gosod synhwyrydd i fesur buanedd y gwynt (anemomedr) ar do'r ysgol.
- Os oes angen, gellir cymryd y darlleniadau'n gyflym iawn. Mewn rhai arbrofion, gall fod angen cymryd sawl darlleniad bob eiliad o nifer o wahanol synwyryddion. Byddai'n amhosibl i bobl wneud hyn.

Anfanteision defnyddio system logio data:

- Os oes nam o ryw fath, mae'n bosibl na fydd neb yn sylwi arno am amser maith.

Cwestiynau ymarfer 2.6

1 Mae'n bosibl bod gan rai disgyblion mewn ysgol anfanteision corfforol neu anawsterau dysgu.

   a) Enwch ddwy eitem o galedwedd a allai helpu disgyblion sydd ag anghenion arbennig. [2]

   b) Rhowch ddwy ffordd y gallai awdur meddalwedd addysgol geisio symbylu disgyblion sydd ag anawsterau dysgu. [2]

2 Mae disgybl yn paratoi ei gwaith cwrs ac mae angen iddi ddod o hyd i wybodaeth am y topig y mae hi'n ei astudio. Rhowch dair ffordd wahanol y gall y disgybl ddefnyddio cyfrifiadur i ymchwilio i'r topig. [3]

A allwch chi gofio...?

1 Beth yw logio data?

2 Pan ddefnyddir logio data mewn arbrawf gwyddonol, pa ddwy eitem o ddata y mae angen eu mewnbynnu i'r rhaglen?

3 Rhowch dair o fanteision defnyddio system logio data.

4 Beth yw bwrdd bwletin (neu fforwm)?

3 Effaith TGCh

3.1 TGCh yn y gweithle

Mae'r defnydd o TGCh wedi cael mwy o effaith ar y gweithle nag yn unman arall. Mae datblygiad TGCh wedi effeithio ar swyddfeydd a ffatrïoedd, siopau a warysau, a bu'n rhaid i bobl newid eu ffyrdd o weithio. Er bod y mwyafrif o fusnesau wedi elwa ar y newid, mae pobl eraill wedi ei chael hi'n anodd ymaddasu i arferion newydd.

Yn yr adrannau sy'n dilyn fe edrychwn ar sut mae datblygiadau ym maes TGCh wedi effeithio ar bobl yn y gweithle, beth fu'r manteision, a pha broblemau sydd wedi codi.

3.1.1 Cyflogaeth

Mae rhai mathau o swyddi wedi diflannu gan nad oes eu hangen bellach neu gan fod cyfrifiaduron a pheiriannau robotig wedi cymryd eu lle. Dyma'r mathau o swyddi sydd wedi cael eu colli:

> **5 L**
> Mae TGCh wedi creu llawer o swyddi newydd, ond mae hi hefyd wedi achosi diweithdra wrth i swyddi hen ffasiwn, diflas, ailadroddus neu beryglus gael eu colli.

- **Mae swyddi diflas, ailadroddus mewn ffatrïoedd wedi cael eu colli** gan fod y bobl a arferai eu gwneud wedi cael eu disodli gan beiriannau robotig. Er enghraifft, byddai pobl yn cael eu cyflogi ar un adeg mewn ffatrïoedd i sgriwio topiau ar boteli diod wrth iddynt fynd heibio'n araf ar felt cludo. Erbyn heddiw mae peiriant yn gwneud y dasg ailadroddus hon

- **Robotau sy'n gwneud swyddi mewn amgylcheddau peryglus** erbyn heddiw. Mae rhai lleoedd lle mae'n afiach neu'n anghysurus i bobl weithio, er enghraifft, yr adran chwistrellu paent mewn ffatri cydosod ceir. Mae'r mygdarthau o'r paent yn beryglus, felly defnyddir robotau i chwistrellu cyrff y ceir.

- **Mae systemau cyfrifiadurol yn cymryd lle hen swyddi swyddfa** megis teipyddion a chlercod ffeilio oherwydd y gallant gyflawni'r un tasgau'n llawer mwy effeithlon. Er enghraifft, pan oedd angen nifer o gopïau o'r un ddogfen, byddai angen tîm o deipyddion i'w teipio'n unigol. Heddiw, gall un gweithiwr ddefnyddio prosesydd geiriau i gynhyrchu'r holl gopïau'n gyflymach o lawer.

- **Mae llai o bobl yn gweithio mewn siopau**. Nid oes angen i uwchfarchnadoedd gyflogi pobl i gyfrif faint o bob eitem sydd ar ôl ar y silff gan fod rheolaeth stoc awtomatig ar gael heddiw. Bydd angen llai o siopau ar bobl wrth i siopa ar-lein ddod yn fwy cyffredin.

- **Mae llai o bobl yn gweithio mewn banciau** o ganlyniad i gyflwyno systemau awtomataidd megis peiriannau arian parod sy'n cyflawni llawer o dasgau staff bancio traddodiadol.

ADRAN 1 TECHNOLEG GWYBODAETH: EI DEFNYDDIO A'I HEFFAITH AR GYMDEITHAS

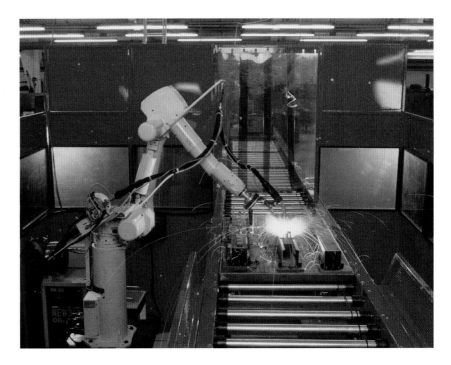

Ffigur 3.1 *Mae robotau weldio wedi cymryd lle pobl mewn rhai ffatrïoedd.*

Ar y cyfan mae busnesau wedi cwtogi ar nifer y staff sy'n gweithio iddynt, am resymau economaidd yn bennaf. Drwy ddefnyddio dulliau TGCh i redeg eu busnes, gallant wneud mwy o waith, gan gynyddu cynhyrchedd ac incwm, a hynny gyda llai o staff ac felly llai o wariant ar gyflogau.

Y newyddion da yw fod nifer mawr o swyddi newydd wedi cael eu creu oherwydd TGCh. Dyma restr o'r swyddi nad oeddynt yn bod cyn dyfodiad y cyfrifiadur:

● **Rhaglennwr**: Mae angen i'r meddalwedd a ddefnyddir gan gyfrifiaduron neu robotiaid gael ei ysgrifennu gan raglenwyr (enw arall yw peirianwyr meddalwedd).
● **Dadansoddydd systemau**: Bydd cwmnïau'n cyflogi dadansoddydd systemau i'w helpu i gyflwyno system gyfrifiadurol newydd sbon neu uwchraddio hen un. Bydd yn dylunio'r system newydd ac yn ei rhoi ar waith.
● **Technegydd TGCh neu dechnegydd rhwydwaith**: Mae angen technegydd ar bob ysgol, cwmni neu sefydliad sy'n berchen ar nifer mawr o gyfrifiaduron neu rwydwaith i reoli'r system a datrys unrhyw broblemau.
● **Dylunydd caledwedd**: Rhaid dylunio, prototeipio a phrofi pob caledwedd newydd.
● **Dylunydd gwefan**: Rhaid i rywun ddylunio a chreu pob tudalen sy'n ymddangos ar y We Fyd-Eang. Hefyd mae'n rhaid diweddaru rhai tudalennau'n gyson. Er enghraifft, rhaid i dudalen we sy'n dangos storïau newyddion gael ei diweddaru bob ychydig o funudau.
● **Rheolwr cronfa ddata**: Os oes gan gwmni neu sefydliad gronfa ddata o wybodaeth, bydd angen ei dylunio, ei chreu a'i diweddaru.

Mae yna gwmnïau gweithgynhyrchu mawr heddiw sy'n cynhyrchu caledwedd cyfrifiadurol ac mae'r rhain yn cyflogi gweithwyr sy'n gwneud amrywiaeth eang o swyddi, o gynhyrchu'r caledwedd i gynnal a chadw'r peiriannau.

3.1.2 Ailhyfforddi

Rydym wedi gweld bod cyflwyno TGCh wedi arwain at golli rhai swyddi ond bod y swyddi hynny'n rhai annymunol ar y cyfan: swyddi ailadroddus, diflas neu beryglus. Mae llawer o swyddi newydd wedi cael eu creu ond mae angen gwahanol fathau o sgiliau ar gyfer y rhain, felly bu'n rhaid ailhyfforddi pobl er mwyn iddynt allu gwneud eu gwaith yn effeithiol.

Mae TGCh yn newid yn gyson, felly rhaid hyfforddi'r staff i ddefnyddio cyfarpar newydd neu feddalwedd newydd, a bydd angen iddynt ddiweddaru eu sgiliau TGCh. Nid yw hyn yn hawdd, a rhaid i gwmnïau gynnig hyfforddiant i gwrdd ag anghenion eu staff a gwneud eu busnesau'n fwy cynhyrchiol.

Gellir defnyddio'r Rhyngrwyd neu CDau rhyngweithiol i hyfforddi staff. Gallant ddysgu wrth eu pwysau ac nid oes angen iddynt deithio i goleg. Bydd rhai cwmnïau'n cynhyrchu eu meddalwedd *CAL* eu hunain, sy'n sicrhau bod y staff yn dysgu'r union fedrau sydd eu hangen arnynt er mwyn gallu gwneud eu gwaith yn iawn.

3.1.3 Newidiadau mewn arferion gwaith

Mae TGCh wedi newid yn llwyr y ffordd y mae gwaith yn cael ei wneud, yn enwedig y ffordd y mae pobl yn cyfathrebu â'i gilydd. Dyma restr o rai o'r newidiadau sydd wedi digwydd:

> Mae TGCh wedi newid y ffordd rydym yn gweithio, gan wneud bywyd yn y gwaith yn haws a chynyddu cynhyrchedd i'r eithaf.

- Mae **ffonau symudol** yn cael eu defnyddio'n amlach gan fod pobl yn gallu eu cario gyda nhw a'u defnyddio mewn unrhyw le bron. Gellir cysylltu â phobl ar unrhyw adeg – nid oes rhaid iddynt fod yn y swyddfa.
- Defnyddir **e-bost** i anfon negeseuon. Mae llai o angen i ysgrifennu llythyr a'i bostio mewn blwch llythyrau. Os oes angen anfon copïau o ddogfen i swyddfa arall, gellir defnyddio peiriant **ffacs** i wneud hyn.
- Gall pobl weithio oriau hirach oherwydd, er enghraifft, gallant fynd â **gliniadur** adref neu ei ddefnyddio ar y trên wrth gymudo i'r gwaith, a gweithio ar dasgau sydd heb eu gorffen.
- Gellir prynu neu archebu nwyddau a defnyddiau ar-lein drwy ddefnyddio'r **Rhyngrwyd** yn lle anfon archeb drwy'r post neu ymweld â siop neu warws.

3.2 Teleweithio

Mae nifer cynyddol o bobl yn gweithio gartref ac yn defnyddio TGCh i gyfathrebu â'r swyddfa. **Teleweithio** yw'r enw a roddwn ar hyn ac mae'n cynnwys defnyddio e-bost, y Rhyngrwyd a pheiriannau ffacs.

Manteision teleweithio:

- Dim costau teithio.
- Dim gwastraffu amser yn teithio i'r gwaith.
- Oriau hyblyg. Mae gan y teleweithiwr mwy o ddewis ynghylch pryd i weithio ac am ba hyd.
- Nid oes angen i gyflogwyr ddarparu ystafell yn y swyddfa neu gyfleusterau megis ffreutur.

TELEWEITHIO: Gweithio o'r cartref ('gweithio o bell' yn llythrennol), gan ddefnyddio e-bost a'r Rhyngrwyd i gyfathrebu. Gall teleweithiwr ddewis pryd i weithio ac am ba hyd.

Anfanteision teleweithio:

● Llai o ryngweithio cymdeithasol a gall teleweithwyr deimlo'n unig.

● Mae mwy o bethau i dynnu'ch sylw gartref (e.e. plant bach, tasgau domestig, pobl yn galw).

● Gall fod yn fwy anodd i'r rheolwr sicrhau bod y gwaith yn cael ei wneud yn iawn.

Ffigur 3.2 *Gall fod yn anodd eich symbylu eich hun os ydych yn gweithio gartref!*

3.3 Effaith economaidd TGCh

Effaith arall y mae TGCh wedi'i chael ar lawer o fusnesau yw eu bod wedi gallu cynnig eu nwyddau a'u gwasanaethau i bobl mewn gwledydd tramor. Mae TGCh wedi'u galluogi i hysbysebu ar wefannau, y gall unrhyw un eu gweld o rywle yn y byd os oes ganddynt gyfrifiadur a mynediad i'r Rhyngrwyd. Hefyd gall pobl brynu nwyddau gan gwmnïau tramor drwy eu harchebu ar wefan.

Mae globaleiddio marchnadoedd yn y modd hwn wedi ehangu marchnadoedd ac wedi galluogi cwmnïau i weithredu mewn ffordd fwy effeithiol, gan gyflogi llai o bobl, gostwng eu treuliau a chynyddu eu helw.

Os yw pobl yn prynu nwyddau drwy wefan, nid oes angen i'r cwmni brynu a chyfarparu cymaint o siopau, na chyflogi rheolwyr a staff siop i'w rhedeg. Byddant hefyd yn arbed arian ar filiau trydan a threthi eiddo. Gall nwyddau gael eu hanfon yn uniongyrchol o warws i ddrws y cwsmer.

Mae rhai pobl yn feirniadol o globaleiddio, gan ddweud bod gwledydd cyfoethog yn elwa ar draul gwledydd tlawd y mae ganddynt gyfran eithriadol o fach o'r farchnad fyd-eang.

56

Mae cwmnïau sy'n gwerthu nwyddau neu wasanaethau wedi gwneud mwy o elw drwy ddefnyddio **e-fasnach** (h.y. prynu a gwerthu dros y Rhyngrwyd).

3.4 Codau ymarfer

Cyfres o safonau y mae busnes yn disgwyl i'w weithwyr gydymffurfio â nhw yw cod ymarfer.

Nid oes ganddo rym cyfreithiol, ond gall y busnes ofyn i staff newydd gytuno i'w ddilyn cyn dechrau eu swydd, a'i ddefnyddio i'w diswyddo os nad ydynt yn cydymffurfio ag ef.

57

Mae **cod ymarfer** yn sicrhau bod pob cwsmer yn cael ei drin yn deg a chyson.

Mae hi bob amser yn gwneud synnwyr i gwmni drin ei gwsmeriaid yn deg ac ystyriol neu byddant yn mynd â'u busnes i gwmni arall.

Mae'n sicrhau arfer cyson. Bydd yr holl weithwyr yn cyflawni eu dyletswyddau mewn ffordd debyg.

3.5 Materion cyfreithiol

Mae datblygiad TGCh wedi creu mathau newydd o drosedd hefyd.

Mae'r Llywodraeth wedi rhoi sylw i'r broblem o hacio, sef cyrchu data sensitif neu bwysig heb awdurdod, drwy gyflwyno'r **Ddeddf Camddefnyddio Cyfrifiaduron** ym 1990. Mae hon yn diffinio hacio fel trosedd, a gall unrhyw un sy'n cael ei ddal yn cyrchu ffeiliau heb awdurdod ar rwydwaith ddisgwyl cael dirwy neu ddedfryd o garchar.

Mae'r ddeddf hon yn gwneud creu a lledaenu firysau yn drosedd hefyd.

Wrth i gardiau credyd gael eu defnyddio fwyfwy, mae twyll cyfrifiadurol wedi cynyddu. Drwy ddwyn manylion cardiau credyd, gall troseddwyr brynu nwyddau neu dynnu arian o fanc y perchennog.

Problem arall yw **dwyn hunaniaeth** rhywun arall. Nid yw llawer o bobl yn sylweddoli pa mor hawdd ydyw i droseddwyr gael data personol amdanom. Gallant ein gwylio wrth i ni deipio ein *PIN* i mewn i beiriant arian parod neu wrando ar sgwrs pan roddwn fanylion ein cerdyn credyd i fusnes. Gallant chwilio mewn biniau am dderbynebau neu gyfriflenni sy'n dangos ein henwau, cyfeiriadau neu fanylion banc.

Mae'r Rhyngrwyd wedi dod yn lle poblogaidd i droseddwyr geisio cael ein manylion personol, er enghraifft, drwy anfon e-bost twyllodrus yn gofyn am ein manylion banc. Yna byddant yn cymryd arnynt mai ni ydynt hwy ac yn tynnu arian o'n cyfrifon banc, gwneud ceisiadau am gardiau credyd, cynhyrchu biliau enfawr, neu brynu nwyddau ar-lein heb yn wybod i ni.

I rwystro troseddwr rhag dwyn eich manylion personol:
- Peidiwch byth â rhoi manylion eich banc neu gyfrineiriau mewn e-bost.
- Peidiwch â thaflu derbynebau, biliau neu gyfriflenni heb eu rhwygo'n ddarnau'n gyntaf.
- Edrychwch ar eich cyfriflenni banc a cherdyn credyd yn ofalus i sicrhau nad oes unrhyw drafodion nad ydych yn gwybod amdanynt.
- Sicrhewch nad oes neb yn gwylio wrth ichi deipio eich PIN i beiriant arian parod neu ddyfais awdurdodi cerdyn arall.
- Peidiwch â rhoi eich cyfrineiriau ar bapur.
- Newidiwch eich cyfrinair yn rheolaidd.

Pasiwyd deddf arall sy'n ei gwneud hi'n anghyfreithlon copïo meddalwedd heb gael caniatâd y sawl sydd biau'r hawlfraint. Bydd cwmnïau meddalwedd yn rhoi trwydded fel rheol pan brynwch eitem o feddalwedd ganddynt, ac yn cynnwys cod arbennig y mae'n rhaid ei fewnbynnu wrth osod y rhaglen ar y cyfrifiadur i brofi ei fod yn gopi cyfreithlon.

58
Mae'n drosedd hacio i mewn i gyfrifiadur, creu firws, neu gopïo meddalwedd sydd dan hawlfraint.

DWYN HUNANIAETH:
Troseddwyr yn cymryd arnynt eu bod yn rhywun arall drwy ddwyn a defnyddio manylion personol y person hwnnw.

59
Mae'n anghyfreithlon defnyddio copi o feddalwedd nad ydych wedi talu amdano. Byddwch yn torri'r Ddeddf Hawlfraint, Dyluniadau a Phatentau. Hefyd mae'n drosedd llwytho ffeiliau cerddoriaeth i lawr nad ydynt yn cael eu cynnig gan gwmnïau cerddoriaeth.

Mae'n bosibl y bydd busnesau neu ysgolion yn dymuno rhedeg pecyn meddalwedd ar nifer o gyfrifiaduron. Os felly, bydd angen iddynt brynu 'trwydded safle' sy'n caniatáu iddynt osod y meddalwedd ar nifer penodol o gyfrifiaduron yn yr adeilad.

'Lladrad meddalwedd' yw'r enw a roddir ar wneud copïau anghyfreithlon o feddalwedd ac mae'n anodd ei rwystro. Mae'n arfer cyffredin gan ei fod mor hawdd ei wneud a chan fod meddalwedd mor ddrud.

Hefyd mae'n drosedd llwytho copïau o ffeiliau cerddoriaeth i lawr o'r Rhyngrwyd oni bai bod y cwmni sydd biau'r hawlfraint wedi eu cynnig. Serch hynny, mae hyn hefyd yn arfer cyffredin ac mae'n anodd i gwmnïau cerddoriaeth olrhain y rheiny sy'n gwneud.

■ Gweithgaredd 3.1 Ymchwiliad ar y Rhyngrwyd

Gall llawer o'r troseddau yr ydym wedi sôn amdanynt yn yr adran hon arwain at gosbau trwm, gan gynnwys dirwyon mawr neu ddedfryd o garchar hyd yn oed.

Defnyddiwch y Rhyngrwyd i ymchwilio i'r dedfrydau sydd wedi cael eu pasio ar bobl a gafwyd yn euog o ladrad meddalwedd neu dorri hawlfraint ym Mhrydain. Beth yw'r ddirwy fwyaf a roddwyd i unigolyn? I gwmni?

Crynodeb

01 Mae TGCh wedi arwain at golli rhai swyddi, ond swyddi diflas, ailadroddus neu beryglus oedd y rhain ar y cyfan.

02 Mae llai o bobl yn gweithio mewn ffatrïoedd, swyddfeydd, siopau a banciau.

03 Mae llawer o swyddi TGCh newydd wedi cael eu creu.

04 Mae'r swyddi newydd yn gofyn am sgiliau newydd felly bu'n rhaid ailhyfforddi pobl.

05 Mae TGCh yn newid yn gyflym iawn felly mae'n rhaid ailhyfforddi staff yn gyson.

06 Mae'r ffordd y mae pobl yn gweithio wedi newid.

07 Mae e-bost a ffacsys wedi cymryd lle llythyron drwy'r post.

08 Mae ffonau symudol yn cael eu defnyddio fwyfwy i gyfathrebu.

09 Mae prynu a gwerthu'n cael eu gwneud fwy dros y Rhyngrwyd yn hytrach nag mewn siopau.

10 Mae teleweithio'n galluogi pobl i weithio o'u cartrefi gan ddefnyddio'r Rhyngrwyd a TGCh arall.

11 Gall busnesau fynd yn fyd-eang. Gallant ehangu eu marchnad i unrhyw le yn y byd drwy ddefnyddio e-fasnach.

12 Gofynnir i weithwyr lofnodi Cod Ymarfer yn aml, sef cyfres o reolau sy'n nodi sut mae disgwyl iddynt weithio.

13 Mae Codau Ymarfer yn sicrhau arfer cyson: mae pawb yn cael ei drin yr un fath.

Mae twf TGCh wedi creu troseddau newydd.

Mae'n anghyfreithlon hacio neu greu firysau.

Mae'n anghyfreithlon dwyn meddalwedd (h.y. ei ddefnyddio heb ei brynu neu heb dalu am drwydded).

Mae'n anghyfreithlon gwneud copïau o gerddoriaeth neu feddalwedd. Lladrad meddalwedd yw hyn.

Mae dwyn hunaniaeth, math o dwyll cyfrifiadurol, ar gynnydd. Gwyliwch rhagddo!

Cwestiynau ymarfer 3

1 Mae teleweithio'n galluogi pobl i weithio gartref drwy ddefnyddio'r Rhyngrwyd a TGCh arall.

a) Disgrifiwch ddwy o fanteision teleweithio i'r cyflogwr. [2]

b) Disgrifiwch ddwy o fanteision teleweithio i'r gweithiwr. [2]

c) Rhowch un o anfanteision teleweithio i'r gweithiwr. [1]

2 Disgrifiwch dair ffordd y mae gwaith swyddfa wedi newid gyda chyflwyno cyfrifiaduron a rhwydweithiau. [3]

3 Mae'r datblygiadau ym maes TGCh wedi arwain at golli rhai swyddi ond maent wedi creu swyddi newydd hefyd.

a) Nodwch dri math o swydd sydd wedi cael eu colli. [3]

b) Nodwch dri math newydd o swydd sydd wedi cael eu creu. [3]

c) Mae'r datblygiadau ym maes TGCh wedi creu mathau newydd o drosedd hefyd.

Nodwch dair trosedd newydd sydd wedi cael eu creu gan TGCh. [3]

4 Datrys problemau

4.1 Cyflwyniad

Bydd angen i ddisgyblion sy'n dilyn y cwrs TGAU mewn TGCh (Cwrs Byr neu Gwrs Hir) sicrhau bod eu sgiliau cyfrifiadurol yn ddigon da i allu defnyddio amryw o wahanol becynnau meddalwedd. Yn yr adrannau nesaf fe gewch amcan o'r sgiliau y bydd eu hangen arnoch, ond y ffordd orau o'u meistroli yw drwy eu hymarfer yn gyson.

Mae llawer o'r ymarferion yn gofyn ichi lwytho ffeiliau i lawr o'r wefan a enwir ar ddechrau'r llyfr hwn, a'u defnyddio i roi cynnig ar amrywiaeth o sgiliau.

Cofiwch: **arfer yw mam pob meistrolaeth**.

4.2 Graffigau

Mae ffeiliau graffig **didfap** yn fawr ond gellir eu cywasgu i fformatau eraill megis **JPEG** (.jpg) neu **GIF** (.gif), i'w defnyddio ar dudalennau gwe er enghraifft, heb golli llawer o'u hansawdd.

CYNLLUNIO DRWY GYMORTH CYFRIFIADUR (CAD): Meddalwedd lluniadu sy'n helpu dylunwyr i greu dyluniadau graffig o wrthrychau ar gyfrifiadur. Gellir ei ddefnyddio i ddylunio ceir, tai, ceginau, awyrennau, pontydd, byrddau cylched brintiedig, ac ati.

Math o lun yw **graffig** (neu **ddelwedd**).

Defnyddir meddalwedd graffeg i greu neu olygu delwedd, boed yn llun ar gyfer newyddlen yr ysgol, logo cwmni i'w roi ar lythyrau, neu hyd yn oed ffotograff o'r teulu yr ydych am ei anfon drwy e-bost. Mae dau brif fath o graffig:

- Graffig **didfap**: Llun wedi'i wneud o filoedd o bicseli, sef dotiau lliw unigol.
- Graffig **fector**: Llun wedi'i wneud o nifer o wrthrychau megis cylchoedd neu linellau y mae eu manylion wedi cael eu storio. Gall y manylion hyn fod yn gyfesurynnau, lliw, maint, math o lenwad, ac ati.

Mae graffig didfap yn tueddu i fod yn llawer mwy na graffig fector pan gaiff ei gadw fel ffeil, ond mae'n fwy priodol ar gyfer ffotograffau. Mae yna fformatau arbennig y gellir eu defnyddio wrth gadw delweddau didfap sy'n cywasgu'r llun i faint llai heb golli llawer o'i ansawdd.

Defnyddir graffigau fector ar gyfer delweddau megis logos cwmnïau neu ddyluniadau sy'n cael eu creu â rhaglen cynllunio drwy gymorth cyfrifiadur (CAD: Computer-Aided Design).

Bydd graffigau didfap yn colli peth o'u hansawdd fel rheol wrth gynyddu eu maint a gallant fod yn aneglur. Nid yw hyn yn digwydd i graffigau fector y gellir newid eu maint heb unrhyw broblemau.

Ffigur 4.1 *Defnyddir graffig didfap ar gyfer ffotograff, ond graffig fector ar gyfer logo cwmni.*

4.2.1 Creu graffig

Gallwch lunio graffigau'n llawrydd, ond mae hyn yn anodd gyda llygoden a gall y canlyniadau fod yn siomedig. Mae yna ddyfeisiau caledwedd arbenigol ar gael, megis padiau graffeg, sy'n gwneud lluniadu a pheintio llawrydd yn haws o lawer.

Gellir mewnbynnu graffigau didfap o sganiwr neu eu llwytho i lawr o gamera digidol. Gallwch hefyd ddefnyddio Microsoft Paint i greu graffigau didfap syml. Mae rhaglenni graffeg mwy cymhleth ar gael sy'n cynnig cyfleusterau gwell, ond gallwch wneud yr holl bethau sylfaenol gyda Paint.

Mae rhai pecynnau graffeg yn caniatáu ichi osod maint y graffig yr ydych am ei luniadu a lliw y papur (lliw y cefndir).

Lluniadu

Mae tri phrif arf ar gyfer lluniadu llawrydd: pensil, brwsh paent a brwsh aer. Mae pob un o'r rhain yn rhoi gwead gwahanol, ac yn y mwyafrif o becynnau graffeg bydd nifer mawr o frwshys ar gael, yn amrywio o ran gwead a thrwch. Mae Ffigur 4.2 yn dangos y tri gwahanol ddull o luniadu llawrydd a ddefnyddir yn Paint.

Nid oes angen lluniadu pob picsel. Gallwch ddefnyddio offer i'ch helpu, megis pensiliau, brwshys paent a brwshys aer.

Ffigur 4.2 *Y tri arf lluniadu llawrydd yn Microsoft Paint.*

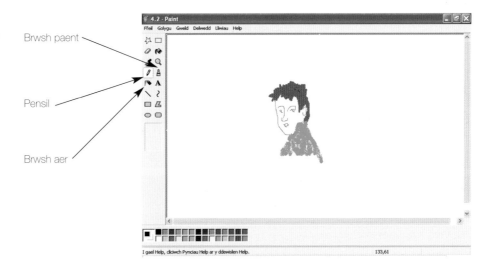

Ffigur 4.3 *Defnyddio rhai o'r offer siapio i ddylunio ystafell ymolchi.*

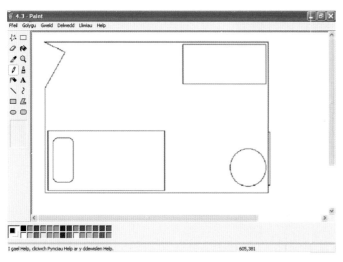

Ffigur 4.4 *Ychwanegu siapiau a thestun at y cynllun.*

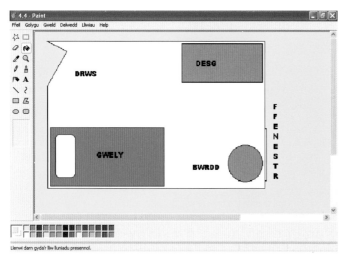

Ffigur 4.5 *Defnyddio amryw o weadau i lenwi'r siapiau.*

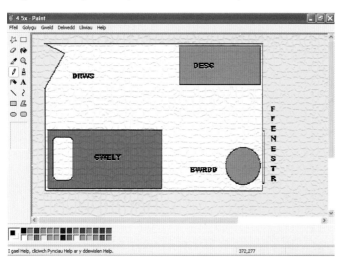

Mae'r tri arf hyn yn defnyddio'r lliw blaendir i luniadu, ond os daliwch fotwm de y llygoden i lawr byddant yn defnyddio'r lliw cefndir.

Llinellau a siapiau

Mae nifer o offer ar gael ar gyfer lluniadu siapiau megis sgwariau, petryalau, cylchoedd ac elipsau. Mae cynllun yr ystafell wely yn Ffigur 4.3 yn defnyddio rhai o'r siapiau hyn.

Testun

Gellir rhoi testun mewn unrhyw safle ar y graffig. Gellir dewis y math o ffont a'i faint.

Llenwadau

Gallwch ddefnyddio offer llenwi i lenwi rhannau o'r graffig â'r lliw o'ch dewis.

Mae rhaglenni graffeg uwch yn cynnig amryw o wahanol weadau fel llenwadau. Mae gwead yn edrych fel ffabrig neu ddefnydd solet neu gall fod yn batrwm lliw. Yn Ffigur 4.5 mae sawl gwahanol fath o wead wedi cael ei ddefnyddio i lenwi'r siapiau.

Clipluniau

Mae clipluniau'n arbed llawer o amser. Mae llawer o wefannau'n cynnig clipluniau'n ddi-dâl. Graffigau bach yw'r rhain sydd wedi cael eu creu eisoes. Gallwch eu cynnwys mewn graffig drwy eu copïo (cliciwch fotwm de'r llygoden ar y ddelwedd gliplun a chopïwch hi) ac yna eu gludo i mewn (cliciwch y botwm de a gludwch).

Ffigur 4.6 *Dwy ddelwedd gliplun sydd wedi cael eu copïo a'u gludo o wefan.*

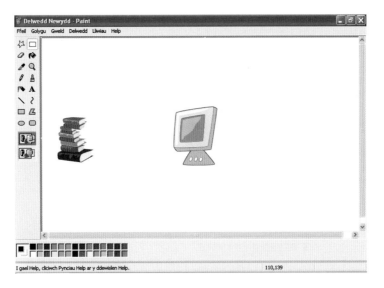

4.2.2 Golygu graffig

Gall graffig didfap gael ei olygu bicsel wrth bicsel. Gall hyn fod yn broses ddiflas a llafurus, ond weithiau nid oes unrhyw ddewis. Gallwch ddefnyddio'r rhaglen i chwyddo ardal fach o'r graffig nes bod pob picsel i'w weld. Yna gellir newid lliw pob picsel unigol.

Ffigur 4.7 *Chwyddo'r ddelwedd i olygu'r picseli.*

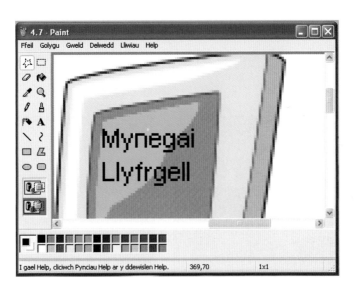

Os defnyddiwch glipluniau o'r Rhyngrwyd, gwnewch yn siŵr eu bod yn ddi-dâl a heb eu diogelu gan hawlfraint.

Gallwch ychwanegu testun a siapiau i gwblhau'r graffig. Yna gallwch argraffu neu gadw'r graffig gorffenedig cyn ei fewnforio i raglen DTP i'w gynnwys mewn cyhoeddiad o ryw fath.

Ffigur 4.8 *Y graffig gorffenedig, wedi'i greu â Microsoft Paint, yn barod i'w gynnwys yn newyddlen yr ysgol.*

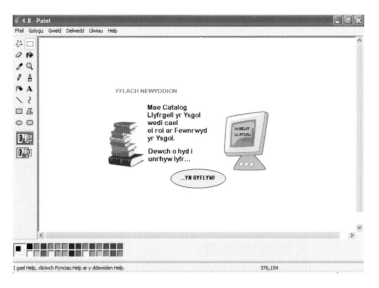

4.2.3 Graffigau didfap: technegau uwch

Os oes gennych hoff ffotograff ond bod yr ansawdd yn wael, efallai y bydd yn bosibl defnyddio pecyn graffeg i'w wella. Os yw'n ffotograff printiedig, bydd angen ichi ddefnyddio sganiwr i'w ddigido er mwyn gallu ei lwytho i'ch rhaglen graffeg. Dyma rai enghreifftiau:

Mae'n bosibl y bydd gan y meddalwedd graffeg offer i'ch galluogi i addasu disgleirdeb a chyferbyniad y llun.

● Mae'r ffotograff gwreiddiol yn rhy dywyll ac mae angen ei wneud yn oleuach (Ffigur 4.9).

Ffigur 4.9 *Addasu disgleirdeb ffotograff.*

Gellir addasu'r ffocws i wneud llun yn llai aneglur.

● Mae'r ffotograff gwreiddiol allan o ffocws ac mae angen ei wneud yn gliriach (Ffigur 4.10).

Ffigur 4.10 *Gwneud ffotograff yn gliriach drwy addasu'r ffocws.*

Mae addasu gwerthoedd arlliw yn newid faint o bob lliw sylfaenol a ddangosir yn y llun.

● Gall fod angen gwella'r lliwiau mewn ffotograff gwreiddiol (Ffigur 4.11).

Ffigur 4.11 *Newid yr arlliwiau mewn ffotograff.*

Gall meddalwedd graffeg uwch gynnig llawer o effeithiau arbennig eraill hefyd. Mae Ffigur 4.12 yn dangos un lle mae cornel llun wedi cael ei gyrlio.

Ffigur 4.12 *Un effaith arbennig y gellir ei chreu â meddalwedd graffeg uwch.*

4.2.4 Graffigau fector: technegau uwch

Gellir cynyddu neu leihau maint graffigau fector heb golli llawer o'r manylder gan eu bod yn cael eu storio fel set o ddisgrifiadau mathemategol. Dyma pam y caiff ffontiau eu storio fel graffigau fector fel rheol.

Gellir newid maint graffig drwy lusgo un o'i ddolennau (y sgwariau bach yn y corneli ac yng nghanol pob ochr). Mae'n bwysig llusgo un o'r dolennau cornel os ydych am gadw cyfraneddau cywir y graffig, neu bydd y graffig yn cael ei aflunio.

Gall graffig fector gael ei **gylchdroi**. Gellir dewis yr ongl, y canol cylchdro, a chyfeiriad y cylchdro. Hefyd gellir adlewyrchu'r graffig ar hyd echelin lorweddol neu fertigol. Gellir defnyddio haenu i osod un ddelwedd ar ben delwedd arall, gan gyfuno llawer o ddelweddau gwahanol i greu un graffig.

Ffigur 4.13 *Gellir newid maint graffig fector drwy lusgo un o'r dolennau yn y corneli. Caiff y graffig ei aflunio os defnyddir y dolennau yn yr ochrau.*

Ffigur 4.14 *Mae tri graffig ar wahân wedi cael eu cyfuno'n un.*

> Gellir defnyddio haenu i greu graffigau cymhleth. Rhoddir delwedd wahanol ar bob haen. Gellir newid trefn yr haenau.

Gall gwahanol rannau graffig fector gael eu golygu fesul un. Mae pob graffig wedi'i wneud o wrthrychau megis llinellau, cromliniau a rhannau wedi'u llenwi, a gellir newid pob un heb effeithio ar y lleill. Mae'n bosibl grwpio'r gwrthrychau neu eu rhyddhau oddi wrth ei gilydd yn ôl y gofyn.

Ffigur 4.15 *Mae lliwiau'r rhosod wedi cael eu newid heb effeithio ar y dail na'r coesynnau.*

■ Gweithgaredd 4.1 Graffeg

1   Lluniadwch a labelwch gynllun o ran o'ch ysgol. Cynhwyswch ddrysau a grisiau a lliwiwch yr ardaloedd allanol (gwyrdd am laswellt, llwyd am darmac ac ati).

2   Llwythwch i lawr y ffeil **sporty.bmp.** Amlinelliad o ffigur dynol yw hwn.

- Gan ddefnyddio rhaglen graffeg, lluniadwch gyfres o ddillad chwaraeon ar yr amlinelliad (dillad pêl-droed, pêl-rwyd, hoci ac ati).
- Ychwanegwch rai ategolion (e.e. pêl, ffon hoci, neu gyfarpar perthnasol arall). Ceisiwch lenwi eich delwedd â chymaint o fanylion â phosibl.

3   Dyluniwch fathodyn newydd ar gyfer eich ysgol.
Chwiliwch y Rhyngrwyd am gliplun i roi siâp y bathodyn ichi ac yna defnyddiwch yr offer peintio i'w olygu.

4   Llwythwch i lawr y ffeil **working.bmp.** Defnyddiwch yr offer graffeg didfap i beintio'r lliwiau. Rhowch rwydd hynt i'ch greddf artistig!

4.3 Prosesu geiriau

AWAG (A WELWCH A GEWCH/ WYSIWYG):
Mae'r arddangosiad ar y sgrin yn dangos sut y bydd y ddogfen yn edrych ar ôl ei hargraffu

Defnyddiwn raglen prosesu geiriau i greu dogfen a all gael ei hargraffu neu ei hanfon fel atodiad e-bost at ddefnyddiwr arall. Mae llawer o raglenni prosesu geiriau'n defnyddio arddangosiad AWAG (*WYSIWYG*) i greu dogfennau. Mae llawer o wahanol raglenni ar gael, ond Microsoft Word yw'r un a ddefnyddir amlaf.

Wrth i feddalwedd ddatblygu, mae rhaglenni prosesu geiriau wedi mabwysiadu llawer o'r nodweddion a oedd ar gael mewn rhaglenni DTP yn unig o'r blaen.

4.3.1 Gosodiad y dudalen

Mae'n bwysig iawn rhoi sylw i osodiad y dudalen cyn teipio unrhyw destun. Pan fyddwch yn creu dogfen newydd, bydd angen ichi benderfynu ar y canlynol:

- **Maint** y dudalen. Dyma faint y papur y bydd y ddogfen orffenedig yn cael ei hargraffu arno. Mae'r mwyafrif o argraffyddion yn defnyddio papur A4, felly dylech osod maint y dudalen i faint A4 (29.7 cm wrth 21.0 cm).
- **Cyfeiriadaeth** y dudalen. Mae dwy i ddewis o'u plith: portread neu dirlun.
- Maint yr **ymylon**: gallwch osod yr ymylon brig, gwaelod, de a chwith.

Portread yw'r gyfeiriadaeth hon:

A thirlun yw hon:

Ffigur 4.16 *Y blwch deialog gosodiadau tudalen yn Microsoft Word lle gallwch osod maint y dudalen.*

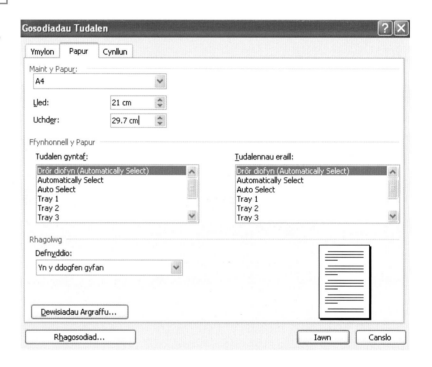

Ar ôl gosod maint y dudalen a'r ymylon, rydych chi'n barod i ddechrau teipio, ond cyn gwneud hynny, dewiswch ffont a maint y testun. Mae llawer o wahanol ffontiau, ac mae pob un yn arddangos y testun mewn arddull gwahanol. Bydd y ffont a ddewiswch yn dibynnu'n aml ar y ddogfen yr ydych chi'n ei chreu. A yw'n ddarn pwysig o waith cwrs neu'n neges hwyliog i'ch ffrindiau?

Prosesu Geiriau   *Prosesu Geiriau*   **Prosesu Geiriau**

Prosesu Geiriau   *Prosesu Geiriau*   **Prosesu Geiriau**

Gair o gyngor: I gynhyrchu dogfennau sy'n edrych yn dda, **peidiwch â defnyddio gormod o ffontiau yn yr un ddogfen**. Mae dogfen sy'n cynnwys llawer o wahanol ffontiau yn edrych yn flêr ac yn anodd ei darllen.

Mewnbynnu a golygu testun

Ar ôl penderfynu ar yr holl osodiadau, rydych chi'n barod i deipio'r testun. Er nad yw teipio'n anodd, rhaid ymarfer yn gyson os ydych am fod yn deipydd cyflym. Os ceisiwch deipio'n rhy gyflym byddwch yn gwneud llawer o gamgymeriadau, a bydd cywiro'r rhain yn arafu'ch gwaith.

Llinell fertigol sy'n fflachio yw'r **cyrchwr**. Mae'n dangos ble y bydd y darn nesaf o destun a deipiwch yn ymddangos. Gallwch symud y cyrchwr i safle newydd drwy glicio ar y llygoden neu drwy ddefnyddio'r bysellau rheoli cyrchwr (y rheiny sydd â saethau arnynt).

Os teipiwch nod anghywir, gallwch ei ddileu drwy bwyso'r **fysell Backspace** (ôl-fysell) a bydd y cyrchwr yn symud yn ôl un bwlch hefyd er mwyn ichi allu rhoi'r nod cywir i mewn. Mae **dilëwr** ar y bysellfwrdd hefyd sy'n dileu'r nod i'r dde o'r cyrchwr.

I ddileu gair, cliciwch ddwywaith ar y gair i'w ddethol ac yna pwyswch yr ôl-fysell neu'r dilëwr.

I ddileu bloc cyfan o destun, rhaid ei **amlygu** yn gyntaf cyn pwyso'r ôl-fysell neu'r dilëwr. Gwnewch hyn drwy lusgo'r cyrchwr o ddechrau'r bloc i'r diwedd. Bydd lliw y testun a amlygir yn cael ei wrthdroi (yn ymddangos mewn gwyn ar ddu).

> Y broblem gyda Twm oedd nad oedd ef byth yn gwybod pa ffordd i droi ar ôl cerdded i mewn i'r ddrysfa o dwnelau. Gallai weld y troadau **ond nid oedd ganddo unrhyw syniad pa un oedd yn arwain i'r tu allan, ac nid oedd unrhyw olion traed i'w gweld ar y llawr pridd i ddangos y twnelau yr oedd eisoes wedi cerdded drwyddynt.** Gwyddai Twm ei fod ar goll go iawn y tro hwn.

Pan fyddwch yn teipio, nid oes angen poeni ynghylch dod i ddiwedd y llinell, gan y bydd geirlapio yn sicrhau bod llinell newydd yn cael ei dechrau'n awtomatig yn y lle iawn, ac nad yw unrhyw air yn cael ei hollti rhwng dwy linell.

Symud testun

Gellir symud bloc o destun o un lle mewn dogfen i le arall drwy ddefnyddio 'torri a gludo'. Bydd angen amlygu'r testun, ei dorri, symud y cyrchwr i'r lle newydd, a gludo.

I ailadrodd rhan o'r testun mewn lle arall yn y ddogfen, defnyddiwch 'copïo a gludo'. Unwaith eto bydd angen amlygu'r testun, ei dorri, symud y cyrchwr i'r lle newydd, a gludo.

Mae bron pob rhaglen yn cynnig cyfleusterau torri, copïo a gludo a dyma rai o'r offer mwyaf defnyddiol ar gyfer symud testun o le i le. Yn ogystal â thestun, gallwch symud neu gopïo data megis graffigau neu dablau o rifau. Er enghraifft, gallwch gopïo rhan o daenlen a'i gludo i mewn i ddogfen, neu gallwch gopïo graffig a'i ludo i mewn i daenlen.

Gyda rhai rhaglenni prosesu geiriau, megis Microsoft Word, gallwch amlygu darn o destun a'i symud drwy ei lusgo â'r llygoden o un lle yn y ddogfen i le arall.

6.8
Bydd testun bob amser yn cael ei fewnbynnu lle mae'r **cyrchwr**. Ar ôl teipio llythyren, mae'r cyrchwr yn symud yn ei flaen.

6.9
Defnyddir dwy fysell i ddileu testun. Mae'r **fysell BACKSPACE** yn dileu'r nod i'r chwith o'r cyrchwr neu unrhyw destun a amlygwyd. Mae'r **dilëwr** yn dileu'r nod i'r dde neu unrhyw destun a amlygwyd.

Ffigur 4.17 *Bydd lliw testun a amlygir yn cael ei wrthdroi.*

7.0
Mae **torri, copïo a gludo** ar gael o'r ddewislen Golygu (*Edit*) yn Word, ond y bysellau llwybr byr yw:
TORRI – Ctrl X
COPÏO – Ctrl C
GLUDO – Ctrl V

4.3.3 Fformatio testun

Gallwch newid y ffordd y mae testun yn ymddangos mewn dogfen drwy ei fformatio. Gall rhan o destun gael ei hamlygu a gellir newid y ffont neu faint y ffont, ond mae sawl ffordd arall o newid sut mae'r testun yn edrych:

● **Alinio'r testun**: Gall y testun gael ei alinio i'r chwith neu'r dde neu gellir ei ganoli.

Mae'r bloc hwn o destun wedi'i alinio i'r chwith; dyma'r aliniad rhagosodedig a ddefnyddir gan y mwyafrif o brosesyddion geiriau.	Mae'r bloc hwn o destun wedi'i alinio i'r dde. Mae hyn yn ddefnyddiol ar gyfer pethau fel cyfeiriadau ar ben llythyrau.	Mae'r bloc hwn o destun wedi'i alinio i'r canol. Mae hyn yn ddefnyddiol ar gyfer penawdau ac ati.

● **Unioni**: Os yw'r testun wedi'i unioni'n llawn, mae pob llinell o destun yn union yr un hyd.

> Mae'r bloc hwn o destun wedi'i unioni'n llawn. Mae pob llinell yn union yr un hyd, sy'n gwneud i'r testun edrych yn daclus iawn mewn llyfrau.

● **Lliw**: Gall testun gael ei amlygu a gall lliw'r testun, neu liw'r cefndir, gael ei newid. Er enghraifft, gellir arddangos y penawdau mewn dogfen mewn lliw trawiadol.

PERYGL

● **Borderi**: Gellir rhoi borderi o amgylch blociau o destun neu dudalennau cyfan. Dyma un GAIR gyda border.

● **Trwm, italig a thanlinellu**: Gellir pwysleisio darnau o destun drwy roi fformat arbennig iddynt:

Dyma destun trwm.

Dyma destun italig.

<u>Dyma destun wedi'i danlinellu.</u>

● **Bwledi a rhifo**: Gellir rhoi bwledi neu rifau ar ddechrau pob eitem mewn rhestr o eitemau testun er mwyn gallu eu darllen yn haws. Gallwch newid siâp y bwledi neu arddull y rhifau.

❖ Pwynt bwled 1 ❖ Pwynt bwled 2 ❖ Pwynt bwled 3 ❖ Pwynt bwled 4	1) Eitem wedi'i rhifo 1 2) Eitem wedi'i rhifo 2 3) Eitem wedi'i rhifo 3 4) Eitem wedi'i rhifo 4

Sidebar notes:

Mae **fformatio'r** testun yn gwneud dogfen yn haws ac yn fwy pleserus ei darllen.

Gall **borderi** fod yn wahanol batrymau o linellau, dotiau neu linellau toredig, neu o wahanol drwch, neu wedi'u ffurfio o ddarluniau bach hyd yn oed.

Gellir arddangos **rhifau** fel rhifolion Rhufeinig (I, II, III, IV, ...) neu fel llythrennau (a, b, c, d, ...).

- **Mewnoli**: Bydd gair cyntaf paragraff yn cael ei fewnoli'n aml (h.y. ei symud i'r dde). Gellir gwneud hyn drwy ddefnyddio'r fysell **Tab** cyn teipio.
- **Bylchiad llinellau**: Gellir newid y pellter rhwng llinellau o destun.

> Yn y paragraff hwn mae'r gair cyntaf wedi'i fewnoli a defnyddiwyd bylchiad llinellau sengl.

> Yn y paragraff hwn mae'r gair cyntaf wedi'i fewnoli a defnyddiwyd bylchiad llinellau dwbl.

Mae Ffigur 4.18 yn dangos bar offer fformatio Microsoft Word lle gallwch ddewis y gwahanol nodweddion fformatio a restrwyd uchod.

Ffigur 4.18 *Gallwch ddefnyddio'r botymau ar far offer Microsoft Word i fformatio testun. Cofiwch amlygu'r testun yr ydych am ei fformatio cyn clicio'r botwm.*

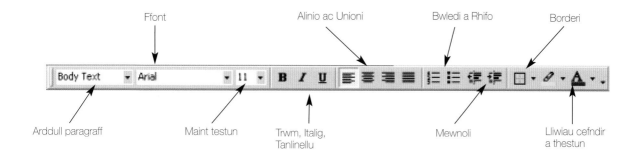

4.3.4 Tablu

I wneud rhestri o ddata yn fwy darllenadwy, byddant yn cael eu rhoi mewn colofnau yn aml. Tab yw'r naid sy'n cael ei gwneud gan y cyrchwr pan bwyswch y fysell **Tab** ar y bysellfwrdd, a gallwch osod y neidiau hyn drwy lusgo'r stopiau tab ar hyd y mesurydd ar ben y dudalen i'r safleoedd yr ydych chi am i'r colofnau fod.

Mae'r fysell **Tab** yn edrych fel hyn

Ffigur 4.19 *Gellir llusgo'r stopiau tab ar hyd y mesurydd i osod safleoedd y tabiau.*

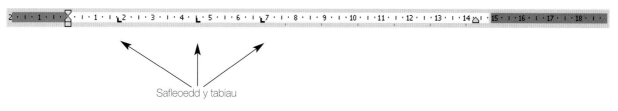

Safleoedd y tabiau

Os oes angen bod yn fwy manwl, gellir defnyddio'r blwch deialog Tabiau (*Tabs*) i osod y pellterau.

Ar ôl gosod safleoedd y stopiau tab, mae'n hawdd alinio'r colofnau o ddata ar y dudalen drwy ddefnyddio'r fysell tab.

Mark	Thompson	10C
Thomas	Smith	10Y
Jane	Jones	10Y
Alice	Jenkins	10B

4.3.5 Tablau

Os ydych am arddangos y rhestri o ddata mewn grid, dylech ddefnyddio tabl. Gallwch osod nifer y rhesi a cholofnau, a newid lled y colofnau drwy lusgo llinellau fertigol y tabl.

Enw cyntaf	Cyfenw	Dosbarth
Marc	Thompson	10C
Thomas	Smith	10Y
Siân	Jones	10Y
Alys	Jenkins	10B

4.3.6 Arddulliau

Pan fyddwch yn creu dogfennau mawr – ar gyfer eich gwaith cwrs, er enghraifft – mae'n syniad da diffinio rhai arddulliau testun. Mae'r rhain yn sicrhau bod y ddogfen yn edrych yn gyson, gan roi golwg mwy proffesiynol iddi. Wrth osod arddull (e.e. Pennawd 1), gallwch bennu'r ffont, maint a lliw i'w defnyddio ac unrhyw fformatio ar gyfer y testun, gan gynnwys bylchiad llinellau.

4.3.7 Penynnau a throedynnau

Rhan o dudalen sy'n ymddangos ar ben pob tudalen mewn dogfen pan gaiff ei hargraffu yw **pennyn**. Mae'r **troedyn** yn ymddangos ar y gwaelod. Maent yn ddefnyddiol ar gyfer dangos gwybodaeth am y ddogfen.

Gall yr wybodaeth yn y pennyn neu'r troedyn gynnwys:

- Teitl y ddogfen.
- Enw ac awdur y ddogfen.
- Rhifau tudalen.
- Y dyddiad a'r amser argraffu.
- Enw a llwybr y ffeil pan gaiff ei storio ar y disgyrrwr. Mae hyn yn ei gwneud hi'n haws dod o hyd i'r ffeil eto ar y cyfrifiadur!

> Gellir defnyddio penynnau neu droedynnau i rifo tudalennau'n awtomatig

4.3.8 Templedi

Gallwch arbed llawer o amser drwy osod **templed** ar gyfer dogfennau a ddefnyddiwch yn aml. Gallwch osod arddulliau a gosodiadau yn barod ar y templed a'u defnyddio bob tro y crëwch ddogfen newydd.

Bydd busnesau'n defnyddio **penawdau llythyrau**, wedi'u hargraffu ar ben eu holl ddefnyddiau papur, yn dangos manylion y busnes megis yr enw, cyfeiriad, cyfeiriad e-bost, rhifau ffôn a logo bach o bosibl. Gall y rhain i gyd gael eu rhoi yn eu lle ar dempled fel nad oes angen eu teipio bob tro yr ysgrifennir llythyr. Er mwyn creu argraff dda, bydd yr un ffont a maint testun yn cael eu defnyddio ym mhob llythyr sy'n cael ei ysgrifennu, a gellir diffinio'r manylion hyn yn y templed.

CBAC, 245 Rhodfa'r Gorllewin, Caerdydd CF5 2YX
029 2026 5000 gwybodaeth@cbac.co.uk www.cbac.co.uk

WJEC, 245 Western Avenue, Cardiff CF5 2YX
029 2026 5000 info@wjec.co.uk www.wjec.co.uk

4.3.9 Macros

MACRO: Dilyniant o gyfarwyddiadau wedi'i storio y gellir ei redeg ar unrhyw adeg.

Dilyniant o gyfarwyddiadau a all gael ei recordio, ei storio a'i labelu ag enw yw **macro**. Gellir rhedeg y macro ar unrhyw adeg, a chaiff y cyfarwyddiadau eu gweithredu yn y drefn a storiwyd. Gall hyn arbed llawer o amser, a chaiff macros eu recordio fel rheol i gyflawni tasgau sy'n cael eu hailadrodd yn aml.

??

Gall **macro** arbed llawer o amser drwy recordio cyfarwyddiadau a ddefnyddir yn aml.

4.3.10 Gwirydd sillafu a thesawrws

Mae **gwirydd sillafu** yn gwirio sillafu ond mae'n gwneud mwy na hynny! Mae pob gair a deipiwch yn cael ei wirio yn erbyn geiriadur ac os nad yw ef yno, caiff ei amlygu fel camgymeriad sillafu posibl. Mae'n awgrymu sillafiadau eraill a rhaid i chi ddewis yr un cywir. Os nad yw'r gair yn y geiriadur (gall fod yn enw person neu'n enw lle), gallwch ei gynnwys yn y geiriadur fel nad yw'n cael ei ddangos fel camgymeriad y tro nesaf y byddwch yn ei deipio.

Rhaid bod yn ofalus wrth ddefnyddio gwirydd sillafu:

?!

Byddwch yn ofalus! Nid yw gwirwyr sillafu yn eich helpu i'w chael hi'n iawn bob tro!

- Gall gair sy'n cael ei sillafu'n anghywir mewn un cyd-destun fod yn hollol gywir mewn cyd-destun arall. Felly os teipiwch y gair LLAW yn lle LLAWN, ni fydd y gwirydd yn canfod unrhyw gamgymeriad.
- Mewn perthynas â'r Saesneg, gall geiriau gael eu sillafu'n wahanol yn y DU ac yn America. Er enghraifft, mae COLOUR yn y DU yn cael ei sillafu'n COLOR yn UDA.

Mae **gwirydd gramadeg** yn awgrymu problemau gyda'r ffordd y mae brawddegau wedi'u strwythuro, neu gallant ddod o hyd i eiriau sydd wedi'u hailadrodd neu'u hatalnodi anghywir.

?!

Gall **thesawrws** eich helpu i ddod o hyd i eiriau ag ystyron tebyg.

Gall **thesawrws** awgrymu dewisiadau eraill ar gyfer geiriau. Er enghraifft, y gair NEIS: gall thesawrws awgrymu BRAF, DENIADOL, HYFRYD a geiriau eraill ag ystyr debyg.

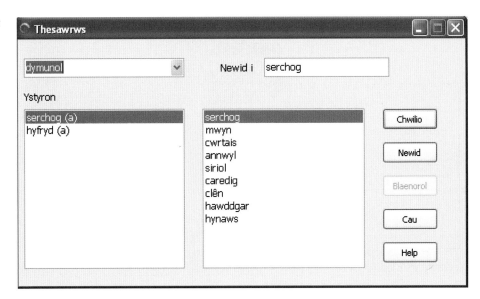

Ffigur 4.21 *Gall thesawrws gynnig geiriau eraill sydd ag ystyr debyg.*

4.3.11 Postgyfuno

Mae gwybodaeth bersonol wedi'i hargraffu ar lawer o'r llythyrau sothach a dderbyniwn, er enghraifft, ein henw, cyfeiriad neu'r dref lle'r ydym yn byw. Bydd llawer o bobl eraill wedi derbyn yr un llythyr, ond gyda manylion personol gwahanol.

Defnyddir techneg o'r enw postgyfuno i wneud hyn. Mae gan y broses dri phrif gam:

1 Mae llythyr parod yn cael ei greu sy'n cynnwys prif destun y llythyr yn ogystal â marcwyr lle i ddangos ble y bydd y meysydd data megis enw a chyfeiriad yn cael eu rhoi.

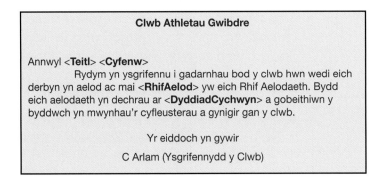

2 Mae cronfa ddata o'r data a ddefnyddir yn y llythyrau yn cael ei chreu.

Teitl	Cyfenw	RhifAelod	DyddiadCychwyn
Mr	Jones	325	12/06/05
Mrs	Morgan	326	23/06/05
Ms	Rees	327	25/06/05

3 Defnyddir postgyfuno i roi'r data o'r gronfa ddata ym mhob llythyr unigol ac argraffu llythyr ar gyfer pob cofnod yn y gronfa ddata.

Clwb Athletau Gwibdre

Annwyl **Mr Jones**

Rydym yn ysgrifennu i gadarnhau bod y derbyn yn aelod ac mai **325** yw eich Rhif Aelodaeth aelodaeth yn dechrau ar **12/06/05** a gobeithiwn y mwynhau'r cyfleusterau a gynigir gan y clwb.

Yr eiddoch yn gywir
C Arlam (Ysgrifennydd y Clw

Clwb Athletau Gwibdre

Annwyl **Mrs Morgan**

Rydym yn ysgrifennu i gadarnhau bod y clwb hwn wedi eich derbyn yn aelod ac mai **326** yw eich Rhif Aelodaeth. Bydd eich aelodaeth yn dechrau ar **23/06/05** a gobeithiwn y byddwch yn mwynhau'r cyfleusterau a gynigir gan y clwb.

eiddoch yn gywir
(Ysgrifennydd y Clwb)

Clwb Athletau Gwibdre

Annwyl **Ms Flash**

Rydym yn ysgrifennu i gadarnhau bod y clwb hwn wedi eich derbyn yn aelod ac mai **327** yw eich Rhif Aelodaeth. Bydd eich aelodaeth yn dechrau ar **25/06/05** a gobeithiwn y byddwch yn mwynhau'r cyfleusterau a gynigir gan y clwb.

Yr eiddoch yn gywir
C Arlam (Ysgrifennydd y Clwb)

Defnyddir postgyfuno i greu llawer iawn o'r llythyrau sothach a dderbyniwn.

Defnyddir postgyfuno i greu llawer math o ddogfen. Caiff ei ddefnyddio gan fusnesau i anfon cylchlythyrau i'w cleientiaid, gan gwmnïau i anfon biliau neu i atgoffa eu cwsmeriaid nad ydynt wedi talu, a hyd yn oed gan ysgolion i anfon canlyniadau arholiadau i'w disgyblion.

4.4 Cyhoeddi bwrdd gwaith

Defnyddir rhaglenni cyhoeddi bwrdd gwaith (*DTP: Desktop publishing*) i ddylunio a chynhyrchu cyhoeddiadau megis cylchgronau, newyddlenni, taflenni, catalogau, a llyfrau fel hwn. Bydd gan y rhaglen *DTP* holl gyfleusterau rhaglen prosesu geiriau a hefyd amryw o nodweddion arbenigol y rhoddwn sylw iddynt yn yr adran hon.

Mae'n arfer cyffredin i baratoi graffigwaith a thestun cyn eu mewnforio i gyhoeddiad.

Mae Microsoft Publisher yn enghraifft o raglen *DTP* syml.

Ffigur 4.22 *Un enghraifft o raglen DTP y gellir ei defnyddio i greu newyddlenni yw Microsoft Publisher.*

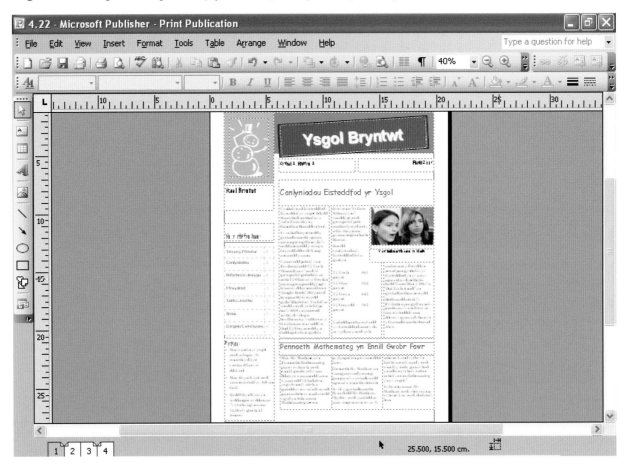

4.4.1   Templedi

Mae Ffigur 4.22 yn dangos cyhoeddiad wedi'i seilio ar un o nifer mawr o **dempledi** sydd wedi cael eu dylunio a'u cadw er mwyn gallu eu defnyddio i greu cyhoeddiad newydd.

Bydd cwmni'n creu ei dempledi ei hun i sicrhau cysondeb yn y cyhoeddiadau a gynhyrchir ganddo ac i greu argraff ar ei gwsmeriaid. Mae cynllun y dudalen yn cael ei osod, gan gynnwys lleoliad y teitlau, y colofnau a logo'r cwmni. Ar ôl creu templed – ac nid oes angen gwneud hyn ond unwaith – gall arbed llawer o amser wrth baratoi'r cyhoeddiad nesaf gan fod tipyn o'r gwaith eisoes wedi'i wneud.

Mae **dewiniaid** yn hwyluso'r gwaith o greu cyhoeddiadau. Drwy ateb cwestiynau syml, bydd y dewin yn creu'r cyhoeddiad i chi.

4.4.2   Fframiau

Y gwahaniaeth rhwng defnyddio rhaglen *DTP* a rhaglen prosesu geiriau yw fod y testun a'r graffigau'n cael eu rhoi mewn fframiau. Fel rheol, bydd angen defnyddio rhaglen prosesu geiriau i deipio'r testun a'i olygu cyn ei osod mewn ffrâm ar y dudalen *DTP*.

Gall fframiau gael eu cysylltu â'i gilydd mewn dilyniant fel bod y testun yn llifo o un ffrâm i ffrâm arall. Gwelwch bwysigrwydd hyn os byddwch yn golygu testun ar y dudalen *DTP*. Os oes angen golygu'r testun, ac os rhoddir testun ychwanegol i mewn, bydd y testun ar waelod y ffrâm yn cael ei wthio i ben y ffrâm nesaf.

Bydd graffigau, sydd wedi cael eu creu gan raglen graffeg, yn cael eu rhoi mewn fframiau hefyd. Gall yr holl fframiau ar dudalen gael eu llusgo i wahanol safleoedd neu gellir eu hymestyn i newid eu maint.

Mae Mr Mathias, ein Pennaeth Mathemateg mawr ei barch, wedi ennill gwobr o fri am ddatrys sym anodd iawn. Cafodd yr ateb ei wirio'n drwyadl gan saith beirniad a oedd i gyd yn Athrawon Mathemateg mewn →

prifysgolion gwirioneddol fawr.
Gwnaeth Mr Mathias un camgymeriad yn unig, gan guro'r cystadleuydd agosaf a wnaeth chwech.

Dwy ffrâm gysylltiedig ar dudalen *DTP*, gyda thestun wedi'i roi ynddynt….

Mae Mr Mathias, ein Pennaeth Mathemateg mawr ei barch, wedi ennill gwobr o fri am ddatrys sym anodd iawn. Cymerodd 14 tudalen i ysgrifennu'r ateb, a gafodd ei wirio'n drwyadl gan saith beirniad a oedd i gyd →

yn Athrawon Mathemateg mewn prifysgolion gwirioneddol fawr.
Gwnaeth Mr Mathias un camgymeriad yn unig, gan guro'r cystadleuydd agosaf a wnaeth chwech.

…ond mae angen rhoi rhagor o destun i mewn…

…mae'r testun yn llifo allan o'r ffrâm gyntaf i mewn i'r ail.

Ffigur 4.23 *Defnyddir lapio testun i sicrhau bod y testun yn ei lapio ei hun o gwmpas y graffig.*

Mae Mr Mathias, ein Pennaeth Mathemateg mawr ei barch, wedi ennill gwobr o fri am ddatrys sym anodd iawn. Cafodd yr ateb ei wirio'n drwyadl gan saith beirniad a oedd i gyd yn Athrawon Mathemateg mewn prifysgolion gwirioneddol fawr.

AAAClipArt.com

Gall fframiau gael eu **haenu** hefyd fel eu bod yn gorgyffwrdd â'i gilydd. Os yw ffrâm lun yn gorgyffwrdd â ffrâm destun, gellir defnyddio lapio testun i sicrhau nad yw'r testun yn rhedeg dros y llun, fel yn Ffigur 4.23.

4.4.3 Gweddwon ac amddifaid

Weithiau bydd paragraff yn dechrau ar waelod un ffrâm ac yn gorffen ar ben ffrâm arall. Mae hyn yn gwneud y ddogfen yn llai darllenadwy a dylid ei osgoi mewn rhai cyhoeddiadau.

> Gellir gwneud y testun yn y fframiau ar dudalen *DTP* yn fwy darllenadwy drwy osgoi llinellau 'gweddw' a llinellau 'amddifad'.
> Rhan fach o baragraff ar

> waelod ffrâm yw amddifad, ac ychydig o eiriau ar ddiwedd paragraff sy'n llifo i'r ffrâm destun nesaf yw

> gweddw.
> Mae gan raglenni DTP ddulliau o reoli gweddwon ac amddifaid.

Amddifad

Gweddw

4.4.4 Trawsffurfiadau

Gall y gwrthrychau ar dudalen gael eu cylchdroi drwy unrhyw ongl, yn glocwedd neu'n wrthglocwedd. Mae hyn yn gadael ichi roi penawdau'n groeslinol ar draws y dudalen neu redeg testun yn fertigol i fyny'r ochr.

Hefyd mae'n bosibl newid maint gwrthrychau megis graffigau drwy eu hymestyn neu drwy docio eu hymylon.

■ Gweithgaredd 4.2 Cyhoeddi bwrdd gwaith

Mae pentref Bottomley yn cael ei ffair flynyddol. Mae gofyn ichi gynhyrchu newyddlen i roi gwybod i'r pentrefwyr am y dyddiadau a'r trefniadau.

Llwythwch i lawr y ffeil destun **bottomley.txt** a defnyddiwch hi i gynhyrchu'r newyddlen.

Bydd angen i chi gywiro rhai camgymeriadau sillafu yn y testun.

Defnyddiwch ddwy golofn o destun a chynhwyswch lun o faes y pentref a'r ffownten newydd (efallai y bydd yn rhaid i chi gyfuno a golygu rhai lluniau a gopïwch o'r Rhyngrwyd).

4.5 Cyflwyniadau amlgyfrwng

Mae **cyflwyniadau amlgyfrwng** yn ffordd effeithiol o gyfleu gwybodaeth. Maent yn fwy diddorol na dim ond gwrando ar rywun yn siarad.

Fel rheol, mewn **cyflwyniad amlgyfrwng** bydd sleidiau'n cael eu taflunio mewn trefn ar sgrin neu fwrdd gwyn rhyngweithiol. Defnyddir cyflwyniad amlgyfrwng i gyfleu gwybodaeth mewn ffordd sy'n ddiddorol i'r gwrandawyr fel y gallant ddeall yn well y pwnc sy'n cael ei gyflwyno. Gellir defnyddio animeiddiadau, clipiau fideo neu sain i gryfhau'r cyflwyniad ymhellach.

Yn aml, y person sy'n esbonio'r pwnc sy'n rheoli'r taflunydd ac yn symud i'r sleid nesaf pan yw'n barod. Ond weithiau gosodir y taflunydd i symud ymlaen ar ôl cyfnod penodol o amser.

Rhai enghreifftiau yw athro yn esbonio topig i ddosbarth yn ystod gwers, a gwerthwr yn rhoi gwybodaeth i banel o ddynion busnes am gynhyrchion diweddaraf ei gwmni.

Un enghraifft o feddalwedd cyflwyno yw Microsoft PowerPoint.

Ffigur 4.24 *Mae Microsoft PowerPoint yn enghraifft o feddalwedd cyflwyno amlgyfrwng. Caiff pob sleid yn y cyflwyniad ei dylunio'n unigol.*

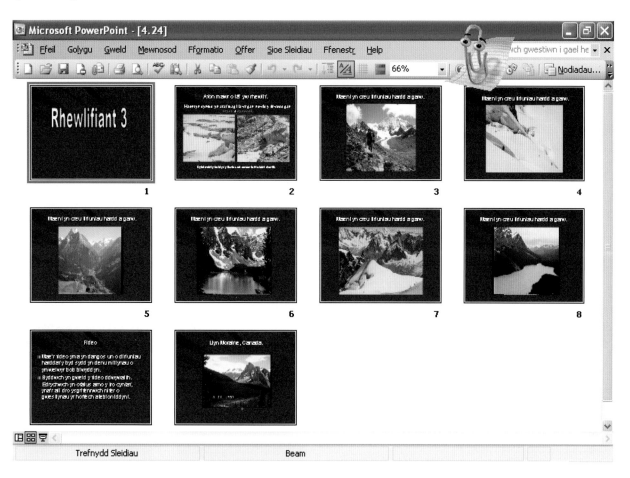

Gall fod nifer o fframiau ar sleid unigol a gall pob ffrâm gynnwys graffig neu destun. Gellir rhoi sain neu glip fideo ar sleid hefyd.

4.5.1 Animeiddio

Nid oes angen arddangos yr holl wrthrychau ar sleid yr un pryd. Gellir rhaglennu pob gwrthrych i ymddangos ar ôl amser penodedig neu wrth glicio botwm llygoden neu bwyso botwm pell-reolydd. Gall y ffordd y mae pob gwrthrych yn edrych gael ei dewis o nifer o effeithiau animeiddio.

Ffigur 4.25 *Gellir gwneud i bob gair mewn darn o destun hedfan i mewn o'r brig, i gyfeiliant sŵn clychau.*

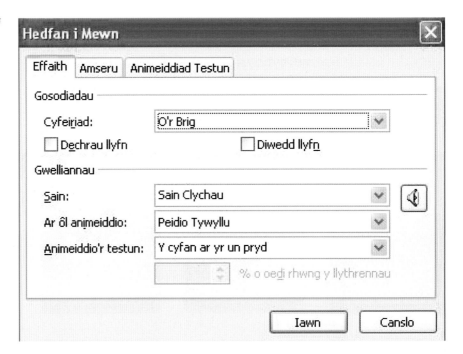

4.5.2 Trawsnewid sleidiau

Mae'r ffordd y mae un sleid yn newid i un arall yn cael ei galw'n drawsnewid sleidiau. Gellir rhaglennu hyn hefyd ac mae llawer o wahanol ddewisiadau ar gael.

Gall **trawsnewidiadau sleidiau** ac **animeiddiadau** fynd dan groen eich cynulleidfa, felly peidiwch â defnyddio gormod o wahanol fathau yn yr un cyflwyniad

Ffigur 4.26 *Gellir gosod pob sleid i 'doddi drwy'r du' wrth glicio botwm llygoden, i gyfeiliant curo drwm.*

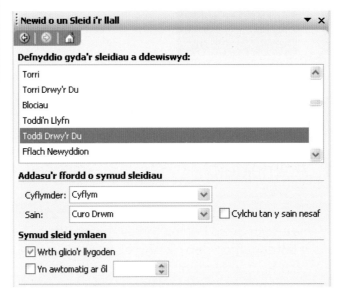

4.5.3 Botymau gweithredu a hypergysylltau

Gall y botymau gweithredu sy'n dod gyda Microsoft PowerPoint gael eu gosod ar sleid i gyflawni tasgau megis symud i'r sleid nesaf, symud i'r sleid cyntaf, agor dogfen neu redeg clip fideo.

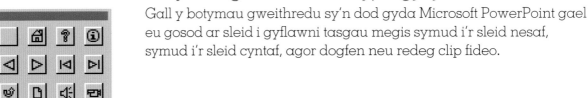

Gallwch osod graffig neu ddarn o destun i weithredu fel hypergyswllt i sleid arall. Pan gliciwch bwyntydd y llygoden ar hypergyswllt, bydd y sleid nesaf yn cael ei arddangos.

4.5.4 Creu sioe sleidiau

Mae'n bwysig dylunio'n ofalus gynnwys pob sleid, trefn dangos y sleidiau, yr animeiddiadau ac effeithiau i'w cynnwys, a'r dulliau o drawsnewid sleidiau. **Bwrdd stori** yw'r enw a roddwn ar y dyluniad hwn.

Y cam nesaf yw paratoi'r gwahanol elfennau a gaiff eu cynnwys yn y sleidiau. Mae angen lluniadu'r graffigau, paratoi'r testun a recordio'r clipiau fideo. Yna gellir rhoi'r holl elfennau hyn at ei gilydd ar y sleidiau. Hefyd mae'n bosibl recordio rhywun yn egluro cynnwys y sioe sleidiau fel y gall pobl ei gwylio a'i deall ar eu pennau eu hunain.

Gellir defnyddio **templedi** ar gyfer y sleidiau i sicrhau bod y fformat a'r cynllun yn gyson.

Mae'n bosibl golygu'r data hyd yn oed ar ôl eu rhoi ar y sleidiau. Mae llawer o nodweddion prosesydd geiriau ar gael megis fformatio testun a gwirydd sillafu.

Rhowch brawf ar amseriad y sioe a sicrhewch fod y trawsnewidiadau'n gweithio. Yna rydych chi'n barod i gyflwyno eich gwaith.

> Mae **dylunio** gofalus yn arbed amser. Rhaid i ddyluniad eich cyflwyniad gymryd i ystyriaeth bwrpas ac anghenion y gynulleidfa.

> Rhowch **brawf** ar eich sioe sleidiau bob amser. Gall fod yn annifyr iawn os nad yw'n gweithio o flaen cynulleidfa!

■ **Gweithgaredd 4.3   Cyflwyniad amlgyfrwng**

Llwythwch i lawr a rhedwch y cyflwyniad **animate.ppt** sy'n dangos yr effeithiau animeiddio sydd ar gael yn Microsoft PowerPoint.

4.6 Tudalennau gwe

Erbyn hyn mae miliynau lawer o wefannau ar y We Fyd-Eang, ac nid yw'n anodd creu eich un eich hun. Mae dwy ffordd o greu tudalennau gwe:

> Mae **dyluniad** tudalennau gwe yn bwysig. Rhaid sicrhau nad oes gormod o wybodaeth ar unrhyw dudalen, a rhaid defnyddio lliwiau'n ofalus.

- Gallwch ddefnyddio iaith arbennig o'r enw **Iaith Marcio Hyperdestun** (*HTML: Hypertext Mark-up Language*) i ysgrifennu rhaglen i ddweud wrth borwr rhyngrwyd (megis Netscape Navigator neu Microsoft Internet Explorer) sut i arddangos y dudalen. Agorwch unrhyw dudalen ar y Rhyngrwyd ac edrychwch ar y ffynhonnell. Byddwch yn gweld testun HTML ond mae'n bosibl na fyddwch yn gallu ei ddeall!

- Gallwch ddefnyddio rhaglen arbennig sy'n creu tudalennau gwe (megis Microsoft FrontPage). Mae hyn yn llawer haws ac nid oes angen ichi wybod cymaint am HTML.

Ffigur 4.27 *Defnyddir rhaglenni megis Microsoft FrontPage i greu tudalennau gwe.*

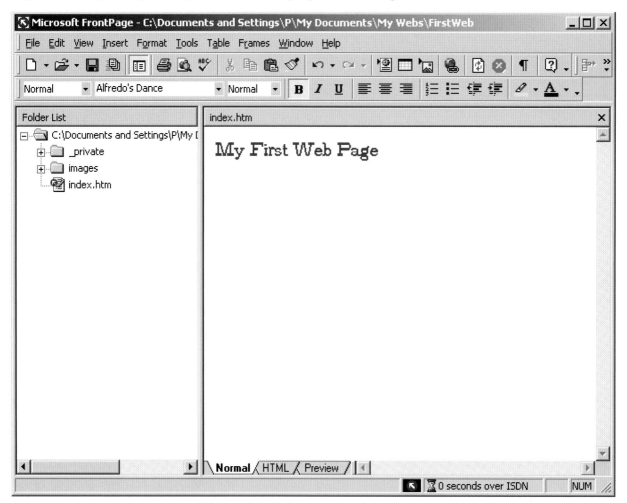

Mae rhaglenni sy'n creu tudalennau gwe yn debyg iawn i raglenni prosesu geiriau. Gall testun gael ei ychwanegu at y dudalen a'i fformatio. Gellir defnyddio pwyntiau bwled, lliwiau ac aliniadau testun a gellir cynnwys graffigau.

Fel rheol mae gosodiad y dudalen yn cael ei reoli drwy roi testun a graffigau yng nghelloedd tabl. Gellir newid maint y celloedd hyn neu eu cyfuno.

4.6.1 Gweoedd

Ffolder ar eich cyfrifiadur sy'n cynnwys eich holl dudalennau gwe yw gwe. Pan fydd yn gyflawn, gallwch lwytho gwe i fyny i fewnrwyd neu i wefan ar y We Fyd-Eang.

Mae gan rai tudalennau gwe rifyddion arnynt sy'n monitro faint o bobl sydd wedi ymweld â'r dudalen.

Mae **rhifyddion** 'ymweld' ar dudalennau gwe yn dangos pa mor boblogaidd yw gwefan.

4.6.2 Hypergysylltau

Gall unrhyw ddarn o destun neu hyd yn oed graffig gael ei osod fel **hypergyswllt** i dudalen arall. Mae hypergysylltau'n arbennig o ddefnyddiol ar dudalennau gwe a phan gliciwch ar un bydd y dudalen newydd yn cael ei harddangos yn y porwr. Dyma sut yr ydych chi'n **gwe-lywio** rhwng y tudalennau mewn gwefan neu hyd yn oed i wefannau eraill.

Dylai **bar llywio** gael ei osod ar bob tudalen ar wefan fel y gellir dychwelyd yn gyflym i'r dudalen gartref neu symud yn gyflym rhwng gwahanol adrannau.

4.7 Cronfeydd data

CRONFA DDATA: Casgliad trefnedig o ddata perthynol yw cronfa ddata. Gellir ychwanegu, golygu, rheoli ac adfer data. Oherwydd ei strwythur, gellir darganfod a defnyddio gwybodaeth yn gyflym.

Casgliad o ddata a drefnir mewn ffordd sy'n ei wneud yn ddefnyddiol yw cronfa ddata.

Mae llawer o wahanol raglenni a all eich helpu i greu a rheoli cronfa ddata, er enghraifft, Microsoft Access.

Beth y gallwch ei wneud â chronfa ddata:

- **Ychwanegu** data newydd, **newid** neu **ddileu** data.
- **Chwilio**'r data.
- Trefnu'r data mewn trefn benodol.
- Argraffu **adroddiadau** am wahanol agweddau ar y data.
- Defnyddio'r data mewn cymwysiadau eraill.

Gall fod gan gronfa ddata nifer o wahanol ffeiliau (gelwir y rhain yn **tablau** yn Microsoft Access), a byddant i gyd yn gysylltiedig â'i gilydd. Mae'n bosibl bod cronfa ddata eich ysgol yn cynnwys tabl â manylion y disgyblion, tabl â data am y dosbarthiadau, a thabl am yr arholiadau y bydd y disgyblion yn eu cymryd. Y cysylltiad rhyngddynt yw eu bod i gyd yn cynnwys data am eich ysgol.

Bydd gan dabl nifer o **gofnodion**. Bydd gan bob cofnod nifer o **feysydd**.

Ffigur 4.28 *Rhan o dabl yn dangos pedwar cofnod. Mae gan bob cofnod bum maes.*

Rhif Adnabod	Cyfenw	Enw Cyntaf	Dosbarth	Dyddiad Geni
2000	Williams	Rhys	10Y	19/04/1996
2001	Jones	Bethan	10G	02/01/1996
2002	Morgan	Lois	10Y	10/11/1995
2003	Thomas	Glyn	10S	29/07/1996

Mae pob rhes yn dangos y data ar gyfer un cofnod: y data am un disgybl. Mae pob colofn yn dangos maes gwahanol.

4.7.1 Creu cronfa ddata

Yma eto, mae'n bwysig iawn dylunio'r gronfa ddata'n gywir gan y bydd hyn yn arbed amser ac yn creu llai o broblemau'n nes ymlaen. Bydd angen penderfynu pa wybodaeth a fydd yn cael ei storio yn y gronfa ddata ac, ar gyfer pob tabl, pa feysydd data a gaiff eu storio.

Mae angen diffinio'r math o faes ym mhob achos, er enghraifft, a yw'n faes testun, yn rhif, yn ddyddiad neu'n arian cyfred ac ati.

Rhaid dynodi un o'r meysydd ym mhob tabl yn **faes allweddol**. Eitem unigryw o ddata yw hon sy'n ei gwneud hi'n bosibl adnabod pob cofnod.

Rhan bwysig o greu tabl cronfa ddata yw gosod **rheolau dilysu** ar gyfer rhai o'r meysydd. Wrth eu teipio, caiff y data eu gwirio i sicrhau eu bod yn ufuddhau i'r rheolau, ac os nad ydynt yn cydymffurfio ni

Mae maes allweddol yn cynnwys eitem unigryw o ddata sy'n ei gwneud hi'n bosibl adnabod pob cofnod. Ni fydd gan unrhyw ddau gofnod yr un data yn eu **maes allweddol**.

chânt eu derbyn. Yn Microsoft Access gallwch osod y testun dilysu (y neges a arddangosir os nad yw'r data yn dderbyniol).

Ffigur 4.29 *Mae gwiriad amrediad yn cael ei osod fel rheol dilysu ar gyfer maes mewn tabl, a'r testun dilysu yw'r neges a arddangosir pan roddir data annilys i mewn.*

General	Lookup	
Field Size		Integer
Format		
Decimal Places		Auto
Input Mask		
Caption		
Default Value		0
Validation Rule		>1999
Validation Text		Rhaid i'r Rhif Adnabod fod yn fwy na 2000.
Required		No
Indexed		Yes (No Duplicates)
Smart Tags		

Mae Ffigur 4.30 yn dangos y neges gwall sy'n ymddangos ar gyfer y rheol ddilysu yn Ffigur 4.29 pan roddir data annilys i mewn.

Ffigur 4.30 *Y neges gwall sy'n ymddangos pan gaiff data annilys eu mewnbynnu a phan yw'r rheol dilysu a ddangosir yn Ffigur 4.29 wedi'i gosod.*

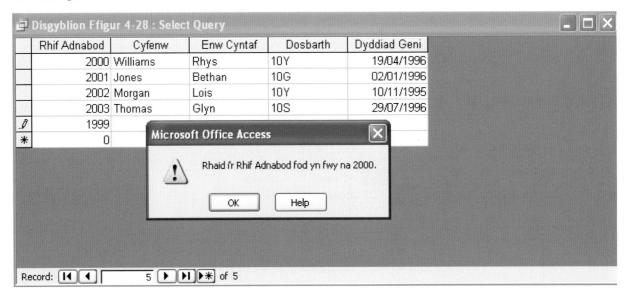

4.7.2 Chwilio am ddata

> Term arall am chwilio cronfa ddata yw 'holi cronfa ddata'.

> Rhaid rhoi **enwau maes** bob amser ym meini prawf chwilio eich ymholiad, yn ogystal â'r gwerth yr ydych yn chwilio amdano.

Un o brif fanteision cronfa ddata yw ei bod hi'n caniatáu dod o hyd i wybodaeth yn gyflym. Rhaid defnyddio **ymholiad** i chwilio am ddata.

Mae ymholiad yn manylu ar y cofnodion yr ydych yn chwilio amdanynt a pha feysydd yn y cofnodion yr hoffech eu gweld ar y sgrin.

Mae **chwiliad syml** yn chwilio am ddata mewn un maes yn unig. Yr enghraifft a ddangosir yma yw ymholiad i ddarganfod enwau'r holl ddisgyblion yn nosbarth 10Y. Rhaid ychwanegu'r tabl Disgyblion at yr ymholiad, dewis y meysydd i'w harddangos a diffinio'r meini prawf chwilio. Gellir ysgrifennu'r ymholiad fel hyn:

(Dosbarth = "10Y").

Ffigur 4.31 *Ymholiad ar gyfer chwiliad syml i arddangos enwau pob disgybl yn 10Y.*

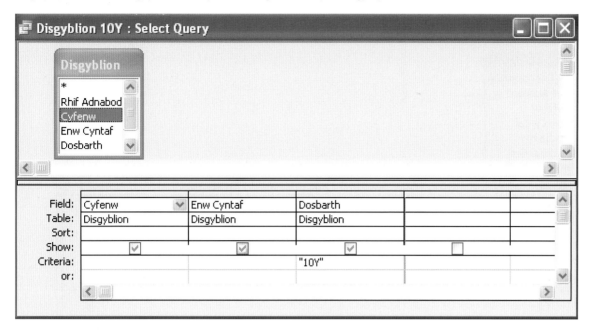

Mae Ffigur 4.32 yn dangos canlyniadau'r ymholiad hwn.

Ffigur 4.32 *Canlyniadau'r ymholiad a ddiffiniwyd yn Ffigur 4.31.*

Cyfenw	Enw Cyntaf	Dosbarth
Williams	Rhys	10Y
Morgan	Lois	10Y
Lucas	Tania	10Y
Jones	Jennifer	10Y
Griffiths	Gwawr	10Y
Baker	Kevin	10Y

Record: 1 of 6

Mae **chwiliad cymhleth** yn chwilio am ddata mewn dau neu ragor o feysydd, ac yn defnyddio'r gweithredyddion rhesymegol **OR**, **AND** neu **NOT**.

Mae'r enghraifft nesaf yn defnyddio chwiliad cymhleth i ddarganfod yr holl ddisgyblion yn nosbarth 10Y a gafodd eu geni cyn 1996. Gellir ysgrifennu'r ymholiad hwn fel:

(Dosbarth = "10Y") AND (Dyddiad Geni < 01/01/1996)

Mae ymholiad newydd yn cael ei greu (Ffigur 4.33), ond y tro hwn bydd dau gofnod yn y rhes meini prawf chwilio.

Ffigur 4.33 *Chwiliad cymhleth am yr holl ddisgyblion yn 10Y a anwyd cyn 1996.*

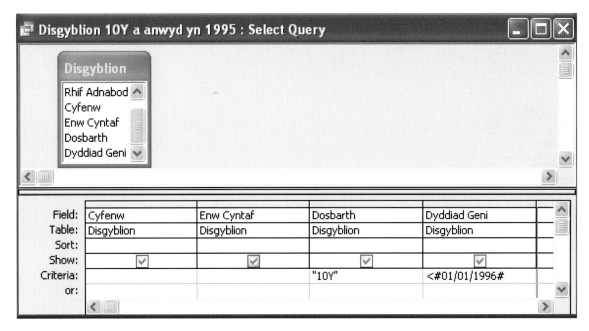

Mae Ffigur 4:34 yn dangos canlyniadau'r ymholiad hwn.

Ffigur 4.34 *Canlyniadau'r ymholiad a ddiffiniwyd yn Ffigur 4.33.*

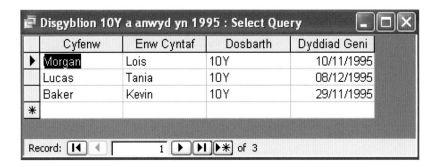

Nesaf dangoswn chwiliad cymhleth sy'n defnyddio'r gweithredydd rhesymegol OR.

Os ydych am ddarganfod yr holl ddisgyblion sydd naill ai yn nosbarth 10Y neu ddosbarth 10G, gallech ysgrifennu'r ymholiad fel hyn:

(Dosbarth = "10Y") OR (Dosbarth = "10G")

Bydd dwy linell o feini prawf yn yr ymholiad (Ffigur 4.35).
Mae Ffigur 4.36 yn dangos canlyniadau'r ymholiad hwn.

Ffigur 4.35 *Chwiliad cymhleth am ddisgyblion sydd yn 10Y neu 10G.*

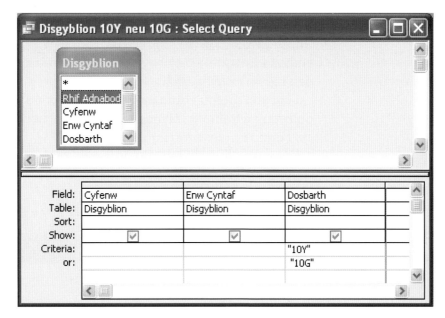

Ffigur 4.36 *Canlyniadau'r ymholiad a ddiffiniwyd yn Ffigur 4.35.*

	Cyfenw	Enw Cyntaf	Dosbarth
	Williams	Rhys	10Y
	Jones	Bethan	10G
	Morgan	Lois	10Y
	Lucas	Tania	10Y
	Jones	Jennifer	10Y
	Davies	Marc	10G
	Griffiths	Gwawr	10Y
	Baker	Kevin	10Y
	Thomas	Sioned	10G
	Harris	Tom	10G
	Leyshon	Linda	10G
	Williams	Marc	10G

Record: 13 of 13

Nodchwilwyr

Mae'n bosibl defnyddio nodchwilwyr i chwilio am ddata sy'n rhannol hysbys. Er enghraifft, efallai eich bod eisiau cael rhestr o'r holl ddisgyblion a anwyd ym mis Mawrth, neu'r holl ddisgyblion y mae eu cyfenw yn dechrau â'r llythyren 'J' neu â llythrennau o fewn amrediad penodol o lythrennau.

Mae'r tabl isod yn dangos y nodchwilwyr y gallwch eu defnyddio yn y meini prawf Select Query (Dewis Ymholiad), a'u hystyr.

Nodchwiliwr	Ystyr	Enghraifft	
*	Unrhyw nifer o nodau	Fel "J*"	Bydd yn dod o hyd i 'Jones' a 'James' a 'Johnson'
?	Unrhyw nod	Fel "Ca?"	Bydd yn dod o hyd i 'Car' a 'Cas'
[]	Unrhyw nod yn y cromfachau	Fel "10[YG]"	Bydd yn dod o hyd i '10Y' a '10G'
[-]	Unrhyw nod o fewn amrediad o nodau	Fel "10[A-M]"	Bydd yn dod o hyd i '10B' a '10G', er enghraifft, ond nid '10T'
!	Unrhyw nod nad yw yn y cromfachau	Fel "10[!YG]"	Bydd yn dod o hyd i '10B' a '10T' er enghraifft, ond nid '10Y' a '10G'

101

4.7.3 Trefnu data

Un o nodweddion grymus cronfa ddata yw y gall canlyniadau ymholiadau gael eu cyflwyno mewn trefn, naill ai yn nhrefn yr wyddor neu mewn trefn rifiadol.

Gallwch drefnu'r data mewn trefn esgynnol neu ddisgynnol, a gallwch eu trefnu yn ôl meysydd rhifiadol neu feysydd testun. Rhaid i chi bennu'r maes sydd i gael ei drefnu.

Er enghraifft, gellid rhestru'r disgyblion yn nosbarth 10Y mewn trefn esgynnol yn ôl eu cyfenw:

Ffigur 4.37 *Ymholiad i restru'r holl ddisgyblion yn nosbarth '10Y' yn nhrefn yr wyddor yn ôl cyfenw.*

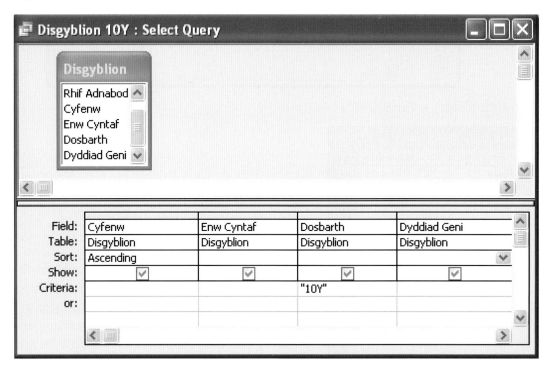

Mae Ffigur 4.38 yn dangos canlyniadau'r ymholiad hwn.

Ffigur 4.38 *Canlyniadau'r ymholiad a ddiffiniwyd yn Ffigur 4.37.*

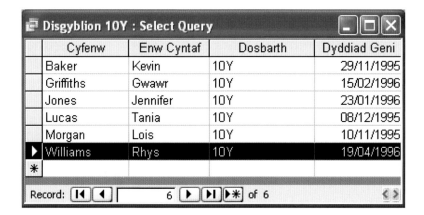

4.7.4 Ffurflenni

Ffordd well o arddangos cofnod unigol yw ffurflen. Yn ein henghraifft ni, gallem ddefnyddio'r dewin ffurflenni i ddylunio ffurflen sy'n arddangos pob cofnod disgybl mewn ffordd sy'n fwy dymunol ei golwg.

Gellir golygu'r data sydd yn y cofnodion ar y ffurflen hon. Mae'n syniad da meddwl am y tablau fel data crai ac am y ffurflenni fel ffordd daclus o arddangos y data.

> Defnyddir **ffurflenni** yn aml i fewnbynnu data. Gallant edrych yn fwy deniadol na thablau.

Ffigur 4.39 *Ffurflen yn arddangos cofnod disgybl. Gallwch ddefnyddio'r botymau llywio ar y gwaelod i symud i gofnodion eraill.*

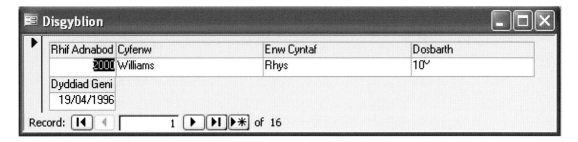

4.7.5 Adroddiadau

Dogfen brintiedig yw adroddiad. Mae'n cynnwys data o'r gronfa ddata sydd wedi cael eu trefnu a'u dadansoddi mewn ffordd benodol. Gall adroddiad sy'n rhestru'r disgyblion ym mhob dosbarth yn nhrefn yr wyddor edrych fel yr un yn Ffigur 4.40.

Ffigur 4.40 *Adroddiad printiedig o ddisgyblion wedi'u trefnu yn ôl eu dosbarthiadau a'u dangos yn nhrefn yr wyddor yn ôl cyfenw.*

Disgyblion

Dosbarth	Cyfenw	Enw Cyntaf	Rhif Adnabod
10G			
	Davies	Marc	2006
	Harris	Tom	2015
	Jones	Bethan	2001
	Leyshon	Linda	2012
	Thomas	Sioned	2010
	Williams	Marc	2009
10S			
	Jones	Jonathan	2005
	King	Carla	2014
	Thomas	Glyn	2003
10T			
	Jenkins	Darren	2016

■ Gweithgaredd 4.4 Cronfa ddata

Llwythwch i lawr y gronfa ddata Microsoft Access **trip.mdb** a defnyddiwch hi i wneud yr ymarferion canlynol. Mae'r gronfa ddata'n cynnwys data am ddisgyblion ac athrawon sy'n mynd ar daith ysgol. Mae yna ddau fws.

1. Faint o dablau sydd yn y gronfa ddata a beth yw eu henwau?
2. Beth yw maes allweddol y tabl Disgyblion (*Pupils*)?
3. Faint o gofnodion sydd yn y tabl Disgyblion (*Pupils*)?
4. Faint o feysydd sydd ym mhob cofnod?
5. Mae un disgybl wedi cael ei gadael allan. Mae angen rhoi Sarah Smith o 7B ym Mws B. Ychwanegwch hi at y gronfa ddata.
6. Chwiliwch am yr holl ddisgyblion yn 7N ac argraffwch restr ohonynt.
7. Chwiliwch am yr holl ddisgyblion yn 7N a fydd yn teithio ar Fws 1 ac argraffwch restr ohonynt.
8. Ar ôl i'r bysiau ddychwelyd i'r ysgol, daeth un o'r athrawon o hyd i got ar Fws 2. Roedd label ar y got ond roedd yr enw arni wedi pylu – y cyfan y gellid ei weld oedd llythrennau cyntaf y cyfenw: 'Je'. Defnyddiwch ymholiad gyda nodchwiliwr (*query with a wildcard search*) i ddarganfod y rhif ffôn i'w ffonio i adael i berchennog y got wybod.

4.8 Taenlenni

TAENLEN: Ffordd o wneud gwaith cyfrifo neu o fodelu sefyllfaoedd go iawn.

Os yw eich data yn gofyn am gyfrifiadau, yna mae angen taenlen arnoch. Mae taenlenni'n trefnu data ac yn gwneud gwaith cyfrifo. Un enghraifft o raglen a ddefnyddir i greu taenlenni yw Microsoft Excel.

4.8.1 Celloedd

Mae **cyfeirnod cell** bob amser yn dechrau â llythyren ac yn gorffen â rhif (e.e. C5). Gall taenlenni mawr ymestyn i gelloedd sydd â chyfeirnodau dwy lythyren (e.e. BD23).

Mae gan daenlen resi a cholofnau o flychau o'r enw **celloedd**. Mae'r rhesi'n cael eu labelu â rhifau a'r colofnau â llythrennau. Mae gan bob cell gyfeirnod, sef cyfuniad o lythyren y golofn a rhif y rhes. Er enghraifft, mae cell B5 wedi'i hamlygu yn Ffigur 4.41.

Gall **amrediad** o gelloedd gael ei ddynodi. Er enghraifft, mae (B5:B9) yn golygu'r holl gelloedd yn y golofn o B5 i lawr i B9. Gall **bloc** o gelloedd gael ei ddynodi mewn ffordd debyg, er enghraifft (B5:D9).

Gall lled y colofnau gael ei newid drwy lusgo llinell y blwch ar ben y golofn i'r maint sydd ei angen. Gellir newid uchder y rhesi yn yr un ffordd.

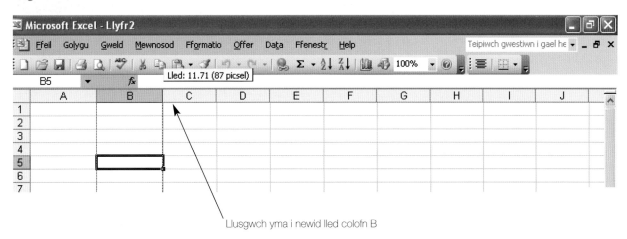

Llusgwch yma i newid lled colofn B

Gellir mewnbynnu data i unrhyw gell. Gall y data fod o wahanol fathau (testun, rhif, arian cyfred, dyddiad ac ati) a gellir eu fformatio yn y ffyrdd arferol (ffont, maint, lliw, aliniad). Gallwch hefyd fformatio'r celloedd â lliwiau cefndir, llinellau grid unigol neu ddwbl, a borderi.

Mae'n bosibl recordio **macro** sy'n gosod maint a lliw y ffont, lliw cefndir y gell, a'r grid. Bydd hyn yn cyflymu'r broses o greu a fformatio taenlen.

4.8.2 Fformiwlâu

> Cyfrifiad mathemategol yw **fformiwla**.

> Caiff fformiwlâu eu hailgyfrifo'n awtomatig bob tro y newidir y data yn y daenlen.

Mae taenlenni'n gwneud mwy nag arddangos data mewn ffordd daclus, a bydd rhai o'r celloedd yn cynnwys fformiwla fathemategol. Bydd y cyfrifiad yn cael ei wneud bob tro y caiff unrhyw ddarn o ddata yn y daenlen ei olygu. Y fformiwlâu hyn sy'n gwneud taenlen yn ddefnyddiol.

Defnyddir cyfeirnodau cell yn y fformiwlâu, a'r symbolau ar gyfer y pedwar prif weithrediad mathemategol yw:

+ **Adio**
– **Tynnu**
* **Lluosi**
/ **Rhannu**

Yn Excel, mae'r defnyddiwr yn gwahaniaethu rhwng fformiwla a darnau eraill o ddata drwy roi arwydd '=' ar y dechrau.

Er enghraifft:

Mae'r darn o ddata yng nghell D4 i gael ei luosi â'r darn o ddata yng nghell D5 a'i fewnbynnu i gell D6.

Y fformiwla a roddir yng nghell D6 yw:

=D4*D5

Gellir defnyddio rhai talfyriadau i'w gwneud hi'n haws mewnbynnu fformiwla:

Yn lle mewnbynnu'r fformiwla:

=D5+D6+D7+D8+D9+D10

gallwch fewnbynnu'r fformiwla dalfyredig:

=SUM(D5:D10)

Enghraifft o ffwythiant yw SUM. Mae llawer o ffwythiannau mewn rhaglen daenlen, gan gynnwys rhai cymhleth iawn, ond gall rhai ohonynt fod yn ddefnyddiol i chi megis AVERAGE, COUNT neu MAX.

Gallwch roi'r amser a'r dyddiad presennol mewn cell drwy ddefnyddio'r fformiwla:

=NOW()

Fel rheol mae taenlenni'n arddangos canlyniad cyfrifiad yn hytrach na'r fformiwla ei hun, ond gallwch ofyn i Excel arddangos y fformiwla drwy glicio Offer (*Tools*) ar y bar dewislenni a dewis Dewisiadau... (*Options . . .*). Bydd hwn yn arddangos y blwch deialog Dewisiadau. Cliciwch y tab Gweld (*View*) a thiciwch y blwch ticio Fformiwlâu (*Formulas*).

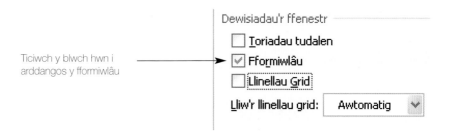

Ticiwch y blwch hwn i arddangos y fformiwlâu

4.8.3 Llyfrau gwaith

Yn Excel, gall **llyfr gwaith** gynnwys nifer o daenlenni cysylltiedig. Er enghraifft, gall un ddalen gynnwys rhestr o gynhyrchion a'u prisiau tra bo dalen arall yn cyfrifo biliau cwsmeriaid.

4.8.4 Llenwi

I gyflymu'r broses o greu taenlen, gallwch ddefnyddio'r dewisiadau **Llenwi** (*Fill*). Er enghraifft, os yw'r un data i gael eu mewnbynnu i amrediad o gelloedd mewn colofn, mae'n gyflymach rhoi'r data yn y gell uchaf yn unig ac yna llenwi i lawr drwy'r celloedd lle mae'r data i gael eu copïo.

Gallwch hefyd lenwi i fyny, i'r chwith neu i'r dde.

Un dewis llenwi defnyddiol iawn yw **Llenwi Cyfres** (*Fill Series*). Gellir defnyddio hwn i roi rhifau neu ddyddiadau dilynol i mewn i amrediad o gelloedd. Rhoddir yr eitem gyntaf o ddata i mewn, amlygir y celloedd, ac mae Llenwi Cyfres yn gwneud y gweddill.

Gallwch ddefnyddio proses gyffelyb i gopïo fformiwlâu i amrediad o gelloedd.

Os nad yw'r celloedd wrth ymyl ei gilydd, gall data neu fformiwlâu gael eu copïo a'u gludo o un gell i gell arall.

Yn Saesneg y DU, **formulae** a ddefnyddir am fformiwlâu mewn mathemateg a gwyddoniaeth. **Formulas** yw'r ffurf luosog yn Saesneg UDA.

Mae defnyddio **Llenwi** yn arbed amser wrth greu taenlenni. Mae'n copïo data i amrediad o gelloedd dilynol.

Os mewnbynnwch y rhifau neu'r dyddiadau cyntaf mewn cyfres ddilynol i gelloedd cyfagos, gallwch ddefnyddio llenwi i estyn y gyfres.

Ffigur 4.42 *Llyfr gwaith sy'n cynnwys dwy ddalen. Mae'r ddalen uchaf yn cyfrifo gwerth anfoneb drwy chwilio am y prisiau yn y ddalen isaf.*

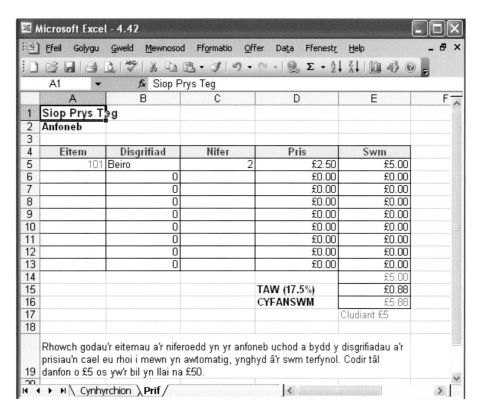

4.8.5 Cyfeirnodau cell perthynol ac absoliwt

Os caiff fformiwla ei chopïo drwy lenwi i lawr, caiff y cyfeirnodau cell eu haddasu. Y rheswm am hyn yw eu bod yn gyfeiriadau perthynol wedi'u seilio ar eu safle ar y ddalen.

Yn yr enghraifft yn Ffigur 4.43, mae'r gell werdd yn cynnwys Cyfanswm a gyfrifwyd drwy luosi Pris (wedi'i storio yng nghell C5) â Nifer (wedi'i storio yng Nghell D5).

Wrth gopïo celloedd sy'n cynnwys fformiwlâu, bydd cyfeiriadau perthynol yn newid ond bydd cyfeiriadau absoliwt yn aros yr un fath.

Ffigur 4.43 *Cyfeirio perthynol.*

Mae'r gell werdd yn cael ei chopïo (neu ei llenwi i lawr) i'r celloedd odani, ac mae cyfeirnodau cell pob rhes yn cael eu newid.

Yn Ffigur 4.44 mae'r gell las yn cynnwys fformiwla sy'n cyfrifo pris newydd ar sail cynnydd canrannol mewn pris sydd wedi'i storio yng nghell C3. Mae swm y cynnydd canrannol yn cael ei storio yng nghell F3.

Ffigur 4.44 *Cyfeirio absoliwt.*

> Mae gan gyfeirnodau absoliwt y nod $ o flaen llythyren y golofn a rhif y rhes.

Mae gan y gell werdd gyfeiriad perthynol (C3) yn ei fformiwla yn ogystal â chyfeiriad absoliwt (F3). Pan gaiff y fformiwla ei chopïo i'r celloedd odani, bydd y cyfeiriad perthynol yn newid, ond nid y cyfeiriad absoliwt.

4.8.6 Rhoi rhesi o ddata mewn trefn

Gall y rhesi o ddata ar daenlen gael eu trefnu drwy eu rhoi yn nhrefn yr wyddor neu mewn trefn rifiadol. Rhaid pennu'r golofn sy'n cynnwys y maes sydd i'w drefnu.

Enghraifft: Mae'r data mewn taenlen sy'n cynnwys prisiau eitemau a werthir mewn siop deunyddiau swyddfa yn cael eu harddangos mewn trefn rifiadol esgynnol yn ôl rhif Cod.

> Gall y data mewn taenlen gael eu **trefnu** yn nhrefn yr wyddor neu mewn trefn rifiadol. Mae trefnu'r data yn ei gwneud hi'n haws dod o hyd i wybodaeth.

Cod	Eitem	Pris	Stoc
101	Beiro	£ 2.50	25
102	Miniwr	£ 1.20	2
103	Rwber	£ 0.95	12
104	Styffylwr	£ 3.75	0
105	Chwyddwydr	£ 2.45	8
106	Lamp	£ 1.99	20
107	Clipiau	£ 0.99	15
108	Disgiau	£ 3.00	18
109	Cyfrifiannell	£ 2.00	12

I roi'r rhestr hon yn nhrefn yr wyddor yn ôl enw'r Eitem:

1 Amlygwch yr holl resi (nid y penawdau).
2 Trefnwch y data drwy ddewis pennawd y golofn sy'n cynnwys y maes yr ydych am ei drefnu.

Ar ôl ei threfnu, bydd y daenlen yn edrych fel hyn:

Cod	Eitem	Pris	Stoc
101	Beiro	£ 2.50	25
105	Chwyddwydr	£ 2.45	8
107	Clipiau	£ 0.99	15
109	Cyfrifiannell	£ 2.00	12
108	Disgiau	£ 3.00	18
106	Lamp	£ 1.99	20
102	Miniwr	£ 1.20	2
103	Rwber	£ 0.95	12
104	Styffylwr	£ 3.75	0

4.8.7 Lookups

Mae'n bosibl rhoi data mewn un rhan o ddaenlen ond ei ddefnyddio mewn rhan arall drwy ddefnyddio'r ffwythiant **LOOKUP**.

Enghraifft: Yn Ffigur 4.45 mae rhif Cod yn cael ei roi yng nghell C13. Mae pris cyfatebol yr eitem yn cael ei arddangos yng nghell C14. Os newidir y cod, bydd y pris yn newid.

Ffigur 4.45 *Defnyddio ffwythiant LOOKUP Excel.*

Mae hyn yn gweithio gan fod ffwythiant yng Nghell C14 sy'n chwilio am y cod yn y tabl. Y fformiwla yng nghell C14 yw:

= LOOKUP(C13, A2:A10,C2:C10)

Mae tair rhan i'r ffwythiant LOOKUP:

- C13 – Dyma'r gell sy'n cynnwys y cod yr ydym yn chwilio amdano.
- A2:A10 – Dyma'r amrediad o gelloedd lle gellir dod o hyd i'r rhifau cod.
- C2:C10 – Dyma'r amrediad o gelloedd lle gellir dod o hyd i'r prisiau cyfatebol.

Gellir defnyddio'r ffwythiant LOOKUP i chwilio am ddata ar wahanol ddalennau o'r un llyfr gwaith, ond rhaid rhoi enw'r ddalen lle mae'r amrediad o gelloedd wedi'i lleoli (e.e. Cynhyrchion!A2:A10).

Gellir defnyddio **VLOOKUP** i chwilio am ddata mewn tabl os yw'r celloedd yr ydym yn chwilio amdanynt yn y golofn gyntaf.

= VLOOKUP(C13, Cynhyrchion!A2:A10,2)

Tair rhan y ffwythiant VLOOKUP yw:

- C13 – Dyma'r gell sy'n cynnwys y cod yr ydym yn chwilio amdano.
- Cynhyrchion!A2:A10 – Dyma'r bloc o gelloedd lle gellir dod o hyd i'r tabl.
- 2 – Y golofn yn y tabl sy'n cynnwys y data sydd i gael eu dychwelyd.

Gellir defnyddio **HLOOKUP** os yw'r tabl wedi'i drefnu mewn rhesi yn hytrach nag mewn colofnau

4.8.8 Y ffwythiant IF

Mae'n bosibl gwneud y data mewn un gell yn ddibynnol ar gynnwys cell arall drwy ddefnyddio'r ffwythiant IF.

Enghraifft: Mae'r tâl am ddanfon eitemau yn dibynnu ar gyfanswm y pris. Codir tâl danfon o 10% o'r gwerth, ond ni chodir tâl os yw'r pris yn fwy na £50.

> Gellir defnyddio'r ffwythiant IF i osod y data mewn rhai celloedd fel eu bod yn dibynnu ar y data mewn celloedd eraill.

Ffigur 4.46 *Defnyddio ffwythiant IF Excel.*

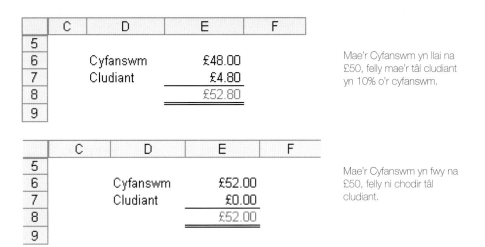

	C	D	E	F
5				
6		Cyfanswm	£48.00	
7		Cludiant	£4.80	
8			£52.80	
9				

Mae'r Cyfanswm yn llai na £50, felly mae'r tâl cludiant yn 10% o'r cyfanswm.

	C	D	E	F
5				
6		Cyfanswm	£52.00	
7		Cludiant	£0.00	
8			£52.00	
9				

Mae'r Cyfanswm yn fwy na £50, felly ni chodir tâl cludiant.

Mae cyfanswm y gost yng nghell E6. Y fformiwla yng nghell E7 yw:

$= IF(E6>50, 0, E6*0.1)$

Mae tair rhan i'r ffwythiant IF:

- E6>50 – Yr amod.
- 0 – Y data yn y gell os yw'r amod yn GYWIR.
- E6*0.1 – Y data yn y gell os yw'r amod yn ANGHYWIR.

4.8.9 Siartiau a graffiau

Mae **siartiau** yn ei gwneud hi'n haws darllen a deall data. Mae'n haws gweld patrymau a thueddiadau.

Gall data gael eu dewis ar y daenlen a gall siart neu graff o'r data hyn gael ei greu.

Mae llawer gwahanol fath o siart ac mae'n bwysig dewis yr un mwyaf priodol. Mewn geiriau eraill, mae angen ichi ddewis y math o siart sy'n cyfleu'r wybodaeth yn y ffordd orau.

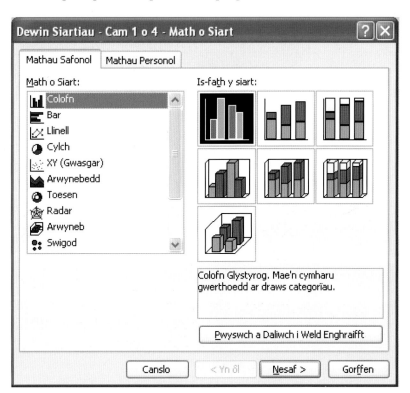

Ffigur 4.47 *Mae Excel yn cynnig gwahanol ffyrdd graffigol o gynrychioli data.*

- Defnyddir graffiau bar i gymharu gwahanol werthoedd. Po fwyaf y bar, mwyaf y gwerth. (Gweler Ffigur 4.48.)
- Defnyddir siartiau cylch i ddangos sut mae cyfanswm wedi'i rannu rhwng nifer o wahanol gategorïau. (Gweler Ffigur 4.49.)
- Mae graffiau llinell yn defnyddio pwyntiau wedi'u plotio i ddangos tueddiadau.

Ffigur 4.48 *Graff bar.*

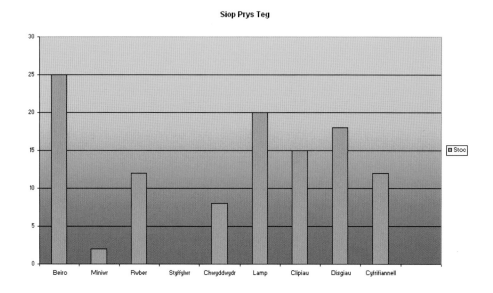

Ffigur 4.49 *Siart cylch tri dimensiwn.*

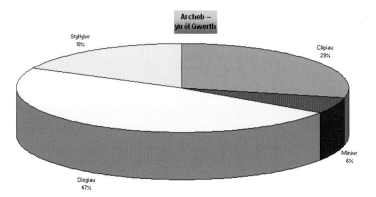

Dylai fod gan bob graff a siart bwrpas. Dylent egluro ffaith neu duedd, neu dylent brofi damcaniaeth am y data yn y daenlen. Rhaid sicrhau bod y person sy'n edrych ar y siart yn gwybod beth sy'n cael ei ddangos, felly mae angen labelu'r holl echelinau'n glir.

■ Gweithgaredd 4.5 Taenlen

1 Llwythwch i lawr y daenlen **brynganbuy.xls**.

Defnyddiwch y daenlen i ateb y cwestiynau canlynol:

a) Faint y byddai 5 Widget, 2 Flange ac 1 Standpacket yn ei gostio? A fyddai tâl danfon yn cael ei godi??

b) Heb gynnwys tâl danfon, sawl Widget y gallech ei brynu os oedd gennych £20 yn unig i'w gwario?

2 Mae trefnwyr parti yn defnyddio taenlen i'w helpu i gyfrifo faint i godi am bob tocyn er mwyn sicrhau nad ydynt yn gwneud colled ariannol.

Llwythwch i lawr y daenlen **party.xls** a defnyddiwch hi i ateb y cwestiynau hyn:

Nifer y Tocynnau	Costau Argraffu	Llogi Neuadd	Cost y Bwyd	Cyfanswm Treuliau	Incwm	Cyfan-swm Elw
10	£4.80	£100.00	£45.00	£149.80	£100.00	–£49.80
20	£9.60	£100.00	£90.00	£199.60	£200.00	£0.40
30	£14.40	£100.00	£135.00	£249.40	£300.00	£50.60
40	£19.20	£100.00	£180.00	£299.20	£400.00	£100.80

Teipiwch gost un tocyn: £10.00

Mae'n costio 48c i argraffu pob tocyn.
Cost y bwyd yw £4.50 y person.
Mae'n costio £100 i logi'r neuadd.

a) Os bydd pob tocyn yn costio £8.00, sawl tocyn y bydd angen ei werthu?

b) Os gwahoddir 55 o bobl:

i) faint y dylid ei godi am bob tocyn (gan ddefnyddio rhif cyfan o £)?

ii) faint y dylid ei godi am bob tocyn (gan ddefnyddio'r 10c agosaf)?

3 Crëwch daenlen sy'n caniatáu ichi fewnbynnu eich marciau arholiad, sy'n cyfrifo'r marc cyfartalog, ac sy'n arddangos neges 'Adolygwch' ar ôl pob marc arholiad os yw'n llai na 50%.

Crynodeb

01 Gall graffigau fod yn graffigau didfap neu'n graffigau fector.

02 Mae graffigau didfap yn cynnwys nifer mawr o bicseli lliw.

03 Mae graffigau didfap yn colli peth o'u hansawdd wrth eu helaethu; nid yw hyn yn digwydd i graffigau fector.

04 Mae offer graffeg yn cynnwys pensiliau, brwshys paent, brwshys aer a llenwadau.

05 Gall testun gael ei ychwanegu at graffigau a'i fformatio.

06 Gellir defnyddio gweadau i lenwi siapiau.

07 Mae clipluniau (graffigau parod) yn arbed amser wrth greu delweddau.

08 Gellir defnyddio effeithiau ar graffigau didfap.

09 Gall graffigau fector gael eu cylchdroi a'u hailfeintioli.

10 Defnyddir haenu i roi delweddau ar ben ei gilydd.

11 Defnyddir rhaglenni prosesu geiriau i greu dogfennau.

12 Mae angen penderfynu ar osodiad y dudalen (maint, cyfeiriadaeth ac ymylon).

13 Gellir defnyddio templedi gyda gosodiadau a ddiffiniwyd ymlaen llaw i arbed amser.

14 Gall testun gael ei fformatio i wneud y ddogfen yn fwy darllenadwy.

15 Mae macro yn ddilyniant o gyfarwyddiadau a ddefnyddir yn aml y gellir ei gadw a'i redeg ar unrhyw adeg.

16 Mae gwirwyr sillafu yn helpu i osgoi camgymeriadau sillafu

17 Bydd thesawrws yn awgrymu geiriau sydd ag ystyron tebyg.

18 Mae postgyfuno yn defnyddio llythyr safonol a meysydd o gronfa ddata i gynhyrchu dogfennau cyffelyb. Defnyddir y dull hwn i greu llawer o lythyrau sothach.

19 Defnyddir cyhoeddi bwrdd gwaith (*DTP*) i greu cyhoeddiadau cymhleth.

20 Mae rhaglenni *DTP* yn rhoi testun a graffigau mewn fframiau.

21 Gall fframiau testun gael eu cysylltu â'i gilydd fel bod y testun yn gallu llifo.

22 Gall cyflwyniadau amlgyfrwng ddefnyddio sleidiau testun, graffigau, clipiau fideo a sain i gyfleu gwybodaeth.

23 Gellir cyfleu gwybodaeth drwy ei harddangos ar dudalen we hefyd.

24 Casgliad trefnedig o ddata yw cronfa ddata.

25 Caiff data eu storio mewn tablau. Mae gan bob tabl faes allweddol, sef eitem unigryw o ddata sy'n ei gwneud yn bosibl adnabod pob cofnod.

26 Defnyddir ymholiadau i chwilio am ddata.

27 Mae ymholiad syml yn chwilio am ddata mewn un maes. Mae ymholiad cymhleth yn chwilio am ddata mewn mwy nag un maes ac yn defnyddio gweithredyddion rhesymegol (OR, AND neu NOT).

28 Gellir defnyddio nodchwilwyr i chwilio am ddata tebyg.

29 Gellir trefnu data yn nhrefn yr wyddor neu mewn trefn rifiadol.

30 Mae ffurflenni'n ffordd dda o arddangos data mewn ffordd fwy darllenadwy.

31 Defnyddir adroddiadau i gyflwyno dadansoddiadau printiedig o ddata.

32 Mae taenlenni'n arddangos data mewn ffordd daclus; maent hefyd yn gwneud gwaith cyfrifo.

33 Mae gan bob cell gyfeirnod, sef cyfuniad o lythyren y golofn a rhif y rhes.

34 Gall y data mewn cell fod yn destun, yn rhifau neu'n graffigau hyd yn oed.

35 Gall fformiwla gael ei rhoi mewn cell i wneud cyfrifiad.

36 Bob tro y newidir y data, caiff y cyfrifiadau eu gwneud.

37 Gellir defnyddio nifer o ddalennau mewn taenlen, a gall y dalennau hyn ryngweithio â'i gilydd.

38 Gall rhesi o ddata gael eu trefnu yn nhrefn yr wyddor neu mewn trefn rifiadol.

39 Mewn fformiwla, gall cyfeirnodau cell ddefnyddio cyfeiriadau perthynol (e.e. B3) neu gyfeiriadau absoliwt (e.e. B3).

40 Pan gaiff fformiwla ei chopïo, bydd cyfeiriadau perthynol yn newid ond bydd cyfeiriadau absoliwt yn aros yr un fath.

1 Mae cymdeithas ddrama'n cadw manylion ei haelodau mewn cronfa ddata. Dyma ran o'r gronfa ddata hon:

Rhif Aelodaeth	Cyfenw	Enw Cyntaf	Rhyw	Rhif Ffôn	Dyddiad Ymuno	Hoffter
0132	Thomas	Kelly	B	635227	01/05/05	Actio
0139	Davies	Tom	G	668940	03/03/02	Actio
0142	Williams	Shelley	B	630200	01/05/04	Goleuo
0143	Jenkins	Billy	G	625331	01/04/03	Sain
0148	Newman	Paul	G	673221	01/02/05	Actio

a) Sawl cofnod a ddangosir yma? [1]

b) Sawl maes a ddangosir? [1]

c) Mae cynhyrchydd sioe yn dymuno cysylltu â phawb y byddai'n well ganddynt helpu gyda'r Goleuo. Disgrifiwch sut y gallai wneud hyn. [1]

d) Mae'r cynhyrchydd eisiau cysylltu â'r holl actorion gwryw. Disgrifiwch sut y gallai wneud hyn. [3]

2 Mae'r gymdeithas ddrama'n defnyddio taenlen i gyfrifo'r gost o gynhyrchu'r sioe.

	A	B	C	D
1	**Gwariant**	**Amcangyfrif**	**Gwir Gost**	**Gwahaniaeth**
2	**Gwisgoedd**	£350.00	£300.00	£50.00
3	**Argraffu**	£250.00	£250.00	£0.00
4	**Cyhoeddusrwydd**	£200.00	£180.00	£20.00
5	**Propiau**	£100.00	£110.00	–£10.00
6	**Goleuo**	£300.00	£250.00	£50.00
7	**Sain**	£300.00	£300.00	£0.00
8	**CYFANSWM**	**£1500.00**	**£1390.00**	**£110.00**

a) Pa un o'r fformiwlâu hyn y gellid ei defnyddio i roi'r Gwahaniaeth yng nghell D4?
   i) B4+C4, **ii)** B4–C4, **iii)** D2–D3. [1]

b) Pa un o'r fformiwlâu hyn y gellid ei defnyddio i roi Cyfanswm y Gost Amcangyfrifedig yng nghell B8?
   i) B8–C8, **ii)** SUM(B2:B7), **iii)** D8–C8, **iv)** B2+B3+B4+B5+B6+B7. [1]

c) Mae Gwir Gost Argraffu yng nghell C3 yn cael ei newid. Pa dair cell arall a fydd yn newid? [3]

ADRAN 2

Technoleg gwybodaeth: Cymwysiadau

5.1 Rheolaeth ar broses mewn diwydiant

i04

Defnyddir systemau cyfrifiadurol yn aml i reoli prosesau gweithgynhyrchu.

Ffigur 5.1 *Rheolir llawer o brosesau diwydiannol gan systemau cyfrifiadurol.*

i05

Mae mesuriadau o synwyryddion yn darparu'r mewnbwn ar gyfer proses reoli.

SYNHWYRYDD: Dyfais a ddefnyddir i ddarparu mewnbwn i systemau rheoli awtomatig.

Mae nifer y ffatrïoedd sy'n cynhyrchu nwyddau yng ngwledydd Prydain wedi gostwng yn ystod y blynyddoedd diwethaf, ond rydym wedi gweld llawer o newidiadau yn y ffordd y mae prosesau diwydiannol yn gweithio. Mae'r prosesau hyn wedi gorfod cael eu haddasu er mwyn defnyddio TGCh mewn llawer o wahanol ffyrdd.

Mae'r mathau o waith sydd gan bobl wedi newid o swyddi peryglus ac undonog i swyddi sy'n gofyn am sgiliau TGCh, megis rhaglennu neu gynnal robotiaid a pheiriannau.

Un o'r newidiadau mawr yw fod prosesau gweithgynhyrchu yn cael eu rheoli mewn ffordd hollol wahanol. Rydych yn llai tebygol o weld pobl yn sefyll o gwmpas yn gwylio proses ac yn cofnodi mesuriadau megis tymheredd a phwysau ag offerynnau cludadwy, neu amseru â chloc, gwthio botymau a thynnu liferi. Yn lle hynny, rydych yn fwy tebygol o weld prosesau rheoli cyfrifiadurol lle mae popeth yn cael ei wneud yn awtomatig gan systemau cyfrifiadurol sy'n rheoli'r holl weithrediadau.

Mae data **mewnbwn** yn dod o **synwyryddion**. Mae'r synwyryddion hyn yn mesur pethau megis tymheredd, golau, sain, pwysau neu ddiriant. Mae rhai synwyryddion yn canfod gwrthrychau sy'n symud o'u blaen, ac mae clociau manwl gywir yn mesur ysbeidiau amser sydd wedi cael eu pennu.

Cymerir y mesuriadau o'r holl synwyryddion ar adegau rheolaidd a chânt eu mewnbynnu i gyfrifiadur sy'n dadansoddi'r data i benderfynu a oes angen gwneud unrhyw beth.

Yn achos llawer o fesuriadau, bydd amrediad o werthoedd wedi cael ei ddiffinio, a rhaid i'r darlleniad o'r synhwyrydd fod o fewn yr amrediad hwn bob amser. Os bydd y gwerth a fesurir y tu allan i'r amrediad hwn, bydd y rhaglen reoli yn penderfynu beth y mae angen ei wneud.

Os oes angen gweithredu, bydd y cyfrifiadur yn **allbynnu signal rheoli** i ddyfeisiau sy'n gweithredu'r system. Dyfais sy'n rheoli modur, switsh neu dap yw ysgogwr (*actuator*). Bydd yn derbyn signal o'r cyfrifiadur rheoli drwy gebl neu signal diwifr ac yn ysgogi dyfais.

Gall signal allbwn fod ar ffurf patrwm didol, hynny yw, nifer o ddidau deuaidd (0 neu 1). Gall pob did reoli dyfais ar wahân.

0 = 'Diffodd/Troi i ffwrdd'
1 = 'Cychwyn/Troi ymlaen'

Enghraifft: Defnyddir signal allbwn pedwar-did i ysgogi gwresogydd, gwyntyll, awyrydd ac ysgeintell.

Gwresogydd	Gwyntyll	Awyrydd	Ysgeintell
0	1	1	0

Bydd y signal allbwn, 0110, yn cychwyn y wyntyll ac yn agor yr awyrydd, ond yn diffodd y gwresogydd a'r ysgeintell.

Mae llawer o systemau rheoli yn defnyddio **adborth** i gynnal amgylchedd sefydlog ar gyfer proses. Mae synwyryddion yn mewnbynnu data, ac ar sail hyn cymerir camau a all ddylanwadu ar y darlleniadau dilynol o'r synwyryddion, sy'n cael eu mewnbynnu i'r cyfrifiadur, ac yn y blaen. System ddolen gaeedig yw hon.

Ffigur 5.2 *Defnyddir adborth i reoli amgylchedd.*

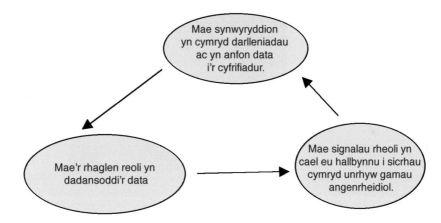

Enghraifft o **system amser real** yw rheolaeth ar broses. Mae data a dderbynnir gan y cyfrifiadur rheoli yn cael eu dadansoddi ar unwaith gan y rhaglen sydd wedi'i storio, gan alluogi'r system i ymateb yn syth i unrhyw amrywiadau yn y prosesu.

Manteision rheolaeth ar broses:
- **Nid oes angen llawer o ryngweithiad dynol**: Mae gan hyn oblygiadau ar gyfer nifer y bobl y mae angen eu cyflogi mewn ffatri, ac mae gweithluoedd wedi cael eu cwtogi wrth i fwy o brosesau rheoli gael eu cyflwyno.
- **24/7**: Gall y broses barhau am 24 awr y dydd, bob dydd, sy'n golygu y gall diwydiannau fod yn fwy cynhyrchiol.
- **Ymateb awtomatig ac uniongyrchol i broblemau**: Mae hyn yn golygu bod diogelwch wedi cael ei wella.
- Gellir gwella diogelwch drwy gadw pobl i ffwrdd o **amgylcheddau peryglus** megis pelydriad neu atmosffer sy'n llawn o fygdarthau paent.

Anfanteision rheolaeth ar broses:

● Mae'n rhaid prynu a gosod cyfarpar a chaledwedd cyfrifiadurol **drud**.

● Mae hi wedi achosi **diweithdra** oherwydd bod angen llai o weithwyr i redeg y broses.

● Gall problemau godi lle mae angen i bobl benderfynu beth i'w wneud.

▪ Astudiaeth Achos Cynhyrchu gwydr

I gynhyrchu gwydr, caiff y cynhwysion crai, sef tywod, sodiwm carbonad, calchfaen a gwydr wedi'i ailgylchu, eu gwresogi mewn ffwrnais i 1500°C. Mae'n bwysig bod y gwydr tawdd yn oeri ar y gyfradd gywir. Os bydd yn oeri'n rhy gyflym neu'n rhy araf, bydd gan y gwydr ddiffygion amlwg neu ni fydd yn ddigon cryf.

Ffigur 5.3 *Defnyddir rheolaeth ar broses wrth gynhyrchu gwydr.*

Yr enw a roddir ar y broses oeri reoledig yw 'anelio', ac mae'n cael ei gwneud mewn ffwrn arbennig fel rheol. Mae'r gwydr yn cael oeri i dymheredd penodol ac mae'n cael ei gadw ar y tymheredd hwn am ychydig nes bod y diriannau yn y gwydr wedi lleihau, cyn cael oeri'n derfynol.

Caiff y broses anelio hon ei goruchwylio gan reolaeth ar broses gan ei bod yn gallu rheoli'r gyfradd oeri.

Mae synwyryddion yn monitro'r tymheredd yn y ffwrn. Os bydd y gwydr yn oeri'n rhy gyflym yn y ffwrn anelio bydd y cyfrifiadur yn anfon signal i gynyddu'r gwres; os bydd y gwydr yn oeri'n rhy araf, bydd y cyfrifiadur yn anfon signal i gychwyn gwyntyll oeri.

Bydd y rhaglen reoli sydd wedi'i storio yn y system gyfrifiadurol yn derbyn y data mewnbwn gan synwyryddion tymheredd ac yn cymharu'r darlleniadau â'r gwerthoedd mwyaf a lleiaf sydd wedi'u storio. Os nad yw'r data o fewn yr amrediad derbyniol, bydd y cyfrifiadur yn cymryd camau i gywiro'r sefyllfa.

Nid yw'r broses anelio yn gofyn am unrhyw fath o gyfraniad dynol a dylai gynhyrchu gwydr perffaith bob tro.

Ffigur 5.4 *Siart llif systemau yn dangos sut mae system reoli anelio yn gweithio.*

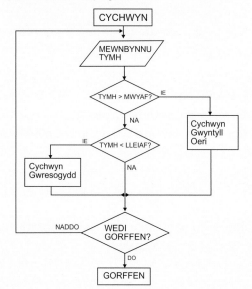

Crynodeb

01 Mae rheolaeth ar broses mewn diwydiant wedi disodli gweithwyr mewn llawer o swyddi ailadroddus neu beryglus.

02 Mae mewnbwn yn dod o synwyryddion, ac mae allbwn ar ffurf signalau rheoli sy'n gweithredu peiriannau.

03 Mae adborth yn darparu amgylchedd sefydlog ar gyfer proses.

04 Mae rheolaeth ar broses yn darparu prosesu di-dor gyda chanlyniadau cyson.

05 Mae rheolaeth ar broses yn enghraifft o system amser real.

5.2 Cyflogres

Rhaid i bob cwmni sicrhau bod y bobl sy'n gweithio iddo'n cael eu talu. Bydd rhai pobl yn derbyn cyflog (swm penodol bob mis). Bydd rhai pobl yn cael eu talu yn ôl yr awr a chofnodir nifer yr oriau a weithiant.

Bydd rhai cwmnïau'n talu eu gweithwyr ar ddiwedd yr wythnos, eraill ar ddiwedd y mis. Pa system bynnag a ddefnyddir, ar ddiwedd y cyfnod tâl mae rhaglen gyflogres yn cael ei rhedeg ar y cyfrifiadur i gyfrifo faint y dylid ei dalu i bob aelod o'r staff.

Mae'r caledwedd sydd ei angen i redeg rhaglen gyflogres yn dibynnu ar faint y cwmni a nifer y gweithwyr. Os yw'r busnes yn fach ac yn cyflogi ychydig o staff, gellir rhedeg rhaglen gyflogres ar gyfrifiadur personol.

Mewnbwn

Gall y ffynonellau data a ddefnyddir i ddarparu mewnbwn i'r rhaglen gyflogres gynnwys:

- **Cronfa ddata** o fanylion y gweithwyr, megis rhif adnabod, enw, cyflog, rhif Yswiriant Gwladol a chod treth. Hon fydd meistr-ffeil y Gweithwyr.
- Mae **taflenni amser** yn darparu data am nifer yr oriau y mae aelod o staff wedi gweithio yn ystod y cyfnod amser ac yn nodi unrhyw oramser. Mae taflenni amser papur wedi cael eu disodli gan rai cyfrifiadurol bellach. Mae meddalwedd arbennig ar gael sy'n debyg i daenlen.

Bydd angen dilysu peth o'r data a fewnbynnir. Er enghraifft, dylai gwiriad amrediad ar nifer yr oriau a weithiwyd gan aelod o staff sicrhau na allai rhif rhy fawr gael ei fewnbynnu.

> **106**
> Bydd angen mesurau diogelwch cadarn, megis cyfrineiriau, i sicrhau na all neb heb awdurdod gyrchu cronfa ddata rhaglen gyflogres.

Prosesu

Bydd meistr-ffeil y Gweithwyr yn cael ei threfnu yn nhrefn maes allweddol. Cyn gallu prosesu'r ffeil daflenni amser, bydd angen ei threfnu yn yr un drefn â meistr-ffeil y Gweithwyr. Mae hyn yn cyflymu'r prosesu.

Bydd angen i'r cyfrifiadur gyfrifo:

- Y **swm crynswth** y mae pob gweithiwr wedi'i ennill. Bydd hwn naill ai'n gyfradd fisol osodedig neu gellir ei gyfrifo drwy luosi nifer yr oriau a weithiwyd â'r gyfradd yr awr.
- Unrhyw **fonws** neu **oramser** a enillwyd.
- **Didyniadau** megis Yswiriant Gwladol, treth, taliadau i gynllun pensiwn.
- Y **swm net** y mae angen ei dalu i bob gweithiwr. I gyfrifo hyn, tynnir yr holl ddidyniadau o'r swm crynswth a bonysau.

Allbwn

Bydd y broses yn creu rhai allbynnau argraffedig, ond hefyd bydd angen diweddaru'r gwerthoedd mewn rhai o'r meysydd yng nghronfa ddata'r gweithwyr.

- Mae **slipiau cyflog argraffedig** yn cynnwys crynodeb o gyflog y gweithiwr a'r didyniadau ar gyfer y cyfnod dan sylw, a chânt eu rhoi i'r gweithiwr i ddangos sut mae'r cyflog wedi cael ei gyfrifo. Cânt eu hargraffu ar ffurflenni cynargraffedig arbennig fel rheol.
- Mae angen storio **meysydd wedi'u diweddaru** megis 'cyfanswm y taliadau eleni' neu 'cyfanswm y dreth a dalwyd eleni' yn y cofnodion yn y gronfa ddata.
- Bydd angen anfon data i'r system **BACS (System Glirio Awtomataidd i Fanciau)** a fydd yn trosglwyddo arian i gyfrifon banc y gweithwyr.
- Bydd **adroddiadau** yn cael eu hallbynnu sy'n crynhoi cyflogau'r cwmni am y cyfnod, a bydd y cyfrifwyr yn yr adran ariannol yn defnyddio'r data i ddiweddaru eu system gyfrifydda.

System Glirio Awtomataidd i Fanciau (BACS): System sy'n trosglwyddo arian yn uniongyrchol i gyfrifon banc gweithwyr.

Ffigur 5.5 *Enghraifft o slip cyflog.*

Fy Nghwmni Cyf						Slip Cyflog Wythnosol	
Rh. Gw.	Enw Gweithiwr			Rh. YG	Cod Treth	Cod YG	
13	U.N.Arall			AB001299×Z	BR	B	

Ychwanegiadau				Didyniadau			
Disgrifiad	Graddfa	Ffactor	Swm	Disgrifiad	Graddfa	Ffactor	Swm
Tâl sylfaenol	£12.00	37.5	£450.00				
Graddfa goramser 1	£15.50	17.5	£271.25				
Treuliau teithio			£12.50				

Cyfanswm Cyflog Crynswth	£733.75	Didyniadau (heb Dreth ac YG)	£0.00

	Cyfnod	Hyd Yma		Cyfnod	Hyd Yma
Cyflog Trethadwy	£721.25	£1,241.00	Treth Incwm	£158.67	£273.01
Cyflog YG	£721.25	£1,241.00	Cyfraniad YG EE	£19.10	£35.68
			Cyfraniad YG ER	£74.61	£125.43

Cyfnod Treth: 29	**Cyflog Net**	**£555.98**

Enghraifft o system **swp-brosesu** yw rhaglen gyflogres. Caiff yr holl daflenni amser a ffeiliau eu paratoi a'u casglu ac yna caiff y system gyflogau ei rhedeg ar adeg lai prysur megis y nos neu'r penwythnos. Ar ôl cychwyn y rhaglen restr gyflogau nid oes angen i neb wneud dim a chaiff y slipiau cyflog eu paratoi a'u hargraffu'n awtomatig.

Mae siart llif systemau yn ei gwneud hi'n haws deall sut mae system yn gweithio.

Ffigur 5.6 *Siart llif systemau yn dangos sut mae system gyflogau'n gweithio.*

Ffordd weledol o ddangos sut mae system yn gweithio yw **siart llif systemau**. Mae gan flychau o wahanol siapiau wahanol ystyron a chaiff y blychau eu labelu. Mae llinellau â phen saeth yn dangos y llif o ddata drwy'r system. Yn aml mae'n haws deall sut mae system yn gweithio drwy astudio diagram yn hytrach na darllen disgrifiad ysgrifenedig.

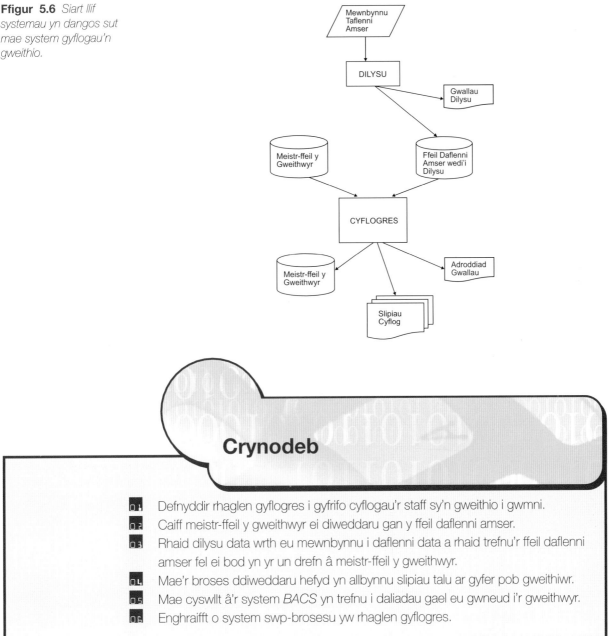

Crynodeb

01 Defnyddir rhaglen gyflogres i gyfrifo cyflogau'r staff sy'n gweithio i gwmni.

02 Caiff meistr-ffeil y gweithwyr ei ddiweddaru gan y ffeil daflenni amser.

03 Rhaid dilysu data wrth eu mewnbynnu i daflenni data a rhaid trefnu'r ffeil daflenni amser fel ei bod yn yr un drefn â meistr-ffeil y gweithwyr.

04 Mae'r broses ddiweddaru hefyd yn allbynnu slipiau talu ar gyfer pob gweithiwr.

05 Mae cyswllt â'r system *BACS* yn trefnu i daliadau gael eu gwneud i'r gweithwyr.

06 Enghraifft o system swp-brosesu yw rhaglen gyflogres.

5.3 Rhagolygon y tywydd

Defnyddir rhai o gyfrifiaduron mwyaf nerthol y byd i ddarogan y tywydd. Mae rhagolygon y tywydd yn mynd yn fwyfwy cywir, ac mae llawer o bobl yn dibynnu ar y rhagolygon hyn: cwmnïau teledu, llongau, ffermwyr, y fyddin ac ati.

108

Mae llawer o bobl yn dibynnu ar gael rhagolygon y tywydd cywir, a defnyddir cyfrifiaduron mawr i fonitro a rhagfynegi patrymau tywydd.

109

Derbynnir data mewnbwn oddi wrth synwyryddion sy'n mesur data am y tywydd. Mae llawer o **synwyryddion** wedi'u cysylltu â chyfrifiadur a chasglant ddata'n awtomatig ar adegau rheolaidd.

Defnyddir systemau cyfrifiadurol hefyd i olrhain hynt corwyntoedd a thornados. Os gellir rhagfynegi tywydd eithafol, mae'n bosibl rhybuddio pobl cyn iddo gyrraedd a gallant gymryd y mesurau angenrheidiol i'w diogelu eu hunain. Gall ardaloedd cyfan gael eu gwagio cyn i gorwynt daro, gan arbed llawer o fywydau.

Defnyddir cyfrifiaduron mawr hefyd i gadw llygad ar gynhesu byd-eang: y cynnydd yn nhymheredd cyfartalog arwyneb y Ddaear. Byddant yn monitro tymereddau a cheryntau'r cefnforoedd hefyd. El Niño yw'r enw a roddir ar y cynhesu sy'n digwydd yn nwyrain y Cefnfor Tawel; mae'n effeithio ar batrymau tywydd y byd bob ychydig o flynyddoedd.

Casglu data

Bob dydd ac o bob rhan o'r byd, caiff miliynau lawer o eitemau o ddata eu casglu. Gall y data fod ar ffurf darlleniadau tymheredd, lleithder, gwasgedd atmosfferig, glawiad neu we[lededd, neu gall fod yn ddata radar neu ddata am lefelau isgoch.

Y synwyryddion a ddefnyddir amlaf i fesur y tywydd yw:

- **Thermomedr**: Mae'n mesur tymheredd yr aer neu'r môr.
- **Baromedr**: Mae'n mesur gwasgedd atmosfferig. Newidiadau mewn gwasgedd yw'r prif ddylanwad ar y tywydd.
- **Medrydd glaw**: Mae'n mesur dyodiad (glaw, cenllysg, eirlaw neu eira).
- **Hygromedr**: Mae'n mesur faint o anwedd dŵr sydd yn yr aer.
- **Seicromedr**: Mae'n cynnwys dau thermomedr (un gwlyb ac un sych) ac mae'n mesur lleithder cymharol.
- **Anemomedr**: Mae'n mesur buanedd y gwynt.

Mae llawer o orsafoedd tywydd wedi'u cysylltu â chyfrifiadur a chymerir darlleniadau yn awtomatig ar adegau rheolaidd. Mewn rhai gorsafoedd tywydd mewn lleoedd anghysbell mae'n rhaid cael meteorolegwyr i gymryd y darlleniadau a'u cofnodi.

Ffigur 5.7 *Defnyddir anemomedr i fesur buanedd y gwynt.*

Ffynonellau'r data hyn yw:

- **Gorsafoedd tywydd** sydd wedi'u lleoli ar hyd a lled y byd, hyd yn oed mewn rhai o'r rhanbarthau mwyaf anghysbell.
- **Lloerennau** sy'n trawsyrru darlleniadau tywydd drwy'r amser i ganolfannau tywydd ar y Ddaear. Gellir defnyddio'r data i gynhyrchu delweddau gweledol ac isgoch o systemau tywydd.
- **Balwnau tywydd** sy'n cymryd darlleniadau wrth iddynt godi drwy'r atmosffer.
- **Awyrennau** sy'n casglu data wrth iddynt hedfan drwy'r atmosffer uwch.
- **Gorsafoedd radar** sy'n canfod glawiad.
- **Llongau tywydd** ar y môr sy'n anfon data yn ôl i'r lan.
- **Bwiau tywydd** sydd wedi'u hangori'n barhaol allan yn y môr ac sy'n casglu data pwysig o leoedd anhygyrch.

110

Mae canolfannau tywydd yn casglu data o bob rhan o'r byd, a hyd yn oed o'r gofod.

Ffigur 5.8 *Mae lloerennau sy'n troi o gwmpas y Ddaear yn trawsyrru data gweledol ac isgoch fel bod modd gweld darluniau o batrymau tywydd o'r gofod.*

Dim ond y cyfrifiaduron mwyaf a mwyaf nerthol sy'n gallu rhedeg y rhaglenni cymhleth a ddefnyddir i ddarogan y tywydd cymhleth.

Yn y DU, mae'r system gyfrifiadurol yn y Swyddfa Dywydd yng Nghaerwysg (Exeter) yn casglu'r data o'r holl ffynonellau hyn, yn eu dilysu ac yn eu defnyddio'n fewnbwn ar gyfer ei rhaglen dywydd. Mae ganddi ddau gyfrifiadur nerthol sy'n prosesu'r data.

Prosesu

Mae prosesu miliynau o eitemau o ddata yn cael ei alw'n **grensio rhifau** a gall gymryd cryn dipyn o amser, felly mae angen cyfrifiaduron nerthol iawn gyda phrosesyddion cyflym, cof mawr a llawer o le storio ar y disgiau.

Proses gymhleth iawn yw cynhyrchu rhagolygon y tywydd, a defnyddir nifer mawr o hafaliadau mathemategol. Dim ond y cyfrifiaduron mwyaf grymus a all wneud hyn yn effeithiol.

Y **Model Unedig** (*Unified Model*) yw enw'r meddalwedd modelu a ddefnyddir i gynhyrchu rhagfynegiadau am y tywydd a'r hinsawdd, a defnyddiwyd iaith o'r enw Fortran i'w raglennu. Mae'n hynod o gymhleth a chaiff ei uwchraddio'n gyson, a does dim angen i ni ddysgu amdano yma (diolch byth!).

■ Gweithgaredd 5.1   Ymchwiliad ar y Rhyngrwyd

Defnyddiwch y Rhyngrwyd i ymchwilio i'r cyfrifiaduron a ddefnyddir yn y Swyddfa Dywydd yng Nghaerwysg i brosesu data am y tywydd.

Ceisiwch ddarganfod:

● enw'r cyfrifiadur;
● sawl prosesydd sydd ganddo;
● maint ei gof;
● sawl cyfrifiad yr eiliad y mae'n gallu ei wneud.

Allbwn

Prosesir y data i gynhyrchu'r allbynnau canlynol:

● **Siartiau**: Er enghraifft, mapiau o wasgedd atmosfferig, mapiau gwynt, siartiau glawiad. Drwy gynhyrchu siartiau olynol gellir dangos sut mae'r tywydd yn newid.
● **Rhagolygon**: Defnyddir patrymau tywydd blaenorol i ragfynegi'r tywydd yn y dyfodol.

- **Rhybuddion tywydd**: Os yw unrhyw broblemau wedi cael eu rhagfynegi, megis llifogydd neu amodau gyrru anodd, caiff rhybuddion tywydd eu rhoi.
- **Archifau**: Caiff yr holl ddata eu storio mewn archifau. Po fwyaf o wybodaeth sydd gennym am batrymau tywydd y gorffennol, mwyaf cywir fydd ein rhagfynegiadau yn y dyfodol.

Mae'r Swyddfa Dywydd yn defnyddio rhwydwaith o orsafoedd tywydd drwy wledydd Prydain a'r byd. Mae gan lawer o feysydd awyr orsafoedd tywydd, a gallant drawsyrru eu darlleniadau'n awtomatig ar draws y rhwydwaith.

Gyda dyfodiad y Rhyngrwyd, mae rhagolygon y tywydd a data am y tywydd ar gael ar raddfa lawer ehangach ac mae gwefan y Swyddfa Dywydd, www.metoffice.com, yn darparu gwybodaeth gyfoes a dibynadwy. Er enghraifft, mae'r siart glawiad, www.metoffice.com/weather/europe/uk/radar/, yn dangos ble y bu'n bwrw glaw yn ddiweddar.

Crynodeb

01 Caiff miliynau lawer o ddarlleniadau data eu casglu o synwyryddion o bedwar ban byd.
02 Mae synwyryddion yn mesur tymheredd, gwasgedd aer, lleithder, buanedd y gwynt, glawiad.
03 Mae angen prif gyfrifiadur mawr i brosesu'r data.
04 Caiff cyfrifiadau modelu cymhleth eu gwneud i allbynnu rhagolygon y tywydd.
05 Yr allbwn yw siartiau tywydd.
06 Gellir rhoi rhybuddion am y tywydd mewn da bryd.

5.4 Llyfrgelloedd

Mae gan y mwyafrif o drefi a dinasoedd lyfrgell lle y gall pobl fynd i ddarllen llyfrau. I fenthyca llyfr o lyfrgell rhaid bod yn aelod. Pan wnewch gais i ddod yn aelod o lyfrgell, caiff eich manylion eu

Mae llyfrgellwyr yn dibynnu ar systemau cyfrifiadurol i reoli'r cyfleusterau a ddarperir gan y llyfrgell, megis rhoi benthyg llyfrau.

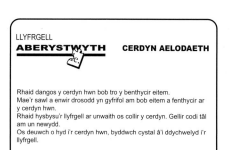

Ffigur 5.9 *Bydd gan gerdyn aelodaeth a roddir gan lyfrgell ei god bar ei hun.*

126

Ffigur 5.10 *Bydd gan bob llyfr mewn llyfrgell ei god bar ei hun.*

Mae'r llyfr yn cynnwys:

Adran Un:	TG – Ei defnyddio a'i heffaith ar gymdeithas
Adran Dau:	TGCh – Cymwysiadau
Adran Tri:	Portffolio
Adran Pedwar:	Project
Adran Pump:	Yr arholiad

Hodder Murray
www.hoddereducation.co.uk

cofnodi a rhoddir cerdyn llyfrgell i chi. Mae eich rhif aelodaeth a chod bar wedi'u hargraffu ar y cerdyn.

Ar ôl ichi ddod yn aelod, bydd gennych hawl i ddefnyddio holl gyfleusterau'r llyfrgell. Gall y rhain gynnwys defnyddio eu cronfeydd data cyfrifiadurol ar-lein a'r Rhyngrwyd yn ogystal â chael benthyg llyfrau a chylchgronau.

Hefyd, bydd cod bar ar bob llyfr yn y llyfrgell neu bydd cerdyn wedi'i osod mewn llawes y tu mewn i glawr y llyfr.

Bydd system gyfrifiadurol y llyfrgell yn storio cronfa ddata, ac un o'r ffeiliau yn hon fydd ffeil o fanylion yr holl aelodau. Gallai un cofnod edrych rhywbeth fel hyn:

Maes	Gwerth Maes
Rhif Adnabod yr Aelod (maes allweddol)	324795
Enw	Mary Thomas
Cyfeiriad	19 Heol y Dref
Dyddiad Geni	12/05/88
Dyddiad Ymaelodi	19/02/06

Eitem unigryw o ddata yw **maes allweddol** sy'n ei gwneud hi'n bosibl adnabod pob cofnod. Ni fydd gan unrhyw ddau gofnod yr un data yn eu maes allweddol.

Hefyd, byddai gan gronfa ddata'r llyfrgell **gatalog** o lyfrau, sef ffeil sy'n storio manylion yr holl lyfrau yn y llyfrgell. Gallai un cofnod o'r ffeil Lyfrau edrych fel hyn:

Maes	Gwerth Maes
Rhif Adnabod y Llyfr (maes allweddol)	978 0 340 883081
Teitl	Mae TGCh yn Hwyl
Awdur	D. Ata
Silff	D27
Dyddiad Benthyca Diwethaf	16/12/05
Ar Gael	YDYW

Defnyddir y maes Silff i ddangos ble mae llyfr yn y llyfrgell. Bydd gan bob llyfr ym mhob cwpwrdd llyfrau ei label unigryw i hun.

Mae'r maes Dyddiad Benthyca Diwethaf yn bwysig gan ei fod yn dangos i'r llyfrgellydd a yw llyfr yn boblogaidd ai peidio. Gall llyfrau nad oes llawer o fynd arnynt gael eu tynnu o'r silffoedd er mwyn rhoi llyfrau mwy poblogaidd yn eu lle.

Mae'r maes Ar Gael yn dweud wrth y llyfrgellydd a yw'r llyfr ar fenthyg ar hyn o bryd. Gall aelod ddod i'r llyfrgell a gofyn am lyfr. Bydd chwilio'r gronfa ddata yn dangos yn gyflym a yw'r llyfr ar gael ai peidio.

Mae gan bob llyfr rif unigryw. Y Rhif Llyfr Safonol Rhyngwladol (*ISBN*) yw hwn ac mae ganddo 13 digid. Gallwn ei ddefnyddio'n faes allweddol ar gyfer y ffeil Lyfrau oherwydd na fydd gan unrhyw ddau deitl yn y byd yr un *ISBN*.

Mae'n bosibl y bydd gan lyfrau rif dosbarthu Dewey hefyd. Rhif tri-digid yw hwn a roddir i lyfr ar sail y pwnc y mae'n ymdrin ag ef. Mae llawer o lyfrgelloedd yn trefnu llyfrau ar eu silffoedd yn ôl eu rhifau dosbarthu Dewey.

Benthyca llyfr

Pan fydd aelod o'r llyfrgell yn dymuno benthyca llyfrau, bydd yn mynd â nhw at y ddesg. Caiff y cod bar ar gerdyn yr aelod ei fewnbynnu, gan ddefnyddio darllenydd codau bar (un sy'n cael ei ddal yn y llaw fel rheol), yn ogystal â chodau bar y llyfrau.

Hefyd mae'r dyddiad benthyca'n cael ei gofnodi ac mae'r dyddiad y bydd angen dychwelyd y llyfrau'n cael ei gyfrifo a'i stampio ar gerdyn yn y llyfr, i atgoffa'r benthyciwr.

Wrth fewnbynnu'r data, bydd angen eu dilysu i sicrhau eu bod yn synhwyrol a'u bod wedi cael eu darllen yn gywir. Gellir gwneud gwiriadau **amrediad** a gwiriadau **hyd** ar rifau adnabod.

Mae un o'r digidau mewn rhif *ISBN* yn **ddigid gwirio** a ddefnyddir i wneud gwiriad dilysu. Bydd y cyfrifiadur yn ailgyfrifo'r digid gwirio wrth iddo gael ei fewnbynnu i sicrhau nad oes unrhyw wallau.

Caiff yr holl fanylion hyn eu cofnodi yng nghronfa ddata'r llyfrgell mewn **ffeil Drafod**. Gall un cofnod yn y ffeil Drafod edrych fel hyn:

> Mae'n bwysig **dilysu** data i sicrhau nad yw unrhyw wallau wedi cael eu mewnbynnu.

Maes	Gwerth Maes
Rhif Adnabod y Trafod (maes allweddol)	34112
Rhif Adnabod yr Aelod	324795
Rhif Adnabod y Llyfr	0 340 883081
Dyddiad Benthyca	23/11/06
Dyddiad Dychwelyd	

Mae'r tabl yn dangos cofnod y llyfr a fenthyciwyd yn y ffeil Lyfrau yng nghronfa data'r llyfrgell.

Dychwelyd llyfr

Pan ddychwelwch lyfr i'r llyfrgell, caiff y cod bar ei ddarllen eto a bydd y cyfrifiadur yn penderfynu a oes angen talu dirwy am ei ddychwelyd yn hwyr.

Caiff y cofnod yn y ffeil Drafod ei leoli a'i ddiweddaru drwy gofnodi dyddiad dychwelyd y llyfr.

Bydd angen diweddaru'r cofnod yn y ffeil Lyfrau i ddangos bod y llyfr ar gael eto.

System y llyfrgell

Defnyddir system gyfrifiadurol mewn llyfrgell i gyflawni'r tasgau canlynol:

- **Cynnal y gronfa ddata**, gan gynnwys ychwanegu, golygu neu ddileu cofnodion (aelodau neu lyfrau).
- Cofnodi **trafodion benthyca** llyfrau.
- Cofnodi **ceisiadau** am lyfrau. Gall yr aelodau ofyn am lyfr sydd ar fenthyg, a gellir dweud wrthynt pan fydd y llyfr yn cael ei ddychwelyd.
- **Adalw gwybodaeth**. Gall aelod ofyn am lyfr penodol. Gellir chwilio'r gronfa ddata i ddarganfod a yw'r llyfr ar gael. Mae'n bwysig bod yr wybodaeth hon ar gael yn gyflym.
- **Adroddiadau** dyddiol megis:
  - llyfrau hwyr;
  - llyfrau amhoblogaidd y mae angen cael llyfrau newydd yn eu lle;
  - dirwyon sydd heb eu talu.

Mae llawer o lyfrgelloedd wedi rhwydweithio eu canghennau. Mae hyn yn golygu y gallant rannu gwybodaeth neu wneud ceisiadau i drosglwyddo llyfrau. Gall aelod o'r llyfrgell ofyn am lyfr sydd ar fenthyg i aelod arall. Gall y llyfrgellydd ddefnyddio'r rhwydwaith i ddarganfod a yw'r llyfr ar gael mewn cangen arall ac, os ydyw, gall ofyn iddo gael ei drosglwyddo.

Enghraifft o **system trafodion amser real** yw'r system gyfrifiadurol mewn llyfrgell. Wrth i lyfrau gael eu benthyca neu eu dychwelyd, caiff y cofnodion yn y gronfa ddata eu diweddaru ar unwaith. Os caiff y gronfa ddata ei chwilio, caiff gwybodaeth gyfoes ei dychwelyd bob amser.

115

Mae gan system amser real wybodaeth gyfoes bob amser.

Crynodeb

01 Mae gan aelodau llyfrgell gardiau aelodaeth â chodau bar arnynt.

02 Mae gan bob llyfr yn y llyfrgell god bar.

03 Adeg benthyca llyfr, caiff y codau bar ar gerdyn yr aelod a'r llyfr eu mewnbynnu a'u storio.

04 Mae cronfeydd data mawr yn storio manylion y llyfrau a chyhoeddiadau, a gellir chwilio'r rhain i ddarganfod a yw llyfr ar gael.

05 Enghraifft o system trafodion amser real yw system gyfrifiadurol llyfrgell.

5.5 Rheolaeth robotig a rheolaeth blanedig

Peiriant y gellir ei raglennu i gyflawni dilyniant o weithredoedd yw **robot**. Heddiw defnyddir llawer o robotiaid mewn diwydiant, yn enwedig mewn ffatrïoedd lle mae'r swyddi'n undonog a diflas i bobl. Mae llawer o swyddi 'cludfelt' yn cael eu cyflawni bellach gan freichiau robotig. Mae gan y rhain sawl 'cymal' (tebyg i benelinoedd ac arddyrnau) sy'n caniatáu i'r fraich symud i unrhyw gyfeiriad. Mae gan rai breichiau ryw fath o afael hefyd, fel y gallant godi gwrthrychau neu ddefnyddio offer megis driliau (gweler Ffigur 3.1).

Mae rhai robotiaid yn gallu symud. Mae system lywio yn sicrhau nad yw'r robot yn rhedeg i mewn i wrthrychau solet.

Dyma'r mathau o dasgau y mae robotiaid diwydiannol yn eu gwneud:

- Tasgau **ailadroddus** a diflas sy'n gofyn am yr un dilyniant o symudiadau drosodd a throsodd. Er enghraifft, gall braich robotig osod cydrannau electronig ar fwrdd cylched.
- Tasgau **peryglus**. Gall pobl fod mewn perygl os byddant yn trin defnyddiau gwenwynig neu os oes lefelau afiach o sylweddau gwenwynig yn yr atmosffer. Gall fod pelydriad neu gall fod gwres neu oerni eithafol.
- Tasgau **anodd**. Byddai robot yn ei chael hi'n hawdd gwneud tasg sy'n gofyn am drachywiredd, ond gallai llaw ddynol ysgwyd tipyn bach!
- Tasgau **trwm**. Byddai pobl yn blino pe baent yn gorfod codi a chario pethau trwm yn gyson. Ni fyddai hyn yn broblem i robotiaid.

Ffigur 5.11 *Gall robot gydosod byrddau cylched printiedig cymhleth yn fanwl gywir.*

Dilyniant trefnedig o gyfarwyddiadau y gall cyfrifiadur eu gweithredu yw rhaglen gyfrifiadurol. Rhaid cael rhaglen i ddiffinio a threfnu gweithredoedd y robot. Bydd y rhaglen hon yn rhedeg yn barhaus ar ôl cychwyn y peiriant.

Mae dwy ffordd o raglennu robotiaid:

- Defnyddio **iaith raglennu** arbennig i ysgrifennu cyfarwyddiadau.
- **Tywys** y robot drwy'r gweithredoedd y bydd yn eu cyflawni. Bydd y robot yn cofio'r symudiadau ac yn gallu eu hailadrodd.

Mae gan lawer o robotiaid synwyryddion sy'n canfod gwrthrychau sy'n mynd heibio iddynt. Bydd angen synwyryddion ar robot symudol i ganfod pa mor agos yw gwrthrychau solet fel na fydd yn taro yn eu herbyn. Y data o'r synwyryddion hyn yw'r mewnbwn i'r rhaglen reoli.

Mae'n bosibl y bydd synhwyrydd sy'n mesur cryfder y gafael neu'r trorym gan robotiaid sy'n gafael mewn gwrthrychau neu'n eu troi.

Yr **allbwn** o'r rhaglen yw signalau rheoli sy'n gwneud i'r peiriant gyflawni nifer o weithredoedd.

Ymhlith llawer o bethau eraill, gall robotiaid diwydiannol:

- gydosod ceir
- weldio neu rybedu
- chwistrellu paent
- codi a chario rhannau (gall robotiaid ddilyn traciau ar y llawr a nôl rhannau o warws)
- trin offer megis driliau a llifanwyr
- troi gwrthrychau, er enghraifft tynhau bolltau i drorym penodol.

116

Defnyddir robotiaid mewn lleoedd peryglus, megis arwynebau planedau eraill lle mae'r gwres yn rhy danbaid i fodau dynol.

117

Defnyddir rhaglenni i roi cyfarwyddiadau i robotiaid. Nid y ffordd groes, fel y gwelwch weithiau mewn ffilmiau!

118

Data o synwyryddion yw'r mewnbwn ar gyfer y rhaglen reoli.

119

Grym cylchdro yw trorym.

Mae yna robotiaid sy'n gallu cynaeafu caeau o gnydau, canfod a diffiwsio bomiau, archwilio gwaelod y cefnfor, neu dorri'r lawnt.

Manteision defnyddio robotiaid:

- Maent yn sicrhau **ansawdd cyson**. Nid yw pobl yn gwneud tasgau cystal os ydynt wedi blino neu os bydd rhywbeth yn tynnu eu sylw. Bydd robot yn gwneud y dasg i'r un safon bob tro.
- Nid oes angen **seibiant** na gwyliau ar robot. Gall ailadrodd ei weithredoedd rhaglenedig drwy'r dydd, bob dydd.
- Nid oes angen **talu cyflog** i robotiaid.
- Mae **swyddi newydd** megis cynnal a rhaglennu robotiaid wedi cael eu creu.
- Mae robotiaid yn cyflawni tasgau **diflas neu beryglus** nad yw pobl yn hoffi eu gwneud.

Anfanteision defnyddio robotiaid:

- Mae'r **costau** gosod a rhaglennu cychwynnol yn uchel.
- Nid yw robotiaid yn ymateb yn dda i **sefyllfaoedd newydd**. Nid yw rhai ohonynt yn gallu dadansoddi sefyllfa newydd ac ymateb iddi'n briodol. Gallai hyn fod yn broblem fawr pe bai rhywbeth yn mynd o'i le!
- Mae peth **diweithdra** wedi digwydd yn y diwydiant gweithgynhyrchu wrth i bobl gael eu disodli gan robotiaid.

Systemau planedig

Dyfais sy'n cynnwys sglodyn *ROM* yw system blanedig. Mae rhaglen wedi'i storio ar y sglodyn hwn sy'n rheoli'r ddyfais, a fydd yn cyflawni un dasg benodol. Ni fydd yn bosibl ei rhaglennu i wneud tasg arall fel rheol.

Mae llawer o enghreifftiau o systemau planedig yn y cartref: peiriannau golchi, poptai microdon, setiau teledu ac ati. Mae gan bob un o'r rhain sglodion sy'n rheoli eu gweithredoedd.

SYSTEM BLANEDIG
Microbrosesydd mewnol rhaglenedig ar gyfer rheoli dyfeisiau. Microbrosesydd 'un pwrpas' ydyw sy'n cyflawni un dasg yn unig (yn wahanol i'r mwyafrif o gyfrifiaduron y gellir eu rhaglennu ar wahanol adegau i gyflawni llawer o wahanol dasgau).

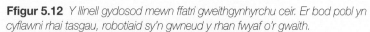

■ Astudiaeth Achos   Gweithgynhyrchu ceir

Mae gweithgynhyrchu ceir wedi'i seilio ar linell gydosod symudol. Mae'r broses yn dechrau gyda'r siasi sylfaenol. Caiff rhannau eu hychwanegu ato neu bydd dilyniant o weithredoedd arno wrth iddo symud ar hyd y cludfelt. Pobl sy'n cyflawni rhai o'r tasgau, ond peiriannau robotig sy'n gwneud y rhan fwyaf o'r gwaith.

Ffigur 5.12 *Y llinell gydosod mewn ffatri gweithgynhyrchu ceir. Er bod pobl yn cyflawni rhai tasgau, robotiaid sy'n gwneud y rhan fwyaf o'r gwaith.*

Rhai o'r tasgau y gall robotiaid eu gwneud:

- **Nôl a chario rhannau** o warws awtomataidd. Gall y robotiaid godi gwrthrychau trwm a'u cario ar hyd traciau wedi'u gosod yn y llawr neu eu paentio arno. Bydd synwyryddion yn canfod pryd mae'r robot yn gadael y trac ac yn cywiro cyfeiriad ei symudiad.
- **Weldio** rhannau wrth ei gilydd. Gall braich robotig gyflawni sbotweldio trachywir.
- **Gludio** neu **selio**.
- **Chwistrellu paent** ar gorff y car. Gall robotiaid chwistrellu haen fwy gwastad na phobl (a gwneud hyn yn berffaith bob tro). Ni fydd robotiaid yn poeni am yr holl fygdarthau paent yn yr aer.
- **Profi** peiriannau (mae synwyryddion yn mesur amseriad ac allyriannau peiriannau).

Ffigur 5.13 *Robotiaid yn chwistrellu paent ar geir.*

Mae cyflwyno robotiaid i'r llinell gydosod yn golygu y gall y ffatri gynhyrchu mwy o geir (mae llinell gydosod yn cynhyrchu ceir 24 awr y dydd, bob dydd). Mae'r ceir gorffenedig o ansawdd uchel a chyson a dylai hyn fodloni'r cwsmeriaid sy'n prynu'r ceir, ac mae cwsmeriaid bodlon yn fwy tebygol o ddod yn ôl!

Crynodeb

01 Mae robotiaid yn cyflawni tasgau ailadroddus neu beryglus a arferai gael eu gwneud gan bobl.

02 Mae robotiaid wedi'u rhaglennu i gyflawni dilyniant o dasgau'n rheolaidd.

03 Gall robotiaid diwydiannol gydosod rhannau, codi a chario, weldio, chwistrellu paent, neu drin offer megis driliau neu lifanwyr.

04 Drwy ddefnyddio robotiaid, gall nwyddau gael eu cynhyrchu'n ddi-baid i safon gyson.

05 Mae gan systemau planedig sglodion wedi'u rhaglennu sy'n cyflawni tasgau.

Erbyn heddiw mae gan y mwyafrif o siopau mawr systemau rheolaeth stoc awtomatig i sicrhau nad ydynt yn rhedeg allan o stoc nac yn archebu gormod o stoc. Ni fyddai eu cwsmeriaid yn hapus iawn pe baent yn gorfod mynd i siop arall gan nad oedd yr eitem yr oedd ei heisiau arnynt mewn stoc. Mae stocio gormod o'r un eitem yn gallu bod yn broblem hefyd. Mae nwyddau sydd heb eu gwerthu yn achosi gwastraff a chostau di-angen, gan ei bod hi'n bosibl y bydd yn rhaid eu tynnu o'r silffoedd i wneud lle i eitemau y mae mwy o alw amdanynt. Mae nwyddau darfodus yn broblem i uwchfarchnadoedd os na chânt eu gwerthu erbyn y dyddiad sydd ar y pecyn.

Nid siopau'n unig sy'n defnyddio systemau rheolaeth stoc. Rhaid i ffatrïoedd gadw stoc o'r defnyddiau crai a ddefnyddiant, rhaid i swyddfeydd gadw stoc o'u deunyddiau papur a rhaid i warysau gadw rheolaeth ar y lefelau o nwyddau gorffenedig sy'n cael eu storio.

Bydd system rheolaeth stoc effeithiol yn cynyddu proffidioldeb busnes i'r eithaf, yn lleihau gwariant di-angen i'r eithaf, ac yn osgoi problemau o ran gwastraff neu gyflenwi.

Lefel stoc unrhyw eitem yw'r nifer o'r eitem honno sydd ar ôl yn y siop. Mae cyfrifiaduron yn cadw cofnod cyfoes o lefel y stoc ar gyfer pob eitem.
Rheolaeth stoc yw'r broses o weinyddu lefelau stoc.

System rheolaeth stoc

Bydd system rheolaeth stoc dda yn:

- Cadw cofnod o lefelau stoc yr holl nwyddau.
- Archebu rhagor o nwyddau gan y cyflenwyr os bydd y lefelau stoc yn mynd yn is na'r lefel ailarchebu.
- Dadansoddi pa eitemau sy'n gwerthu'n dda a pha rai nad ydynt. Gellir addasu lefelau ailarchebu ar sail yr wybodaeth hon.
- Dadansoddi patrymau gwerthu. Efallai bod angen addasu'r lefel o stoc ar gyfer rhai eitemau yn ôl y tymor. Er enghraifft, gall siopau stocio mwy o ymbarelau yn y gaeaf a mwy o sbectolau haul yn yr haf.

1.20
Rhaid i fusnesau geisio cadw eu cwsmeriaid yn hapus bob amser!

Ffigur 5.14 *Mae rheoli'r stoc mewn warws yn bwysig.*

MEISTR-FFEIL STOC: Ffeil barhaol sy'n cadw manylion yr holl eitemau a brynir neu a werthir gan fusnes, gan gynnwys lefel y stoc (h.y. faint o bob eitem sy'n cael ei storio ar hyn o bryd).

Mewn uwchfarchnad neu siop fawr, caiff data mewnbwn eu casglu o derfynell pwynt talu, lle mae codau bar neu dagiau gwerthu yn cael eu darllen wrth werthu pob eitem. Mae gan lawer o uwchfarchnadoedd a siopau mawr system rheolaeth stoc trafodion amser real, sy'n golygu bod pob gwerthiant yn cael ei brosesu yr eiliad y caiff y data eu mewnbynnu, gan addasu lefel y stoc. Caiff archebion am nwyddau newydd eu hanfon yn awtomatig i'r cyflenwr a chaiff y nwyddau eu danfon y diwrnod wedyn neu mor fuan â phosibl.

Mae gan siopau eraill **system swp-brosesu** lle mae manylion yr holl nwyddau y mae'r busnes yn eu prynu neu eu gwerthu yn cael eu cadw **mewn meistr-ffeil stoc**. Gall un cofnod yn y feistr-ffeil stoc edrych fel hyn:

Maes	Gwerth Maes
Rhif Adnabod y Stoc	B67820
Disgrifiad	Crys T (Glas) Mawr
Pris Gwerthu	£4.99
Lefel y Stoc	17
Lefel Ailarchebu	10
Cyflenwr	Gwisg Hamdden Cyf

Cofnod wedi'i symleiddio yw hwn a byddai llawer mwy o feysydd yn cael eu storio, megis y dyddiad y cafodd yr eitem ei gwerthu ddiwethaf a'r nifer a archebir fel rheol gan y cyflenwr.

Os yw lefel y stoc yn mynd o dan y **lefel ailarchebu**, yna bydd angen anfon archeb am ragor o'r stoc hwnnw i'r cyflenwr.

Pryd bynnag y caiff eitem ei phrynu neu ei gwerthu, caiff cofnod ei greu a'i storio mewn ffeil drafodion. Gall un cofnod mewn **ffeil drafod** edrych fel hyn:

Maes	Gwerth Maes
Rhif Archeb	32554
Rhif Adnabod y Cwsmer	WilliamsJD
Math o Drafod	Gwerthiant
Rhif Adnabod y Stoc	B67820
Nifer	2
Dyddiad/Amser	12/01/2006 11.32

Prynodd Mrs Williams ddau Grys T Glas Mawr am £4.99 yr un am 11.32 y bore ar 12 Ionawr 2006. Ar ôl prosesu'r trafod hwn, bydd lefel y stoc ar gyfer yr eitem hon yn cael ei gostwng o 17 i 15.

Mewn ffatrïoedd a warysau, mae unrhyw beth sy'n achosi newid yn lefel y stoc yn cael ei gofnodi fel trafod. Gall hyn fod yn unrhyw beth o ddefnyddio 50 kg o nionod i wneud picl i dderbyn llwyth newydd o folltau haearn 20 cm.

Ar ddiwedd y dydd, defnyddir y ffeil drafodion i ddiweddaru'r feistr-ffeil stoc. Yn gyntaf caiff y ffeil drafodion ei threfnu yn yr un drefn â'r feistr-ffeil stoc, a chaiff pob cofnod yn y feistr-ffeil stoc ei fewnbynnu, ei newid os oes angen, ac yna ei storio ar feistr-ffeil stoc newydd.

Gellir cynhyrchu adroddiadau gwerthiant sy'n rhoi cyfanswm y gwerthiant neu restr o'r eitemau sy'n gwerthu orau. Yn bwysicaf oll, bydd adroddiad sy'n dangos yr holl eitemau y mae angen eu hailarchebu yn cael ei allbynnu. Bydd rhai cwmnïau yn archebu eitemau newydd dros y Rhyngrwyd, gan ddefnyddio gwefannau e-fasnach.

---

1 2 1

Defnyddir **dilysu** data i gadarnhau bod data'n synhwyrol cyn eu prosesu. Rhai gwiriadau dilysu nodweddiadol yw gwiriadau amrediad, gwiriadau presenoldeb, gwiriadau fformat a defnyddio digidau gwirio.

FFEIL DRAFOD: Ffeil **dros dro** o eitemau a werthwyd neu a brynwyd yn ddiweddar. Defnyddir hi i ddiweddaru'r feistr-ffeil.

Ffigur 5.15 *Siart llif systemau'n dangos y broses o ddiweddaru meistr-ffeil stoc.*

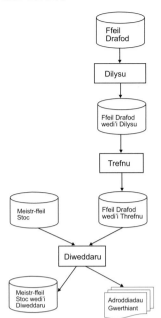

Prosesu archebion

Nid oes siopau gan rai cwmnïau adwerthu. Yn hytrach, derbyniant archebion gan gwsmeriaid dros y ffôn, drwy'r post neu, yn fwy aml y dyddiau hyn, dros y Rhyngrwyd. Caiff pob archeb a dderbynnir ei **dilysu** a'i rhoi ar **ffeil archebion**. Caiff y ffeil hon ei phrosesu'n rheolaidd a bydd yn cynnwys y camau canlynol ar gyfer pob archeb:

- Caiff yr archeb ei gwirio'n ofalus. Caiff lefelau stoc yr eitemau eu gwirio i sicrhau bod digon o bob eitem ar gael i gwblhau'r archeb.
- Caiff cyfrif y cwsmer ei wirio i sicrhau nad oes unrhyw broblemau megis diffyg credyd neu anfonebau heb eu talu.
- Mae'r warws yn cael gwybod pa eitemau sydd ar yr archeb ac mae'n paratoi'r nwyddau i'w hanfon.
- Mae **lefelau stoc** yr holl eitemau'n cael eu haddasu.
- Caiff anfoneb ei pharatoi. Caiff y feistr-ffeil ei chwilio i gael y prisiau. Caiff TAW ac unrhyw gostau ychwanegol megis taliadau cludiant eu hychwanegu.
- Caiff y nwyddau a'r anfoneb eu hanfon at y cwsmer.

Bydd system prosesu archebion gyfrifiadurol yn sicrhau bod archebion yn cael eu prosesu'n gyflym. Nid yw cwsmeriaid eisiau aros yn hir am eu nwyddau.

Crynodeb

01 Gweinyddu lefelau o stoc yw rheolaeth stoc.

02 Mae rheolaeth stoc yn sicrhau nad oes unrhyw wastraff ac nad yw unrhyw beth yn rhedeg allan.

03 Mae rhai systemau rheolaeth stoc yn gweithredu fel systemau trafodion amser real.

04 Defnyddir ffeil o drafodion diweddar i ddiweddaru'r feistr-ffeil stoc.

05 Rhaid dilysu a threfnu'r ffeil drafod yn yr un drefn â'r feistr-ffeil stoc.

06 Gweinyddu archebion cwsmeriaid yw prosesu archebion.

5.7 Systemau arbenigo mewn meddygaeth

Dychmygwch drafod eich problemau meddygol â chyfrifiadur yn lle meddyg. Gallai'r cyfrifiadur awgrymu diagnosis o'ch anhwylder ac argymell triniaeth, ac yna argraffu presgripsiwn ichi gael y moddion. Ai cipolwg ar y dyfodol yw hyn? Nac ydyw, mae'n digwydd ar hyn o bryd – ac nid ym maes meddygaeth yn unig! Mae cyfrifiaduron yn cymryd lle arbenigwyr mewn amryw o wahanol feysydd. Fodd bynnag, y syniad yw fod systemau arbenigo yn helpu meddygon yn hytrach na'u disodli. Mae gan gyfrifiaduron gyfyngiadau!

Mae system arbenigo yn efelychu gwybodaeth a sgil arbenigwr.

- Mae ganddi **cronfa ddata** fawr o wybodaeth.
- Gall y gronfa ddata o wybodaeth gael ei **holi**. Gellir defnyddio offer chwilio i ddod o hyd i wybodaeth yn gyflym.
- Mae ganddi **beiriant casgliadau** (*inference engine*). Meddalwedd soffistigedig yw hwn sy'n galluogi'r cyfrifiadur i ddod i gasgliadau ar sail y ffeithiau sydd wedi cael eu mewnbynnu a'r data yn y gronfa ddata o wybodaeth.

Ffigur 5.16 *Mae rhai systemau arbenigo sy'n rhoi diagnosau meddygol ar gael ar y We.*

Ym maes meddygaeth, mae systemau arbenigo ar gael sy'n gallu cynnig diagnosau. Mae gan y system gronfa ddata fawr o wybodaeth am afiechydon a'u symptomau. Bydd y claf yn ateb dilyniant o gwestiynau syml drwy deipio'r atebion ar fysellfwrdd neu drwy ddefnyddio sgrin gyffwrdd i ddethol un o nifer o ddewisiadau.

Caiff yr ymatebion eu dadansoddi gan y system arbenigo, ac mae'r peiriant casgliadau yn defnyddio set o reolau i ddod i gasgliadau am yr anhwylder mwyaf tebygol. Gall awgrymu pa mor debygol yw pob diagnosis, a gall hefyd argymell triniaethau neu foddion.

Bydd iaith deallusrwydd artiffisial megis Prolog wedi cael ei defnyddio i ysgrifennu'r rhaglen sy'n rhedeg y system arbenigo.

Manteision system arbenigo:

- Gall yr wybodaeth yn y gronfa ddata fod cymaint yn fwy nag y gall bod dynol ei chofio. Gellir ychwanegu data newydd ar unrhyw adeg wrth i ymchwil meddygol newydd ddwyn ffrwyth. Mae hyn o fantais i'r meddyg oherwydd nad oes angen dysgu cymaint o wybodaeth.
- Ni ddylai'r system arbenigo gael ffeithiau'n anghywir. Mae hyn er lles y cleifion oherwydd bod pobl yn gwneud camgymeriadau ac mae'n bosibl na fyddant yn llwyr gofio ffeithiau pwysig.
- Bydd arbenigwyr dynol yn ymddeol ar ôl mynd yn hen. Bydd y system arbenigo yn byw am byth, ni fydd yn colli ei gwybodaeth, a gall ddatblygu wrth i feddalwedd a chaledwedd wella.
- Mae'n well gan rai pobl fwydo data personol i gyfrifiadur na thrafod eu problemau gyda meddyg.

Anfanteision system arbenigo:

- Mae'n well gan rai pobl drafod materion meddygol yn bersonol â'u meddyg. Teimlant fod y meddyg yn fwy tebygol o ddeall sut maent yn teimlo ac y bydd ganddo/ganddi fwy o gydymdeimlad.
- Mae gosod systemau arbenigo yn gostus dros ben.

1.22

Mae systemau arbenigo yn helpu meddygon, nid eu disodli. Mae yna resymau moesegol a chyfreithiol dros hyn: os yw diagnosis cyfrifiadurol yn anghywir, pwy y dylech ei siwio?

1.23

Gall system arbenigo storio llawer mwy o wybodaeth na bod dynol, a gall gofio'r cyfan yn berffaith.

Crynodeb

01 Mae system arbenigo yn cymryd lle arbenigwr dynol.

02 Gellir holi cronfa ddata fawr o wybodaeth.

03 Gall peiriant casgliadau ddod i gasgliadau.

04 Gall system arbenigo storio mwy o wybodaeth na bod dynol a gall gofio'r cyfan yn berffaith.

05 Defnyddir ieithoedd deallusrwydd artiffisial i raglennu systemau arbenigo.

5.8 Systemau archebu (bwcio)

Mae systemau archebu yn gwneud mwy na chofnodi bwciadau. Gallant ddweud wrthych beth sydd ar gael hefyd.

Pa un a ydych yn archebu gwyliau mewn fila yn Sbaen, hediad i Baris neu sedd mewn theatr, mae'n fwy na thebyg y bydd system archebu gyfrifiadurol yn cael ei defnyddio i wneud y bwciad.

■ Astudiaeth Achos   System archebu mewn theatr

Gall pobl gadw seddau ar gyfer perfformiadau drwy ffonio'r theatr neu drwy ddefnyddio gwefan ar-lein. Gallant wirio a oes seddau ar gael ar ddiwrnod penodol a ble yn y theatr y gallant eistedd. Os yw seddau addas ar gael, gallant eu harchebu. Byddant yn talu â cherdyn credyd neu ddebyd fel rheol.

Rhaid i'r person sy'n archebu'r seddau fewnbynnu data am:

● nifer y seddau y maent am eu cadw;
● amser a dyddiad y perfformiad;
● eu manylion (e.e. enw, cyfeiriad, rhif ffôn ac ati);
● manylion eu cerdyn i wneud y taliad.

Gall y tocynnau ar gyfer y sioe gael eu hanfon drwy'r post i'r cwsmer.

Hefyd bydd angen i'r system ddarparu ar gyfer pobl sy'n troi i fyny ar ddiwrnod y perfformiad ac yn prynu tocynnau wrth y drws.

Gall theatrau gynnig gwasanaeth lle gall cwsmeriaid fewnbynnu eu cyfeiriadau e-bost er mwyn cael gwybodaeth am sioeau yn y dyfodol.

Rhaid storio cronfa ddata fawr ar gyfrifiadur y theatr sy'n cynnwys manylion yr holl seddau yn y theatr ar gyfer pob perfformiad o bob sioe sy'n cael ei llwyfannu.

Gall cofnod nodweddiadol yn y gronfa ddata hon edrych fel hyn:

SYSTEM ARCHEBU:
Cronfa ddata fawr sy'n storio bwciadau. Gellir chwilio i ddarganfod a yw seddau ar gael.

Maes	Gwerth Maes
Rhif Adnabod y Sedd	R32
Dyddiad	16/08/06
Amser	19:30
Pris	£12.00
Ar Gael	NAC YDYW
Rhif Adnabod y Cwsmer	JenkinsJD

Mae'r cofnod yn dangos bod Mr Jenkins wedi archebu sedd rhif R32 ar gyfer perfformiad am 7.30 y nos ar 16/08/06.

Pan fydd cwsmer yn cysylltu â'r theatr i archebu sedd, caiff y gronfa ddata ei chwilio i ddod o hyd i seddau sydd ar gael ar gyfer y perfformiad dan sylw. Os caiff y bwciad ei gadarnhau, caiff manylion y cwsmer eu mewnbynnu i'r cofnod. Yna bydd y cofnod yn dangos nad yw'r seddau hyn ar gael bellach, a chaiff y cofnod ei gadw.

Mae angen gwneud hyn ar unwaith rhag ofn bod rhywun arall yn dymuno archebu'r un sedd ar gyfer yr un perfformiad. Rhaid diweddaru'r gronfa ddata cyn gynted ag y caiff y bwciad ei wneud i sicrhau bod defnyddwyr y system bob amser yn edrych ar wybodaeth gyfoes am y seddau sydd ar gael.

Felly system trafodion **amser real** yw hon.

Enghraifft o system trafodion amser real yw system archebu. Caiff bwciadau eu diweddaru ar unwaith i osgoi bwciadau dwbl.

Mae rhai systemau archebu'n gweithredu dros y Rhyngrwyd.

Manteision system archebu:
● Ni ddylai bwciadau dwbl fod yn broblem, hynny yw, mwy nag un cwsmer yn archebu'r un seddau ar gyfer yr un perfformiad ar yr un dyddiad.
● Ymateb cyflym i ymholiadau gan gwsmeriaid am y seddau sydd ar gael.

Anfanteision system archebu:
● Bydd y costau cychwynnol o brynu a gosod y system yn uchel.

Systemau archebu ar-lein
Mae llawer o systemau archebu wedi'u seilio ar y We a gellir gwneud bwciadau dros y Rhyngrwyd. Gall theatr roi gwybodaeth am ei pherfformiadau ar wefan lle gallwch gadarnhau a yw seddau ar gael a beth yw eu prisiau.

Ar rai gwefannau gallwch chwilio am seddau mewn nifer o wahanol theatrau, felly os methwch â chael yr hyn yr ydych chi'n chwilio amdano mewn un theatr, efallai y bydd ar gael mewn theatr arall.

Ffigur 5.17 *Mae gan lawer o asiantaethau tocynnau wefannau lle gallwch chwilio am y tocynnau sydd ar gael a'u harchebu.*

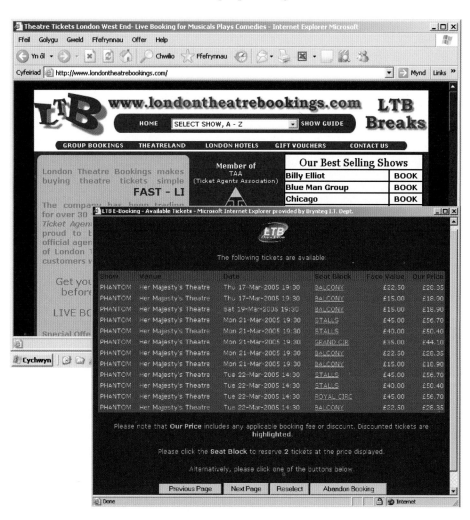

Systemau amlddefnyddiwr

Mae rhai systemau archebu'n cael eu rhedeg fel **systemau amlfynediad**. Er enghraifft, gall y cyfrifiaduron ym mhob cangen o asiantaeth deithio fod wedi'u cysylltu â chyfrifiadur canolog. Gall canghennau'r asiantaeth fod ar hyd a lled y wlad a gall y prif gyfrifiadur fod yn Llundain. Mae pob cyfrifiadur cangen wedi'i gysylltu'n uniongyrchol drwy rwydwaith â'r prif gyfrifiadur ac mae'r prif gyfrifiadur yn storio'r gronfa ddata archebu.

Crynodeb

01 Mae systemau archebu yn caniatáu i gwsmeriaid archebu gwyliau, tocynnau teithio, seddau theatr ac ati.

02 Mae cronfa ddata fawr yn storio data am bob bwciad a gellir ei holi i ddarganfod pa seddau ac ati sydd ar gael.

03 Mae system archebu gyfrifiadurol yn osgoi'r posibilrwydd o wneud bwciadau dwbl.

04 Mae rhai systemau archebu'n gweithredu dros y Rhyngrwyd.

5.9 Rheolaeth gyfrifiadurol mewn ysbytai

127
Defnyddir cyfrifiaduron i reoli'r cyfarpar cynnal bywyd mewn ysbytai gan eu bod yn fwy dibynadwy na phobl.

Defnyddir systemau cyfrifiadurol am lawer o wahanol resymau mewn ysbytai. Un defnydd pwysig yw rheoli cyfarpar, er enghraifft rheoli systemau cynnal bywyd mewn unedau gofal dwys neu mewn unedau babanod cynamserol. Mae meddygon a nyrsys yn bobl brysur iawn, ac mae systemau a reolir gan gyfrifiadur yn lleihau eu baich gwaith rhywfaint ac yn rhoi cyfle iddynt i gyflawni dyletswyddau eraill ar wahân i fonitro cyflwr eu cleifion yn gyson.

Gellir cysylltu synwyryddion â chleifion sy'n mesur:

● cyfradd curiad y galon
● tymheredd
● pwysedd gwaed
● nwyon yn y gwaed (megis ocsigen)
● cyfradd anadlu.

128
Daw'r mewnbynnau oddi wrth synwyryddion. Signalau i larymau neu fonitorau mawr yw'r allbynnau.

Caiff y darlleniadau eu cymryd yn rheolaidd (ffracsiynau o eiliad) a'u defnyddio fel mewnbynnau i'r system gyfrifiadurol.

Os bydd unrhyw ddarlleniad y tu allan i amrediad derbyniol o lefelau, bydd larwm yn seinio a bydd triniaeth yn cael ei rhoi i'r claf ar unwaith.

Caiff y darlleniadau eu **hallbynnu** ar ffurf graff ar fonitor mawr y gall y meddygon a nyrsys ei weld yn hawdd. Gallant weld unrhyw newidiadau ac asesu cyflwr y claf yn gyflym. Hefyd gall signalau rheoli gael eu hallbynnu i seinio larwm.

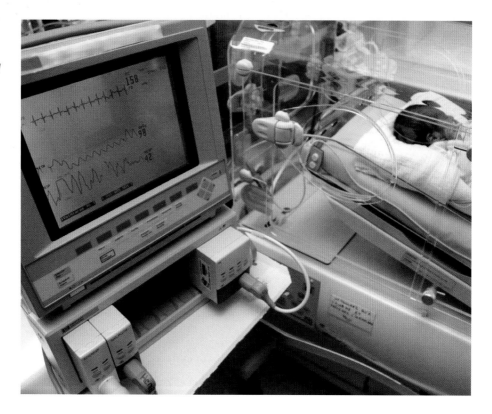

Ffigur 5.18 *Dangosir yr allbwn o'r system monitro gofal dwys hon ar fonitor mawr er mwyn gallu ei weld yn hawdd.*

Manteision systemau rheoli meddygol:

- Mae'r cleifion yn cael eu monitro'n barhaus.
- Systemau larwm awtomatig.
- Mae llai o bosibilrwydd o gamgymeriadau dynol oherwydd blinder.
- Maent yn rhyddhau staff nyrsio i gyflawni dyletswyddau eraill.

Anfanteision systemau rheoli meddygol:

- Bydd y costau cychwynnol o brynu a gosod y systemau'n uchel.

Enghraifft o system **amser real** yw'r system reoli hon. Mae'r system yn prosesu'r data cyn gynted ag y mae'n eu derbyn oherwydd bod yn rhaid iddi benderfynu ar unwaith a oes angen seinio larwm.

Cyfrifiaduron **un pwrpas** yw'r cyfrifiaduron sy'n rhedeg system reoli. Maent yn rhedeg y rhaglen reoli'n barhaus ac ni ellir eu defnyddio at unrhyw bwrpas arall.

Gall effeithiau toriadau trydan fod yn ddifrifol iawn mewn ysbytai, gan arwain at farwolaeth cleifion. Felly mae generaduron wrth gefn i sicrhau nad oes unrhyw ymyrraeth â'r cyflenwad trydan. Yn ogystal, rhag ofn bod peiriannau'n torri i lawr, bydd gweinyddwyr ysbytai yn sicrhau bod darnau sbâr ar gael bob amser.

129

Caiff systemau rheoli meddygol eu rhedeg gan gyfrifiaduron **un pwrpas** gan ei bod hi'n bwysig nad yw rhaglenni eraill yn effeithio arnynt.

01 Mae systemau cyfrifiadurol yn rheoli peiriannau cynnal bywyd mewn ysbytai.

02 Defnyddir synwyryddion i fonitro cyflwr cleifion yn ddi-baid.

03 Mae'r synwyryddion yn mesur curiad y galon, anadlu, tymheredd, pwysedd gwaed a nwyon.

04 Bydd system larwm awtomatig yn seinio os yw'r darlleniadau y tu allan i amrediad derbyniol.

05 Enghraifft o system amser real.

5.10 Systemau bilio

130

Rhaid i filiau i gwsmeriaid fod yn gywir a phrydlon neu bydd y busnes yn colli cwsmeriaid.

System filio gywir a dibynadwy yw anadl einioes pob busnes, o gwmnïau bach sy'n cael eu rhedeg gan un person i'r cwmnïau byd-eang mwyaf. I oroesi, mae busnes yn dibynnu ar gael taliadau gan ei gwsmeriaid am y nwyddau a gwasanaethau y mae wedi'u darparu. Rhaid i'r busnes gyflwyno ei filiau'n brydlon, a rhaid iddynt fod yn gywir. Os yw cwsmeriaid yn blino ar dderbyn biliau anghywir, byddant yn troi at gwmnïau eraill.

Bydd system filio yn cynhyrchu biliau i gwsmeriaid ar adegau rheolaidd: bob mis efallai, neu bob chwarter (tri mis). Ni chawn fil trydan bob tro y defnyddiwn ddyfais drydanol yn y cartref. Yn lle hynny, mae ein defnydd o drydan yn cael ei fesur a derbyniwn fil ar ddiwedd y chwarter. Yn yr un modd, gall cwsmeriaid rheolaidd busnes adwerthu dderbyn bil am yr holl nwyddau y maent wedi'u prynu yn ystod cyfnod penodol.

Rhaid i **system filio** gyflawni'r prif dasgau canlynol:

- Cadw cofnodion o'r holl **nwyddau** neu **wasanaethau** a brynir gan y cwsmeriaid.
- Cadw cofnodion cywir o **fanylion y cwsmeriaid**.
- Cynhyrchu **biliau** cywir i gwsmeriaid ar adegau rheolaidd.
- Argraffu **datganiadau** o'r holl drafodion busnes â chwsmeriaid.
- Prosesu'r **taliadau** sy'n cael eu derbyn.
- Diweddaru **cyfrifon** y cwmni.

Data

Mae pob system filio wedi'i seilio ar gronfa ddata (meistr-ffeil) a bydd hon yn cynnwys nifer o wahanol ffeiliau cysylltiedig. Mae'n bosibl mai'r prif ffeiliau yn y gronfa ddata hon fydd:

- **Ffeil gyfrifon cwsmeriaid**: Byddai hon yn cynnwys holl fanylion y cwsmeriaid, er enghraifft, rhifau cyfrif, enwau, cyfeiriadau, rhifau ffôn, cyfanswm eu bil hyd hynny yn ystod y flwyddyn, cyfanswm yr arian a dalwyd ganddynt.
- **Ffeil drafod**: Byddai hon yn cynnwys cofnodion o'r holl nwyddau neu wasanaethau a brynwyd y mae angen anfon bil amdanynt.

Bydd gwiriadau **dilysu'n** cael eu gwneud ar y data wrth iddynt gael eu mewnbynnu i sicrhau eu bod yn gwneud synnwyr. Mae'n bwysig nad yw cwsmeriaid yn derbyn biliau mawr iawn oherwydd mewnbynnu'r data anghywir, neu bydd y llinell gwyno yn hynod o brysur!

Cipio data

Bydd y dull cipio data yn dibynnu ar y math o fusnes sydd gan y cwmni. Gall busnes adwerthu dderbyn archebion ar-lein drwy e-bost neu o wefan. Bydd gan gwmnïau cyfleustodau cyhoeddus megis cwmnïau ffôn, dŵr neu drydan fesuryddion sy'n monitro defnydd o'u gwasanaethau.

Ffigur 5.19 *Siart llif systemau ar gyfer y broses filio.*

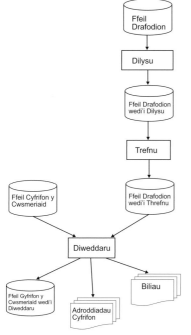

Bydd y cyfrifiadur yn creu **dogfen droi-rownd**, er enghraifft ffurflen darllen mesurydd trydan gydag enw a chyfeiriad y cwsmer wedi'u hargraffu arni, yn barod i'r darlleniad mesurydd newydd gael ei gofnodi arni. Caiff y ffurflen hon ei bwydo i ddarllenydd ANG (OCR) i fewnbynnu'r data.

Mae systemau eraill hefyd, ond pa ddull bynnag a ddefnyddir caiff y data eu cofnodi mewn **ffeil drafod** y bydd ei hangen ar ddiwedd y cyfnod amser i gynhyrchu'r biliau.

Prosesu

Cam cyntaf y broses ddiweddaru yw trefnu'r ffeil drafod yn yr un drefn â'r feistr-ffeil (Cyfrifon y Cwsmeriaid). Caiff y feistr-ffeil ei diweddaru drwy ddefnyddio'r ffeil drafod ar ddiwedd y cyfnod. Caiff y biliau eu hargraffu a'u hanfon at yr holl gwsmeriaid.

Hefyd bydd adroddiadau'n cael eu hargraffu i helpu'r adran gyfrifon i gadw llygad ar sefyllfa ariannol cwmni. Bydd y rhain yn cynnwys data ar gyfanswm y taliadau sydd wedi cael eu gwneud a faint sy'n ddyledus gan gwsmeriaid nad ydynt wedi talu eto.

Enghraifft o system **swp-brosesu** yw system filio.

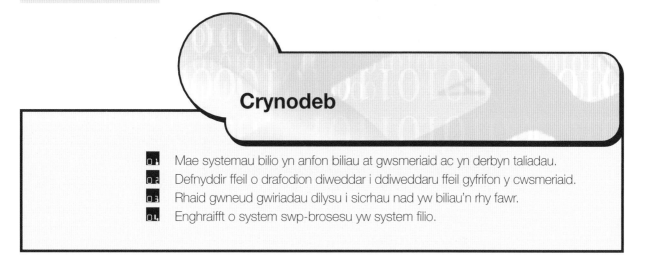

Crynodeb

01 Mae systemau bilio yn anfon biliau at gwsmeriaid ac yn derbyn taliadau.

02 Defnyddir ffeil o drafodion diweddar i ddiweddaru ffeil gyfrifon y cwsmeriaid.

03 Rhaid gwneud gwiriadau dilysu i sicrhau nad yw biliau'n rhy fawr.

04 Enghraifft o system swp-brosesu yw system filio.

5.11 CAD/CAM

CYNLLUNIO DRWY GYMORTH CYFRIFIADUR (CAD): Meddalwedd lluniadu sy'n defnyddio cyfrifiaduron i helpu dylunwyr i greu dyluniadau graffig o wrthrychau. Gellir defnyddio *CAD* i ddylunio ceir, tai, ceginau, awyrennau, pontydd, byrddau cylched electronig, ac ati.

Mae pob gwrthrych sy'n cael ei gynhyrchu, o'r top potel lleiaf i'r adain awyren fwyaf, wedi cael ei ddylunio gan rywun. Rhaid bod rhywun wedi meddwl am y maint, y siâp, y lliw a'r defnydd ac wedi penderfynu arnynt. Mae'n hawdd anghofio hyn gan fod cymaint o wrthrychau materol o'n cwmpas ym mhobman. Ond nid gwrthrychau yw'r unig bethau y mae'n rhaid eu dylunio – mae angen dyluniadau ar gyfer cynlluniau cegin, arwyddion traffordd, cynlluniau ar gyfer stadau o dai, a llawer peth arall.

Mae pecynnau meddalwedd ar gael sy'n helpu dylunwyr i wneud eu gwaith. Mae pecynnau **cynllunio drwy gymorth cyfrifiadur** (*CAD: Computer-Aided Design*) yn defnyddio cyfrifiaduron i wneud y broses ddylunio yn syml a chyflym. Mae pecynnau *CAD* yn defnyddio **graffigau fector** i greu dyluniadau.

Caiff dyluniadau eu harddangos ar fonitor ac mae'n bosibl eu golygu drwy ddefnyddio llygoden neu **lechen graffeg**. Gellir cadw y dyluniadau terfynol neu eu hargraffu gan ddefnyddio argraffydd neu, os yw'n ddyluniad mawr, **blotydd** graff. Mae rhai pecynnau *CAD* yn defnyddio monitorau sgrin gyffwrdd.

Ffigur 5.20 *Mae meddalwedd CAD yn ei gwneud hi'n haws lluniadu dyluniadau cymhleth.*

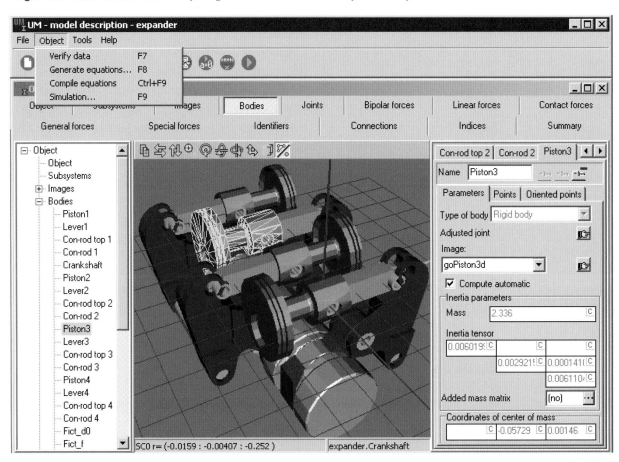

Gallwch ddefnyddio pecyn *CAD* i:

● Luniadu a golygu siapiau a llinellau.
● Gweithio mewn dau ddimensiwn a thri dimensiwn (a newid o'r naill i'r llall).

- Rendro lliwiau a gweadau ar siapiau.
- Ychwanegu siapiau sydd eisoes wedi'u lluniadu, cydrannau megis cogs, neu glipluniau.
- Cyflawni trawsffurfiadau megis estyn a chylchdroi.
- Chwyddo lluniad i olygu manylion bach.
- Edrych ar fodelau tri dimensiwn o wahanol onglau.

Gallwch wneud cyfrifiadau gyda rhai pecynnau *CAD*. Er enghraifft, os ydych chi'n dylunio adeilad gallwch brofi faint o ddiriant sydd mewn gwahanol fannau allweddol. Yna gallwch liwio'r model i ddangos yr ardaloedd o ddiriant uchel.

Mae'n hawdd cyfrifo arwynebeddau a chyfeintiau siapiau er mwyn darganfod faint o ddefnydd sydd ei angen i wneud y model. Mae rhai pecynnau meddalwedd *CAD* yn cynhyrchu biliau er mwyn dangos faint a gostiai i gynhyrchu'r model.

Mae pecynnau *CAD* ar gyfer dylunio cylchedau electronig yn gadael ichi roi prawf ar gylchedau cyn adeiladu'r cylchedau.

Manteision defnyddio meddalwedd *CAD*

- Gellir cynhyrchu dyluniadau'n **llawer cyflymach**. Mae cydrannau a luniadwyd eisoes yn cyflymu'r gwaith o greu dyluniadau oherwydd nad oes angen eu lluniadu o'r cychwyn.
- Ni all **golygon tri dimensiwn** o fodelau gael eu llunio'n hawdd ar bapur. Gallwch newid yr ongl hefyd i weld y model o bob ochr.
- Gellir **golygu dyluniadau'n hawdd**. Felly gallwch arbrofi gyda'r dyluniad, gan roi cynnig ar wahanol nodweddion, ac yna eu golygu os nad ydynt yn briodol.
- Gall dyluniadau neu rannau o ddyluniadau gael eu cadw a'u **hailddefnyddio** mewn projectau eraill.
- Gellir **cyfrifo** mesurau megis diriant mewn adeiladau yn gyflym ac awtomatig.

Ar ôl gorffen dyluniad gall gael ei gadw ac yna ei:

- Argraffu ar argraffydd, er y byddech yn defnyddio plotydd graff fel rheol gan y gall luniadu ar ddarnau mawr o bapur.
- Allbynnu i broses gweithgynhyrchu drwy gymorth cyfrifiadur (*CAM: Computer-Aided Manufacturing*).

> Mae peiriannau Rheolaeth Rifiadol Gyfrifiadurol (*CNC*) yn derbyn cyfarwyddiadau fel dilyniant o rifau a gellir eu defnyddio ar gyfer *CAM*.

Gweithgynhyrchu drwy gymorth cyfrifiadur

Gall yr allbwn o ddyluniad *CAD* gael ei drawsnewid yn ddilyniant o gyfarwyddiadau ar gyfer peiriannau *CNC* (*Computer Numerical Control*), a fydd wedyn yn gweithgynhyrchu'r eitem.

Gall peiriannau *CNC* fod yn:

- durniau sy'n turnio metel neu bren;
- peiriannau melino ar gyfer torri siapiau metel;
- driliau ar gyfer gwneud tyllau crwn;
- peiriannau weldio ar gyfer weldio darnau o fetel wrth ei gilydd;
- peiriannau sodro ar gyfer creu byrddau cylched electronig;
- peiriannau gwau a gwnïo ar gyfer cynhyrchu dillad;
- robotiaid.

Ffigur 5.21 *Gellir defnyddio peiriant melino fel rhan o'r broses CAD/CAM i siapio gwrthrych metel.*

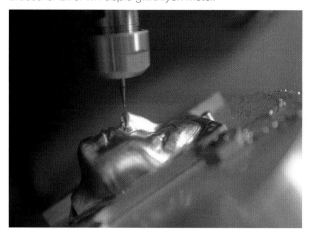

CAD/CAM yw'r term a ddefnyddir ar gyfer y broses gyfan o ddefnyddio cyfrifiadur i ddylunio gwrthrych ac yna allbynnu'r dyluniad gorffenedig i beiriant *CNC* sy'n ei weithgynhyrchu.

Bydd peiriannau a reolir gan gyfrifiadur yn rhoi canlyniadau cywir ac yn lleihau gwastraff. Yn bwysicach, byddant yn gwneud hyn yn gyson. Gall y broses weithgynhyrchu fod yn ddi-dor, a gellir gwneud newidiadau i ddyluniadau heb effeithio fawr ddim ar y broses.

Crynodeb

01 *CAD/CAM* yw'r broses o ddefnyddio cyfrifiaduron i ddylunio ac yna gweithgynhyrchu gwrthrychau.

02 Defnyddir *CAD* (cynllunio drwy gymorth cyfrifiadur) i luniadu a golygu dyluniad mewn tri dimensiwn, gan ddefnyddio rhaglen graffigau fector.

03 Anfonir y dyluniadau gorffenedig i beiriannau *CNC* (Rheolaeth Rifiadol Gyfrifiadurol), megis peiriannau melino neu durniau, sy'n cynhyrchu'r eitem.

04 Er mwyn cynhyrchu'r eitem, mae peiriannau *CNC* yn derbyn cyfarwyddiadau ar ffurf mewnbwn rhifiadol.

05 Mae'r broses o ddylunio a chynhyrchu'r eitem yn gyflym.

5.12 *CAL* a gweinyddu mewn ysgolion

DYSGU DRWY GYMORTH CYFRIFIADUR (CAL): Ffordd o ddysgu sgil gan ddefnyddio cyfrifiadur a meddalwedd rhyngweithiol ar CD neu DVD, neu drwy ddefnyddio'r Rhyngrwyd. Gall defnyddio rhaglenni *CAL* fod yn ffordd fwy pleserus o ddysgu na dulliau traddodiadol.

Mae cyfrifiaduron yn cael eu defnyddio mewn ysgolion i wneud dysgu'n haws a mwy pleserus. Os yw dysgu'n hwyl mae cymhelliant y disgyblion yn debygol o fod yn uwch. Meddalwedd addysgol yw **dysgu drwy gymorth cyfrifiadur** (*CAL: Computer-Assisted Learning*) sy'n cael ei redeg ar gyfrifiaduron i helpu pobl i ddysgu am bwnc penodol.

Mae rhaglenni *CAL* yn rhyngweithiol fel rheol. Mae hyn yn golygu bod y disgybl yn cymryd rhan tra bo'r rhaglen yn rhedeg, drwy wneud dewisiadau neu drwy roi data i mewn. Un enghraifft o hyn yw prawf amlddewis ar dopig yr ydych newydd fod yn ei ddysgu. Caiff y prawf ei farcio'n awtomatig a rhoddir adborth i'r disgybl ar ba mor dda y mae wedi gwneud a beth y dylai ei adolygu i gywiro gwendidau.

Gall rhaglen *CAL* ddefnyddio:

● **Testun**: I ddisgrifio ac esbonio'r topig.
● **Graffigau**: Mae lluniau'n aml yn ffordd well o egluro topig na llawer o destun.
● **Fideos**: Ffilmiau byr.
● **Animeiddio**: Graffigau sy'n symud.

Ffigur 5.22 *Gall rhaglen CAL ddefnyddio profion hunanasesu.*

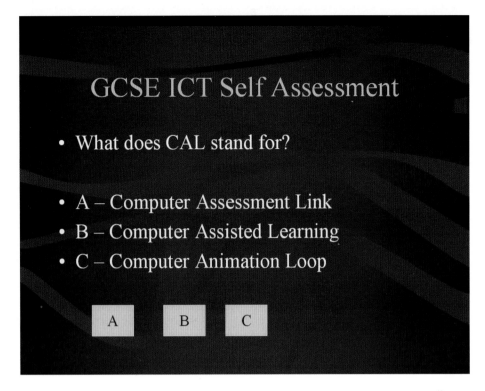

- **Sain**: Gall sylwebaeth neu effeithiau sain gael eu recordio. Gall darn o gerddoriaeth ychwanegu atmosffer drwy ei chwarae yn y cefndir.
- **Hypergysylltau**: Cliciwch ar hypergyswllt a bydd yr arddangosiad yn newid i sgrin arall.
- **Hunanasesu**: Profion i ddangos pa mor dda yr ydych chi'n dysgu.

Defnyddir meddalwedd amlgyfrwng megis Microsoft PowerPoint i ddatblygu llawer o raglenni *CAL*, ond mae rhai wedi'u seilio ar y We bellach a gallwch ddod o hyd iddynt ar y Rhyngrwyd.

Un enghraifft o wefan *CAL* a fydd yn eich helpu i ddysgu am TGCh TGAU yw http://www.theteacher.org.uk.

Manteision *CAL*:
- Gall y disgyblion ddysgu ar eu pennau eu hunain ac wrth eu pwysau eu hunain.
- Gall y disgyblion fynd dros dopigau anodd sawl gwaith.
- Mae'r disgyblion yn cael adborth ar unwaith ac felly'n gwybod pa mor dda y maent yn gwneud.
- Mae dulliau dysgu diddorol yn arwain at gymhelliant uwch.

Anfanteision *CAL*:
- Mae'n bosibl na fydd yr athro yn sylwi os yw disgybl yn cael anawsterau.
- Rhaid prynu rhaglenni *CAL*.
- Mae'n cymryd amser i athrawon ddatblygu eu meddalwedd *CAL* eu hunain.

Nid yw dysgu'n dod i ben ar ôl ichi adael yr ysgol. Gall rhaglenni *CAL* eich helpu i astudio gartref: nid oes angen eu defnyddio mewn gwersi'n unig ac maent o gymorth mawr wrth adolygu ar gyfer yr arholiadau!

Gall rhaglenni *CAL* gael eu defnyddio mewn colegau neu ddosbarthiadau nos i oedolion, gan alluogi pobl i ddysgu sgiliau newydd megis iaith dramor neu gyfansoddi cerddoriaeth.

Bydd disgyblion yn aml yn gwneud yn well wrth astudio ar eu pennau eu hunain a dysgu wrth eu pwysau eu hunain.

Gweinyddu ysgolion

Nid yw cyfrifiaduron mewn ysgolion wedi'u cyfyngu i'r ystafell ddosbarth. Mae'n debyg bod gan swyddfa'r ysgol sawl un a'u bod yn cael eu defnyddio at amrywiaeth eang o dasgau gweinyddol.

Bydd cronfa ddata o fanylion yr holl ddisgyblion wedi'i storio ar system gyfrifiadurol yr ysgol. Bydd y manylion sy'n cael eu storio yn cynnwys:

- Manylion personol y disgybl (enw, dyddiad geni, cenedl, crefydd, ac ati).
- Manylion y cartref (cyfeiriad, rhif ffôn, ac ati).
- Cysylltiad (enw a rhif ffôn y sawl i gysylltu ag ef/hi mewn argyfwng).
- Manylion ysgol (dyddiad ymuno â'r ysgol, dosbarth, tiwtor dosbarth, ac ati).
- Gall meysydd eraill gynnwys manylion megis sut mae'r disgybl yn teithio i'r ysgol, cinio ysgol, ac unrhyw broblemau meddygol a all fod gan y disgybl.

Gellir chwilio'r gronfa ddata hon i gynhyrchu rhestri dosbarth neu i gael hyd i fanylion cysylltu unrhyw ddisgybl yn gyflym.

Bydd pob ysgol yn cymryd cofrestr o'r disgyblion, ddwywaith y dydd fel rheol, a chaiff y cofnod presenoldeb ei storio ar y system gyfrifiadurol. Mae'n bosibl gweld pa ddisgyblion sy'n absennol o'r ysgol ac a oes unrhyw batrymau absenoldeb anarferol y mae angen ymchwilio iddynt.

Mewn rhai ysgolion, bydd y disgyblion yn defnyddio cardiau i gofrestru neu defnyddir darllenydd AMG i fewnbynnu gwybodaeth am bresenoldeb o ddalennau sy'n cael eu marcio gan yr athrawon.

Ffigur 5.23 *Mae cofrestr ysgol yn defnyddio AMG i fewnbynnu data am bresenoldeb.*

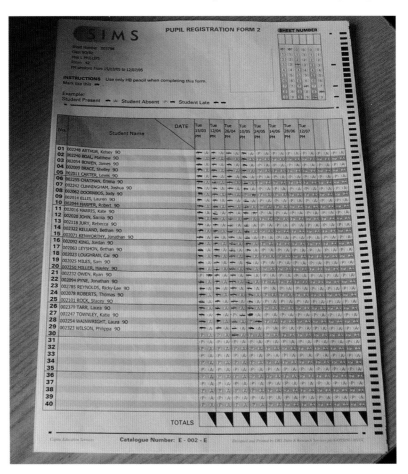

Drwy storio canlyniadau asesiadau ac arholiadau ym mhob pwnc gellir cadw llygad ar gynnydd y disgyblion. Yn y ffordd hon, bydd yn bosibl gweld pa ddisgyblion nad ydynt yn gwneud yn dda ac ymchwilio i'r rhesymau.

Hefyd defnyddir cyfrifiaduron gan weinyddwyr ysgol i greu'r amserlen o wersi ac i nodi pa athrawon ac ystafelloedd sydd wedi'u neilltuo iddynt. Mae creu amserlen ysgol yn waith cymhleth ac mae'r cyfrifiadur wedi'i raglennu i ddarganfod unrhyw broblemau (e.e. neilltuo'r un athro i gymryd dwy wers ar yr un pryd).

Dyma restr o nifer o dasgau gweinyddol mewn ysgol y gellid eu cyflawni ar system gyfrifiadurol yr ysgol:

- Gellid defnyddio taenlenni i gynllunio **cyllideb** yr ysgol. Gallai arian gael ei ddyrannu, heb wario mwy na'r cyfanswm sydd ar gael.
- Gellid defnyddio rhaglenni prosesu geiriau i baratoi **cylchlythyrau** neu **lythyrau** i rieni.
- Gall **archebion** ac **anfonebau** gael eu holrhain drwy eu cofnodi ar gronfa ddata gyfrifiadurol.
- Mewn ysgolion uwchradd, mae'r broses o weinyddu cofrestriadau'r disgyblion ar gyfer **arholiadau** yn gymhleth, ond mae cronfa ddata gyfrifiadurol yn ei gwneud yn symlach.
- Mewn llawer o ysgolion, defnyddir cyfrifiaduron i weinyddu'r **llyfrgell**. Mae cronfa ddata o'r holl deitlau yn llyfrgell yr ysgol yn helpu'r disgyblion i ddod o hyd i lyfrau'n gyflym, a bydd y system gyfrifiadurol hefyd yn cofnodi pob benthyciad. Gweler Adran 5.4 am ragor o wybodaeth am gyfrifiaduron mewn llyfrgelloedd.
- Gellir defnyddio cronfa ddata i ddiweddaru **rhestr** o'r holl eitemau y mae ysgol wedi'u prynu. Gall hyn fod yn bwysig at ddibenion yswiriant.
- Gall **mewnrwyd** yr ysgol gynnwys nifer o dudalennau gwe defnyddiol ar gyfer y disgyblion.

Prif fanteision defnyddio cyfrifiaduron i helpu i weinyddu ysgolion yw y gellir cwblhau tasgau'n gyflymach ac mewn ffordd drefnus ac y gellir storio'r canlyniadau mewn ffordd a fydd yn ddefnyddiol yn nes ymlaen.

136
Drwy ddefnyddio cyfrifiadur i greu amserlen yr ysgol, gellir gwneud y gwaith yn gyflymach a bydd llai o gamgymeriadau.

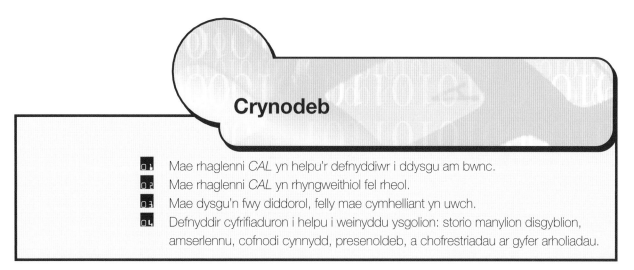

Crynodeb

01 Mae rhaglenni *CAL* yn helpu'r defnyddiwr i ddysgu am bwnc.

02 Mae rhaglenni *CAL* yn rhyngweithiol fel rheol.

03 Mae dysgu'n fwy diddorol, felly mae cymhelliant yn uwch.

04 Defnyddir cyfrifiaduron i helpu i weinyddu ysgolion: storio manylion disgyblion, amserlennu, cofnodi cynnydd, presenoldeb, a chofrestriadau ar gyfer arholiadau.

1 Defnyddir systemau cyfrifiadurol i brosesu miliynau lawer o ddarlleniadau am y tywydd er mwyn cynhyrchu rhagolygon y tywydd.

    a) Enwch dri gwahanol fath o synhwyrydd a ddefnyddir i gymryd darlleniadau am y tywydd. [3]

    b) Rhowch ddwy sefyllfa lle mae angen rhagolygon tywydd manwl a chywir. [2]

    c) Pa fath o gyfrifiaduron a ddefnyddir i gynhyrchu rhagolygon y tywydd? [1]

2 Defnyddir robotiaid yn aml yn y broses gynhyrchu ceir i gyflawni nifer o wahanol dasgau.

    a) Disgrifiwch dair gwahanol dasg y gall robotiaid eu cyflawni. [3]

    b) Rhowch dair o fanteision defnyddio robotiaid. [3]

    c) Rhowch ddwy o anfanteision defnyddio robotiaid. [2]

3 Defnyddir systemau cynnal bywyd i fonitro cleifion mewn ysbytai.

    a) Nodwch dri synhwyrydd a ddefnyddir mewn system cynnal bywyd. [3]

    b) Rhowch dair mantais defnyddio system cynnal bywyd a reolir gan gyfrifiadur. [3]

A allwch chi gofio...?

1 Am beth y mae *CAD* yn sefyll (Cymraeg a Saesneg)? Am beth y mae *CAM* yn sefyll (Cymraeg a Saesneg)?

2 Beth yw system arbenigo?

3 Beth yw manteision defnyddio system arbenigo gyfrifiadurol yn lle arbenigwr dynol?

4 Nodwch ai system amser real, system swp-brosesu, neu system trafodion amser real ar-lein yw'r canlynol:

- System archebu mewn theatr.
- System filio.
- Rheolaeth ar broses yn y diwydiant gweithgynhyrchu ceir.
- Rhestr gyflogau.

5 Pa ddull mewnbynnu a ddefnyddir yn bennaf mewn llyfrgelloedd?

6 Am beth y mae *CAL* yn sefyll (Cymraeg a Saesneg)?

6 Y camau mewn prosesu gwybodaeth

Mae cyfrifiaduron yn prosesu data i gynhyrchu gwybodaeth.

Mae prosesu data gan gyfrifiaduron yn cael ei wneud mewn tri cham gwahanol.

- **Mewnbynnu**: Mae data'n cael eu bwydo i'r cyfrifiadur mewn fformat digidol.
- **Prosesu**: Mae'r data'n cael eu prosesu mewn rhyw ffordd.
- **Allbynnu**: Caiff y canlyniadau eu harddangos i bobl eu darllen, neu fe gânt eu hanfon mewn fformat digidol i gyfrifiadur arall neu ddyfais ddigidol.

Wrth ysgrifennu meddalwedd, bydd rhaglenwyr fel rheol yn ymdrin â'r adrannau hyn fesul un. Byddai gan raglen syml adran fewnbynnu, adran brosesu ac adran allbynnu.

Enghraifft: Gellir defnyddio rhaglen gyfrifiadurol i gyfrifo'r marc cyfartalog ar gyfer papur arholiad.

Mewnbynnu: Mae angen mewnbynnu'r marciau arholiad (defnyddio bysellfwrdd i'w teipio i mewn efallai).

Prosesu: Caiff y marciau eu hadio, a'u rhannu â nifer y marciau a gafodd eu mewnbynnu.

Allbynnu: Caiff y marc cyfartalog ei allbynnu (ei argraffu neu ei arddangos ar fonitor).

Cwestiynau ymarfer 6

Ar gyfer pob un o'r systemau hyn, **nad ydynt yn rhai cyfrifiadurol**, nodwch yr adrannau mewnbynnu, prosesu ac allbynnu.

1 Mae dyn yn adeiladu cist o ddroriau ar ôl darllen y cyfarwyddiadau a ddaeth gyda'r pecyn. Yna mae'n dangos y dodrefn i'w wraig.
2 Chwaraeodd Siôn alaw yn uchel iawn ar ei utgorn. Gwasgodd y bysellau ar yr utgorn i newid y nodau a ddarllenodd o ddalen o gerddoriaeth.

Ar gyfer pob un o'r prosesau **cyfrifiadurol** canlynol, a allwch chi ddweud beth sy'n digwydd ym mhob un o'r camau prosesu data?

● Pa ddata sy'n cael eu mewnbynnu?

● Pa brosesu sy'n cael ei wneud?

● Beth sy'n cael ei allbynnu?

3 Defnyddio cyfrifiadur i argraffu'r rhestr o gemau'r tymor i glwb pêl-droed. Rhaid i'r rhestr gael ei hargraffu yn ôl trefn chwarae'r gemau.

4 System larwm lladron gyfrifiadurol.

7 Rheoli data

7.1 Casglu data

Rhaid i unrhyw system brosesu gyfrifiadurol ddechrau drwy gasglu data. Rhaid i'r data ddod o rywle, ac mae llawer gwahanol ffordd o'u casglu.

7.1.1 Holiaduron

Ar gyfer llawer o brojectau ymchwil mae'n rhaid cael data gan bobl, ac un ffordd o wneud hyn yw argraffu nifer o gwestiynau ar bapur a gofyn i bobl ysgrifennu eu hatebion ar yr un dudalen.

Mae'n bwysig dylunio holiaduron yn ofalus, a rhaid rhoi cyfarwyddiadau clir i sicrhau bod pobl yn llenwi'r atebion yn gywir. Rhaid i'r cwestiynau gynhyrchu atebion defnyddiol sy'n werth eu mewnbynnu, ac nid ymatebion aneglur ac amhendant na ellir eu defnyddio.

Dyma enghraifft o gwestiwn gwael:

Beth yw eich barn chi am eich bar siocled 'Sioceirios'?

_____

Mae nifer mawr o atebion posibl i gwestiwn fel hwn. Oherwydd hynny, bydd hi'n anodd mewnbynnu data ac mae'n bosibl na fydd y cyfrifiadur yn gallu dadansoddi'r atebion yn ddigon da i roi amcan o boblogrwydd y bar siocled.

Dyma enghraifft o gwestiwn gwell:

Beth yw eich barn chi am eich bar siocled 'Sioceirios'? (Ticiwch un blwch yn unig.)

Ffiaidd ☐   Diflas ☐   Gweddol ☐
Eithaf blasus ☐   Blasus iawn ☐

Pan ddychwelir yr holiaduron gan y bobl sydd wedi'u llenwi, rhoddir yr atebion fel rheol mewn cronfa ddata, a fydd yn eu dadansoddi ac yn allbynnu adroddiadau ar yr ymchwil.

Manteision holiaduron:

- Gellir anfon llawer o holiaduron allan yr un pryd.
- Gellir gosod cwestiynau y mae eu hatebion yn cyd-fynd â'r meysydd mewn cronfa ddata. Bydd hyn yn ei gwneud hi'n haws trosglwyddo'r ymatebion i'r cyfrifiadur yn barod i'w dadansoddi.

Mae holiaduron yn ffordd dda o gasglu gwybodaeth gan bobl, ond rhaid iddynt fod yn hawdd eu deall a hawdd eu llenwi.

137

Mae cwestiynau â dewisiadau yn fwy defnyddiol na chwestiynau 'agored'.

138

Anfanteision holiaduron:

● Nid yw pawb yn hoffi llenwi holiaduron, felly gall yr ymateb fod yn wael, gydag ychydig o holiaduron yn cael eu dychwelyd.

■ Gweithgaredd 7.1   Taenlen

Dyluniwch holiadur i'ch galluogi i gasglu data am faint o arian poced y mae disgyblion yn ei gael bob wythnos. Argraffwch nifer o gopïau a dosbarthwch nhw ymhlith disgyblion eraill yr ydych chi'n eu hadnabod.

Pan gewch y ffurflenni'n ôl, teipiwch y manylion i daenlen yr ydych wedi'i dylunio at y pwrpas hwn, a defnyddiwch hi i gyfrifo'r swm cyfartalog o arian poced y mae'r disgyblion yn ei dderbyn.

Sut mae eich canlyniadau'n cymharu â chanlyniadau disgyblion eraill?

7.1.2 Ffurflenni cipio data

CIPIO DATA: Enw arall am gasglu data a'u mewnbynnu i gyfrifiadur.

Cyfrwng arall ar gyfer casglu data ar bapur yw ffurflen cipio data. Ffurflen a baratowyd yn arbennig yw hon sy'n cael ei llenwi ac yna ei dychwelyd i'r cyfrifiadur ar gyfer mewnbynnu'r data.

Rydym ni i gyd yn gorfod llenwi ffurflenni ar ryw adeg, er enghraifft wrth wneud cais am drwydded yrru neu gyfrif banc, wrth ymuno â chlwb, neu wrth archebu pethau o gwmni gwerthu drwy'r post.

Defnyddir blychau'n aml i fewnbynnu data, lle rhoddir un nod yn unig ym mhob blwch. Mae hyn yn gorfodi'r sawl sy'n mewnbynnu'r data i ysgrifennu'n glir. Wedyn ni fydd y clerc mewnbynnu data yn gwneud camgymeriadau gan ei fod yn methu darllen y data.

Hefyd mae blychau'n sicrhau bod y data yn y fformat cywir, er enghraifft, wrth ysgrifennu cod post:

Cod post: ☐☐☐☐▨☐☐☐

Fel yn achos holiaduron, dylai pob eitem o ddata sy'n cael ei llenwi ar y ffurflen gyfateb i faes mewn cronfa ddata. Dylai'r data ar y ffurflen gael eu didoli yn y drefn y cânt eu mewnbynnu i'r cyfrifiadur, a byddai'n ddefnyddiol i'r rheiny sy'n rhoi'r data i mewn pe bai cynllun y ffurflen ar sgrin y cyfrifiadur yn debyg i gynllun y ffurflen ar bapur.

Yr enw a roddir ar gopïo data o ffurflenni a'u teipio i gyfrifiadur yw **trawsgrifio** data, a'r broses hon sy'n gyfrifol am lawer o'r camgymeriadau sydd i'w cael mewn data. Nid yw hyn yn syndod o ystyried mor ddiflas yw teipio data o ffurflenni drwy'r dydd!

Wrth greu ffurflenni cipio data, rhaid rhoi ystyriaeth ofalus i'w dyluniad. Mae'n bwysig iawn bod y data a ddychwelir yn gywir, eglur, ac yno!

Gall ffurflenni cipio data gael eu dylunio i gynnwys y canlynol:

139

Caiff y data o ffurflenni cipio data eu trawsgrifio i mewn i gyfrifiadur (i gronfa ddata fel rheol).

● **Cyfarwyddiadau** sut i lenwi'r data. Rhaid iddynt fod yn ddiamwys (rhaid i'w hystyr fod yn glir).

> Peidiwch byth â chynnwys 'Oedran' fel maes mewn cronfa ddata gan ei fod yn newid bob blwyddyn! Yn lle hynny defnyddiwch 'Dyddiad Geni': nid yw hwn byth yn newid.

- **Blychau** ar gyfer pob llythyren neu ddigid. I wneud yr atebion yn fwy darllenadwy, gall y ffurflen ofyn am atebion mewn priflythrennau'n unig.
- **Enghreifftiau**. Gellir mewnbynnu data i rai meysydd mewn sawl gwahanol ffurf. Er enghraifft, gellir rhoi dyddiad fel '05/11/06', 'Tachwedd 5 2006', ac ati.

Dyma enghraifft o ffurflen cipio data sydd wedi'i dylunio'n wael:

Arolwg ysmygu

Enw: _____

Oedran: _____ Blwyddyn: _____

A ydych chi'n ysmygu? _____

Os ydych, sawl sigarét a ysmygwch bob dydd? _____

A yw eich rhieni'n ysmygu? _____

Dyma enghraifft o ffurflen cipio data sydd wedi'i dylunio'n dda:

Arolwg ysmygu

Byddwch cystal â llenwi pob adran a dychwelyd y ffurflen hon i'ch tiwtor dosbarth.

ADRAN 1: Manylion personol

Enw Cyntaf

Cyfenw

Dosbarth (E.e. 8B) □□   Dyddiad Geni □□/□□/□□
E.e. 03/05/88

ADRAN 2: Arferion ysmygu

[1] A ydych chi'n ysmygu sigarets?

Ticiwch un blwch

□ Nac ydw
□ Llai na 10 y dydd
□ 10–20 y dydd
□ Mwy na 20 y dydd

[2] A yw eich rhieni'n ysmygu sigarets?

Mam   Tad
□   □   Nac ydynt
□   □   Llai na 10 y dydd
□   □   10–20 y dydd
□   □   Mwy na 20 y dydd

7.1.3 Logio data

Logio data: Ffordd awtomatig o gasglu data o synwyryddion. Caiff darlleniadau eu mesur ar adegau rheolaidd a'u hanfon i gyfrifiadur.

Ar ôl defnyddio holiaduron neu ffurflenni cipio data i gasglu data, mae angen hel llawer o ddalennau o bapur at ei gilydd a theipio'r data sydd ynddynt i mewn i gyfrifiadur. Ond mae yna ddulliau awtomatig o wneud hyn hefyd.

Bydd darlleniadau o synwyryddion yn cael eu cymryd yn rheolaidd a'u mewnbynnu i gyfrifiadur. Y cymhwysiad sy'n penderfynu pa mor aml y cymerir y darlleniadau. Bydd system sy'n mesur cyfradd curiad y galon mewn ysbyty yn cymryd mesuriadau'n amlach na synhwyrydd sy'n mesur tymheredd yr aer mewn gorsaf dywydd.

1.4.1
Gall cyfrifiaduron brosesu data **digidol** yn unig.

Rhai enghreifftiau o fesuriadau a gymerir gan synwyryddion yw tymheredd, golau, sain, gwasgedd, lleithder a lefelau o belydriad isgoch. Darlleniadau analog yw'r darlleniadau o synwyryddion fel rheol, ac felly mae angen eu hanfon i drawsnewidydd analog-digidol i'w newid yn signalau digidol fel y gall y cyfrifiadur eu prosesu.

1.4.2
Mae logio data'n ddefnyddiol ar gyfer cymryd mesuriadau rheolaidd dros gyfnod penodol o amser. Mae'n arbennig o ddefnyddiol mewn lleoedd anghysbell neu beryglus.

Mewn systemau logio data, caiff y data eu storio, a'u dadansoddi'n ddiweddarach. Gall y data gael eu mewnbynnu i ddaenlen lle gellir eu defnyddio i gynhyrchu graffiau neu wybodaeth ystadegol, neu gellir eu storio mewn cronfa ddata a'u defnyddio i gynhyrchu adroddiadau argraffedig.

Nid oes angen pobl i weithredu systemau logio data felly cânt eu defnyddio mewn lleoedd anghysbell yn aml, neu mewn lleoedd peryglus, er enghraifft mannau lle mae lefelau uchel o belydriad.

Enghreifftiau o systemau logio data:

● Mewn arbrawf gwyddonol yn yr ysgol, defnyddir synwyryddion i fesur tymheredd hylif poeth wrth iddo oeri mewn gwahanol fathau o gynhwysydd. Cymerir y darlleniadau bob 30 eiliad a chânt eu mewnbynnu i ddaenlen. Yna bydd yn bosibl cynhyrchu siart o'r gyfradd oeri.

● Mewn gorsaf dywydd, mae synwyryddion yn mesur tymheredd a gwasgedd aer bob 5 munud. Caiff y darlleniadau eu storio mewn cronfa ddata er mwyn gallu astudio patrymau'r tywydd a helpu i ddarogan y tywydd yn y dyfodol.

Ffigur 7.1 *Gellir defnyddio logio data i gofnodi data o arbrofion gwyddonol.*

7.1.4 Adnabod marciau gweledol

Mae yna flychau ar ddalennau cynargraffedig o bapur lle gall llinellau neu farciau gael eu tynnu. Yna rhoddir y dalennau hyn mewn Darllenydd Marciau Gweledol sy'n canfod lle mae'r marciau wedi cael eu tynnu drwy fesur y golau a adlewyrchir oddi ar y papur: mae llinellau tywyll yn adlewyrchu llai o olau na phapur gwyn.

Bydd llawer o ysgolion yn defnyddio adnabod marciau gweledol (AMG/OMR) i gofnodi presenoldeb. Mae dwy golofn ar y dalennau cofrestru, y naill ar gyfer cofnodi presenoldeb a'r llall ar gyfer cofnodi absenoldeb. Caiff y dalennau ar gyfer pob dosbarth eu casglu ynghyd a'u bwydo i ddarllenydd marciau gweledol sy'n mewnbynnu'r data'n awtomatig i'r system gyfrifiadurol.

Defnydd arall ar gyfer AMG mewn ysgolion yw marcio papurau arholiad amlddewis. Mae gan bob cwestiwn nifer o atebion posibl, a rhaid i'r disgybl ddewis yr un cywir a'i farcio ar ddalen AMG. Caiff y dalennau eu bwydo i'r darllenydd a'u marcio'n awtomatig. Bydd y cyfrifiadur yn prosesu'r data ac yn allbynnu'r canlyniadau ar gyfer pob disgybl. Gweler Adran 2.1.6 hefyd.

Manteision AMG:

● Mae'n llawer cyflymach i fwydo dalennau i ddarllenydd marciau gweledol nag i deipio'r data. Caiff y canlyniadau eu prosesu a'u hallbynnu'n gyflym iawn.

● Mae ysgrifennu marciau ar ddalen o bapur yn haws na theipio'r data.

● Mae sganio yn gywir.

● Mae'n osgoi camgymeriadau trawsgrifio.

Anfanteision AMG:

● Efallai na fydd yn bosibl darllen dalennau sy'n fudr neu wedi'u plygu.

● Nid yw'n ddefnyddiol ond ar gyfer sefyllfaoedd lle mae nifer cyfyngedig o ymatebion posibl.

143

Ysgrifennir marciau ar ddalennau a all gael eu darllen gan beiriant, ac yna cânt eu bwydo i Ddarllenydd Marciau Gweledol sy'n defnyddio golau wedi'i adlewyrchu i synhwyro ble mae'r marciau.

144

Defnyddir AMG gan lawer o ysgolion i gofnodi presenoldeb disgyblion.

Ffigur 7.2 *Mae'r Loteri Genedlaethol yn defnyddio AMG i ddarllen y data ar docynnau.*

7.1.5 Adnabod nodau gweledol

Dull o fewnbynnu testun sy'n defnyddio golau i adnabod nodau wedi'u hargraffu ar ddalen o bapur yw adnabod nodau gweledol (ANG/OCR). Caiff y dudalen o destun ei sganio'n gyntaf i greu delwedd, yna caiff y patrymau o rannau golau a thywyll eu synhwyro a'u cymharu â phatrymau wedi'u storio i ddarganfod y nod cyfatebol agosaf, sy'n cael ei storio wedyn mewn ffeil. Mae hyn yn llawer cyflymach na theipio'r ddogfen gyfan eto. Gweler Adran 2.1.7 hefyd.

Gall rhai pecynnau meddalwedd ANG atgynhyrchu llinellau, siapiau a thablau hefyd, yn ogystal â sganio lluniau, ac felly gellir sganio tudalennau cymhleth yn uniongyrchol i gyhoeddiad *DTP*.

Defnyddir ANG gan y Swyddfa Bost i fewnbynnu'r codau post ar lythyrau i gyfrifiadur, fel y gall peiriant awtomatig eu trefnu.

Manteision ANG:

● Mae'n ddull llawer cyflymach o fewnbynnu testun na theipio.

Anfanteision ANG:

● Mae nifer cyfyngedig o ffontiau y gellir eu sganio'n gywir. Bydd ffontiau aneglur megis ffontiau sgript yn achosi llawer iawn o gamgymeriadau.

● Rhaid darllen y testun wedyn. Gall gwirwyr sillafu helpu, ond mae'n bosibl na fyddant yn dod o hyd i bob camgymeriad.

7.1.6 Adnabod nodau inc magnetig

Defnyddir adnabod nodau inc magnetig (ANIM/*MICR*) gan fanciau i ddarllen y data ar sieciau. Gweler Adran 2.2.3 hefyd.

Mae'r rhifau a nodau ar waelod siec (rhif y siec, cod didoli a rhif y cyfrif) wedi'u hargraffu mewn inc magnetig, sy'n cael ei fagneteiddio pan gaiff y siec ei bwydo i ddarllenydd ANIM. Mae'r darllenydd yn synhwyro'r patrymau magnetig a chaiff y data eu mewnbynnu'n awtomatig i'r cyfrifiadur.

Mae gan y ffont ANIM safonol a ddefnyddir ar sieciau banc 14 nod yn unig:

$$0\ 1\ 2\ 3\ 4\ 5\ 6\ 7\ 8\ 9\ \text{⑂}\ \text{⑄}\ \text{⑆}\ \text{⑇}$$

Manteision ANIM:

● Mae'n ddull mewnbynnu hollol awtomatig. Ar wahân i fwydo'r sieciau i'r darllenydd, nid oes angen i weithwyr y banc wneud dim.

● Mewnbynnu cyflym.

● Gall sieciau sy'n fudr neu wedi'u plygu gael eu darllen.

● Diogel iawn. Mae'n anodd ffugio'r inc a'r ffont.

● Dim camgymeriadau dynol (camgymeriadau trawsgrifio).

Anfanteision ANIM:

● Mae cyfarpar ANIM yn ddrud iawn.

● Ychydig o nodau y gall y system eu defnyddio.

Defnyddir darllenwyr ANIM bach mewn siopau ac uwchfarchnadoedd i ddarllen y data ar sieciau. Rhaid teipio'r swm ar y siec i mewn â llaw gan nad yw wedi'i amgodio mewn nodau inc magnetig. Gall rhai darllenwyr ANIM ddarllen y stribedi (rhesi) magnetig ar gardiau plastig hefyd.

Gall tudalennau o destun gael eu sganio ac mae meddalwedd ANG yn dehongli'r testun fel y gellir ei olygu mewn dogfen prosesu geiriau.

ADNABOD NODAU GWELEDOL (ANG): Ffordd o ddefnyddio sganiwr i ddarllen testun yn uniongyrchol cyn ei roi mewn dogfen prosesu geiriau. Gall hyn arbed llawer o amser gan nad oes angen teipio'r testun.

ADNABOD NODAU INC MAGNETIG (ANIM): Dull mewnbynnu a ddefnyddir gan fanciau i ddarllen data o sieciau. Mae'n ddull prosesu cyflym, ond mae'r cyfarpar yn ddrud.

Ffigur 7.3 *Gall darllenwyr ANIM bach ddarllen y data ar un siec ar y tro.*

7.1.7 Codau bar

Set o linellau paralel o wahanol drwch a ddefnyddir i adnabod eitem benodol yw cod bar. Mae'r llinellau'n cynrychioli cod rhifiadol. Gweler Adran 2.1.5 hefyd.

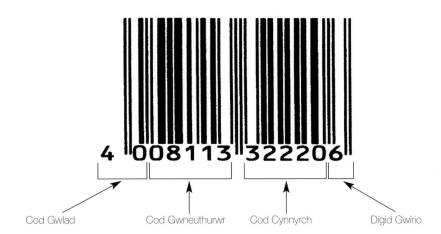

Ffigur 7.4 *Cod bar 13 digid (sy'n defnyddio'r system EAN-13).*

Cod Gwlad   Cod Gwneuthurwr   Cod Cynnyrch   Digid Gwirio

Mae gan y mwyafrif o eitemau god bar 13 digid (system a elwir yn EAN-13). Ar rai eitemau mae'r patrwm hwn ychydig yn wahanol. Er enghraifft, mae gan rai gwledydd bach godau gwlad 3 digid, ac mae llyfrau'n dechrau â chod 3 digid (978) i ddangos mai'r rhif *ISBN* yw'r digidau eraill.

Sylwch nad yw pris yr eitem wedi'i godio fel rhan o'r cod bar. Y rheswm am hyn yw fod gwahanol siopau'n gwerthu'r un eitem am wahanol brisiau, neu y gall siop ddymuno cynnig yr eitem am bris gostyngedig mewn sêl. Mae codau bar wedi'u hargraffu ar yr eitem fel rheol ac ni ellir eu newid.

Defnyddir darllenydd codau bar i ddarllen codau bar. Gall hwn fod yn declyn llaw sy'n cael ei symud dros y cod bar, neu gall fod yn sganiwr codau bar sy'n rhan o'r ddesg dalu – symudir y cod bar dros y sganiwr. Bydd y ddyfais yn gwneud sŵn 'bîp' os yw'n darllen y cod bar yn gywir. Os nad yw'n gwneud sŵn, mae hi wedi methu â darllen y cod bar a bydd angen teipio digidau'r cod i mewn â llaw.

Mae paladr laser pŵer-isel yn mynd dros y cod bar gan synhwyro'r patrwm o olau adlewyrchedig (mae llinellau tywyll yn adlewyrchu llai o olau na llinellau gwyn). Caiff patrwm y cod ei drawsnewid yn ddata rhifiadol a'u mewnbynnu i'r cyfrifiadur.

Defnyddir codau bar:

- Ar y rhan fwyaf o nwyddau a werthir mewn siopau ac uwchfarchnadoedd. Bydd yr eitemau a brynir yn cael eu sganio gan ddarllenydd codau bar yn y ddesg dalu (terfynell pwynt talu/*POS*) (gweler Adran 2.1.1);
- Mewn llyfrgelloedd i gofnodi benthyciadau. Mae gan bob llyfr god bar unigryw ac mae gan bob aelod o'r llyfrgell gerdyn aelodaeth gyda chod bar wedi'i argraffu arno (gweler Adran 5.4).

■ Gweithgaredd 7.2   Ymchwiliad ar y Rhyngrwyd

Defnyddiwch y Rhyngrwyd i ddod o hyd i'r gwledydd a gynhyrchodd nwyddau gyda'r codau bar hyn:

1 5060043493424;

2 4893022036142.

7.1.8   Stribedi magnetig

> **7.1.8**
> Mae gan lawer o gardiau credyd a debyd stribed magnetig a ddefnyddir i storio data. Darllenir y cardiau drwy eu llithro drwy ddarllenydd cardiau.

Mae stribed (rhes) magnetig yn ddarn byr o dâp magnetig wedi'i selio ar arwyneb cerdyn neu docyn neu wedi'i fewnblannu ynddo. Bydd data, er enghraifft rhif cyfrif deiliad y cerdyn, wedi cael ei gofnodi ar y stribed i ddangos pwy yw perchennog y cerdyn. I ddarllen cerdyn â stribed magnetig, caiff ei lithro drwy **ddarllenydd cardiau** er mwyn darllen y data arno. Gweler Adran 2.2.4 hefyd.

Enghreifftiau o stribedi magnetig yw:

Ffigur 7.5 *Mae stribed magnetig ar gefn llawer o gardiau plastig.*

- **Cardiau credyd** a **chardiau debyd**: Mae digon o wybodaeth wedi'i gofnodi ar y stribed am y banc a chyfrif y perchennog i'r cerdyn gael ei ddefnyddio i gwblhau trafodion ariannol.
- **Cerdyn credyd**: Rydych chi'n benthyca arian gan y cwmni cerdyn credyd, a rhaid ichi ei dalu'n ôl yn nes ymlaen.
- **Cerdyn debyd**: Caiff arian ei drosglwyddo'n uniongyrchol o'ch cyfrif.
- **Cerdyn adnabod**: Bydd hwn yn cynnwys manylion perchennog y cerdyn.
- **Cerdyn ffôn**: Mae'r stribed yn storio nifer yr unedau sy'n weddill ar y cerdyn.
- **Tocynnau**: Mae stribed magnetig ar rai tocynnau teithio, megis tocynnau trên.

Mae'n hawdd copïo'r stribedi magnetig ar gardiau, ac erbyn hyn mae twyll yn broblem fawr. I warchod rhag hyn, mae dulliau newydd o storio data wedi cael eu datblygu.

7.1.9   Cardiau laser

> **7.1.9**
> Mae'n fwy anodd ffugio cardiau laser a chardiau clyfar na chardiau stribed magnetig.

Defnyddir technoleg CD laser optegol i storio data ar y cerdyn. Gall cerdyn laser storio llawer mwy o ddata na cherdyn â stribed magnetig: tua 2 MB ar y cardiau laser presennol.

7.1.10   Cardiau clyfar

Mae **sglodyn cof** tenau iawn wedi'i blannu yn y cerdyn. Caiff gwybodaeth bersonol neu wybodaeth am gyfrif ei storio ar y sglodion, ond gan eu bod yn gallu storio mwy o ddata na stribed magnetig, cânt eu defnyddio at bwrpasau eraill hefyd, er enghraifft, storio gwybodaeth feddygol.

RHif Adnabod
Personol (*PIN*): System
ddiogelwch yw'r *PIN*. Dim
ond gwir berchennog
cerdyn credyd sy'n
gwybod y *PIN* sydd
wedi'i storio arno. Mae
rhai cloeon yn defnyddio'r
rhifau hyn hefyd i sicrhau
mai staff ag awdurdod yn
unig sy'n cael mynediad.

Mae cardiau clyfar yn fwy diogel na chardiau stribed magnetig ac nid ydynt mor debygol o gael eu dwyn a'u defnyddio gan droseddwyr.

Mae llawer o gardiau credyd yn storio *PIN*, sef rhif personol cyfrinachol, a phan dalwch am eitem caiff y cerdyn ei osod mewn darllenydd cardiau a gofynnir ichi roi eich *PIN* i mewn ar fysellbad. Pwrpas hyn yw dilysu'r defnyddiwr, hynny yw, sicrhau mai chi yw gwir berchennog y cerdyn credyd. Gweler Adran 2.2.4 hefyd.

Ffigur 7.6 *System sglodyn a PIN. Rhoddir y cerdyn credyd yn y ddyfais a rhaid mewnbynnu'r PIN cywir i allu talu.*

7.2 Dilysu

Yn aml mae'n bwysig iawn sicrhau nad yw unrhyw ddarlleniadau amhosibl yn cael eu rhoi i mewn i system prosesu data. Dilysu data yw'r broses a ddefnyddir i sicrhau bod y data'n bodloni'r gofynion hyn. Mewn geiriau eraill, mae dilysu'n sicrhau bod y data yn ddata synhwyrol.

Mae'n bwysig i fusnesau wirio data'n ofalus iawn. Gall data anghywir godi gwrychyn cwsmeriaid, er enghraifft, os caiff biliau anghywir eu hanfon, neu os tynnir y symiau anghywir o arian o gyfrifon banc. Bydd busnesau'n treulio llawer o amser ac yn gwario llawer o arian i sicrhau nad oes camgymeriadau yn y data a fewnbynnir ganddynt. (Gweler Adran 1.3.1 hefyd.)

1.5.0
Defnyddir **dilysu** data i
wirio bod data'n
synhwyrol cyn eu
prosesu. Gwiriadau
dilysu nodweddiadol yw
gwiriadau amrediad,
gwiriadau presenoldeb,
gwiriadau fformat a
defnyddio digidau gwirio.

7.2.1 Gwiriad amrediad

Mae gwiriad amrediad yn sicrhau bod eitem o ddata o fewn amrediad penodol o rifau. Caiff gwerth derbyniol 'lleiaf' ei osod yn ogystal â gwerth 'mwyaf', a bob tro y caiff eitem o ddata ei mewnbynnu caiff gwiriad ei wneud i weld a yw'n dod o fewn yr amrediad hwn o werthoedd. Os nad ydyw, ni dderbynnir y data i'w prosesu.

1.5.1
Caiff data eu gwrthod
os ydynt y tu allan i
derfynau **gwiriad
amrediad**. Gwiriad am
ddata a gofnodwyd neu
a drawsgrifiwyd yn
anghywir yw hwn.

Enghreifftiau:

● Rhaid i'r mis mewn dyddiad fod rhwng 1 a 12.
● Rhaid i farc arholiad canrannol disgybl fod rhwng 0 a 100.

161

● Apwyntiad i weld meddyg. Rhaid i'r awr yn yr amser fod rhwng 0 a 24.

Caiff amrediadau eu gosod ar gyfer data rhifiadol fel rheol, ond gallant gael eu diffinio ar gyfer mathau eraill o ddata. Er enghraifft, gellir cyfyngu gradd am arholiad i set o nodau 'A' i 'G'.

7.2.2 Digidau gwirio

Mae math arall o wiriad dilysu yn defnyddio digid ychwanegol sy'n cael ei roi ar ddiwedd data rhifiadol. Caiff y **digid gwirio** hwn ei gyfrifo o'r digidau eraill, gan ddefnyddio fformiwla a ddiffiniwyd ymlaen llaw.

Pan gaiff eitemau o ddata eu mewnbynnu, bydd y cyfrifiad yn cael ei gyflawni gan y cyfrifiadur i sicrhau bod y digid gwirio'n gywir. Os nad ydyw, mae'n golygu nad yw'r eitem wedi cael ei darllen yn gywir ac na fydd yn cael ei derbyn ar gyfer prosesu.

Defnyddir digidau gwirio ar ddata sy'n cael eu mewnbynnu gan ddyfeisiau darllen megis darllenwyr codau bar neu ddarllenwyr cardiau.

Enghreifftiau o ddigidau gwirio:

● **Codau bar**: Mewn codau bar 13 digid, y 13eg digid yw'r digid gwirio. Defnyddir y 12 digid cyntaf i'w wirio. Pan ddarllenir cod bar gan ddarllenydd codau bar, mae'r cyfrifiadur yn cyfrifo'r digid gwirio i sicrhau ei fod yn gywir. Os nad ydyw, bydd yn gwrthod y cod bar.

● *ISBN*: Mae gan y mwyafrif o lyfrau Rif Llyfr Safonol Rhyngwladol (*ISBN*). Digid olaf hwn yw'r digid gwirio.

● **Cardiau credyd/debyd**: Mae rhai rhifau cerdyn credyd yn eithaf hir (16 digid), a'r digid olaf yw'r digid gwirio.

■ Gweithgaredd 7.3   Taenlen

Gwneud cyfrifiannell digidau gwirio

1   Dewch o hyd i eitem sydd â chod bar 13 digid arni (e.e. 5016442001876).

2   Gwnewch nodyn o'r 12 digid cyntaf. Y 13eg digid yw'r digid gwirio a dyma sut mae gwneud cyfrifiannell codau bar i'w wirio.

3   Rhowch y 12 digid cyntaf yng ngholofn gyntaf taenlen gan ddechrau yng nghell B3 fel y dangosir yn Ffigur 7.7. Lluniwch y penawdau a'r blychau.

Ffigur 7.7 *Cyfrifiannell codau bar.*

	A	B	C	D
1				
2		Cod bar	Cyfrifiadau	
3		5	5	
4		0	0	
5		1	1	
6		6	18	
7		4	4	
8		4	12	
9		2	2	
10		0	0	
11		0	0	
12		1	3	
13		8	8	
14		7	21	
15			74	
16		Y Digid Gwirio yw	6	
17				

Mae defnyddio **digid gwirio** yn sicrhau bod data a fewnbynnir yn awtomatig wedi cael eu darllen yn gywir.

152

Mae'r cyfrifiadau yng ngholofn C fel a ganlyn (sicrhewch eich bod yn rhoi fformiwla ym mhob cell o C3 i C14):

Caiff y digidau yng nghelloedd B4, B6, B8, ..., (bob yn ail ddigid) eu lluosi â 3.

Mae'r digidau eraill yng nghelloedd B3, B5, B7, ..., yn aros fel y maent.

Caiff y canlyniadau eu hadio yng nghell C15.

Y cyfrifiad terfynol yng nghell C16:

Y digid gwirio yw'r rhif y mae angen ei ychwanegu at y cyfanswm yng nghell C15 i wneud y canlyniad yn union luosrif o 10.

Y fformiwla yng nghell C16 yw: = 10 − MOD(C15, 10).

4 Yn awr rhowch gynnig ar godau bar 13 digid eraill sydd i'w cael ar eitemau yn eich cegin.

7.2.3 Gwiriad presenoldeb

GWIRIAD PRESENOLDEB:
Dull dilysu sy'n sicrhau bod yr holl ddata pwysig wedi cael eu mewnbynnu ac nad oes unrhyw ddata coll.

Ffigur 7.8 *Yn Microsoft Access, gall defnyddwyr ddynodi meysydd fel rhai hanfodol drwy osod y briodwedd 'Required' ar 'Yes'.*

Mae'r cyfrifiadur yn sicrhau nad yw maes yn nwl. Maes nwl yw un lle nad yw eitem o ddata wedi cael ei mewnbynnu er y dylai fod wedi cael. Gwiriad am ddata sydd ar goll yw gwiriad presenoldeb: data a allai fod wedi cael eu gadael allan neu eu hanghofio wrth drawsgrifio.

Enghraifft: Wrth roi manylion ar ffurflen ar sgrin cyfrifiadur, rhaid i ddefnyddwyr fewnbynnu eitemau megis eu henw, cyfeiriad, cod post, rhif ffôn, ac ati. Gall y ffurflen hon fod yn rhan o system gronfa ddata, neu gall fod yn dudalen we megis ffurflen cofrestru aelodaeth. Gall rhai o'r meysydd gael eu marcio fel rhai hanfodol, ac ni chaiff y data eu derbyn os na chaiff y meysydd hyn eu llenwi.

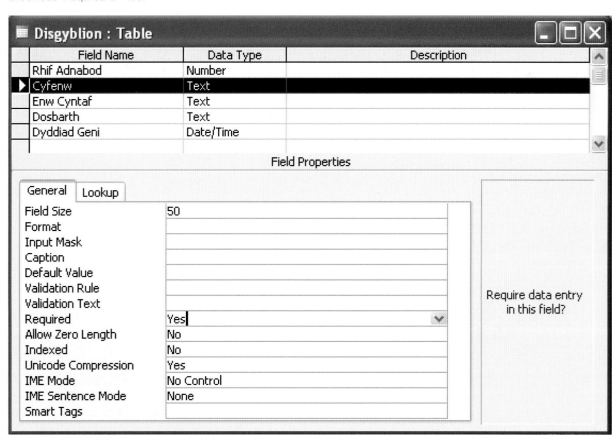

7.2.4 Cyfanswm swp

Os caiff nifer o gofnodion data eu casglu ynghyd a'u mewnbynnu'r un pryd, gall cyfanswm swp gael ei gynnwys.

Cyfanswm yw hwn sy'n cael ei gyfrifo o'r data o'r holl gofnodion. Pan fewnbynnir y data, mewnbynnir y cyfanswm swp hefyd a bydd y cyfrifiadur yn gwirio bod y cyfanswm swp yn gywir. Os nad ydyw, mae'n golygu fel rheol fod rhyw eitem o ddata wedi cael ei gadael allan neu fod un o'r rhifau wedi cael ei fewnbynnu'n anghywir.

Weithiau wrth deipio rhifau i mewn mae'n hawdd trawsosod rhai o'r digidau. Er enghraifft, gall y rhif 12345 gael ei deipio fel 12435. Ni fydd y cyfanswm swp yn cytuno wedyn a bydd y cyfrifiadur yn nodi bod gwall wedi digwydd.

Enghraifft: Mae rhestr o 20 eitem a'u prisiau i'w mewnbynnu i gronfa ddata. Caiff y prisiau eu hadio i ddarparu cyfanswm swp. Pan gaiff y data eu teipio i mewn, caiff y cyfanswm swp ei fewnbynnu hefyd. Mae'r cyfrifiadur yn gwirio'r cyfanswm i ddarganfod a yw'n gywir, ac os nad ydyw ni fydd yn derbyn y data.

Cyfanswm stwnsh

Mae cyfanswm stwnsh yr un fath â chyfanswm swp mewn gwirionedd, ond nid oes gan y rhif a gynhyrchir unrhyw ystyr. Er enghraifft, gall fod yn gyfanswm rhifau ffôn pobl neu'n gyfanswm rhifau cyfrif cwsmeriaid.

7.3 Gwireddu

Os caiff data eu copïo o un cyfrwng i gyfrwng arall, er enghraifft, teipio data i gyfrifiadur a'u cadw ar y disg caled, yr enw a roddwn ar hyn yw **trawsgrifio** data.

Hefyd gall data gael eu hanfon (trawsyrru) o un cyfrwng cyfrifiadurol i un arall, ac mae angen gwiriadau gwireddu i sicrhau bod y data a dderbynnir yr un fath â'r data a anfonwyd.

Pwrpas **gwireddu** yw darganfod a yw'r data wedi cael eu trawsgrifio'n gywir.

Y broblem gyda phobl yw eu bod yn blino ac yn gwneud camgymeriadau, a gallai camgymeriadau yn eu data achosi problemau difrifol i rai busnesau.

Camgymeriadau trawsgrifio cyffredin yw:

- **Gadael data allan.**
- **Trawsosod data**. Er enghraifft, teipio 1324 yn lle 1234.
- **Camgymeriadau sillafu**. Er enghraifft, teipio Davies yn lle Davis.

7.3.1 Gwiriad gweledol

Un o'r ffyrdd symlaf o wireddu data sydd wedi cael eu teipio i gyfrifiadur yw cymharu'r data gwreiddiol â'r data sydd wedi'u trawsgrifio, gan ddefnyddio'ch llygaid.

Os yw'r data teipiedig yn ddogfen, yr enw a roddir ar hyn yw darllen proflenni. Mae llawer o wallau na fydd gwiriwr sillafu yn dod o hyd iddynt, megis geiriau wedi'u camsillafu sy'n eiriau hollol ddilys, a dim ond gwiriad gweledol fydd yn codi'r rhain.

Gall gwirio dogfennau hir â'r llygaid fod yn waith blinderus ac mae'n hawdd peidio â gweld camgymeriadau, felly nid oes sicrwydd y bydd yr holl wallau trawsgrifio'n cael eu darganfod.

7.3.2 Allweddu dwbl

Mae allweddu dwbl yn ddull gwireddu effeithiol er ei fod yn cymryd llawer mwy o amser na mewnbynnu data unwaith.

Dull mwy dibynadwy o wireddu yw allweddu dwbl. Caiff y data eu mewnbynnu ddwywaith, gan ddau glerc mewnbynnu data gwahanol fel rheol, a chaiff y ddau fersiwn eu cymharu. Os ydynt yr un fath, bydd y cyfrifiadur yn derbyn y data ac yn eu prosesu, ond os oes unrhyw wahaniaethau, mae'n golygu bod un o'r clercod wedi gwneud camgymeriad, a bydd angen gwirio'r data neu eu mewnbynnu eto.

Mae'n annhebyg iawn y bydd dau berson gwahanol yn gwneud yr un camgymeriad teipio, ac er bod allweddu dwbl yn cymryd llawer mwy o amser ac yn ddwywaith cymaint o waith, mae'n ffordd effeithiol iawn o sicrhau nad yw camgymeriadau'n cael eu gwneud wrth drawsgrifio data.

7.3.3 Paredd

GWIRIAD PAREDD: Dull o chwilio am gamgymeriadau trawsgrifio. Ychwanegir did at ddiwedd pob rhif deuaidd.

Dull o sicrhau nad yw data a drawsyrrwyd wedi cael eu llygru yw paredd. Gall data sy'n cael eu trawsyrru ar hyd llinellau ffôn neu dros rwydwaith gael eu newid yn ddamweiniol gan 'sŵn'.

Ni fydd dulliau paredd yn gallu cywiro'r gwall, dim ond ei ganfod. Os oes gwall, bydd angen trawsyrru'r data eto.

Mae'r holl ddata mewn systemau cyfrifiadurol, boed yn destun, graffigau, seiniau neu glipiau fideo, yn cael eu cynrychioli ar ffurf rhifau. Rhifau deuaidd yw'r rhain sy'n cynnwys rhifau 0 ac 1 yn unig. Felly gall eitem o ddata edrych fel hyn:

ASCII: Y Cod Safonol Americanaidd ar gyfer Ymgyfnewid Gwybodaeth. System o ddigidau deuaidd sy'n cynrychioli llythrennau, rhifau a nodau eraill. Dyma'r system a ddefnyddir amlaf i roi cod rhifiadol i bob nod.

01001011

Gyda gwiriadau paredd, mae did ychwanegol (digid deuaidd) yn cael ei ychwanegu at ddiwedd eitem ddeuaidd o ddata. Mae system eilbaredd yn sicrhau bod cyfanswm y rhifau 1 ym mhob rhif yn eilrif; mae system odbaredd yn sicrhau bod cyfanswm y rhifau 1 yn odrif.

Enghraifft: Cymerwch fod system eilbaredd yn cael ei defnyddio.

Mae pob nod yn cael ei gynrychioli gan god ASCII 7-did. Ychwanegir 8fed did at bob rhif cyn ei drawsyrru.

Mae eilbaredd yn golygu bod y cyfanswm yn eilrif (h.y. mae cyfanswm y rhifau 1 yn eilrif) pan gaiff yr holl ddidau mewn rhif eu hadio.

Mae gan 0110100 gyfanswm o dri rhif 1, felly rhaid ychwanegu did paredd o 1 ato i roi 01101001.

Mae gan 0101110 gyfanswm o bedwar rhif 1, felly rhaid ychwanegu did paredd o 0 ato i roi 01011100.

Wrth dderbyn y data, caiff pob rhif ei wirio i sicrhau bod cyfanswm y digidau deuaidd ym mhob rhif yn eilrif.

Mewn system eilbaredd, mae cyfanswm y rhifau 1 mewn eitem o ddata yn eilrif. Mewn system odbaredd, mae cyfanswm y rhifau 1 mewn eitem o ddata yn odrif.

■ Gweithgaredd 7.4 Ymarfer paredd

Mae cyfrifiadur sy'n defnyddio eilbaredd yn derbyn y data isod. Mae pob rhif 8-did yn cynnwys cod ASCII 7-did a did paredd.

1 Pa rif sydd wedi cael ei lygru?

2 Dewch o hyd i dabl o godau ASCII ar y Rhyngrwyd a defnyddiwch ef i drosi'r neges yn destun.

> 10010000
> 10001011
> 10011000
> 10100000
> 10000011
> 01000001
> 10001101
> 10010011

Crynodeb

01 Mae holiaduron yn ffordd dda o gasglu data gan bobl, ond rhaid eu dylunio'n iawn.

02 Mae'r atebion ar ffurflenni cipio data yn cyfateb i'r meysydd mewn cronfa ddata.

03 Mae'n rhaid i'r atebion ar holiaduron a ffurflenni cipio data gael eu trawsgrifio i gyfrifiadur.

04 Mae logio data yn defnyddio synwyryddion i gipio data'n awtomatig.

05 Mae AMG yn synhwyro ble mae marciau wedi'u hysgrifennu ar ddalen gynargraffedig.

06 Mae ANG yn defnyddio sganiwr i fewnbynnu testun o ddogfen argraffedig i brosesydd geiriau fel y gellir ei olygu.

07 Mae ANIM yn defnyddio darllenydd arbennig sy'n magneteiddio nodau sydd wedi'u hargraffu ar sieciau banc.

08 Mae codau bar yn ddull cyflym o gipio data sy'n adnabod eitemau megis nwyddau mewn uwchfarchnad neu lyfrau mewn llyfrgell.

09 Defnyddir darllenwyr cardiau i ddarllen data am gyfrifon o stribedi magnetig sydd wedi'u plannu yng nghefn cardiau neu docynnau.

10 Mae gan gardiau clyfar sglodion cof sydd â data dilysu wedi'u storio arnynt.

11 Mae dilysu yn ddull o wirio a yw data yn synhwyrol.

12 Mae gwiriadau amrediad yn sicrhau bod data o fewn terfynau a bennwyd ymlaen llaw.

13 Digidau ychwanegol a ychwanegir at ddata rhifiadol yw digidau gwirio.

14 Mae cyfrifiaduron yn gwirio bod y digidau gwirio'n gywir pan fewnbynnir data.

15 Mae gwiriadau presenoldeb yn sicrhau nad yw unrhyw ddata hanfodol wedi'u gadael allan.

16 Cyfansymiau o eitemau tebyg o ddata rhifiadol yw cyfansymiau swp. Caiff y cyfanswm swp ei fewnbynnu hefyd fel y gall y cyfrifiadur gadarnhau ei fod yn gywir.

17 Defnyddir gwireddu i ddod o hyd i wallau trawsgrifio neu drawsyrru.

18 Enghraifft o wiriad gweledol yw darllen proflenni dogfen.

19 Mae allweddu dwbl yn golygu mewnbynnu data ddwywaith. Ni fydd y cyfrifiadur yn derbyn y data oni bai bod y ddau gopi'n union yr un fath.

20 Didau ychwanegol yw didau paredd a ychwanegir at ddata i ddarganfod gwallau trawsyrru.

Cwestiynau ymarfer 7

1 Pa ddull mewnbynnu (AMG, ANG, ANIM neu godau bar) sy'n fwyaf tebygol o gael ei ddefnyddio ar gyfer pob un o'r canlynol?

a) Darllen y data ar sieciau banc.

b) Darllen y data ar docynnau loteri.

c) Sganio testun i brosesydd geiriau.

ch) Cofnodi manylion llyfrau a roddir ar fenthyg gan lyfrgell. [4]

2 Disgrifiwch wiriad dilysu addas ar gyfer pob un o'r mathau canlynol o ddata mewnbwn:

a) Y mis mewn dyddiad a roddir ar ffurf rifiadol (e.e. 12/04/05).

b) Set o farciau arholiad.

c) Rhif cyfrif ar gerdyn credyd. [3]

3 Cafodd John Jones ei eni ar 12/09/85. Pan gafodd ei ddata eu mewnbynnu i gronfa ddata gyfrifiadurol, ymddangosodd y data fel John Joness a 12/99/85. Pa un o'r ddau wall hyn a fyddai wedi cael ei ddarganfod gan wiriad dilysu a pha un a fyddai wedi cael ei ddarganfod gan wiriad gwireddu? [2]

A allwch chi gofio...?

1 Pa ddull dilysu a ddefnyddir gyda chodau bar?

2 Beth yw'r ddau brif ddull a ddefnyddir i wireddu data?

3 Beth y mae gwiriad presenoldeb yn ei wneud?

4 Am beth y mae AMG yn sefyll?

5 Am beth y mae ANG yn sefyll?

6 Am beth y mae ANIM yn sefyll?

7 Pam y defnyddir paredd? Beth y mae'n ei olygu os yw system yn defnyddio eilbaredd?

8 Wrth gasglu data, pa fantais sydd gan holiaduron dros gyfweliadau?

8 Storio gwybodaeth

8.1 Mathau o ddata

Mae cyfrifiaduron yn gallu prosesu llawer gwahanol fathau o ddata. Mae'r tabl isod yn rhestru'r prif fathau:

Math Data	Enghraifft	Disgrifiad
Llinyn Testun (Alffaniwmerig)	John Jones	Testun yn cynnwys llythrennau, rhifau neu nodau eraill megis atalnodau.
Cyfanrif	43	Unrhyw rif cyfan (positif neu negatif ond nid ffracsiynau).
Degolyn (Real)	432.5	Unrhyw rif gan gynnwys rhifau cyfan a ffracsiynau.
Arian Cyfred	£12.50	Arian (gan gynnwys arian cyfred tramor megis $ neu €).
Dyddiad/Amser	04/10/06	Unrhyw amser neu ddyddiad. Mae'r ffordd y caiff yr amser neu'r dyddiad ei arddangos yn dibynnu ar ei fformat.
Maes wedi'i Gyfrifo	Cyfrifo cyfartaledd marciau arholiad	Data a gyfrifir o eitemau eraill o ddata.
Llun		Graffig (didfap neu fector).
Sain	'Bîp' o ddarllenydd codau bar	
Fideo	Cyflwyniad fideo i gêm gyfrifiadurol	

ASCII: Y Cod Safonol Americanaidd ar gyfer Ymgyfnewid Gwybodaeth. System o ddigidau deuaidd sy'n cynrychioli llythrennau, rhifau a nodau eraill. Dyma'r system a ddefnyddir amlaf i roi cod rhifiadol i bob nod.

Mae'r ddau fath olaf o ddata yn dangos anfanteision papur – mae hi'n amhosibl dangos y mathau hyn o ddata ar dudalen brintiedig. Gall cyfrifiadur ar y llaw arall gynhyrchu seiniau ac arddangos clipiau fideo neu graffigau wedi'u hanimeiddio.

Mewn gwirionedd, rhifau yn unig y gall cyfrifiaduron eu prosesu. Felly rhaid i'r holl fathau hyn o ddata gael eu cynrychioli fel rhifau cyn y gellir eu prosesu. Er enghraifft, mae cod rhifiadol yn gysylltiedig â phob nod mewn darn o destun, a gellir codio pob picsel mewn graffig didfap yn ôl ei liw.

8.2 Ffeiliau, cofnodion, meysydd

MAES: Un eitem o ddata.

Un eitem o ddata yw **maes**. Pan gaiff data eu storio mewn maes, rhaid pennu'r math o ddata, ac ni all data o unrhyw fath arall gael eu storio ynddo.

Enghreifftiau o feysydd a'u mathau:

- Cyfenw – llinyn
- Dyddiad geni – dyddiad
- Pris gwerthu – arian cyfred.

COFNOD: Casgliad o feysydd cysylltiedig.

Mae **cofnod** yn cynnwys casgliad o feysydd cysylltiedig. Er enghraifft, bydd cofnod disgybl mewn cronfa ddata ysgol yn cynnwys meysydd sy'n ymwneud â'r disgybl hwnnw'n unig (cyfenw, enw cyntaf, dyddiad geni, dosbarth, ac ati). Ni fydd yn cynnwys data am unrhyw ddisgybl arall.

FFEIL: Casgliad o gofnodion cysylltiedig.

Enghraifft: Hoffai ysgol greu ffeil syml o enwau ei disgyblion a'u dyddiadau geni. Mae gan y ffeil sy'n cynnwys data'r disgybl y **tabl strwythur data** canlynol:

TABL STRWYTHUR DATA: Rhestr o'r meysydd mewn ffeil a'u mathau.

Enw Maes	Math o Faes
Rhif Adnabod y Disgybl	Cyfanrif
Cyfenw	Llinyn
Enw Cyntaf	Llinyn
Dyddiad Geni	Dyddiad

Mae'r ffeil ei hun yn cael ei harddangos yn y tabl nesaf:

Rhif Adnabod y Disgybl	Cyfenw	Enw Cyntaf	Dyddiad Geni
4001	Jenkins	Jennifer	16/05/1992
4002	Smith	Sally	04/09/1991
4003	Thomas	Talfryn	12/05/1992
4004	Williams	Iestyn	16/04/1993
4005	Williams	Walter	03/06/1991

Mae gan y **ffeil** hon **bum cofnod**. (Mae'r rhes mewn melyn yn enghraifft o un cofnod.)

Mae gan bob **cofnod** yn y ffeil hon **bedwar maes**. (Mae pob colofn yn cynrychioli maes.)

Mae un maes yn cynnwys **eitem unigryw o ddata** sy'n ei gwneud hi'n bosibl adnabod pob cofnod. Y **maes allweddol** yw hwn.

Y maes allweddol yn yr enghraifft hon yw'r maes **Rhif Adnabod y Disgybl**: ni fyddai gan unrhyw ddau ddisgybl yr un rhif adnabod (ond, er enghraifft, gallai fod ganddynt yr un dyddiad geni).

Gall maes gael ei **drefnu** yn nhrefn ei faes allweddol.

Weithiau defnyddir mwy nag un maes yn faes allweddol. Os felly, cyfeirir atynt fel y prif faes allweddol, yr ail faes allweddol, ac yn y blaen.

156

Mae maes allweddol yn cynnwys eitem unigryw o ddata sy'n ei gwneud hi'n bosibl adnabod pob cofnod. Ni fydd gan unrhyw ddau gofnod yr un data yn eu **maes allweddol**.

8.3 Meysydd hyd penodol a hyd newidiol

Mae dau fath o faes:

- **Maes hyd penodol**: Mae hyd y maes (y nifer o nodau ynddo) wedi'i bennu, ac mae yr un fath ym mhob cofnod yn y ffeil.
- **Maes hyd newidiol**: Gall hyd y maes fod yn wahanol ym mhob cofnod.

8.3.1 Meysydd hyd penodol

Mae hyd y data mewn maes hyd penodol bob amser yr un fath.

Pan gaiff meysydd rhifiadol megis cyfanrifau eu storio, cânt eu cadw fel rheol yn y cof neu ar ddisg fel nifer penodol o feitiau. Mae nifer y beitiau wedi'i osod eisoes ac mae'n dibynnu ar y meddalwedd. Mae'r un peth yn wir am feysydd degolyn, arian cyfred a dyddiad.

Os defnyddir meysydd hyd penodol ar gyfer llinynnau (testun), yna gall fod angen ychwanegu nodau 'bwlch' i estyn y data i'r hyd sydd ei angen.

Os yw'r holl feysydd mewn cofnod yn feysydd hyd penodol, yna mae gan y ffeil gofnodion hyd penodol: mae pob cofnod yr un maint. Bydd prosesu'r ffeil yn gyflymach oherwydd y bydd y cyfrifiadur yn gwybod pa mor fawr yw pob cofnod a bydd yn gallu cyfrifo lle mae pob cofnod yn dechrau yn y ffeil.

Bydd hefyd yn gallu cyfrifo lle bydd gwerth maes yn dechrau mewn cofnod, gan ei fod yn gallu cyfrif nifer y nodau.

Yna gellir defnyddio dulliau uniongyrchol o gyrchu data, a fydd yn cyflymu'r broses o adalw gwybodaeth.

BEIT: Nifer diffiniedig o ddidau (rhifau 1 neu 0). **1 beit = 8 did**. Mae'n cynrychioli un nod fel rheol.

157

Mae meysydd hyd penodol yn galluogi'r cyfrifiadur i gyfrifo ble y gellir dod o hyd i ddata, fel y gellir cyrchu'r data'n gyflymach.

Rhif Adnabod y Disgybl	Cyfenw	Enw Cyntaf	Dyddiad Geni
4001	Jenkins	Jennifer	16/05/1992

Cyfanrif (Maint penodol = 4 beit)   25 nod (= 25 beit)   30 nod (= 30 beit)   Dyddiad (Maint penodol = 4 beit)

Yn yr enghraifft hon o feysydd hyd penodol mewn cofnod, hyd y cofnod yw 63 beit. Bydd pob cofnod yn y ffeil yn 63 beit o hyd yn union.

8.3.2 Meysydd hyd newidiol

Nid oes angen ychwanegu nodau at y data mewn meysydd hyd newidiol i estyn y meysydd i hydoedd penodol, felly ni fydd y meysydd ond mor hir ag y mae'n rhaid iddynt fod ar gyfer y gwerthoedd data. Er enghraifft, bydd maes sydd â'r gwerth 'Nia' yn llai na maes sydd â'r gwerth 'Rhiannon'. Felly bydd maint y cofnodion yn llai nag ar gyfer cofnodion hyd penodol.

Bydd angen i'r cyfrifiadur wybod ble mae un maes yn gorffen a'r nesaf yn dechrau, felly defnyddir nodau arbennig o'r enw gwahanyddion rhwng pob maes a rhwng pob cofnod. I ddod o hyd i eitem benodol o ddata, bydd angen i'r cyfrifiadur fynd drwy'r ffeil gan gyfrifo nifer y gwahanyddion.

> **158**
> Nid oes gan feysydd hyd newidiol nodau ychwanegol, felly mae ffeiliau'n llai o faint.

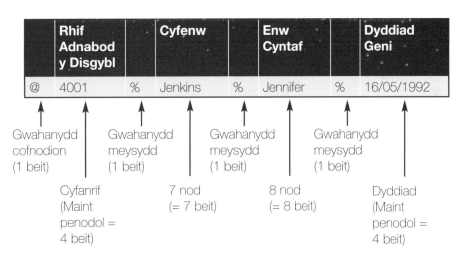

Yn yr enghraifft hon o feysydd hyd newidiol, cyfanswm hyd y cofnod yw 27 beit, ond bydd hyd pob cofnod yn wahanol gan ddibynnu ar y gwerthoedd data.

Cofnodion hyd penodol neu gofnodion hyd newidiol?

● Hyd penodol: Bydd prosesu'r data'n gyflymach, ond bydd y ffeiliau'n fwy o faint, felly bydd angen mwy o le storio pan gaiff y ffeil ei chadw yn y cof neu ar ddisg.
● Hyd newidiol: Mae ffeiliau'n llai o faint, ond ni all y cyfrifiadur ddefnyddio dulliau cyrchu uniongyrchol, felly bydd prosesu'r cofnodion yn arafach.

8.4 Defnyddio ffeiliau

Yn aml iawn defnyddir ffeiliau cyfan ar gyfer prosesu, a defnyddir yr holl gofnodion, ond ar adegau nid oes angen ond un cofnod ar y tro. Mae rhai ffeiliau'n barhaol ac mae angen eu diweddaru, ond dros dro yw ffeiliau eraill a gellir eu dileu ar ôl iddynt gael eu defnyddio.

8.4.1 Meistr-ffeil

Ffeil barhaol yw meistr-ffeil. Dyma'r brif ffeil o ddata a ddefnyddir gan fusnes a gall gynnwys nifer mawr o gofnodion â llawer o feysydd. Bydd y data sy'n cael eu storio yn ddata pwysig sydd eu hangen ar y busnes yn aml, megis manylion cwsmeriaid, data rheoli stoc a gwybodaeth am werthiant.

Mae'n hanfodol i fusnes ei ddiogelu ei hun rhag colli ei feistr-ffeil, gan fod llwyddiant y busnes yn dibynnu arni i raddau helaeth. Rhaid rhoi mesurau diogelwch yn eu lle i sicrhau na all y feistr-ffeil gael ei difrodi na'i chyrchu gan hacwyr.

Caiff meistr-ffeiliau eu trefnu yn nhrefn eu prif faes allweddol fel rheol.

MEISTR-FFEIL: Y brif ffeil a ddefnyddir gan fusnes; rhaid ei diweddaru'n rheolaidd.

Enghreifftiau o feysydd mewn meistr-ffeil stoc:
- **Rhif adnabod y stoc**: Y maes allweddol sy'n cynnwys eitem unigryw o ddata sy'n ei gwneud hi'n bosibl adnabod pob eitem o stoc.
- **Disgrifiad**: Beth yw'r eitem.
- **Pris gwerthu**: Y swm y gwerthir yr eitem amdano.
- **Lefel y stoc**: Faint o'r eitem hon sydd mewn stoc ar hyn o bryd.
- **Lefel ailarchebu:** Pan fydd lefel y stoc yn cyrraedd y lefel hon, bydd angen archebu rhagor o'r eitem.
- **Rhif adnabod y cyflenwr**: Cod cyflenwr yr eitem.
- **Gwerthiant y mis hwn**: Faint o'r eitem a werthwyd y mis hwn.
- **Gwerthiant eleni**: Faint o'r eitem a werthwyd eleni.

Bydd llawer o feysydd eraill, er enghraifft, faint o'r eitem a archebwyd eleni, y dyddiad y cafodd yr eitem ei gwerthu ddiwethaf, codau categori, nifer i'w ailarchebu, prisiau prynu, cod bar, ac ati.

8.4.2 Ffeil drafod

Ffeiliau dros dro yw ffeiliau trafod a ddefnyddir i ddiweddaru'r data yn y feistr-ffeil.

FFEIL DRAFOD: Ffeil dros dro a ddefnyddir i ddiweddaru'r feistr-ffeil bob cyfnod.

Bydd busnes yn penderfynu ar **gyfnod prosesu**. Hwn fydd yr amser rhwng diweddariadau o'r feistr-ffeil. Gall fod yn ddiwrnod, yn wythnos, yn fis neu'n flwyddyn hyd yn oed.

Ar ôl cwblhau'r diweddariad, gall y ffeil drafod gael ei dileu. Yn ymarferol, fodd bynnag, a hynny am resymau diogelwch, caiff ei chadw am gyfnod rhag ofn y bydd unrhyw broblemau gyda'r feistr-ffeil. Os felly, gellir rhedeg y diweddariad eto.

Gall busnes adwerthu bach roi ei werthiant ar gyfer pob cyfnod mewn ffeil drafod. Nid oes angen cofnodi'r holl feysydd ar y feistr-ffeil, felly bydd y ffeil drafod yn llai na'r feistr-ffeil. Yna bydd y feistr-ffeil yn cael ei diweddaru bob cyfnod.

Enghreifftiau o feysydd mewn ffeil drafod gwerthiant syml:

- **Rhif adnabod y trafod**: Y maes allweddol sy'n cynnwys eitem unigryw o ddata sy'n ei gwneud hi'n bosibl adnabod pob trafod.
- **Math**: Gwerthiant neu bryniant.
- **Dyddiad**: Dyddiad y trafod.
- **Rhif adnabod y stoc**: Yr eitem sydd wedi cael ei gwerthu.
- **Nifer**: Faint o'r eitem a werthwyd neu a brynwyd

Gall meysydd eraill gynnwys enw'r aelod o'r staff gwerthu neu enw'r cwsmer (os cafodd yr eitem ei harchebu drwy'r post), ond mae hefyd yn bwysig nodi'r meysydd sydd heb eu storio ar y ffeil drafod. Er enghraifft, nid oes angen cael y pris gwerthu na disgrifiad o'r eitem fel rhan o'r trafod gan fod y wybodaeth honno eisoes wedi'i storio ar y feistr-ffeil ac nid yw'n newid ar gyfer pob trafod.

8.4.3 Ffeil archif

Ffeil sydd wedi cael ei rhoi o'r neilltu i'w storio am gyfnod hir yw ffeil archif. Mae'n bosibl na chaiff ei defnyddio byth eto, ond ambell waith bydd sefyllfa'n codi lle mae angen i archwiliwr neu'r heddlu gyrchu eitem o wybodaeth sydd arni.

Bydd ffeil archif yn cynnwys cofnodion nad ydynt yn cael eu defnyddio bellach, ond y gall fod angen eu cyrchu o dro i dro.

Weithiau mae yna resymau cyfreithiol dros storio ffeiliau archif. Gall fod rhwymedigaeth gyfreithiol ar fusnes i storio manylion ei drafodion busnes am nifer o flynyddoedd.

Caiff ffeiliau archif eu storio oddi ar y safle'n aml. Nid yw'n syniad da llenwi cof cyfrifiadur â ffeiliau archif nad oes eu hangen yn aml.

Bydd rhai ffeiliau archif yn cael eu cadw am resymau hanesyddol hefyd. Gall llyfrgelloedd storio copïau wedi'u sganio o ddogfennau neu bapurau newydd fel y gellir gyfeirio atynt yn y dyfodol.

8.5 Cronfeydd data

Casgliad trefnedig o ffeiliau cysylltiedig yw cronfa ddata.

Y peth pwysig am gronfa ddata yw ei bod wedi'i threfnu i wneud cyrchu gwybodaeth yn gyflym a syml.

Enghraifft: Gall ysgol gadw cronfa ddata sy'n cynnwys:

- ffeil o fanylion y disgyblion;
- ffeil o fanylion y staff;
- ffeil o'r amserlen bresennol.

Mae'n bwysig bod athrawon yn gallu dod o hyd i unrhyw ddisgybl yn gyflym ar unrhyw adeg (yr ystafell, yr athro a'r wers sy'n cael ei dysgu).

Pan fyddwch yn creu cronfa ddata (ar gyfer eich gwaith cwrs), y dasg gyntaf yw penderfynu ar y ffeiliau (a elwir yn dablau yn Microsoft Access) a fydd yn cael eu storio a'r berthynas rhyngddynt: gall rhai o'r ffeiliau gael eu cysylltu drwy feysydd cyffredin. Er enghraifft, gall ffeil Amserlen gynnwys maes 'Rhif Adnabod Staff' sydd i'w gael mewn ffeil Staff hefyd.

Mae cronfa ddata'n caniatáu:

- diffinio a golygu'r **strwythur data** (enwau'r meysydd a'r mathau o feysydd);
- **mewnbynnu** a **golygu** data;
- **mewnforio** data o gronfeydd data neu gymwysiadau eraill;
- **chwilio** am ddata;
- **trefnu** data yn nhrefn yr wyddor neu mewn trefn rifiadol;
- **dilysu** data adeg eu mewnbynnu;
- creu **ffurflenni** sy'n arddangos y data mewn ffordd ddeniadol;
- allbynnu **adroddiadau**;
- gosod **lefelau diogelwch** i gyfyngu ar fynediad i ddata;
- cyrchu'r data ar gyfrifiaduron eraill os yw'r gronfa ddata ar **rwydwaith**.

Gweler Adran 4.7 hefyd.

159
> Mae'n bwysig penderfynu ar y ffeiliau mewn cronfa ddata a'r **berthynas** rhyngddynt. Nid yw cronfa ddata sydd wedi'i **strwythuro'n gywir** yn storio'r un data ddwywaith.

8.6 Storio ffeiliau

ENW FFEIL: Ffordd o adnabod ffeil.

ESTYNIAD FFEIL: Ffordd o adnabod y math o ffeil.

STORFA GYNORTHWYOL: Storfa a ddefnyddir i storio data a rhaglenni nad ydynt yn cael eu defnyddio ar y pryd. Storfa anghyfnewidiol (*non-volatile*) yw hon: caiff y data eu cadw'n barhaol.

Gall ffeiliau fod â strwythur sy'n wahanol i gasgliad o gofnodion data cysylltiedig. Mae gan ffeiliau graffeg a ffeiliau sain wahanol strwythurau.

Pan gaiff ffeil ei storio ar storfa gynorthwyol, rhoddir enw ac estyniad iddi. Er enghraifft gall dogfen prosesu geiriau gael ei chadw fel **project.doc** ar ddisg caled cyfrifiadur.

Gall yr enw fod yn unrhyw beth sy'n helpu'r defnyddiwr i ddod o hyd i'r ffeil yn hawdd, ond mae'r estyniad yn dangos pa fath o ffeil ydyw ac mae'n cael ei benderfynu gan y meddalwedd a ddefnyddiwyd i greu'r ffeil. Rhoddir rhai estyniadau ffeil cyffredin yn y tabl isod.

Estyniad ffeil	Math o ffeil
.doc	Dogfen Microsoft Word
.mdb	Dogfen Microsoft Access
.xls	Taenlen Microsoft Excel
.ppt	Cyflwyniad Microsoft PowerPoint
.txt	Ffeil testun
.bmp	Graffig didfap
.jpg	Graffig didfap cywasgedig
.htm neu .html	Tudalen we
.exe	Cymhwysiad (ffeil weithredadwy)

Er ei bod hi'n bosibl newid yr estyniad, nid yw'n syniad da gwneud hyn gan fod y confensiynau safonol yn galluogi'r cyfrifiadur i adnabod y math o ddata sydd mewn ffeil a llwytho'r meddalwedd priodol yn awtomatig i'w brosesu.

Lle cyfyngedig sydd gan bob dyfais storfa gynorthwyol, a bydd ffeiliau mawr yn llenwi'r lle storio sydd ar gael yn gyflym. Felly, wrth greu ffeiliau, cadwch nhw mor fach â phosibl. Bydd hefyd yn cymryd mwy o amser i lwytho ffeiliau mawr, ac i ddarganfod a chyrchu'r data mewn rhai achosion.

Os caiff data eu trawsyrru ar draws rhwydwaith, bydd ffeiliau bach yn cael eu hanfon yn gyflymach na rhai mawr.

Un ffordd o gadw ffeiliau cronfa ddata yn fach yw defnyddio data wedi'u codio. Er enghraifft, gall maes mewn ffeil ddisgyblion ddangos a yw'r disgyblion yn 'Gwryw' neu'n 'Benyw'. Mae'n well defnyddio'r codau 'G' neu 'B' yn y maes hwn.

Rhesymau dros godio data:

- Bydd ffeiliau'n **llai** o faint. Mae hyn yn golygu bod cyrchu'r data yn gyflymach, y defnyddir llai o le i storio'r ffeil, a bod ffeiliau'n cael eu hanfon yn gyflymach dros rwydwaith.
- Mae'n **llai tebygol y caiff camgymeriadau eu gwneud** wrth fewnbynnu'r data.
- Bydd rheol **ddilysu** syml yn gwirio'r data wrth iddynt gael eu mewnbynnu.

8.7 Cywasgu data

Ffordd arall o wneud ffeiliau'n llai yw cywasgu data. Mae amryw o dechnegau i 'bacio' y data ar ffeil fel eu bod yn cymryd llai o le storio wrth gael eu cadw neu eu trawsyrru dros rwydwaith.

Cyn gallu prosesu'r ffeil ddata, bydd angen ei datgywasgu.

Manteision cywasgu data:

- **Ffeiliau llai o faint.** Bydd y ffeiliau'n cymryd llai o le storio pan gânt eu cadw ar ddisg caled neu ar gyfrwng storio arall.
- **Trawsyrru cyflymach** wrth anfon data dros rwydwaith, neu wrth lwytho i lawr o'r Rhyngrwyd.

Gellir defnyddio **ffeiliau testun**, gan roi nodau sengl yn lle cyfuniadau cyffredin o nodau.

Enghraifft: Mae gan y frawddeg ganlynol 78 o nodau (gan gynnwys bylchau).

> Mae nifer o ddulliau o gywasgu ffeiliau fel eu bod yn llai pan gânt eu storio.

Os rhoddir y nod '@' yn lle'r cyfuniad o nodau 'iau', fel a ganlyn:

> Mae nifer o ddull@ o gywasgu ffeil@ fel eu bod yn llai pan gânt eu storio.

bydd gan y paragraff 74 o nodau.

Drwy ddefnyddio rhagor o nodau sengl yn lle cyfuniadau cyffredin o nodau, gellir gwneud y ffeil yn llai.

Defnyddir dulliau gwahanol i gywasgu **ffeiliau graffeg**. Gall graffigau didfap fod yn fawr iawn, ond gellir eu lleihau'n sylweddol drwy eu trawsnewid yn fformatau gwahanol (megis **JPEG** neu **GIF**). Gall peth manylder gael ei golli, ond ni fydd hyn yn amlwg i'r llygad dynol fel rheol.

Os byddwch yn creu gwefan, mae'n bosibl y bydd y lle sydd ar gael i chi yn gyfyngedig, felly mae'n bwysig cywasgu graffigau didfap yn fformatau sy'n cymryd llai o le.

Gellir cywasgu **ffeiliau fideo** drwy eu trawsnewid yn ffeiliau sy'n cymharu un ffrâm â'r ffrâm nesaf, ac anfon data am y newidiadau

---

160

Gellir **cywasgu** ffeiliau i'w gwneud yn llai eu storio, ac yn gyflymach eu trawsyrru dros rwydwaith, ond bydd angen eu **datgywasgu** cyn y gellir eu defnyddio.

161

Mae ffeiliau graffig **didfap** yn fawr ond gellir eu cywasgu'n fformatau eraill megis **JPEG** (.jpg) neu **GIF** (.gif), er enghraifft, i'w defnyddio ar dudalennau gwe, heb golli fawr ddim ansawdd.

162

Bydd ffeiliau sain .mp3 cywasgedig â chyfraddau didol isel yn ffeiliau llai o faint ond bydd eu hansawdd yn wael.

rhyngddynt yn unig. (Y fformat safonol ar gyfer ffeiliau fideo cywasgedig yw **MPEG**).

Caiff **ffeiliau sain** eu cywasgu'n fformat **MP3** fel rheol. Gellir dewis y gyfradd ddidol ar gyfer recordio'r sain. Po uchaf y gyfradd ddidol, gorau oll fydd ansawdd y recordiad, ond mwyaf i gyd fydd y ffeil. Bydd gan ffeiliau bach â chyfraddau didol isel ansawdd sain gwael.

Mae ffeiliau bach yn caniatáu i bobl lwytho ffeiliau cerddoriaeth i lawr o'r Rhyngrwyd: hyd yn oed pan nad ydynt i fod i wneud hynny. Mae hyn hefyd yn caniatáu i gerddorion werthu eu cerddoriaeth yn uniongyrchol dros y Rhyngrwyd, heb orfod cael contract â'r cwmnïau recordio mawr.

Mae rhaglenni cywasgu cyffredinol ar gael hefyd a fydd yn cywasgu unrhyw ffeil i faint llai. Yr enw a roddir ar hyn yw **sipio** ffeil, a'r estyniad ffeil ar gyfer y ffeil newydd yw **.ZIP**. Pan gaiff y ffeil ei datgywasgu, dywedwn ei bod hi'n cael ei **datsipio**.

Yn aml, pan gaiff ffeiliau eu rhoi yn yr archif, cânt eu cadw mewn fformat cywasgedig, a gellir cywasgu llawer o ffeiliau'n un ffeil archif.

> **163**
> Gall grwpiau o ffeiliau gael eu **sipio** yn un ffeil gywasgedig, ond bydd angen ei **datsipio** cyn y gellir defnyddio'r ffeiliau.

■ Gweithgaredd 8.1   Graffigau a fformatau cywasgu

1 Dewch o hyd i graffig didfap a chadwch ef fel ffeil .BMP. Mae hon heb ei chywasgu, ac mae lliw pob picsel yn y ddelwedd wedi'i storio.
2 Gwnewch nodyn o faint y ffeil.
3 Yn awr cadwch yr un llun mewn fformatau gwahanol (.JPG, .GIF, .TIF, .PNC, ac ati) a chymharwch faint y ffeiliau.
4 Crëwch daenlen a chofnodwch faint y ffeiliau, a chyfrifwch y canran o'r maint gwreiddiol.
5 Rhowch gynnig ar hyn gyda gwahanol graffigau. Dewiswch rai ffotograffau a rhai graffigau sydd ag arwynebeddau mawr o'r un lliw (megis cartŵn).

8.8 Diogelu data

> **164**
> Mae colli data pwysig yn gallu bod yn drychinebus i fusnes.

Mae diogelwch yn hynod o bwysig i'r rhan fwyaf o fusnesau a sefydliadau. Pe bai data pwysig yn cael eu colli, gallai'r canlyniadau fod yn ddifrifol iawn, gan arwain at:

● Golli cwsmeriaid. Bydd cwsmeriaid anhapus yn mynd i rywle arall.
● Peidio â derbyn tâl am nwyddau.
● Cyhoeddusrwydd gwael. Mae busnes yn dibynnu ar ei enw da.
● Problemau llif arian wrth i'r system gyfrifydda dorri i lawr.
● Rheolwyr yn methu â phenderfynu gan nad oes digon o wybodaeth.

Caiff data eu storio'n aml ar ddisgiau caled cyfrifiaduron, felly mae'n bwysig sicrhau bod y cyfrifiaduron eu hunain yn ddiogel. Mae nifer o ddulliau corfforol o sicrhau bod y data ar gyfrifiaduron yn ddiogel, ac mae yna rai dulliau meddalwedd hefyd.

Os yw'r data yn ddiogel:

● Ni allant gael eu dinistrio.
● Ni allant gael eu newid yn ddamweiniol nac yn faleisus.
● Ni allant fynd i ddwylo pobl sydd heb awdurdod i'w defnyddio.

8.8.1 Dulliau corfforol

Mae angen diogelu cyfrifiaduron rhag trychinebau naturiol megis tân a llifogydd yn ogystal â difrod bwriadol neu ladrad. Os caiff cyfrifiadur ei ddifrodi neu ei ddwyn, bydd yr un peth yn digwydd i'r data sydd wedi'u storio arno.

Cloeon

Dylai ystafelloedd cyfrifiaduron gael eu cloi a dim ond pobl ag awdurdod a ddylai gael allweddi i'w hagor. Ni ddylai ystafelloedd cyfrifiaduron fod ar y llawr gwaelod lle gall pobl weld y cyfarpar drwy edrych drwy'r ffenestri. Mae'n bwysig cadw'r ffenestri dan glo hefyd.

Mae gan rai cyfrifiaduron gasys â chloeon sy'n rhwystro pobl rhag eu troi ymlaen.

Hefyd, i rwystro lladron, gall cyfrifiadur gael ei folltio ar ddesg neu gellir defnyddio cebl dur cryf (gyda chlo) i'w gysylltu â'r ddesg.

Larymau

Dylai fod **systemau larwm rhag lladron** yn eu lle i amddiffyn ystafelloedd cyfrifiaduron neu ystafelloedd lle cedwir cyfarpar pwysig neu werthfawr. Dylid gosod synwyryddion i ganfod unrhyw ymdrech i fynd i mewn i'r ystafell ac ymateb i hyn drwy seinio larwm.

Dylai **systemau diogelu rhag tân** roi rhybudd os oes tân a cheisio ei reoli drwy ddefnyddio dulliau nad ydynt yn defnyddio dŵr (er enghraifft, drwy lenwi'r ystafell â nwy megis carbon deuocsid).

Adnabod

Weithiau mae angen i system gyfrifiadurol adnabod y person sy'n ceisio cael mynediad i'r ystafell neu'r cyfrifiaduron.

I gael mynd i mewn i ystafell, efallai y bydd gofyn i ddefnyddiwr lithro ei gerdyn adnabod drwy ddarllenydd cardiau. Bydd y darllenydd wedi'i gysylltu â'r system gyfrifiadurol a fydd yn sicrhau bod gan y defnyddiwr awdurdod i ddod i mewn cyn agor y drws.

Mae **systemau biometrig** yn defnyddio nodweddion corfforol megis llais i adnabod defnyddiwr. Bydd y gweithiwr yn siarad i mewn i ficroffon a bydd y cyfrifiadur yn dadansoddi patrwm y llais i ddarganfod a yw'n perthyn i ddefnyddiwr awdurdodedig.

Mae systemau eraill yn sganio olion bysedd neu retina'r llygad, neu'n adnabod nodweddion yr wyneb. Mae'r systemau hyn, er nad ydynt yn berffaith eto, yn cynnig lefel uchel o ddiogelwch ond maent yn ddrud eu prynu a'u gosod.

Bydd cloi ystafelloedd cyfrifiaduron a gosod ceblau cryf yn ei gwneud hi'n anodd dwyn cyfrifiaduron.

Ffigur 8.1 *Gellir defnyddio ceblau dur a chloeon cryf i gysylltu cyfrifiaduron â'r ddesg.*

Ffigur 8.2 *Gall fod angen rhoi cerdyn adnabod drwy ddarllenydd cardiau i gael mynd i mewn i ystafell.*

SYSTEM FIOMETRIG: System ddiogelwch sy'n defnyddio nodweddion corfforol megis olion bysedd, llais, nodweddion yr wyneb neu retina'r llygad i adnabod pobl.

Ffigur 8.3 *Mae sganiau o'r retina yn taflunio paladr isgoch pŵer-isel ar batrwm y pibellau gwaed yng nghefn y llygad.*

8.8.2 Dulliau meddalwedd

Mae **dilysu** yn golygu adnabod pobl a chadarnhau pwy ydynt.

Cyfrineiriau

Ffordd arall o adnabod defnyddiwr yw defnyddio system o **gyfrineiriau**. Mae pawb sydd wedi'i awdurdodi i ddefnyddio system gyfrifiadurol yn cael enw defnyddiwr y gall y system ei adnabod. Mae pob defnyddiwr hefyd yn cael cyfrinair y mae'n rhaid iddynt ei deipio i mewn bob tro y maent yn mewngofnodi. Ni fydd y cyfrifiadur yn caniatáu mynediad i ddefnyddiwr oni bai ei fod yn ei adnabod ac oni bai ei fod yn mewnbynnu'r cyfrinair cywir.

Gellir defnyddio cyfrinair i ddiogelu ffeiliau unigol hefyd. Rhaid i'r defnyddiwr fewnbynnu'r cyfrinair cyn y gall ddefnyddio'r ffeil.

Copïau wrth gefn

Dylid gwneud copïau rheolaidd o ddata pwysig. Os bydd problem yn codi gyda'r ffeil ddata, gellir defnyddio'r copi yn ei le.

Gall copïau wrth gefn o ffeiliau data gael eu gwneud yn lleol (caiff y copi ei gadw ar ddisg caled yr un cyfrifiadur) ond os caiff y cyfrifiadur ei ddwyn fe fydd y gwreiddiol a'r copi yn cael eu colli.

Gellir gwneud copïau ar gyfryngau rhydd megis CD, DVD neu dâp magnetig. Dylid cadw'r copi mewn lle diogel megis ystafell wedi'i chloi neu sêff wrthdan ac mewn lleoliad gwahanol i'r gwreiddiol os oes modd.

Bydd llawer o sefydliadau'n gwneud copïau wrth gefn o'u data bob diwrnod gwaith. Gellir gosod cyfrifiaduron i wneud copïau ar adegau rheolaidd (bob nos efallai pan fydd y cyfrifiaduron yn llai prysur).

RHIF ADNABOD PERSONOL (*PIN*): System ddiogelwch lle mae'r *PIN* sydd wedi'i storio ar gerdyn credyd yn hysbys i'r perchennog yn unig. Defnyddir rhifau *PIN* ar gloeon hefyd i gyfyngu mynediad i staff awdurdodedig.

COPI WRTH GEFN: Copi o ffeil a gedwir rhag ofn y caiff y ffeil wreiddiol ei cholli neu ei llygru.

AMGRYPTIO: Codio data fel na all neb ond y defnyddiwr awdurdodedig eu darllen.

Amgryptio

Gall data gael eu newid yn godau cyfrinachol fel na all neb eu darllen heblaw am y rheiny sydd wedi'u hawdurdodi. Yr enw a roddir ar hyn yw **amgryptio** ac mae'n ffordd dda o sicrhau na all neb ddefnyddio data sensitif neu bersonol sy'n cael eu cyrchu neu eu rhyng-gipio ar rwydwaith. Byddai gan y sawl sydd i fod i dderbyn y data ffordd o'u datgodio. Er enghraifft, byddai rhifau cardiau credyd yn cael eu hamgryptio wrth eu hanfon dros y Rhyngrwyd. Pe bai'r data yn cael eu rhyng-gipio gan haciwr, byddai'r data hynny yn ddiystyr.

Priodweddau ffeil

Mae gan ffeiliau rai nodweddion, o'r enw priodweddau ffeil, y gall y defnyddiwr eu gosod. Un o'r rhain yw'r briodwedd 'darllen yn unig'. Os caiff hon ei gosod, gallwch edrych ar y ffeil ond ni allwch ei newid. Mae llawer o broblemau gyda data yn cael eu hachosi wrth i ddefnyddwyr newid neu ddileu ffeiliau'n ddamweiniol. Bydd gosod y briodwedd 'darllen yn unig' yn sicrhau na all hyn ddigwydd.

Ffigur 8.4 *Bydd gosod priodwedd 'darllen yn unig' ffeil yn sicrhau na ellir ei newid na'i dileu'n ddamweiniol.*

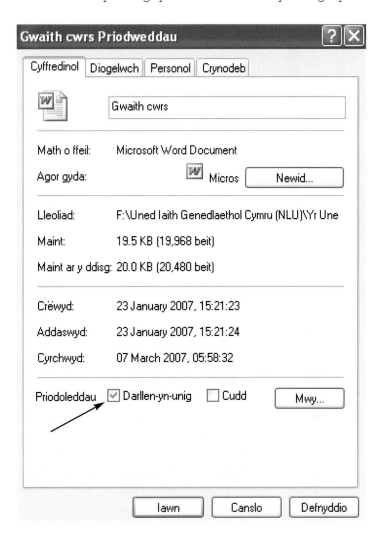

179

Crynodeb

01 Mae llawer math o ddata, ond defnyddir rhifau i gynrychioli pob darn o ddata fel y gall y cyfrifiadur ei brosesu.

02 Casgliad o gofnodion cysylltiedig yw ffeil.

03 Casgliad o feysydd cysylltiedig yw cofnod.

04 Un eitem o ddata yw maes.

05 Mae tabl strwythur data yn rhoi rhestr o'r meysydd mewn cofnod a'u mathau.

06 Mae maes allweddol yn cynnwys eitem unigryw o ddata sy'n ei gwneud hi'n bosibl adnabod pob cofnod.

07 Mae gan feysydd hyd penodol yr un nifer o nodau bob amser.

08 Mae meysydd hyd newidiol yn cael eu storio gyda nodau o'r enw gwahanyddion rhyngddynt.

09 Caiff meysydd hyd penodol eu prosesu'n gyflymach.

10 Nid oes angen cymaint o le storio ar feysydd hyd newidiol.

11 Ffeil fawr o ddata parhaol yw meistr-ffeil.

12 Ffeil dros dro a ddefnyddir i ddiweddaru'r feistr-ffeil yw ffeil drafod.

13 Ffeil sy'n cael ei storio am gyfnod hir yw ffeil archif.

14 Casgliad trefnedig o ffeiliau cysylltiedig yw cronfa ddata.

15 Defnyddir enwau ffeil i adnabod ffeiliau sy'n cael eu storio.

16 Mae estyniadau ffeil yn dangos y mathau o ffeiliau.

17 Mae cywasgu data yn gwneud ffeil yn llai (bydd angen llai o le storio arni a bydd yn gyflymach i'w llwytho i lawr neu ei hanfon dros rwydwaith).

18 Gellir gwneud data'n ddiogel drwy:
- gloi ystafelloedd a chyfrifiaduron;
- defnyddio larymau lladron a larymau tân;
- defnyddio cardiau adnabod i gyfyngu ar fynediad i ystafelloedd a chyfrifiaduron;
- defnyddio systemau biometrig i gyfyngu ar fynediad i ystafelloedd a chyfrifiaduron;
- defnyddio cyfrineiriau;
- gwneud copïau wrth gefn yn rheolaidd a'u storio'n ddiogel;
- amgryptio data;
- gosod priodweddau ffeil.

Cwestiynau ymarfer 8

1 Mae siop sy'n gwerthu CDau cerddoriaeth yn cadw gwybodaeth amdanynt ar gronfa ddata. Dyma ran o'r gronfa ddata hon:

Cod	Teitl	Artist	Math	Cost(£)	Stoc
7203	Dannedd yn Sgyrnygu	Sgyrnygwyr Milain	Roc	£9.99	5
7204	Awen Las	Siôn Drist	Y felan	£5.99	2
7205	Dyddiau Gwyllt	Y Gwallgofddynion	Roc	£7.99	3
7206	Byw'n Braf	Dai Jones	Jas	£7.99	1

    a) Pa fathau data yw'r meysydd canlynol: Artist; Stoc; Cost(£)? [3]

    b) Pa faes yw'r maes allweddol? [1]

    c) Enwch ddau faes arall y gellir eu defnyddio yn y gronfa ddata hon. [2]

    ch) Rhowch un rheswm pam y byddai perchennog y siop yn ychwanegu cofnod newydd. [1]

    d) Rhowch un rheswm pam y byddai perchennog y siop yn dileu cofnod. [1]

    dd) Rhowch un rheswm pam y byddai perchennog y siop eisiau golygu cofnod. [1]

    Weithiau bydd data'n cael eu storio fel meysydd hyd penodol ac weithiau fel meysydd hyd newidiol.

    e) Rhowch un fantais defnyddio meysydd hyd penodol. [1]

    f) Rhowch un fantais defnyddio meysydd hyd newidiol. [1]

2 Mae'n bwysig bod busnes yn cadw ei ffeiliau data'n ddiogel.

    a) Disgrifiwch ddau ddull corfforol o gadw data'n ddiogel. [2]

    b) Disgrifiwch ddau ddull meddalwedd o gadw data'n ddiogel. [2]

A allwch chi gofio...?

1 Beth yw maes? Beth yw cofnod? Beth yw ffeil?

2 Defnyddir ffeil drafod yn aml i ddiweddaru meistr-ffeil. Beth yw'r gwahaniaethau rhwng meistr-ffeil a ffeil drafod?

3 Beth yw ffeil archif?

9

Trin gwybodaeth

9.1 Trefnu a diweddaru ffeiliau

Fel rheol ni fydd ffeiliau o ddata yn aros yr un fath am hir. Bydd angen eu newid wrth i fusnesau newid. Efallai y bydd busnes yn cyflogi rhagor o staff neu'n symud i adeilad newydd. Efallai y bydd yn mynd yn llai neu'n newid y nwyddau y mae'n eu gwerthu. Nid oes unrhyw bwynt cael data sy'n anghywir neu'n hen, felly rhaid i'r ffeiliau data gael eu diweddaru'n barhaus.

Gall fod angen newid y drefn y mae'r data'n cael eu storio ynddi. Dychmygwch lyfr ffôn lle mae'r enwau wedi'u storio yn nhrefn rifiadol yn ôl rhif ffôn. Byddai'n hawdd dod o hyd i rywun y mae ei rif ffôn yn 639247 ond yn anodd iawn dod o hyd i rif ffôn person penodol! Mae angen trefnu'r data yn nhrefn yr wyddor yn ôl enw i'w gwneud hi'n hawdd darganfod rhif ffôn y person hwn, er enghraifft, Thompson P.J.

Efallai y bydd angen golygu'r data. Mae'r tabl isod yn rhoi'r pedwar prif reswm dros ddiweddaru ffeiliau, ac yn defnyddio gweithgareddau llyfrgell yn enghreifftiau i egluro pob un.

Math o ddiweddariad	Rheswm
Trefnu'r data	**I gyflymu'r broses o chwilio am ddata.** Gall cais am lyfr arwain at chwilio'r ffeil ddata i ddarganfod a yw'r llyfr yn y llyfrgell.
Golygu'r data	**Gall fod angen newid neu gywiro'r data.** Gall aelod o'r llyfrgell sy'n fenyw briodi a bydd angen newid ei henw ar y ffeil aelodau.
Ychwanegu data newydd	**Gall fod angen ychwanegu cofnod newydd at y ffeil.** Mae llyfr newydd ei gyhoeddi yn cael ei brynu gan y llyfrgell, felly mae angen ychwanegu'r data at y ffeil stoc.
Dileu hen ddata	**Gall fod angen dileu cofnod o'r ffeil.** Mae llyfr yn cael ei golli neu ei ddifrodi'n ddrwg, felly mae'n cael ei dynnu o ffeil stoc y llyfrgell.

9.2 Chwilio am wybodaeth

167

> Gall gymryd peth amser i ddod o hyd i wybodaeth berthnasol a chyfoes ac mae angen gwybod ble i edrych.

Bydd angen gwybodaeth ar bobl yn aml, er enghraifft, i ysgrifennu adroddiad busnes, i gwblhau gwaith cartref, i ddatrys problem, neu i greu cyflwyniad ar gyfer parti plant, ac ati. Gellir cael gwybodaeth o lawer o ffynonellau heddiw, a'r peth cyntaf i'w wneud wrth chwilio amdani yw penderfynu ble i edrych.

Dyma ychydig o leoedd lle gallwch ddod o hyd i wybodaeth. Mae'n bosibl na fydd pob un yn addas ar gyfer chwiliad penodol.

9.2.1 Cronfeydd data

> **CH**WILIAD SYML:
> Chwiliad ag un maen prawf chwilio yn unig.

> **CH**WILIAD CYMHLETH:
> Chwiliad sy'n defnyddio mwy nag un maen prawf a gweithredyddion fel OR ac AND.

Gall fod gan fusnes gronfa ddata fawr o wybodaeth ddefnyddiol sydd ei hangen ar y staff, neu gall fod gan eich ysgol gronfa ddata sy'n caniatáu i'r athrawon ddod o hyd i wybodaeth yn gyflym, er enghraifft, cyfeiriad disgybl.

I chwilio cronfa ddata, rydych chi'n creu Ymholiad sy'n manylu ar y data yr ydych chi'n chwilio amdano a'r meysydd yr hoffech eu gweld yn cael eu harddangos yn y canlyniad.

Yr eitemau o ddata yr ydych chi'n chwilio amdanynt yw'r meini prawf chwilio. Os yw'r meini prawf chwilio yn cynnwys un maes yn unig, chwiliad syml ydyw. Os yw'r chwiliad yn cynnwys mwy nag un maes, chwiliad cymhleth ydyw. (Gweler Adran 4.7.2 hefyd.)

9.2.2 Y Rhyngrwyd

168

> Peidiwch â defnyddio hen wefannau a all roi gwybodaeth sy'n anghywir neu wedi dyddio.

Mae'r Rhyngrwyd yn ffynhonnell werthfawr o wybodaeth ond rhaid bod yn ofalus! Mae'n ddoeth defnyddio nifer o wahanol wefannau a chyrchu gwefannau sydd ag enw da.

I ddod o hyd i wybodaeth ar y Rhyngrwyd defnyddir un o'r peiriannau chwilio niferus sydd ar gael. Mae angen bod yn fanwl wrth wneud chwiliadau neu fe gewch eich boddi gan nifer yr ymatebion! (Gweler Adran 2.3.4 hefyd.)

9.2.3 CD-ROMau a DVDau

Mae CD-ROMau a DVDau ar gael sy'n cynnwys cronfeydd data y gellir eu chwilio. Mae gan rai ohonynt wyddoniaduron cyflawn sy'n cynnig testun, sain a chlipiau fideo ac mae eraill yn ymdrin â phynciau arbenigol.

Ffigur 9.1 *Gellir prynu gwyddoniaduron fel Encarta ar DVD. Mae ganddynt gyfleusterau chwilio i'ch helpu i ddod o hyd i wybodaeth.*

9.2.4 Ffeiliau wedi'u cadw ar ddisgiau

Gall ffeiliau megis dogfennau gael eu cadw ar ddisg a'u defnyddio eto neu eu golygu'n ddiweddarach, ond weithiau mae'n anodd cofio ble yr ydych chi wedi'u cadw. Felly mae'n bwysig cadw trefn ar eich disgiau:

- Gwnewch yn siŵr y rhoddir **enw ystyrlon** i bob ffeil pan gaiff ei chadw.
- Dylech greu **strwythur cyfeiriadur (ffolderi) priodol** gydag enwau synhwyrol. Dylai hwn fod yn strwythur hierarchaidd, hynny yw, prif ffolder gydag is-ffolderi. Gall yr is-ffolderi hyn gael eu his-ffolderi eu hunain, ac yn y blaen.
- Os defnyddiwch **ddisgiau hyblyg** dylech eu labelu'n glir.

Mae gan gyfrifiaduron gyfleusterau chwilio i ddod o hyd i ffeiliau ar ddisg. Gallwch chwilio am ffeil ag enw penodol, neu ddefnyddio nodchwilwyr i ddod o hyd i enwau rhannol. Gallwch hefyd chwilio am ffeiliau testun sy'n cynnwys geiriau neu ymadroddion penodol, neu ffeiliau a gafodd eu cadw ar adegau penodol.

> ₁₆₉
> Cadwch eich ffeiliau mewn trefn ac ni fyddwch yn gwastraffu amser yn ceisio dod o hyd iddynt.

Ffigur 9.2 *Mae Windows yn caniatáu ichi chwilio am ffeiliau sydd â'r ymadrodd 'gwaith cartref' ynddynt.*

9.3 Datblygu gwybodaeth

Pan fyddwch wedi cael yr wybodaeth yr ydych chi'n chwilio amdani, beth nesaf? Wel mae hynny'n dibynnu ar y math o broject yr ydych chi'n ei wneud. Os yw'r project yn waith ymchwil, tasg gwaith cartref neu ddarn o waith cwrs, bydd angen ichi ddod â'r holl destun, ystadegau neu graffigau at ei gilydd mewn un lle. Y ffordd hawsaf o wneud hyn yw creu project newydd (dogfen, cyhoeddiad DTP, taenlen neu gronfa ddata wag) a defnyddio technegau 'copïo a gludo'.

Gall ffeiliau sydd wedi cael eu cadw ar ddisg, CD neu DVD gael eu mewnforio i'ch project. Gallwch fewnforio ffeiliau testun i ddogfen neu gyhoeddiad, neu fewnforio ffeiliau data i gronfa ddata neu daenlen. Hefyd mae'n bosibl mewnforio delweddau graffig i bron unrhyw raglen gyfrifiadurol.

> Ar ôl cael eich data, bydd angen eu datblygu.

Math o ffeil	Datblygu'r data
Dogfennau a chyhoeddiadau	Gall gosodiad y **testun** a'r **delweddau** gael ei drin i sicrhau bod y project gorffenedig yn edrych yn dda. Gall fod angen addasu'r testun i fynd i'r lle sydd ar gael heb greu gweddwon neu amddifaid. Gellir newid maint y ffont ar gyfer penawdau, a bydd y fformatio terfynol yn sicrhau bod geiriau neu ymadroddion yn dal y llygad.
	Gall fod angen newid maint delweddau fel eu bod yn llenwi'r lle yn well, ond bydd ansawdd delweddau didfap yn dirywio os cânt eu helaethu gormod.
Cyflwyniadau	Gall cynnwys pob sleid mewn cyflwyniad gael ei animeiddio – y ffordd y maent yn ymddangos neu'n diflannu. Gellir eu gosod i hedfan i mewn o unrhyw gyfeiriad neu i ymddangos yn sydyn, neu i ddiflannu'n araf deg.
	Gall trawsnewidiadau sleid – y ffordd y mae un sleid yn newid i un arall – gael eu diffinio mewn sawl ffordd.
	Gellir ychwanegu **seiniau** neu **gerddoriaeth** i wella'r cyflwyniad a'i wneud yn fwy diddorol ei wylio.
	Gall rhai o'r sleidiau gynnwys **hypergysylltau** i sleidiau eraill.
Gwefannau	Mae angen diffinio **hypergysylltau** ar bob tudalen fel bod y gwyliwr yn gallu llywio rhwng tudalennau'r wefan. Gall rhai o'r hypergysylltau fod i wefannau eraill, a gall rhai ohonynt gael eu diffinio i anfon e-bost neu lwytho ffeil i lawr.
Taenlenni	Ar ôl mewnbynnu'r data a diffinio'r fformiwlâu yng nghelloedd taenlen, gellir defnyddio'r daenlen i wneud ymchwiliadau. Mae llawer o daenlenni yn efelychu digwyddiadau yn y byd go iawn, a chaiff y **fformiwlâu** eu diffinio i ddynwared ymddygiad yn y sefyllfa go iawn. Gellir defnyddio taenlenni i efelychu sefyllfaoedd sy'n anodd neu'n beryglus eu hatgynhyrchu – ni allech gynnal arbrawf ar ymdoddiad niwclear yn yr ystafell ddosbarth, ond gallech ddefnyddio taenlen i'w efelychu.
	Gellir ymchwilio i **efelychiadau** drwy newid yr wybodaeth mewn taenlen ac astudio'r effeithiau, a gellir rhoi prawf ar ragfynegiadau.
	Gellir defnyddio'r data i lunio **siartiau** a **graffiau** sy'n dangos canlyniadau ymchwiliad.
Cronfeydd data	Gall fod nifer o ffeiliau (tablau) mewn cronfa ddata a gellir diffinio'r **perthnasoedd** rhwng rhai o'r meysydd data. Mae hyn yn cael ei wneud fel rheol drwy gael meysydd cyffredin ym mhob un o'r ffeiliau cysylltiedig, ond dylai'r rhain fod yn feysydd allweddol yn unig.
	Gall y data gael eu **trefnu** yn nhrefn yr wyddor neu mewn trefn rifiadol i'w gwneud hi'n haws a chyflymach dod o hyd i wybodaeth.
	Gellir diffinio **chwiliadau** drwy greu ymholiadau, trefnu'r data sydd i gael ei arddangos, a phenderfynu ar y meini prawf chwilio a ddefnyddir.
	Wrth baratoi **adroddiadau** i'w hargraffu, bydd angen penderfynu ar y meysydd i'w cynnwys, sut y cânt eu chwilio a sut y caiff y canlyniadau eu trefnu a'u grwpio. Gellir cynnwys **cyfrifiadau** megis cyfansymiau neu gyfartaleddau hefyd.

9.4 Cyflwyno gwybodaeth

Yn ymarferol, mae project yn fwyaf tebygol o gynnwys cyfuniad o'r dulliau a ddisgrifiwyd yn yr adran flaenorol a bydd angen cyflwyno'r canlyniadau mewn amryw o wahanol ffyrdd. Un enghraifft fyddai ymchwiliwr yn defnyddio cronfa ddata i wneud chwiliadau, mewnbynnu'r canlyniadau i daenlen, llunio graff o'r canlyniadau a chyflwyno'r casgliadau terfynol ar wefan.

Mae nifer o wahanol ffyrdd o gyflwyno gwybodaeth, ac mae'n bwysig dewis y dull mwyaf priodol. Rhaid i'r dull a ddewisir a'r arddull gymryd i ystyriaeth y **gynulleidfa darged** (h.y. rhaid cwrdd ag anghenion y rheiny a fydd yn ei wylio). Hefyd rhaid i'r dull cyflwyno gyd-fynd â **phwrpas** y project.

Mae'r arddull ysgrifennu'n bwysig hefyd. Ni ddylech ddefnyddio geiriau anodd os yw eich cynulleidfa yn grŵp o blant ifanc, a pheidiwch â defnyddio bratiaith os bydd eich pennaeth yn gwylio'ch cyflwyniad!

> Rhaid i'r dull o gyflwyno gwybodaeth gymryd i ystyriaeth anghenion y gynulleidfa a rhaid iddo gyd-fynd â phwrpas y gwaith.

Cyfrwng cyflwyno	Arddull
Dogfen neu gyhoeddiad argraffedig	Gall fod yn ddogfen ffurfiol megis llythyr cyfreithiol neu gynnig i ddod am gyfweliad swydd, neu gall fod yn ddogfen anffurfiol megis gwahoddiad i barti.
	Rhaid i'r arddull a ddewiswch fod yn briodol. Caiff yr arddull ei ddiffinio gan y cynllun, y ffontiau a ddefnyddir a'r graffigau a ddewisir.
	Er enghraifft, byddai llythyr ymddiswyddo i'ch pennaeth yn gofyn am arddull gwahanol i wahoddiad i barti pen-blwydd plentyn. Byddai'n rhaid i'r llythyr fod yn ddogfen ffurfiol gyda chynllun a ffont proffesiynol, ond gall y gwahoddiad fod yn fwy anffurfiol a defnyddio digon o liwiau, graffigau a ffontiau gwallgof.
	Mae angen i rai cyhoeddiadau megis hysbysebion neu gylchgronau fod yn drawiadol er mwyn denu pobl, felly gall fod angen digonedd o lythrennu a graffigau mentrus a lliwgar.
	Rhaid i gyhoeddiadau mawr fod yn gyson o ran gosodiad y dudalen a'r arddull. Mae'n syniad da defnyddio patrymlun ar gyfer pob tudalen mewn cyhoeddiad o'r fath.
	Caiff adroddiadau sy'n cael eu creu gan gronfeydd data eu hargraffu fel rheol.
Arddangosiad sgrin	Gall allbwn gael ei arddangos ar sgrin monitor. Dylai cynlluniau fod yn syml ond diddorol; dylent ddangos yr wybodaeth angenrheidiol yn unig. Mae'n anodd edrych ar sgrin o wybodaeth anhrefnus a blêr.
	Mantais arddangosiadau sgrin yw y gellir cynnwys seiniau a chlipiau fideo – ni allwch wneud hyn ar ddogfen argraffedig.
Cyflwyniad amlgyfrwng	Mae cyflwyniadau amlgyfrwng yn fwy priodol ar gyfer sefyllfaoedd lle mae siaradwr yn rhoi gwybodaeth i gynulleidfa. Caiff sleidiau eu harddangos ar sgrin a gallant gynnwys testun, graffigau, sain neu glipiau fideo. Gall fod ychydig o bwyntiau bwled ar sleid, gyda phob un yn cael ei esbonio gan y siaradwr.
	Gellir eu defnyddio hefyd ar gyfer cyflwyniadau un-defnyddiwr: caiff y sleidiau eu cyflwyno ar fonitor ac mae'r defnyddiwr yn gweithio'n rhyngweithiol drwy'r arddangosiad ac yn gwrando ar drac sain sy'n esbonio'r wybodaeth.
Gwefan	Gall tudalennau o destun gael eu harddangos ar wefannau gyda hypergysylltau rhyngddynt.
	Mae'r dull cyflwyno hwn yn denu cynulleidfa fyd-eang, ond rhaid iddo edrych yn ddeniadol os yw'n hysbyseb a luniwyd i ddenu cwsmeriaid i fusnes.
	Mae tudalennau gwe yn rhyngweithiol ac yn gadael i'r defnyddwyr ddewis y tudalennau y dymunant eu gweld.

Sain	Gall gwybodaeth gael ei chyflwyno fel trac sain wedi'i recordio – gall fod yn ddarn o gerddoriaeth hyd yn oed.
Fideo	Gall clip fideo gyfuno lluniau symudol a thrac sain.
	Gellir cynnwys fideos mewn tudalennau gwe neu gyflwyniadau amlgyfrwng.

Sut bynnag y caiff yr wybodaeth ei chyflwyno, rhaid iddi fod yn gywir a rhaid iddi fod yn eglur. Gellir defnyddio gwirydd sillafu ar ddogfennau i sicrhau bod y testun wedi'i sillafu'n gywir a dylai'r data a ddefnyddir mewn project gael eu dilysu i sicrhau bod yr holl ddata a ddefnyddir yn ddata synhwyrol.

Yna gallwch storio'r wybodaeth i'w defnyddio eto, ond gwnewch yn siŵr eich bod yn rhoi enwau synhwyrol iddi ac yn ei storio mewn ffolder priodol fel y gallwch ddod o hyd iddi'n hawdd pan fydd ei hangen nesaf.

Crynodeb

01 Mae angen diweddaru ffeiliau data'n aml. Gall fod angen:
- trefnu'r data;
- golygu'r data;
- ychwanegu data newydd;
- dileu hen ddata.

02 Gall data ddod o ddogfennau, cronfeydd data, y Rhyngrwyd, CD-ROMau, DVDau neu ffeiliau eraill sydd wedi'u cadw ar ddisg.

03 Rhaid rhoi enwau ystyrlon i ffeiliau sy'n cael eu storio ar ddisg a'u rhoi mewn casgliad trefnedig o ffolderi.

04 Gellir dod â gwybodaeth ynghyd drwy ei chopïo a'i gludo neu drwy ei mewnforio.

05 Gall gwybodaeth gael ei threfnu mewn dogfennau a chyhoeddiadau i greu gosodiad tudalen ac arddull priodol.

06 Rhaid gwirio gwybodaeth yn ofalus i sicrhau ei bod yn gywir.

07 Gall cyflwyniadau gael eu hanimeiddio a'u defnyddio i roi gwybodaeth.

08 Mae gwefannau'n cyrraedd cynulleidfa fyd-eang.

09 Gellir defnyddio taenlenni i fodelu sefyllfaoedd go iawn.

10 Gellir astudio beth sy'n digwydd os newidir yr wybodaeth mewn taenlenni.

11 Gellir creu siartiau a graffiau o'r canlyniadau a ddangosir ar daenlenni.

12 Gellir defnyddio data o gronfeydd data i greu·adroddiadau a'u hargraffu. Dewisir y meysydd sydd i'w harddangos a phenderfynir sut i'w trefnu. Gallant hefyd gynnwys cyfrifiadau megis cyfansymiau.

13 Rhaid cyflwyno'r wybodaeth mewn ffordd sy'n briodol i anghenion y gynulleidfa a rhaid i'r dull cyflwyno gyd-fynd â phwrpas y gwaith.

14 Gall gwybodaeth gael ei chyflwyno fel:
- dogfen neu gyhoeddiad wedi'i argraffu;
- arddangosiad sgrin;
- cyflwyniad amlgyfrwng;
- gwefan;
- sain neu fideo.

1 Mae rhywun yn derbyn dwy ddogfen yn y post:

   a) Llythyr gan gyfreithiwr.

   b) Gwahoddiad i barti Nadolig y swyddfa.

   Disgrifiwch dair ffordd y gallai arddull y ddwy ddogfen hyn fod yn wahanol. [3]

2 Mae busnes am greu hysbyseb ar gyfer cynnyrch newydd.

   Disgrifiwch dair ffordd wahanol y gallai'r hysbyseb hon gael ei chyflwyno gan yr adran werthu, a nodwch un fantais ar gyfer pob un. [3]

10 Caledwedd

Os gallwch ei gicio, caledwedd ydyw!

Caledwedd yw'r cyfarpar mewn system gyfrifiadurol.

10.1 Mathau o gyfrifiadur

Prosesydd data digidol, rhaglenadwy, awtomatig yw **cyfrifiadur**.

- Prosesydd data: dyma beth y mae cyfrifiadur yn ei wneud – mae'n prosesu data.
- Digidol: mae'n defnyddio rhifau i wneud popeth.
- Rhaglenadwy: mae cyfarwyddiadau sydd wedi'u storio (rhaglenni) yn rheoli ei weithredoedd.
- Awtomatig: mae'n gweithredu heb ymyrraeth ddynol pan fo angen.

10.1.1 Cyfrifiadur prif ffrâm

CYFRIFIADUR PRIF FFRÂM: Y math mwyaf a mwyaf nerthol o gyfrifiadur.

Ffigur 10.1 *Cyfrifiadur prif ffrâm.*

Mae cyfrifiaduron prif ffrâm yn fawr iawn ac yn ddrud iawn. Gallant gynnal cannoedd lawer o ddefnyddwyr yr un pryd ac mae ganddynt brosesyddion nerthol sy'n gallu prosesu symiau enfawr o ddata'n gyflym iawn.

Mae'n bosibl na fydd y cyfrifiadur prif ffrâm ei hun yn llawer mwy na chwpwrdd ffeilio bach, ond gall y perifferolion sydd wedi'u cysylltu ag ef lenwi ystafell. Bydd y cyfrifiadur yn rheoli nifer mawr o ddisgyrwyr, argraffyddion a dyfeisiau eraill. Gall lloriau a nenfydau'r ystafell gyfrifiaduron guddio milltiroedd lawer o geblau.

Mae gan gyfrifiaduron prif ffrâm gofion mawr iawn a gallant redeg meddalwedd cymhleth. Er bod rhai'n defnyddio un prosesydd yn unig, mae gan y mwyafrif o gyfrifiaduron prif ffrâm lawer o brosesyddion sy'n gweithio â'i gilydd (prosesu paralel).

Bydd gan ystafell y cyfrifiadur prif ffrâm system aerdymheru i ymdrin â'r gwres a gynhyrchir, a system hidlo llwch o bosibl i gadw'r aer yn lân.

Bydd generadur wrth gefn ar gael rhag ofn bod toriad trydan.

Mae cyfrifiaduron prif ffrâm i'w cael mewn sefydliadau mawr yn unig megis banciau, prifysgolion, yr heddlu, y Swyddfa Dywydd a chwmnïau rhyngwladol.

Mae'r cyfrifiaduron prif ffrâm mwyaf nerthol yn cael eu galw'n **uwchgyfrifiaduron**.

10.1.2 Microgyfrifiadur

Cyfrifiaduron sydd wedi'u seilio ar un microbrosesydd yw microgyfrifiaduron ac mae sawl gwahanol faint.

Yn aml, byddwn yn galw **cyfrifiaduron bwrdd gwaith** yn gyfrifiaduron personol (*PCs*) oherwydd iddynt gael eu dylunio i'w defnyddio gan un person ar y pryd. Maent yn costio ychydig o gannoedd o bunnoedd fel rheol.

Mae system nodweddiadol yn cynnwys bysellfwrdd a llygoden ar gyfer mewnbynnu data, monitor ac argraffydd ar gyfer allbynnu, a microgyfrifiadur mewn cas metel sydd hefyd yn cynnwys y cof a'r disgyrwyr ar gyfer storio data.

Cânt eu defnyddio mewn busnesau bach, mewn ysgolion ac yn y cartref ar gyfer cyfrifiadura personol neu chwarae gemau. Yn ymarferol, mae rhwydweithiau o ficrogyfrifiaduron yn disodli rhai o'r cyfrifiaduron mwy o faint mewn busnesau wrth iddynt ddod yn fwy a mwy nerthol.

> 1 2 3
> Defnyddir microgyfrifiaduron ar gyfer cyfrifiadura rhyngweithiol, personol.

Ffigur 10.2 *Cyfrifiadur personol nodweddiadol.*

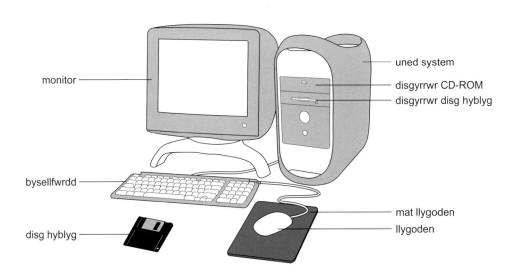

monitor — uned system — disgyrrwr CD-ROM — disgyrrwr disg hyblyg — bysellfwrdd — mat llygoden — llygoden — disg hyblyg

> 1 7 4
> Gellir cario gliniaduron a gellir eu defnyddio mewn unrhyw le gan eu bod yn rhedeg ar fatri.

Microgyfrifiaduron llai o faint, gyda'r holl ddyfeisiau wedi'u hadeiladu i mewn i gas, yw gliniadur. Pan agorwch y **gliniadur**, gwelwch fysellfwrdd a dyfais bwyntio megis pad cyffwrdd, a sgrin monitor yn y clawr. Ar hyd ochr y cas y mae'r disgyrwyr (hyblyg, CD neu DVD) a chysylltiadau ar gyfer dyfeisiau eraill megis argraffyddion.

Mae gliniaduron yn ddigon bach i'w cario'n rhwydd a chânt eu pŵer o fatri fel y gellir eu defnyddio wrth deithio neu mewn cyfarfodydd busnes.

Ffigur 10.3 *Gliniadur nodweddiadol.*

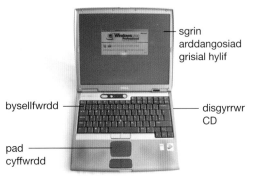

bysellfwrdd — sgrin arddangosiad grisial hylif — disgyrrwr CD — pad cyffwrdd

Gyda datblygu sglodion a dyfeisiau, mae cydrannau wedi mynd yn llai ac o ganlyniad mae gliniaduron wedi mynd yn llai. Gall Cynorthwyydd Digidol Cludadwy (*PDA: Portable Digital Assistant*) neu gledriadur gael ei gario yn y llaw neu ei roi yn y boced. Cynhwysir meddalwedd gyda chledriadur fel rheol er mwyn gallu trosglwyddo ffeiliau i gyfrifiadur personol. Defnyddir cledriaduron ar gyfer tasgau swyddfa syml neu i gyrchu'r Rhyngrwyd. Gellir eu

Ffigur 10.4 *Cledriadur.*

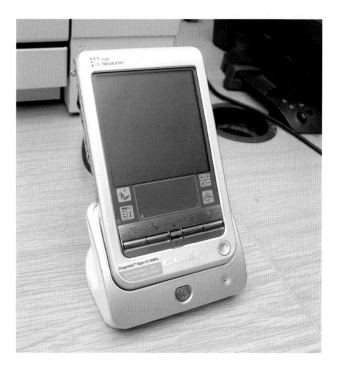

defnyddio fel trefnyddion personol gan eu bod yn cynnwys meddalwedd ar gyfer cloc, dyddiadur, llyfr cyfeiriadau, trefnydd tasgau a chyfrifiannell. Nid oes ganddynt fysellfwrdd. I fewnbynnu, bydd y defnyddiwr yn ysgrifennu â phwyntil (math o ben) ar bad neu'n gwasgu botwm hyblyg.

10.1.3 Cyfrifiaduron planedig

Gellir mewnblannu microbrosesydd/microreolydd mewn dyfais i reoli ei gweithrediad. Bwrdd cylched bach gyda sawl cydran arno, gan gynnwys y microbrosesydd a sglodyn cof y caiff y rhaglen reoli ei storio arno, fydd hwn o bosibl. Bydd synwyryddion yn darparu mewnbwn weithiau.

Ni allwch fynd at y microbrosesydd, ac ni ellir newid y rhaglen arno. Bydd cyfrifiaduron planedig yn cyflawni tasg ragddiffiniedig yn unig. Ni ellir eu defnyddio ar gyfer cymwysiadau eraill.

Mae rhai o'r cyfrifiaduron hyn yn rhan o systemau mwy o faint. Er enghraifft, gall system frecio wrth-gloi ar gar ddefnyddio cyfrifiadur planedig.

Mae cyfrifiaduron planedig mewn peiriannau golchi, poptai microdon, clociau, camerâu, setiau teledu, ac mewn llawer o sefyllfaoedd eraill. (Gweler Adran 2.5.12 hefyd.)

10.2 Cof cyfrifiadur

Mae cof gan bob cyfrifiadur, o gyfrifiaduron prif ffrâm i gledriaduron. Dyma lle mae data a rhaglenni'n cael eu storio dros dro yn barod i'r prosesydd canolog eu defnyddio.

Gellir darllen data o gof neu eu cadw ar gof yn gyflym iawn, yn

Cof Defnyddir cof i storio data a rhaglenni dros dro.

llawer cyflymach nag o gyfrwng storio cynorthwyol megis disg caled, felly mae data sy'n cael eu defnyddio ar y pryd gan y prosesydd canolog yn cael eu storio yn y cof i gyflymu gweithrediad y rhaglen. Yn gyffredinol, bydd cyfrifiadur sydd â mwy o gof yn rhedeg rhaglenni'n gyflymach nag un sydd â llai o gof. Mae maint y cof yn gyfyngedig, felly bydd data nad ydynt yn cael eu defnyddio yn cael eu storio yn y storfa gynorthwyol. Meddyliwch am gof fel gweithle'r cyfrifiadur.

Oherwydd cymhlethdod systemau a rhwydweithiau cyfrifiadurol, a galwadau cynyddol gan ddefnyddwyr, mae angen mwy a mwy o gof i redeg meddalwedd modern. Ni allwch redeg meddalwedd modern ar hen gyfrifiaduron sydd ag ychydig o gof: byddai'r rhaglen yn rhedeg yn rhy araf, neu ddim o gwbl.

> **175**
> Mae symud data mewn cof tua 1000 gwaith **yn gyflymach** na symud data mewn storfa gynorthwyol.

> **176**
> Enw arall am gof yw **Storfa Uniongyrchol** (*IAS*).

Ffigur 10.5 *Modiwl cof mewnlin sengl (SIMM) sy'n cael ei osod ar famfwrdd cyfrifiadur i gynyddu maint y cof.*

SIMM: Modiwl cof mewnlin sengl.

10.2.1 *RAM a ROM*

Y prif fathau o gof yw:

> **177**
> Mae data sydd wedi'u storio mewn **RAM** yn **ddata dros dro**. Mae data sydd wedi'u storio mewn **ROM** yn **ddata parhaol**.

- **Cof Hapgyrch** (*RAM: Random Access Memory*): Gall data gael eu darllen o'r cof a'u cadw arno. Mewn geiriau eraill, gall data mewn RAM gael eu newid.
- **Cof Darllen yn Unig** (*ROM: Read Only Memory*): Gall data gael eu darllen ond ni allant gael eu cadw. Ni ellir newid data sy'n cael eu storio mewn *ROM*.

Mae data sydd wedi'u storio mewn *RAM* yn **gyfnewidiol**. Mae hyn yn golygu bod y data'n cael eu colli pan ddiffoddwch y pŵer, ond mae data mewn *ROM* yn **barhaol**.

10.2.2 Storfa disg

> **AMSER CYRCHU:** Yr amser cyfartalog y mae'n ei gymryd i gyfrwng storio ymateb i gais am ddata.

Mae cyrchu data o ddisg yn llawer arafach na chyrchu data o gof.

Weithiau mae angen i raglen ddarllen symiau mawr o ddata o ddisg yn aml. Gall hyn arafu rhaglen yn aruthrol, felly i gyflymu'r prosesu, rhoddir rhan o'r cof o'r neilltu i'w ddefnyddio fel storfa disg, ac mae unrhyw ddata sydd wedi cael eu darllen yn ddiweddar o'r disg yn cael eu storio arno.

Pan fydd angen eitem o ddata ar y prosesydd canolog, bydd yn gyntaf yn chwilio amdani yn y storfa disg. Os nad yw hi yno, bydd wedyn yn cyrchu'r disg.

> **178**
> Mae defnyddio storfa disg yn cyflymu prosesu.

10.2.3 Didau a beitiau

Byddai microsgop nerthol yn dangos bod cof cyfrifiadur yn cynnwys miloedd lawer o gylchedau electronig bach a all fod mewn un o ddau 'gyflwr'. Cyfeiriwn at y rhain fel cyflwr 0 a chyflwr 1. Meddyliwch amdanynt fel switshis golau y gellir eu diffodd (cyflwr 0) neu eu cynnau (cyflwr 1). Dyma sut y byddai'r rhif deuaidd 10011010 yn cael ei storio pe baech yn defnyddio switshis golau:

Yr enw a roddir ar y system o rifau sy'n defnyddio digidau 0 ac 1 yn unig yw'r **system rhifau deuaidd**, ac nid oes gan rifau deuaidd unrhyw ddidau ar wahân i rifau 0 a rifau 1 ynddynt.

Mae un digid deuaidd yn cael ei alw'n **ddid**, felly mae'r rhif 1001 yn rhif deuaidd 4-did, mae'r rhif 101101 yn rhif deuaidd 6-did ac yn y blaen.

Mewn cyfrifiaduron, mae'r holl ddata'n cael eu storio fel rhifau deuaidd, boed yn destun, graffigau, sain, fideos neu raglenni cyfrifiadurol. Mae maint cof cyfrifiadur yn cael ei fesur yn ôl nifer y rhifau y gellir eu storio ynddo. Yr uned a ddefnyddir i fesur cof yw'r beit, sef wyth did. Mae hyn yn ddigon o gof i storio un nod testun megis y llythyren 'A'.

Enghraifft: Bydd angen pedwar beit o gof (neu 32 did) i storio'r gair 'CATH'.

Wrth siarad am feintiau cof, rydym yn sôn am lawer iawn o feitiau, felly cyfeiriwn at faint cof yn nhermau cilobeitiau, megabeitiau neu gigabeitiau fel rheol.

1 kB (cilobeit) = 1024 beit
1 MB (megabeit) = 1024 kB (tua miliwn o feitiau)
1 GB (gigabeit) = 1024 MB (tua biliwn o feitiau)
1 TB (terabeit) = 1024 GB (tua thriliwn o feitiau)

Mae **gair** yn cael ei ddiffinio fel swm y data y gall prosesydd ei brosesu ar un adeg. Bydd meintiau gair cyfrifiaduron prif ffrâm yn fwy na meintiau gair microgyfrifiaduron, gan eu galluogi i brosesu data yn llawer cyflymach.

Sidebar

Gallwch feddwl am ddata sydd wedi'u storio mewn cof (neu ar ddisg) fel llinyn o rifau 1 a 0, er enghraifft:
1011001011001010
0110100100010111
1110101110110100
1101101000100010
0001001010010010
1001011011101010
…

BEIT: Nifer diffiniedig o ddidau (rhifau 1 neu 0). **1 beit = 8 did**. Mae'n cynrychioli un nod fel rheol.

CYNHWYSEDD STORIO: Y swm o ddata y gellir ei storio.

GAIR: Swm y data y gall prosesydd ei brosesu ar un adeg.

▪ Gweithgaredd 10.1   Ymchwiliad ar y Rhyngrwyd

● Darganfyddwch faint o gof sydd ar eich cyfrifiadur. Yn Microsoft Windows, cliciwch ar fotwm de yr eicon Yr Orsaf (*My Computer*) a dewiswch Priodweddau (*Properties*).

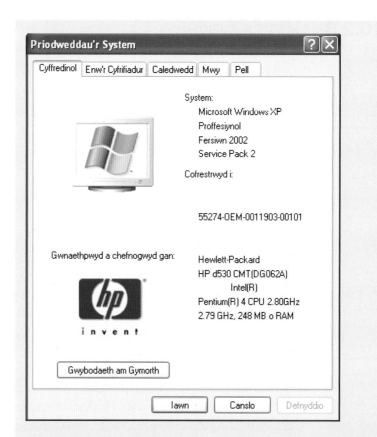

- Defnyddiwch y Rhyngrwyd i ddarganfod gwefannau cwmnïau sy'n gwerthu cyfrifiaduron ac astudiwch fanylebau eu cyfrifiaduron. Beth yw maint eu cof?
- Sut mae maint cof gliniaduron yn cymharu â maint cof cyfrifiaduron bwrdd gwaith?
- Beth am gof *PDA*?
- Beth yw'r cof mwyaf y gallwch ddod o hyd iddo ar gyfer cyfrifiadur prif ffrâm?

10.3 Dyfeisiau storio

STORFA GYNORTHWYOL: Storfa a ddefnyddir i storio data a rhaglenni nad ydynt yn cael eu defnyddio ar y pryd. Storfa anghyfnewidiol (*non-volatile*) yw hon: caiff y data eu cadw'n barhaol.

180

Mae disg hyblyg yn enghraifft o **gyfrwng** storio.

Anfanteision storio data mewn cof yw:

- Mae cynhwysedd storio cof yn fach.
- Mae cof yn gyfnewidiol. Bydd y data yn diflannu pan ddiffoddwch y cyfrifiadur.

Oherwydd hyn, rhaid cael storfa gynorthwyol barhaol fawr ar gyfrifiadur a fydd yn storio'r data pan ddiffoddwch y pŵer, a lle y gellir storio cronfeydd data mawr.

Anfantais storfa gynorthwyol yw bod darllen ac ysgrifennu'r data yn arafach nag o gof.

Peidiwch â drysu rhwng y termau:

- **Dyfais** storfa gynorthwyol (e.e. disgyrrwr disg hyblyg).
- **Cyfrwng** storfa gynorthwyol (e.e. disg hyblyg).

Mae **llwytho** data'n golygu trosglwyddo data o storfa gynorthwyol i gof.

Mae **cadw** data yn golygu trosglwyddo data o gof i storfa gynorthwyol.

Defnyddir llawer o ddyfeisiau i storio data. Byddwn yn edrych ar rai o'r rhain yn yr adrannau nesaf.

10.3.1 Disg caled

Un enghraifft o storfa gynorthwyol yw **disg caled**, a'r ddyfais sy'n ei ddefnyddio yw **disgyrrwr caled**. Dyma'r math mwyaf cyffredin o storfa gynorthwyol, ac mae gan bob microgyfrifiadur a werthir ddisg caled y tu mewn iddo. Mae'r cynhwysedd storio yn fawr ac yn cynyddu bob blwyddyn.

Cyfrwng magnetig yw disg caled. Rhoddir haen o ddefnydd magnetig ar blatiau crwn o fetel neu wydr. Mae data'n cael eu cadw drwy fagneteiddio gronynnau ar wyneb y disg.

Uned wedi'i selio sy'n cynnwys y disg yw disgyrrwr caled. Mae'r disg yn cylchdroi ar fuanedd uchel. Mae pen darllen/ysgrifennu y disgyrrwr ar fraich symudol.

Rhaid ffformatio disgiau magnetig cyn gallu eu defnyddio. Mae hyn yn marcio'r traciau a'r sectorau fel eu bod yn barod i'w defnyddio (rhywbeth tebyg i beintio'r llinellau ar drac rhedeg).

Ffigur 10.6 *Disgyrrwr caled yn dangos y disg a'r fraich darllen/ysgrifennu.*

Mae gan rai disgyrwyr caled ddau neu ragor o ddisgiau i gynyddu'r cynhwysedd storio.

Manteision disg caled:
- Cynhwysedd storio mawr: gellir cadw symiau mawr o ddata arno (yn llawer mwy nag ar ddisg hyblyg).
- Mynediad cyflym o'i gymharu â dyfeisiau eraill megis disgyrwyr hyblyg.
- Mae'r uned seliedig yn amddiffyn y disgiau rhag baw a llwch ac felly mae'n fwy dibynadwy.

Anfanteision disg caled:
- Nid yw'r disg yn gludadwy (fel rheol). Ni allwch ei drosglwyddo'n hawdd o un cyfrifiadur i gyfrifiadur arall.

Mae'r **pen darllen/ysgrifennu** yn arnofio mor agos at y disg fel y gallai'r llychyn lleiaf ei ddifetha. Dyma pam y mae'r disgyrwyr wedi'u selio.

10.3.2 Disg hyblyg

Cylch 3.5 modfedd mewn diamedr o ddefnydd magnetig meddal yw disg hyblyg. Mae wedi'i amddiffyn gan gas plastig sgwâr. Mae caead metel yn agor pan roddir y disg mewn disgyrrwr hyblyg fel y gall pen darllen/ysgrifennu'r disgyrrwr gyrchu'r disg.

Mae tab diogelu rhag ysgrifennu yn y cas sydd, ar ôl ei agor, yn atal data rhag cael eu hysgrifennu ar y disg hyblyg.

DISG HYBLYG: Storfa gynorthwyol fagnetig gludadwy. Mae ganddo gynhwysedd bach ac nid yw'n ddibynadwy iawn. Mae dyfeisiau storfa gynorthwyol gludadwy gwell yn disodli disgiau hyblyg.

Ffigur 10.7 *Disg hyblyg.*

Caead metel sy'n llithro

Tab diogelu rhag ysgrifennu

Peidiwch â:
- gadael disgiau hyblyg mewn lle poeth neu laith;
- agor y caead metel: byddwch yn gadael llwch i mewn!
- cyffwrdd â'r disg brown y tu mewn.

Manteision disgiau hyblyg:
- Mae disg hyblyg yn gludadwy. Gall data gael eu trosglwyddo o un cyfrifiadur i gyfrifiadur arall.
- Mae'r tab diogelu rhag ysgrifennu yn diogelu rhag dileu data'n ddamweiniol neu eu llygru.

Anfanteision disg caled:
- Mae darllen ac ysgrifennu data yn araf o'i gymharu â chyfryngau eraill megis disgiau caled.
- Gall disg hyblyg ddal hyd at 1.44 MB o ddata. Roedd hyn yn gryn dipyn o ddata 20 mlynedd yn ôl ond erbyn heddiw mae'n rhy fach.
- Nid yw disgiau hyblyg yn ddigon dibynadwy gan fod baw yn gallu mynd i mewn iddynt yn hawdd.

Mae dyddiau'r disg hyblyg ar ben. Mae dyfeisiau storfa gynorthwyol cludadwy eraill ar gael heddiw sy'n storio llawer mwy o ddata ac sy'n fwy dibynadwy.

10.3.3 CDau a DVDau

Cyfryngau storio optegol yw **cryno ddisgiau** (CDau), ac mae'r data sydd arnynt yn cael eu darllen gan laser. Mae llawer o raglenni amlgyfrwng yn eu defnyddio oherwydd eu cynhwysedd storio mawr.

Ffigur 10.8 *Ysgrifennydd CD gyda CD-R.*

Mae CDau wedi cael eu defnyddio i recordio cerddoriaeth ers blynyddoedd bellach, ond fe'u defnyddir hefyd i ddarparu storfa gynorthwyol ar ficrogyfrifiaduron. Gall y mwyafrif o ddisgyrwyr CD mewn cyfrifiaduron chwarae CDau sain hefyd.

Mae tri phrif fath o CD:

- CD-ROM: disgiau darllen yn unig yw'r rhain. Mae data arnynt adeg eu prynu fel rheol. Gellir darllen y data ond ni ellir eu newid.
- CD-R: CDau gwag yw'r rhain y gellir defnyddio ysgrifennydd CD i ysgrifennu arnynt unwaith yn unig.
- CD-RW: gellir ysgrifennu arnynt ac yna gellir dileu'r data er mwyn ailysgrifennu'r disg.

Manteision CDau:
- Cynwyseddau storio mawr, tua 650 MB.
- Cludadwy. Gellir eu defnyddio mewn unrhyw gyfrifiadur sydd â disgyrrwr CD.
- Rhad eu cynhyrchu. Am y rheswm hwn, defnyddir CDau i ddosbarthu meddalwedd fel rheol.

Anfanteision CDau:
- Amserau cyrchu arafach na disgyrwyr caled.
- Mae angen ysgrifennydd CD os yw data i gael eu hysgrifennu ar CD-R neu CD-RW.

Gall DVD (Disg Amlbwrpas Digidol/ *Digital Versatile Disk*) storio llawer mwy o ddata na CD. Gall un DVD storio hyd at 17 GB o ddata, ac felly gellir eu defnyddio i recordio ffilmiau cyfan. Mae disgyrrwr DVD yn edrych yn debyg iawn i ddisgyrrwr CD a gall ddarllen CDau hefyd fel rheol.

Mae disgiau DVD-ROM yn rhai darllen yn unig (ni allwch newid y data sydd wedi'u storio arnynt). Mae angen ysgrifennydd DVD i recordio data ar DVD-R neu DVD-RW. Ni allwch ddarllen DVDau ar ddisgyrrwr CD.

10.3.4 Tâp magnetig

Mae dyfeisiau tâp magnetig yn parhau i gael eu defnyddio'n eang i gopïo symiau mawr o ddata pwysig. Er enghraifft, gall sefydliad neu fusnes wneud copi wrth gefn o gynnwys cyfan disg caled bob nos fel mesur diogelwch.

Bydd cyfrifiaduron prif ffrâm yn aml yn defnyddio sbwliau mawr o dâp oherwydd maint y data y mae angen ei gopïo, ond mae'r rhain yn cael eu disodli gan getris tâp a roddir mewn tâp-yrrwr (*tape streamer*).

Mae cetrisen tâp magnetig ychydig yn llai na chasét sain cyffredin, ond gall storio llawer iawn o ddata.

Ffigur 10.9 *Gyriant tâp allanol a chetrisen dâp.*

Manteision tâp magnetig:
- Mae'r gyriannau a'r cetris yn weddol rad.
- Cynhwysedd storio mawr.

Anfanteision tâp magnetig:
- Mae darllen ac ysgrifennu data yn araf.
- Nid ydynt yn debyg i ddisgyrrwr: ni allwch gyrchu ffeil yn gyflym o ganol y tâp.

10.3.5 Cyfryngau symudadwy

Mae tapiau magnetig a disgiau hyblyg yn enghreifftiau o gyfryngau symudadwy. Gallant gael eu symud o'u disgyrwyr a'u defnyddio mewn disgyrwyr ar gyfrifiaduron eraill. Dyma enghreifftiau eraill o gyfryngau symudadwy:

- **Disgyrwyr Zip:** defnyddiant ddisgiau Zip sydd â chynhwysedd storio mawr. Maent yn edrych yn debyg i ddisgiau hyblyg ond gallant ddal llawer mwy o ddata (cymaint â 250 MB).
- **Disgyrwyr REV:** defnyddiant ddisgiau sydd â chynhwysedd storio mwy byth. Gall disg REV storio hyd at 35 GB o ddata.

Ffigur 10.10 *Disgyrrwr Zip*

- **Ffyn cof *USB*:** enw arall arnynt yw gyriannau pen. Maent yn fach a gellir eu rhoi ym mhorth *USB* unrhyw gyfrifiadur a'u defnyddio fel storfa gynorthwyol.

Ffigur 10.11 *Storfa gynorthwyol fach gludadwy ddefnyddiol yw'r ffon gof USB.*

Mae disgyrwyr caled â chynhwysedd mawr sy'n cael eu rhoi ar y ddesg a'u cysylltu â phort *USB* eich cyfrifiadur ar gael hefyd.

10.4 Dyfeisiau mewnbynnu

> **PERIFFEROLYN:** Unrhyw ddyfais galedwedd y gellir ei chysylltu â chyfrifiadur.

Mae **mewnbynnu** data yn golygu rhoi data i mewn i gyfrifiadur. Mae rhai dulliau mewnbynnu yn awtomatig, ond mae angen **dyfais fewnbynnu** ar gyfer dulliau eraill. Yn yr adran hon edrychwn ar nifer o berifferolion a ddefnyddir fel dyfeisiau mewnbynnu.

10.4.1 Bysellfwrdd

> **COFNODI DATA UNIONGYRCHOL (*DDE*):** Defnyddio bysellfwrdd i fewnbynnu data, cadw'r data ar ddisg, a'u defnyddio wedyn yn allbwn i system swp-brosesu.

Y dull mewnbynnu mwyaf cyffredin yw teipio ar fysellfwrdd QWERTY (daw'r enw o chwe llythyren gyntaf y llinell uchaf o lythrennau ar y bysellfwrdd). Mae pwyso bysell yn gwneud cysylltiad, sy'n anfon signal i'r cyfrifiadur.

Mae bysellau ar gyfer llythrennau a rhifau, ac ar gyfer atalnodau. Mae gan rai o'r bysellau ddau nod, ac mae angen pwyso'r fysell SHIFT i fewnbynnu'r nod uchaf.

> **182**
> Mae gan **fysellfyrddau Braille** nodau Braille wedi'u boglynnu ar y bysellau i helpu pobl sydd â nam ar eu golwg.

Ffigur 10.12 *Cynllun safonol bysellfwrdd QWERTY.*

> **188**
> Gallwch ddefnyddio'r fysell PRINT SCREEN i gynhyrchu sgrinluniau o'ch gwaith cartref.

Gallwch ddefnyddio rhai pecynnau meddalwedd i raglennu'r **bysellau swyddogaeth** sydd wedi'u labelu F1, F2, …, F12.

Mae gan y mwyafrif o fysellfyrddau **fysellbad rhifol** ar y dde i gyflymu mewnbynnu rhifau.

Mae'r **bysellau rheoli** yn cynnwys bysellau saeth ar gyfer symud y cyrchwr a bysellau megis INSERT, PAGE UP, a HOME.

Ffigur 10.13 *Mae gan rai bysellfyrddau ddyluniad ergonomig i beri llai o straen i bobl sy'n treulio llawer o amser yn teipio.*

Mae troshaenau'n cael eu gosod ar **gyffyrddellau** cyn mewnbynnu data. Gwelwch gyffyrddellau'n aml ar y tiliau mewn siopau a thai bwyta, ac fe'u defnyddir hefyd i helpu i ddysgu plant bach sy'n cael trafferth defnyddio bysellfyrddau mawr.

10.4.2 Llygoden

LLYGODEN: Dyfais fewnbynnu gyffredin. Mae symud y llygoden yn rheoli cyrchwr ar y sgrin. Drwy glicio'r botymau, gall y defnyddiwr ryngweithio â'r cyfrifiadur drwy wneud dewisiadau ar y sgrin â'r cyrchwr.

Dyfais fewnbynnu gyfarwydd iawn yw'r llygoden. Rheolir pwyntydd ar y sgrin drwy symud y llygoden dros arwyneb gwastad. Mewn llygoden gyffredin, mae'r pwyntydd yn symud gyda symudiad pelen. Mae synwyryddion bach yn mesur faint mae'r belen yn troi. Nid oes gan lygoden optegol bêl – defnyddir synwyryddion golau i fesur y symudiad. Mae llygoden laser yn defnyddio paladr laser.

Ffigur 10.14 *Mae llygod diwifr yn defnyddio technoleg ddiwifr i drawsyrru eu signalau i'r cyfrifiadur. Mae gan yr un yn y llun olwyn sgrolio hefyd.*

Defnyddir dau (neu dri) o fotymau ar y llygoden i anfon signal i'r cyfrifiadur i gyflawni gweithred megis agor rhaglen, dewis o ddewislen neu argraffu dogfen.

Y prif weithredoedd y gallwch eu cyflawni â llygoden yw:

● **Clicio:** pwyso botwm unwaith.
● **Dwbl-glicio:** pwyso botwm ddwywaith yn gyflym.
● **Llusgo:** dal botwm i lawr wrth ichi symud y llygoden.

Mae gan rai llygod olwyn ar gyfer sgrolio drwy restr neu ddogfen hir, a gall yr olwyn hon weithredu fel trydydd botwm os caiff ei glicio.

Mae llygoden yn trosglwyddo symudiad eich llaw i'r cyfrifiadur.

10.4.3 Pelen lwybro

Mae pelen lwybro yn debyg i lygoden â'i phen i waered. Mae'r belen ar ben y ddyfais ac yn cael ei chylchdroi â'r llaw. Mae symudiad y belen yn rheoli symudiad pwyntydd ar y sgrin. Mae rhai gliniaduron yn defnyddio peli llwybro.

10.4.4 Pad cyffwrdd

Os llusgwch eich bys dros arwyneb pad cyffwrdd mae'n gweithredu fel llygoden. Mae cyrchwr yn symud dros y sgrin yn yr un ffordd ag y mae'r bys yn symud.

Mae padiau cyffwrdd yn gyffredin mewn gliniaduron. Mae taro'r pad yn ysgafn yr un fath â chlicio llygoden, ond mae'n bosibl y bydd botymau ar gael hefyd.

190

Mae padiau cyffwrdd yn ddefnyddiol ar liniaduron os nad oes arwyneb gwastad ar gael i ddefnyddio llygoden.

Ffigur 10.15 *Mae pad cyffwrdd yn ddyfais fewnbynnu gyffredin ar liniadur.*

10.4.5 Ffon reoli

Defnyddir ffyn rheoli ar gyfer chwarae gemau'n bennaf neu ar gyfer rhaglenni efelychu megis efelychydd hedfan, neu gellir eu defnyddio i reoli symudiad dyfeisiau robotig.

Ffigur 10.16 *Defnyddir ffyn rheoli ar gyfer chwarae gemau neu reoli peiriannau gan amlaf.*

Gellir symud y ffon i unrhyw gyfeiriad ac mae rhai botymau ar waelod y ffon reoli hefyd.

10.4.6 Llechen graffeg

Bwrdd wedi'i orchuddio â philen sensitif i gyffyrddiad a all ganfod safle dyfais bwyntio ar ei arwyneb yw **llechen graffeg**. Gellir ei defnyddio i ddal lluniad tra bo'r defnyddiwr yn ei ddargopïo, neu i ddal dalen o ddewislenni, eiconau a siapiau y gall y defnyddiwr ddewis o'u plith.

Dyfais bwyntio ar gyfer llechen graffeg yw **pwyntil**.

Dyfais fewnbynnu ar gyfer llechen graffeg sy'n edrych yn debyg i lygoden yw **pwc**. Mae'n cael ei symud dros arwyneb y llechen. Mae ganddo groesliniau i'w leoli'n gywir a nifer o fotymau i gyflawni gwahanol weithredoedd.

Ffigur 10.17 *Mae lluniadu â llechen graffeg yn hawsna lluniadu â llygoden.*

10.4.7 Pen golau

Mae pen golau'n debyg i ben arferol ond mae wedi'i gysylltu â'r cyfrifiadur a chaiff ei defnyddio i ysgrifennu ar y monitor. Gall meddalwedd y pen golau gyfrifo ble ar y sgrin mae'r pen yn cael ei ddal a gellir gwneud dewisiadau o ddewislenni neu lunio graffigau syml megis llinellau.

10.4.8 Sganiwr

Gellir defnyddio sganiwr i ddigido graffigau sydd wedi'u hargraffu neu eu llunio ar bapur. Gyda sganiwr gwastad, rhoddir papur neu ffotograff â'i wyneb i lawr ar sgrin wydr o dan gaead. Caiff golau ei dywynnu ar y ddelwedd o far sganio symudol a chaiff y patrymau o olau adlewyrchedig eu dadansoddi ac yna eu trawsnewid yn rhifau cyn cael eu mewnbynnu i'r cyfrifiadur.

Mae gan wahanol sganwyr wahanol gydraniadau. Caiff cydraniad ei fesur mewn dotiau y fodfedd (*dpi/ dots per inch*) a bydd sganiau cydraniad uchel yn rhoi delweddau o ansawdd gwell.

Ffigur 10.18 *Sganiwr gwastad.*

CAMERA DIGIDOL:
Camera nad yw'n defnyddio ffilm. Caiff y delweddau eu storio ar sglodyn cof. Gellir tynnu'r sglodion hyn allan a rhoi sglodion gwag i mewn i storio rhagor o ddelweddau.

Sganwyr gwastad yw'r mwyafrif o sganwyr, fel yr un yn y llun, ond mae mathau eraill hefyd, megis sganwyr llaw a symudir dros ddelwedd â'r llaw a sganwyr dalennau lle mae dalennau o bapur yn cael eu porthi'n awtomatig i'r ddyfais – yn yr un ffordd ag y mae peiriant ffacs yn cymryd papur.

Gall meddalwedd adnabod nodau gweledol (ANG) gael ei ddefnyddio hefyd i ddigido testun. Caiff y testun ar y papur ei sganio fel delwedd ac mae'r meddalwedd ANG yn dadansoddi siapiau'r nodau ac yn eu trawsnewid yn destun yn barod i'w fewnbynnu i raglen megis prosesydd geiriau. (Gweler Adrannau 2.1.7 a 7.1.5 hefyd.)

10.4.9 Camera digidol

Dyfais arall a ddefnyddir i fewnbynnu delwedd yw camera digidol. Pan dynnir ffotograffau cânt eu storio fel ffeiliau digidol fel y gellir eu llwytho i lawr yn uniongyrchol i gyfrifiadur a'u cadw ar storfa gynorthwyol megis disg caled neu CD-R.

Mae gan gamerâu digidol wahanol gydraniadau ar gyfer delweddau. Mae gan gamerâu drutach gydraniadau uwch.

Gall cydraniad y delweddau gael ei osod. Gellir storio mwy o luniau yn y camera drwy ddewis cydraniad isel, ond ni fydd yr ansawdd cystal.

192
Gallwch weld y ffotograff yr ydych wedi'i dynnu yn llawer cyflymach drwy ddefnyddio camera digidol yn hytrach na chamera ffilm traddodiadol.

10.4.10 Camera fideo digidol

Yn debyg i gamera digidol, mae camera fideo digidol yn storio clipiau fideo fel ffeiliau digidol yn y camera, y gellir eu llwytho i lawr yn ddiweddarach i gyfrifiadur. Mae llawer o gamerâu fideo yn tynnu lluniau llonydd hefyd.

GWE-GAM: Camera a ddefnyddir yn aml i borthi lluniau ar adegau rheolaidd i dudalennau gwe.

Camera fideo digidol sydd wedi'i gysylltu'n uniongyrchol â chyfrifiadur a'i osod yn ei le yw **gwe-gam**. Gellir ei ddefnyddio i borthi llif o luniau fideo neu lonydd ar adegau rheolaidd i wefan. Erbyn hyn, mae yna filoedd o dudalennau gwe gyda delweddau gwe-gam arnynt ac mae'n bosibl gweld delweddau amser real o leoedd ym mhob rhan o'r byd.

Ffigur 10.19 *Gellir defnyddio gwe-gam i borthi lluniau i wefan.*

Caiff gwe-gamau eu gosod yn aml i fonitro amodau megis y tywydd, yr amodau sgïo ar fynyddoedd neu'r traffig ar ffyrdd gorlawn.

Defnyddir gwe-gamau hefyd mewn telegynadledda. Mae'n galluogi dau berson mewn gwahanol leoedd i ddefnyddio eu cyfrifiaduron i gyfathrebu â'i gilydd drwy gysylltau fideo a sain.

10.4.11 Sgrin sensitif i gyffyrddiad

BWRDD GWYN RHYNGWEITHIOL: Sgrin sensitif i gyffyrddiad a ddefnyddir mewn ystafelloedd dosbarth. Defnyddir pwyntil arbennig i gyffwrdd â'r sgrin.

Monitorau arbennig sy'n caniatáu i ddefnyddwyr wneud dewisiadau drwy gyffwrdd â mannau ar sgrin yw sgriniau sensitif i gyffyrddiad. Gweithiant orau ar gyfer bwydlenni neu fewnbynnau amlddewis.

Maent i'w cael mewn lleoedd megis canolfannau gwybodaeth ac amgueddfeydd, neu mewn canolfannau adloniant ar gyfer gemau cwis.

Mantais fawr sgriniau sensitif i gyffyrddiad yw nad oes unrhyw ddyfeisiau rhydd a all gael eu difrodi neu eu dwyn gan ddefnyddwyr.

10.4.12 Microffon

MICROFFON: Dyfais ar gyfer mewnbynnu sain. Rhaid gosod **cerdyn sain** i samplu'r sain a'i digido (ei thrawsnewid yn rhifau).

Samplu yw'r enw a roddir ar y broses o drawsnewid signal analog yn ddata digidol. Signal analog yw sain. Ar adegau cyson, mae'r sain yn cael ei mesur a'i thrawsnewid yn rhifau. Po amlaf y caiff y samplu ei wneud, gorau oll fydd ansawdd y sain, ond bydd angen mwy o le storio.

Gellir defnyddio microffon fel dyfais fewnbynnu ond mae angen i'r sain gael ei samplu gan **gerdyn sain** o fewn y cyfrifiadur i'w thrawsnewid yn ffeil ddigidol cyn y gall y cyfrifiadur ei phrosesu.

Defnyddir microffonau ar gyfer telegynadledda neu mewn systemau adnabod llais lle gall y defnyddiwr roi gorchmynion llafar i'r cyfrifiadur. Mae hyn yn ddefnyddiol i bobl sy'n defnyddio dwy law ar yr un pryd wrth weithio (llawfeddygon, gyrwyr, peilotiaid).

Defnyddir microffonau hefyd mewn swyddfeydd mewn systemau arddweud i fewnbynnu geiriau llafar i brosesydd geiriau.

10.4.13 Offerynnau cerdd

Gall unrhyw ddyfais â phorth *MIDI-OUT* reoli unrhyw ddyfais â phorth *MIDI-IN*. Y rheswm am hyn yw bod *MIDI* yn safon ddiffiniedig.

Gall offerynnau cerdd gyfathrebu â chyfrifiadur drwy ddefnyddio safon ddiffiniedig o'r enw *MIDI* (*Musical Instrument Digital Interface*: Rhyngwyneb Digidol Offeryn Cerdd).

Offerynnau cerdd y gellir eu cysylltu â chyfrifiadur yw offerynnau *MIDI*. Wrth i'r offeryn gael ei chwarae caiff signalau digidol eu mewnbynnu, a gellir storio'r rhain fel ffeil ddata a'u prosesu, eu golygu neu eu chwarae'n ôl wedyn drwy'r offeryn (yn y sefyllfa olaf hon, mae'r offeryn yn gweithredu fel dyfais allbynnu, gweler Adran 10.5).

Er enghraifft, offerynnau *MIDI* cyffredin yw allweddellau, a gall y cerddor chwarae darn o gerddoriaeth sy'n cael ei fewnbynnu'n uniongyrchol i'r cyfrifiadur a'i storio'n ddigidol. Yna gall olygu'r darn â meddalwedd arbennig, gan newid y nodau, tempo, dynameg a hyd yn oed sŵn yr offeryn cyn ei chwarae'n ôl drwy'r allweddell.

Offerynnau *MIDI* cyffredin eraill yw gitarau, drymiau, a syntheseiddwyr sy'n cynhyrchu seiniau artiffisial.

10.4.14 Synwyryddion

SYNHWYRYDD: Dyfais a ddefnyddir i ddarparu mewnbwn i systemau rheoli awtomatig.

Mae llawer o systemau rheoli'n defnyddio synwyryddion ar gyfer mewnbynnu. Mae mesuriadau amgylcheddol yn cael eu cymryd a'u mewnbynnu i gyfrifiadur sy'n dadansoddi'r data ac yn gweithredu os oes angen drwy anfon signalau allbwn i ddyfeisiau eraill.

Rhaid i fesuriadau analog megis sain, golau neu dymheredd gael eu trawsnewid yn ddata digidol fel y gall y cyfrifiadur ddadansoddi a phrosesu'r data.

Dyma restr o synwyryddion cyffredin:

Synhwyrydd	Enghraifft o'i ddefnydd
Synhwyrydd tymheredd	Darlleniadau tywydd awtomatig, prosesau gweithgynhyrchu
Synhwyrydd sain	Systemau larwm lladron, monitro llygredd sŵn
Synhwyrydd golau	Goleuadau stryd (caiff y goleuadau eu cynnau'n awtomatig wrth iddi dywyllu)
Synhwyrydd lleithder	Tŷ gwydr awtomatig
Synhwyrydd gwasgedd	Dwylo robotig (fel y gallant godi gwrthrychau bregus)
Synhwyrydd agosrwydd	I sicrhau nad yw robotiaid symudol yn bwrw i mewn i wrthrychau
Synhwyrydd isgoch	Gellir defnyddio ffotogelloedd mewn system larwm lladron i ganfod pan fydd paladr yn cael ei dorri

Defnyddir synwyryddion mewn systemau logio data lle mae mesuriadau'n cael eu cymryd ar adegau rheolaidd dros gyfnod penodol o amser. Caiff y data eu cadw mewn ffeil ddata fel y gall y cyfrifiadur eu dadansoddi.

10.5 Dyfeisiau allbynnu

Ar ôl i gyfrifiadur brosesu data, rhaid allbynnu'r canlyniadau, ac mae sawl gwahanol ddyfais ar gael ar gyfer gwneud hyn.

10.5.1 Monitor

194

Byddwch yn ofalus wrth ateb mewn arholiadau: nid yw monitor yr un fath â theledu.

195

Mae monitorau *CRT* yn grwm a swmpus. Mae monitorau *LCD* yn fflat a thenau.

Y ddyfais allbynnu a ddefnyddir amlaf yw'r **monitor**, sef sgrin sy'n arddangos gwybodaeth. Roedd y monitor yn arfer cael ei alw'n Uned Arddangos Weledol (UAW/*VDU: Visual Display Unit*). Mae maint monitor yn cael ei fesur yn groeslinol o gornel i gornel.

Mae'r mathau hŷn o fonitor yn defnyddio technoleg Tiwb Pelydrau Catod (CRT/*Cathode Ray Tube*). Dyfeisiau sylweddol yw'r rhain sy'n mynd â llawer o le ar y ddesg. Mae technoleg Arddangosiad Grisial Hylif (*LCD/Liquid Crystal Display*) wedi datblygu'n gyflym yn ddiweddar ac mae monitorau llawer llai a theneuach ar gael bellach.

Cydraniad monitor yw mesur o nifer y picseli y gellir eu harddangos. (Picsel yw'r swm lleiaf o'r hyn a arddangosir ar y sgrin a all gael ei newid gan y cyfrifiadur.) Gall monitorau modern arddangos miliynau o wahanol liwiau.

PICSEL: Y swm lleiaf o wybodaeth a arddangosir yn graffigol ar sgrin. Un dot lliw.

Ffigur 10.20 *Mae hen fonitorau CRT yn llawer mwy o faint na monitorau LCD.*

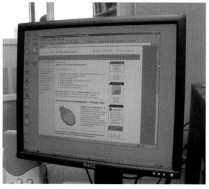

Defnyddir monitorau *LCD* mewn gliniaduron oherwydd bod ganddynt sgriniau fflat, ond maent i'w cael mewn cyfrifiaduron bwrdd gwaith hefyd gan eu bod yn llawer teneuach na monitorau *CRT*, yn defnyddio llai o drydan ac yn fwy caredig i'r llygaid gan nad ydynt yn fflicran.

Technoleg plasma yw'r datblygiad diweddaraf ym maes monitorau. Sgrin ddisglair yw **sgrin blasma** a all gael ei chynhyrchu mewn meintiau mawr (hyd at 84 modfedd). Defnyddir sgriniau plasma mewn setiau teledu hefyd, ond maent yn gostus iawn.

Gall yr allbwn gweledol o gyfrifiadur gael ei daflunio ar sgrin drwy ddefnyddio taflunydd fideo (neu fwrdd gwyn rhyngweithiol).

10.5.2 Argraffydd

COPI CALED: Dogfen sydd wedi'i hargraffu ar bapur. Mae rhai pobl yn hoffi cael copi caled o'u data fel mesur diogelwch rhag ofn bod eu disgyrrwr caled yn methu. Hefyd gall fod yn fwy cyfleus weithiau cael copi caled o ddogfen i'w ddarllen i ffwrdd o'r monitor, ac mae'n well gan rai pobl ddarllen testun ar bapur nag ar sgrin.

Roedd pobl yn meddwl ar un adeg y byddai TGCh yn ei gwneud hi'n bosibl i swyddfeydd busnes weithredu heb bapur, ond mewn gwirionedd mae'n ymddangos bod cyfrifiaduron yn cynhyrchu mwy o waith papur, nid llai! Roedd pobl yn sôn am y swyddfa ddi-bapur 20 mlynedd yn ôl, ond nid yw wedi digwydd eto. Un rheswm am hyn yw bod papur yn gyfrwng dibynadwy iawn ar gyfer storio gwybodaeth. Bydd pob disgyrrwr caled a hyblyg yn methu rywbryd, ond bydd papur yn para'n llawer hirach os caiff ei storio'n gywir.

Argraffydd yw'r ddyfais sy'n allbynnu data i bapur, a 'chopi caled' yw'r enw a roddwn ar yr allbwn argraffedig.

Mae sawl gwahanol fath o argraffydd sy'n amrywio o ran y dechnoleg a ddefnyddiant, ansawdd yr argraffu a'r gost o'u prynu a'u rhedeg.

Argraffydd matrics

Mewn hen fathau o argraffydd (argraffyddion matrics er enghraifft) mae rhuban inc sy'n cael ei daro ar y papur gan binnau yn y pen argraffu. Eu prif fantais yw y gallant ddefnyddio papur amlran lle caiff yr allbwn ei argraffu ar sawl tudalen ar unwaith, neu bapur di-dor lle mae'r papur yn dod ar rîl hir.

Mae'r argraffyddion hyn yn swnllyd iawn, yn enwedig mewn swyddfeydd lle gall nifer ohonynt fod yn argraffu'r un pryd (mae angen eu cau mewn blychau gwrthsain). Gan fod ansawdd yr argraffu'n wael nid ydynt mor boblogaidd heddiw, ac maent wedi cael eu disodli ar y cyfan gan argraffyddion laser neu chwistrell.

Mae argraffyddion matrics yn rhad ac yn gallu defnyddio papur amlran.

Argraffydd thermol

Mae argraffydd thermol yn defnyddio gwres i 'losgi' delwedd ar bapur sydd wedi'i drin yn arbennig. Fe'u defnyddir mewn rhai terfynellau pwynt talu.

Argraffydd laser

Mae argraffyddion laser yn defnyddio proses debyg i beiriant llungopïo. Mae arlliwydd (*toner*), sef powdr mân iawn, yn cael ei drosglwyddo i bapur a'i doddi arno gan ddefnyddio gwres a gwasgedd.

Mae rhai argraffyddion laser yn unlliw, a defnyddiant un getrisen o arlliwydd du, tra bo eraill yn argraffu mewn lliw ac yn defnyddio nifer o getris o wahanol liwiau.

197
Mae argraffyddion laser yn cynhyrchu delweddau o ansawdd uchel ond gallant fod yn ddrud eu rhedeg.

Manteision argraffyddion laser:

● Mae ansawdd yr argraffu'n uchel iawn, ac yn rhoi golwg proffesiynol i ddogfennau a graffigau.
● Yn ddistaw dros ben: yn ddelfrydol ar gyfer swyddfeydd prysur.
● Gall rhai ohonynt argraffu ar ddwy ochr y dudalen.
● Droriau mawr ar gyfer dal papur.

Anfanteision argraffyddion laser:

● Gallant fod yn ddrud eu rhedeg gan fod y cetris arlliwydd yn ddrud.
● Gallant fod yn weddol fawr.

Gallwch brynu argraffydd laser, llungopïwr, sganiwr a pheiriant ffacs yn un.

Mae gan rai cyfrifiaduron prif ffrâm argraffyddion laser cyflym iawn ar gyfer cynhyrchu dogfennau ar raddfa fawr, er enghraifft, cyfriflenni, biliau trydan a gohebiaeth farchnata.

Ffigur 10.21 *Mae gan argraffydd laser ddroriau mawr ar gyfer dal papur.*

Argraffydd chwistrell

Mae argraffyddion chwistrell yn ffurfio testun a delweddau drwy chwistrellu dotiau o inc o wahanol liw o ffroenellau ar ben argraffu sy'n symud dro ar ôl tro dros y papur. Gyda phob symudiad o'r pen argraffu dros y dudalen, caiff y papur ei fwydo drwodd ychydig yn rhagor, yn barod ar gyfer symudiad nesaf y pen.

Mae'r mwyafrif o argraffyddion chwistrell yn defnyddio pedwar lliw: melyn, magenta, cyan (gwyrddlas) a du.

Yn ddiweddar, mae pris yr argraffyddion hyn wedi gostwng ac mae ansawdd yr argraffu wedi gwella. O ganlyniad gellir eu defnyddio yn lle argraffyddion laser mewn sefyllfaoedd lle nad yw ansawdd uchel mor bwysig, er enghraifft, yn y cartref ac mewn ysgolion.

198
Gellir defnyddio papur arbennig mewn argraffyddion chwistrell i gynhyrchu allbrintiau da o ffotograffau.

Ffigur 10.22 *Argraffydd chwistrell.*

Manteision argraffyddion chwistrell:

● Yn rhad eu prynu (ond gall y cetris inc fod yn ddrud).
● Yn fach ac ysgafn (gellir eu rhoi ar ddesg).
● Yn hawdd eu defnyddio.

Anfanteision argraffyddion laser:

● Nid yw ansawdd yr argraffu cystal ag argraffyddion laser.
● Ychydig o bapur y maent yn ei ddal.
● Gallant gymryd amser i argraffu delweddau lliw.

● Crëwch gronfa ddata sydd ag un tabl o'r enw Argraffyddion. Bydd y tabl strwythur data ar gyfer y gronfa ddata hon fel a ganlyn:

Enw Maes	Math	Sylw
Rhif Adnabod yr Argraffydd	Rhif	Y maes allweddol
Enw'r Argraffydd	Testun	
Math	Testun	Codau – 'C' am chwistrell, 'L' am laser, 'A' am arall.
Pris	Arian Cyfred	Pris mewn £ (wedi'i' fformatio i ddau le degol).

● Defnyddiwch y Rhyngrwyd i ddod o hyd i 20 argraffydd o wahanol fathau, a rhowch y manylion yn eich cronfa ddata. Sicrhewch eich bod yn dewis amrywiaeth eang o argraffyddion o nifer o wahanol gwmnïau.

● Crëwch ymholiad sy'n allbynnu'r holl feysydd wedi'u **trefnu** mewn trefn ddisgynnol yn ôl pris.

● Pa gasgliad y gallwch ddod iddo?

10.5.3 Allbwn cyfrifiadurol ar ficroffilm

Mae'r dechneg allbwn cyfrifiadurol ar ficroffilm (*ACF/COM: Computer Output on Microfilm*) yn golygu lleihau maint dogfennau a'u hargraffu fel ffotograff fel y gellir eu darllen â pheiriant chwyddhau arbennig. Gall unrhyw beth y gellir ei argraffu neu y gellir tynnu ei ffotograff gael ei roi ar ficroffilm neu ficroffish.

Rholyn o ffilm yw **microffilm** a dalen betryal o ffilm y gellir storio llawer o wahanol fframiau (tudalennau o wybodaeth) arni yw **microffish**.

Bydd llyfrgelloedd yn defnyddio ACF i gadw dogfennau megis papurau newydd, cylchgronau neu gatalogau a all ddirywio wrth fynd yn hen neu wrth gael eu defnyddio.

Manteision ACF yw:
● Mae microffilm yn mynd â **llawer llai o le storio** na phapur
● Mae microffilm yn **para'n hirach** na phapur sy'n melynu ac yn pylu dros y blynyddoedd.

Ffigur 10.23 *Mae angen darllenyddion chwyddhau arbennig i ddarllen microffilm.*

Anfantais ACF yw:

● Mae angen darllenydd arbennig gan nad yw'n bosibl darllen microffilm â'r llygaid.

10.5.4 Plotydd graff

Mae cymwysiadau megis *CAD* yn defnyddio plotydd graff yn hytrach nag argraffydd i allbynnu dyluniad gorffenedig. Mae'n araf ond gall luniadu cromliniau di-dor yn gywir ac mewn amryw o liwiau.

Ar blotydd gwastad mae'r papur yn cael ei ddal ar arwyneb gwastad ac mae'r pen yn symud ar ei draws, wedi'i lywio gan fraich fecanyddol sydd ei hunan yn symud i fyny ac i lawr y dudalen.

Caiff rhai dyluniadau glasbrint eu lluniadu ar ddalennau mawr iawn o bapur (mesurir y maint mewn metrau yn hytrach na chentimetrau!). Gall dyluniadau mawr gynnwys llawer o fanylion y byddai'n anodd eu gweld pe bai'r allbrint yn rhy fach.

Os oes angen dalennau hir iawn o bapur yna defnyddir plotydd drwm. Caiff y papur ei ddal ar ddrwm sy'n cylchdroi wrth i ben symud i fyny ac i lawr bar sefydlog.

CYNLLUNIO DRWY GYMORTH CYFRIFIADUR (CAD): Meddalwedd lluniadu sy'n defnyddio cyfrifiaduron i helpu dylunwyr i greu dyluniadau graffig o wrthrychau. Gellir defnyddio *CAD* i ddylunio ceir, tai, ceginau, awyrennau, pontydd, byrddau cylched brintiedig, ac ati.

Ffigur 10.24 *Defnyddir plotydd drwm i gynhyrchu dyluniadau mawr iawn.*

10.5.5 Sain

Defnyddir seinyddion i allbynnu sain a cherddoriaeth. Mae angen gosod cardiau sain mewn microgyfrifiaduron i gael sain o ansawdd da ar gyfer cerddoriaeth, meddalwedd neu gemau, ond un o'r datblygiadau diweddaraf ym maes allbynnu sain yw **synthesis lleferydd:** cynhyrchu'r llais dynol drwy ddulliau artiffisial. Roedd yr ymdrechion cyntaf i gynhyrchu'r llais dynol yn swnio braidd yn robotaidd, ond erbyn hyn mae'r llais yn fwy naturiol a dymunol i wrando arno.

Mae systemau testun-i-leferydd yn creu fersiwn geiriau llafar o'r testun mewn dogfen. Mae hyn yn ddefnyddiol i bobl sydd â nam ar eu golwg. Gellir defnyddio llais wedi'i recordio i anfon negeseuon dros y Rhyngrwyd. Mae'r sawl sy'n derbyn y neges yn ei chwarae mewn ffordd debyg i dderbyn e-bost.

199

Gall **syntheseiddydd lleferydd** 'ddarllen' dogfen i rywun sydd â nam ar ei olwg, rhoi rhybudd llafar, neu ddysgu plentyn i sillafu.

Mae rhai ceir yn defnyddio rhybuddion llais (efallai nad yw teithiwr wedi cau ei wregys diogelwch). Mae gan rai teganau plant leisiau, a gall gemau addysgol sy'n dysgu sillafu siarad gair a gofyn i'r plentyn bwyso bysellau i'w sillafu.

Ar rwydweithiau cyflym, gall microffonau a seinyddion gael eu defnyddio i gynnal sgwrs amser real rhwng dau ddefnyddiwr, neu fel rhan o system fideo-gynadledda.

10.5.6 Rhyngwyneb rheoli

Dyfeisiau sy'n gallu rheoli peiriannau yw **ysgogwyr**. Maent yn trawsnewid signalau trydanol yn weithredoedd mecanyddol megis symud braich robotig, troi tap neu agor awyrydd.

Anfonir signalau allbwn o gyfrifiadur i ryngwyneb rheoli, a all weithredu nifer o wahanol ysgogwyr. Er enghraifft, mewn tai gwydr a reolir gan gyfrifiadur mae synwyryddion yn mewnbynnu mesuriadau rheolaidd i gyfrifiadur sy'n eu dadansoddi i ddarganfod a ydynt o fewn y terfynau sy'n cael eu caniatáu. Os nad ydynt, caiff signalau allbwn eu hanfon i ryngwyneb rheoli sy'n rheoli ysgogwyr sy'n troi gwresogydd ymlaen, yn agor awyrydd neu'n cychwyn ysgeintell ddŵr.

Mae angen y rhyngwyneb rheoli gan fod nodweddion gweithredu'r cyfrifiadur a'r dyfeisiau sy'n cael eu rheoli yn wahanol.

10.5.7 Dyfeisiau *CNC*

200

Mae peiriannau Rheolaeth Rifiadol Gyfrifiadurol (*CNC*) yn derbyn cyfarwyddiadau fel dilyniant o rifau a gellir eu defnyddio ar gyfer *CAM*.

Mae systemau *CAD/CAM* yn defnyddio cyfrifiaduron i ddylunio a gweithgynhyrchu eitemau. Defnyddir meddalwedd *CAD* i greu'r dyluniad ac, ar ôl ei orffen, mae'n cael ei drawsnewid yn ffurf ddigidol (rhifau) a'i allbynnu i ddyfais *CNC*. Yna mae hon yn trawsnewid y cyfarwyddiadau rhifiadol yn ddilyniant o weithredoedd.

Gweler Adran 5.11 am rai o'r prif ddyfeisiau *CNC* a ddefnyddir.

Crynodeb

01 Cyfrifiadur prif ffrâm yw'r math mwyaf a mwyaf nerthol o gyfrifiadur, gyda llawer o brosesyddion, cofion mawr a storfa gynorthwyol.

02 Mae microgyfrifiadur wedi'i adeiladu o gwmpas un prosesydd.

03 Gliniaduron a chledriaduron yw microgyfrifiaduron bach y gellir eu cario a'u rhedeg ar fatrïau.

04 Mae gan gyfrifiadur planedig brosesydd a rhaglen wedi'i storio sy'n gweithredu dyfais (e.e. peiriant golchi, popty microdon, ac ati).

05 Defnyddir cof i storio data a rhaglenni.

06 Defnyddir *RAM* fel storfa dros dro ac mae'n gyfnewidiol.

07 Defnyddir *ROM* fel storfa barhaol ac mae'n anghyfnewidiol.

08 Mae cynhwysedd storio'n cael ei fesur mewn beitiau.

09 Storfa anghyfnewidiol yw storfa gynorthwyol sy'n storio mwy o ddata na chof.

10 Cyfrwng storio magnetig mewn uned seliedig i'w amddiffyn rhag baw yw disg caled.

11 Mae disgiau hyblyg yn gludadwy ond nid ydynt yn storio cymaint o ddata â disg caled.

12 Dyfeisiau storfa gynorthwyol optegol yw CD-ROMau. Mae CD yn gludadwy a gall storio tua 650 MB o ddata.

13 Dyfeisiau storfa gynorthwyol optegol yw DVD-ROMau, ond gall DVD storio mwy o ddata na CD.

14 Defnyddir tâp magnetig yn aml i wneud copïau wrth gefn o symiau mawr o ddata.

15 Mae cyfryngau storio symudadwy yn cynnwys disgyrwyr Zip, disgyrwyr REV a ffyn cof *USB*.

16 Y bysellfwrdd yw'r ddyfais fewnbynnu fwyaf cyffredin. Mae gan gyffyrddellau droshaenau.

17 Dyfais fewnbynnu sy'n rheoli cyrchwr ar sgrin yw llygoden.

18 Dyfeisiau mewnbynnu yw peli llwybro, ffyn rheoli, padiau cyffwrdd, llechi graffeg a phennau golau.

19 Gall sganiwr ddigido graffigau neu gellir defnyddio meddalwedd ANG i fewnbynnu testun i brosesydd geiriau.

20 Dyfeisiau mewnbynnu a ddefnyddir ar gyfer ffotograffau a chlipiau fideo yw camerâu digidol a chamerâu fideo.

21 Gall offerynnau cerdd â rhyngwynebau *MIDI* gael eu cysylltu â chyfrifiaduron.

22 Defnyddir microffon i fewnbynnu sain ond caiff ei samplu ar adegau rheolaidd i'w drawsnewid yn rhifau.

23 Mae systemau rheoli a systemau logio data yn defnyddio synwyryddion ar gyfer mewnbynnu.

24 Y ddyfais allbynnu fwyaf cyffredin yw'r monitor.

25 Mae monitorau *CRT* yn rhad ond mawr. Mae monitorau *LCD* yn denau ac fe'u defnyddir mewn gliniaduron.

26 Mae tri phrif fath o argraffydd:
- Argraffydd matrics (rhad ond swnllyd; gellir ei ddefnyddio ar gyfer papur amlran).
- Argraffydd laser (yn ddrutach, ond ansawdd yr argraffu'n dda).
- Argraffydd chwistrell (yn rhatach, ond yn arafach nag argraffydd laser).

27 Defnyddir plotyddion graff i allbynnu dyluniadau sy'n cael eu creu â meddalwedd *CAD*.

28 Mae syntheseiddydd lleferydd yn trawsnewid testun yn eiriau llafar.

29 Mae systemau rheoli yn allbynnu signalau i ysgogwyr sy'n rheoli dyfeisiau mecanyddol.

30 Mewn systemau *CAD/CAM*, anfonir yr allbwn fel dilyniant o rifau i ddyfeisiau *CNC* megis driliau, turniau, peiriannau melino neu beiriannau brodio.

Cwestiynau ymarfer 10

1 a) Enwch ddau fath o storfa gynorthwyol fagnetig. [2]

b) Enwch ddau fath o storfa gynorthwyol optegol. [2]

2 Mae gan ficrogyfrifiadur mewn hysbyseb y nodweddion canlynol:

Prosesydd 32 GHz

512 MB RAM

Monitor 17 modfedd

Disgyrrwr caled 80 Gb

16 x Llosgydd CD/DVD

Argraffydd laser

a) Am beth y mae *RAM* yn sefyll? [1]

b) I beth y defnyddir *RAM*? [1]

c) Beth yw'r math arall o gof? [1]

ch) Pa ddyfeisiau allbynnu sy'n cael eu crybwyll yn yr hysbyseb? [2]

d) Pa ddyfeisiau storfa gynorthwyol sy'n cael eu crybwyll yn yr hysbyseb? [2]

dd) Mae maint cof yn cael ei fesur mewn beitiau. Sawl beit sydd mewn cilobeit? [1]

e) Trefnwch y rhain yn ôl eu maint (lleiaf yn gyntaf): gigabeit; cilobeit; beit; megabeit. [1]

f) Nid oes gan y microgyfrifiadur hwn ddisgyrrwr hyblyg. Rhowch un fantais sydd gan ddisg caled dros ddisg hyblyg. [1]

ff) Rhowch un fantais sydd gan ddisg hyblyg dros ddisg caled. Pam nad oes angen disgyrrwr hyblyg ar y microgyfrifiadur yn yr hysbyseb? [2]

A allwch chi gofio...?

1 Beth yw enw'r math mwyaf o gyfrifiadur?

2 Pa fantais sydd gan liniadur dros gyfrifiadur personol? Pa broblem a all godi wrth ddefnyddio gliniadur?

3 Am beth y mae AFC (*COM*) yn sefyll? Pam y defnyddir AFC i storio delweddau o bapurau newydd?

4 Pam y mae ffyn cof *USB* yn ddefnyddiol? Pa fantais sydd ganddynt dros ddisgiau hyblyg?

5 Rhowch ddwy ffordd o fewnbynnu ffotograff i gyfrifiadur.

6 Pa ddyfeisiau mewnbynnu a ddefnyddir mewn systemau rheoli?

11 Meddalwedd

11.1 Cyflwyniad

Mae rhaglen yn set o gyfarwyddiadau sy'n dweud wrth gyfrifiadur beth i'w wneud. Y diffiniad o feddalwedd yw'r holl raglenni sy'n rhedeg ar system gyfrifiadurol.

Mae meddalwedd yn cael ei rannu'n ddau brif fath:

- **Meddalwedd systemau:** rhaglenni sy'n helpu system gyfrifiadurol i weithio (e.e. system weithredu, dad-ddarniwr disg, crynhoydd, ac ati).
- **Meddalwedd rhaglenni:** rhaglenni sy'n cyflawni tasg benodol neu raglenni generig a ddefnyddir i gyflawni tasgau cyffredinol (e.e. rhaglen prosesu geiriau, rhaglen rheolaeth stoc, gêm cyfrifiadur, ac ati).

11.2 Systemau gweithredu

Y rhaglen bwysicaf a redir ar unrhyw gyfrifiadur yw'r system weithredu. Ni fydd cyfrifiadur yn gweithio heb system weithredu, gan mai dyma'r rhaglen sy'n rheoli gweithrediad y cyfrifiadur. Mae gan bob cyfrifiadur un, o'r cledriadur lleiaf i'r cyfrifiadur prif ffrâm mwyaf.

Pan drowch gyfrifiadur ymlaen, y peth cyntaf sy'n digwydd yw fod y system weithredu yn cael ei llwytho i'r cof. Mae gan y cyfrifiadur feddalwedd ar sglodyn ROM sy'n gwneud i'r broses hon ddigwydd yn awtomatig. **Cychwyn** y cyfrifiadur yw'r enw a roddir ar y broses hon.

Beth y mae'r system weithredu yn ei wneud?

- **Mae'n llwytho ac yn rhedeg rhaglenni.** Er enghraifft, pan gliciwch ar eicon rhaglen ar y bwrdd gwaith, caiff y rhaglen honno ei llwytho o'r disgyrrwr caled a'i storio yn y cof. Yna bydd y system weithredu yn dechrau'r rhaglen.
- **Mae'n gwneud y defnydd gorau o'r cof.** Er enghraifft, meddyliwch am y system weithredu fel gofalwr mewn maes parcio sy'n dangos i yrrwr ble i barcio. Bydd y system weithredu yn sicrhau bod rhaglen yn cael ei storio yn y lle gorau yn y cof pan gaiff ei llwytho. Rhaid iddi beidio ag ymyrryd â rhaglenni eraill a rhaid iddi ddefnyddio'r cof sydd ar gael yn effeithlon.
- **Mae'n ymdrin â mewnbynnau ac allbynnau o ddyfeisiau perifferol.** Er enghraifft, pan bwyswch fysell ar fysellfwrdd, caiff signal ei anfon i'r system weithredu sy'n allbynnu signal i'r monitor i arddangos y nod a bwyswyd.

- **Os bydd ymyriadau'n digwydd, bydd yn ymdrin â nhw.** Signal o ddyfais sydd angen sylw yw ymyriad. Gall argraffydd redeg allan o bapur ac anfon ymyriad i'r prosesydd. Bydd y system weithredu'n allbynnu neges gwall i'r monitor.
- **Mae'n cynnal diogelwch y system.** Er enghraifft, rhaid i ddefnyddiwr deipio enw a chyfrinair i fewngofnodi i'r cyfrifiadur. Ni fydd y system weithredu'n caniatáu mynediad oni bai bod y cyfrinair yn gywir.

Rhai enghreifftiau o systemau gweithredu yw MS-DOS, Windows, Linux ac UNIX.

Gall meddalwedd rhaglenni fod yn benodol i system weithredu ac felly ni fydd yn rhedeg o dan system arall. Er enghraifft, ni all rhaglen Windows gael ei rhedeg ar gyfrifiadur sy'n defnyddio system weithredu UNIX.

Gall nifer o raglenni gwasanaethu gael eu storio ar wahân. Ni chaiff y rhain eu llwytho i'r cof nes iddynt gael eu rhedeg. Enghreifftiau o raglenni gwasanaethu yw rhaglenni sganio am firysau, dad-ddarnwyr disg neu raglenni sy'n gwneud copi wrth gefn o ddisg.

Gwahanol fathau o system weithredu

Defnyddir llawer gwahanol fath o system gyfrifiadurol mewn ysgolion, swyddfeydd a sefydliadau. Mae angen system weithredu ar gyfer pob gwahanol fath, a bydd nodweddion y rhain yn amrywio gan ddibynnu ar sut mae'r cyfrifiaduron yn gweithredu.

11.2.1 Rhaglen sengl

Ar rai cyfrifiaduron syml bydd y system weithredu yn gweithio ar un rhaglen yn unig ar y tro. Ar ôl i un rhaglen orffen prosesu, caiff y rhaglen nesaf ei llwytho a'i rhedeg. Mae'r math hwn o system weithredu yn llawer arafach na systemau amlraglennu, ac nid yw'n gyffredin y dyddiau hyn.

11.2.2 Swp-brosesu

GORCHWYL: Rhaglen a'r data sydd eu hangen arni.

SWP: Nifer o orchwylion cyffelyb.

Mae rhaglen, ynghyd ag unrhyw ddata sydd eu hangen arni, yn cael ei galw'n **orchwyl** (*job*). Er enghraifft, gall gorchwyl gynnwys rhaglen biliau trydan a'r data am yr unedau o drydan y mae cwsmer wedi'u defnyddio.

Mewn system swp-brosesu, mae gorchwylion sy'n aros i gael eu rhedeg yn cael eu casglu a'u storio mewn ciw gorchwylion ac yna cânt eu prosesu i gyd gyda'i gilydd.

Mae systemau swp-brosesu i'w cael yn aml mewn busnesau lle nad oes brys i brosesu'r gorchwylion. Un enghraifft yw system restr gyflogau fisol cwmni. Caiff y gorchwylion eu casglu ynghyd ar ddiwedd pob mis a'u rhedeg yn y nos i gyfrifo cyflogau pob gweithiwr ac i gynhyrchu slipiau cyflog.

Manteision system swp-brosesu:

- Gellir gwneud y prosesu ar adegau pan nad oes angen y cyfrifiadur ar gyfer tasgau prosesu eraill. Bydd swp-brosesu'n cael ei wneud yn y nos neu ar y penwythnos yn aml.
- Ar ôl rhoi'r broses ar waith, nid oes angen i'r staff wneud dim.

[20.2]
Mae swp-brosesu'n cael ei wneud ar adegau llai prysur fel rheol.

11.2.3 Amlraglennu

Mae'r cyfrifiadur yn cadw mwy nag un rhaglen yn ei gof ac yn rhoi ychydig bach o amser prosesu i bob un yn ei thro. Mae hyn yn digwydd mor gyflym fel ei bod hi'n ymddangos i'r defnyddiwr fod y cyfrifiadur yn rhedeg mwy nag un rhaglen ar y tro.

Gwaith y system weithredu yw rhannu adnoddau megis amser prosesu fel bod pob rhaglen yn cael ei chwblhau'n llwyddiannus yn y man. Bydd y system weithredu'n penderfynu ym mha drefn i redeg y rhaglenni, a bydd yn sicrhau nad yw unrhyw raglen yn cael ei hanwybyddu'n llwyr.

Mantais system amlraglennu yw y gall brosesu mwy o raglenni mewn llai o amser na system weithredu sy'n gallu prosesu un rhaglen yn unig ar y tro.

Ar ficrogyfrifiadur, yr enw a roddir ar amlraglennu yn aml yw **amlorchwylio.**

Ffigur 11.1
Mae amlorchwylio ar ficrogyfrifiadur yn rhoi'r argraff bod y cyfrifiadur yn rhedeg mwy nag un rhaglen ar yr un pryd.

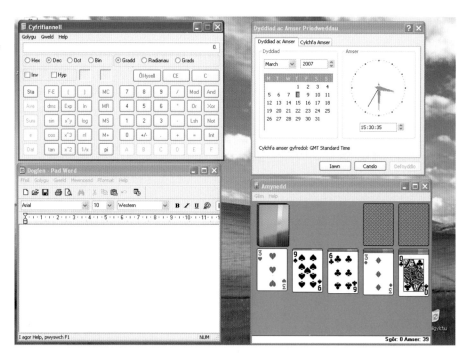

11.2.4 Amlfynediad

SYSTEM AMLFYNEDIAD: Gall llawer o ddefnyddwyr weithio ar yr un cyfrifiadur ar yr un pryd.

Gall fod nifer o weithfannau wedi'u cysylltu'n uniongyrchol â chyfrifiadur prif ffrâm. Er enghraifft, gall cannoedd o weithfannau fod wedi'u gwasgaru ar y gwahanol loriau mewn bloc mawr o swyddfeydd, a gall y cyfrifiadur prif ffrâm fod ar y llawr isaf.

Bydd gan y gweithfannau ddyfeisiau mewnbynnu megis bysellfwrdd a llygoden, a monitor hefyd, ond ni fydd ganddynt gyfrifiadur. Y rheswm am hyn yw fod defnyddiwr y weithfan yn defnyddio'r cyfrifiadur prif ffrâm.

Mae pob gweithiwr yn gweithio'n **rhyngweithiol**, er y gall y cyfrifiadur y maent yn ei ddefnyddio fod ymhell i ffwrdd. Rhaid i system weithredu'r cyfrifiadur prif ffrâm drefnu'r mewnbynnau o'r holl weithfannau a sicrhau bod yr allbynnau'n mynd yn ôl i'r defnyddiwr iawn. Rhaid iddi hefyd sicrhau bod rhaglen pob defnyddiwr yn cael ei phrosesu'n gyflym, a bydd yn dyrannu adnoddau megis amser prosesu i bob defnyddiwr yn ei dro. Gan fod y prosesydd mor gyflym, bydd pob defnyddiwr yn cael yr argraff mai dim ond ef neu hi sy'n defnyddio'r cyfrifiadur.

Erbyn hyn mae rhwydweithiau'n disodli llawer o systemau amlfynediad.

Ffigur 11.2 *Diagram o system amlfynediad.*

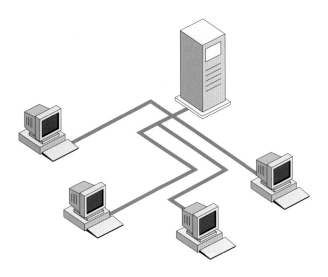

11.2.5 Dosbarthol

Mewn system ddosbarthol caiff y prosesu a'r adnoddau eu rhannu rhwng nifer o wahanol gyfrifiaduron. Rhaid i'r system weithredu sicrhau bod pob cyfrifiadur yn y system yn cyfathrebu'n briodol â'i gilydd. Bydd y defnyddiwr yn teimlo mai un cyfrifiadur sy'n cael ei ddefnyddio, ond mewn gwirionedd gall sawl cyfrifiadur yn y system fod yn rhannu'r prosesu ac ni fydd y defnyddiwr yn gwybod pa rai.

Er enghraifft, gall defnyddiwr cyfrifiadur A redeg rhaglen ar gyfrifiadur B sy'n defnyddio data sydd wedi'u storio ar gyfrifiaduron C ac Ch. Bydd y system weithredu'n sicrhau bod y cysylltiadau cywir yn cael eu gwneud a bod y prosesu'n cael ei gwblhau.

11.2.6 Rheolaeth ar broses amser real

Caiff data eu prosesu cyn gynted ag y cânt eu mewnbynnu.

SYSTEM AMSER REAL:
System lle caiff data mewnbwn eu prosesu ar unwaith.

Enghraifft o system amser real yw system rheolaeth ar broses. Mae synwyryddion yn monitro proses drwy gymryd darlleniadau amgylcheddol a'u hanfon i'r cyfrifiadur fel mewnbwn. Mae'r cyfrifiadur yn prosesu'r data ar unwaith ac yn gweithredu os oes angen. Gall y system hon ymateb yn gyflym a gweithredu mewn sefyllfaoedd anarferol, er enghraifft os yw peiriant yn torri i lawr neu os oes tân.

Cyfrifiadur un pwrpas yw cyfrifiadur sy'n monitro system rheolaeth ar broses (h.y. ni chaiff ei ddefnyddio at unrhyw bwrpas arall).

Enghraifft arall o system amser real yw'r efelychydd hedfan a ddefnyddir i hyfforddi peilotiaid. Os symudir pedal y llyw, caiff signal ei fewnbynnu i'r cyfrifiadur a fydd yn ei ddadansoddi ar unwaith ac yn gwneud y newid angenrheidiol i'r efelychydd.

Ffigur 11.3 *Mae efelychydd hedfan yn defnyddio system weithredu amser real.*

204

Mae angen systemau gweithredu ar gyfrifiaduron planedig hyd yn oed.

Mae cyfrifiaduron planedig yn cynnwys systemau gweithredu amser real. Caiff y system weithredu ei storio mewn sglodyn *ROM* ac mae'n rhedeg ac yn rheoli un rhaglen sy'n gweithredu dyfais megis peiriant golchi neu gamera digidol. Mae'n ymdrin â mewnbwn ac allbwn syml ac yn sicrhau bod y rhaglen reoli yn rhedeg heb broblemau. (Gweler Adran 5.1 hefyd.)

11.2.7 Prosesu trafodion amser real

SYSTEM TRAFODION AMSER REAL: Caiff dilyniant o drafodion eu prosesu yn y drefn y cânt eu mewnbynnu, a chwblheir pob un cyn dechrau ar yr un nesaf.

Mae math arall o system amser real yn ymwneud â thrafodion. Bob tro y caiff eitem ei gwerthu neu ei phrynu, neu y caiff bwciad ei wneud, bydd y data'n cael eu prosesu ar unwaith. Gall hyn gynnwys diweddaru data sy'n cael eu cadw mewn cofnod mewn cronfa ddata. Caiff y trafodion eu prosesu yn y drefn y cânt eu derbyn, a chaiff pob trafod ei gwblhau cyn prosesu'r un nesaf.

Un enghraifft o system trafodion amser real yw'r system archebu seddau mewn theatr. Bob tro y bydd cwsmer yn archebu seddau, prosesir y data a chofnodir bod y seddau hyn wedi'u cadw. Mae'r system hon yn sicrhau na all dau berson archebu'r un seddau yn y theatr ar yr un pryd. (Gweler Adran 5.8 hefyd.)

Y peth pwysig am system amser real yw ei bod hi bob amser yn gyfoes. Os bydd ymholiad yn cael ei dderbyn, yna mae'r data sy'n cael eu chwilio bob amser yn gyfredol.

11.2.8 Systemau prosesu paralel

205

Caiff tasgau mawr eu rhannu rhwng sawl prosesydd mewn systemau prosesu paralel er mwyn eu cwblhau'n gyflymach.

Mae gan rai cyfrifiaduron prif ffrâm mawr fwy nag un prosesydd. Yn wir, mae gan rai ohonynt gannoedd neu hyd yn oed filoedd o brosesyddion. Caiff tasgau mawr eu cwblhau'n gyflymach os cânt eu rhannu rhwng nifer o brosesyddion (po fwyaf o bobl sy'n agor ffos, cyflymaf i gyd y gorffennir y gwaith!).

Mae ieithoedd rhaglennu cyfrifiadurol newydd wedi cael eu datblygu i ysgrifennu rhaglenni ar gyfer systemau prosesu paralel, ac mae angen systemau gweithredu cymhleth i rannu'r tasgau ymhlith y prosesyddion a chydgysylltu eu gweithgareddau.

Defnyddir prosesu paralel gan gyfrifiaduron sy'n prosesu llawer iawn o ddata, er enghraifft, ar gyfer system darogan y tywydd.

11.2.9 Systemau rhyngweithiol

Mae defnyddiwr yn mewnbynnu gorchymyn i gyfrifiadur, a all ymateb gyda chais am ragor o ddata. Cyfrifiadura rhyngweithiol yw hyn: mae'n debyg i gynnal sgwrs rhwng defnyddiwr a'r cyfrifiadur.

Un enghraifft o gyfrifiadura rhyngweithiol yw tynnu arian o beiriant arian parod. Y peth cyntaf y mae'n rhaid i chi ei wneud yw mewnbynnu eich rhif *PIN*. Yna bydd y cyfrifiadur yn gofyn pa wasanaeth sydd ei angen arnoch. Os dewiswch dynnu arian allan, bydd y peiriant yn gofyn faint a bydd rhaid i chi deipio'r swm cyn y bydd yn rhoi'r arian i chi.

11.3 Diogelu'r system

Un o dasgau system weithredu yw cynnal diogelwch. Mae hyn yn golygu diogelu'r system rhag difrod maleisus neu ddamweiniol gan y defnyddwyr. Gall y difrod hwn gynnwys newid neu ddileu ffeil ddata.

Mae diogelwch ar systemau un-defnyddiwr yn wahanol i ddiogelwch ar systemau amlddefnyddiwr. Ar system un-defnyddiwr mae diogelwch yn golygu gwarchod ffeiliau data rhag cael eu newid neu eu dileu'n ddamweiniol, ac yn wahanol i systemau aml-ddefnyddiwr neu rwydweithiau nid oes angen gwarchod y system i'r fath raddau rhag defnyddwyr sydd heb awdurdod.

Rhai o'r mesurau diogelwch y gallai'r system weithredu eu cymryd yw:

- Ar system aml-ddefnyddiwr, bydd enw a chyfrinair y defnyddiwr yn cael eu gwirio bob tro y bydd yn mewngofnodi er mwyn sicrhau ei fod wedi'i awdurdodi.
- Mae log yn cael ei gadw o ddefnydd o'r cyfrifiadur. Cofnodir pryd y mae'r defnyddiwr yn mewngofnodi a pha mor hir y mae'r defnyddiwr yn defnyddio'r cyfrifiadur.
- Mae'r amser a'r dyddiad y cafodd ffeil ei newid ddiwethaf yn cael eu cofnodi. Mae hyn yn golygu, os caiff ffeil ei newid yn fwriadol, y gall fod yn bosibl olrhain pwy oedd yn defnyddio'r cyfrifiadur ar y pryd.
- Gellir gosod priodwedd ffeil i 'ddarllen yn unig'. Drwy wneud hyn, ni fydd hi'n bosibl newid neu ddileu ffeil bwysig yn ddamweiniol.
- Os caiff ffeil ei dileu, mae'n cael ei rhoi yn y 'bin ailgylchu', ac os bydd y defnyddiwr yn darganfod ei fod wedi gwneud camgymeriad gall gael y ffeil yn ôl.
- Gellir trefnu i dasgau megis gwneud copïau wrth gefn ddigwydd ar adegau rheolaidd.

Gall meddalwedd arall gael ei osod sy'n amddiffyn y ffeiliau ar gyfrifiadur rhag cael eu newid gan firysau.

Yn ymarferol, mae angen defnyddio cyfuniad o fesurau diogelwch, ac mae'n werth cofio nad yw diogelwch system ond mor gryf â'i dolen wannaf. Er enghraifft, does dim pwynt cael amddiffyniad cryf iawn rhag firysau os yw'r amddiffyniad rhag hacwyr yn wan. (Gweler Adran 8.8 hefyd.)

206

Gall y system weithredu roi mesurau diogelwch yn eu lle i ddiogelu ffeiliau rhag difrod.

11.4 Rhyngwyneb defnyddiwr

RHYNGWYNEB CYFRIFIADUR–DYN: Y ffordd y mae defnyddiwr yn rhoi cyfarwyddiadau i'r cyfrifiadur a'r ffordd y mae'r cyfrifiadur yn dangos yr wybodaeth y gofynnwyd amdani i'r defnyddiwr. Mae'n dibynnu ar y system weithredu a ddefnyddir.

Rhyngwyneb Cyfrifiadur–Dyn (*HCI: Human–Computer Interface*) yw'r ffordd y mae defnyddiwr yn rhyngweithio â'r cyfrifiadur. Rydym wedi trafod hyn eisoes yn Adran 2.4.10, ond mae'n werth sôn am y tri phrif fath o ryngwyneb eto, a nodweddion a manteision pob un.

11.4.1 Rhyngwyneb llinell orchymyn

Mae'r defnyddiwr yn teipio gorchymyn ar ôl yr anogwr. Yna mae'r system weithredu yn gweithredu'r gorchymyn hwn. Y system weithredu MS-DOS sy'n defnyddio'r ffordd hon o ddweud wrth gyfrifiadur beth i'w wneud, ac roedd yn gyffredin iawn yn nyddiau cynnar cyfrifiadura.

Mae gan rai o'r gorchmynion 'switshis' sy'n cynnig dewisiadau ar gyfer pob gorchymyn. Er enghraifft, yn MS-DOS, y gorchymyn ar gyfer rhestru ffeiliau mewn ffolder o'r enw 'DOCS' ar yriant C yw:

DIR C:\DOCS

Os yw enwau'r ffeiliau i gael eu hargraffu ar draws y sgrin yn lle i lawr, yna mae angen rhoi'r cyfarwyddyd canlynol ar ôl yr anogwr gorchymyn:

DIR C:\DOCS /W

Mae rhyngwynebau llinell orchymyn yn gyflym, ond gall y cyfarwyddiadau fod yn gymhleth ac mae angen eu dysgu.

Ffigur 11.4 *Rhaid cofio gorchmynion testun er mwyn defnyddio rhyngwyneb llinell orchymyn.*

Gall fod nifer o switshis gan rai cyfarwyddiadau, a gall y gorchmynion fod yn eithaf cymhleth.

Manteision rhyngwyneb llinell orchymyn:

● Mae'r cyfarwyddiadau'n cael eu gweithredu'n gyflym.
● Mae'r cyfarwyddiadau'n amlbwrpas. Mae pob gorchymyn yn cynnig nifer mawr o ddewisiadau i'r defnyddiwr.
● Mae systemau gweithredu sy'n defnyddio rhyngwynebau llinell orchymyn yn llai pan gânt eu llwytho i'r cof.

Anfanteision rhyngwyneb llinell orchymyn:

● Rhaid dysgu'r cyfarwyddiadau arbennig a ddefnyddir.
● Os teipiwch gyfarwyddyd yn anghywir, ni chaiff ei weithredu.
● Gall rhai gorchmynion â'u dewisiadau fod yn gymhleth iawn, felly mae angen sgiliau TGCh o safon uchel.

11.4.2 Rhyngwyneb dewislen

Mae rhestr o'r dewisiadau sydd ar gael i'r defnyddiwr yn cael ei harddangos. Gall y defnyddiwr ddewis un ohonynt drwy roi cyrchwr y llygoden dros y dewis sydd ei angen a chlicio botwm y llygoden neu drwy bwyso bysell ar y bysellfwrdd.

Gall sawl dewislen fod ar gael i'r defnyddiwr ac maent wedi'u trefnu fel rheol yn grwpiau o ddewisiadau cyffelyb. Pan wnewch un dewis, gall dewislen arall agor (isddewislen), a gall fod isddewislenni pellach gan y rhain.

Manteision rhyngwyneb dewislen:

● Llywio syml i ddod o hyd i'r dewis sydd ei angen.
● Nid oes angen dysgu pa gyfarwyddiadau sydd ar gael. Byddwch yn eu gweld yn y ddewislen.

Anfanteision rhyngwyneb dewislen:

● Mae'n bosibl nad yw rhai dewisiadau mewn dewislen yn golygu dim i'r defnyddiwr.
● Gall fod yn anodd dod o hyd i ddewisiadau os oes gormod o ddewislenni ac isddewislenni.

> **208**
> Mae dewislenni'n hawdd eu defnyddio ond weithiau mae'n anodd dod o hyd i'r dewis sydd ei angen arnoch.

11.4.3 Rhyngwyneb Defnyddiwr Graffigol

Mae'r mwyafrif o systemau gweithredu modern yn defnyddio Rhyngwyneb Defnyddiwr Graffigol (RDG/*GUI: Graphic User Interface*). Mae lluniau bach o'r enw eiconau'n cynrychioli'r cyfarwyddiadau sydd ar gael i'r defnyddiwr, a dewisir pob un drwy bwyntio ato â phwyntydd llygoden a chlicio botwm y llygoden. Er enghraifft, gall eicon fod yn llun bach o argraffydd, a phan fydd y defnyddiwr yn clicio ar yr eicon hwn bydd y ffeil sydd ar agor yn cael ei hargraffu.

Mae systemau gweithredu modern yn defnyddio amgylcheddau Ffenestri, Eiconau, Dewislenni a Chyrchwyr (*WIMP: Windows, Icons, Menus, Pointers*):

● **Ffenestri**: Rhan betryalog o'r sgrin y mae rhaglen yn cael ei rhedeg ynddi yw ffenestr.
● **Eiconau**: Lluniau bach ystyrlon.
● **Dewislenni**: Rhestri o ddewisiadau.
● **Cyrchwyr**: Mae cyrchwr yn cael ei symud ar draws y sgrin gan y llygoden.

> **RH**YNGWYNEB **DEFNYDDIWR GRAFFIGOL (RDG/*GUI*):**
> Rhyngwyneb hawdd ei ddefnyddio a greddfol sy'n defnyddio eiconau i alluogi'r defnyddiwr i gyfathrebu â'r cyfrifiadur. Dylai pobl â sgiliau TGCh isel allu ei ddefnyddio heb lawer o drafferth.

Ffigur 11.5 *Mae rhaglenni sy'n rhedeg yn Microsoft Windows yn defnyddio rhyngwyneb WIMP.*

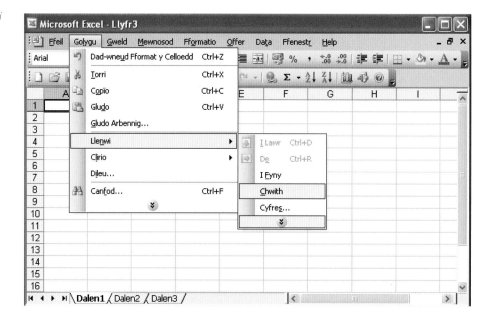

Mae'r mwyafrif o RDGau yn cynnig cymorth os yw'r defnyddiwr yn cael trafferth. Bydd pwrpas botwm gorchymyn yn cael ei ddangos yn aml os gadewch i gyrchwr y llygoden hofran drosto, a dylai dewislen cymorth ddarparu cronfa ddata y gallwch ei chwilio i ddarganfod sut i gyflawni gwahanol dasgau. Weithiau darperir cyswllt i wefan lle mae'r cymorth i'w gael.

Manteision RDG:

● Nid oes angen sgiliau TGCh o safon uchel. Rhyngwyneb hawdd ei ddefnyddio a greddfol yw RDG.

● Nid oes angen dysgu unrhyw gyfarwyddiadau.

● Mae lluniau yn fwy ystyrlon na geiriau, felly gall plant bach neu bobl sydd ag anawsterau darllen ddefnyddio'r math hwn o ryngwyneb.

Anfanteision RDG:

● Mae RDG yn fawr a chymhleth, a gall lyncu llawer iawn o adnoddau cyfrifiadur a rhedeg yn araf.

Mae o gryn gymorth i'r defnyddiwr os yw nodweddion sy'n gyffredin i wahanol raglenni sy'n rhedeg o fewn RDG i'w cael yn yr un lleoedd neu'n edrych yr un fath. Er enghraifft, dylai'r botwm a ddefnyddir ar gyfer argraffu mewn un rhaglen fod â'r un eicon a'r un lliw ag mewn rhaglenni eraill a dylai fod mewn lle tebyg.

Dylai fod gan ddewislenni ym mhob rhaglen ddewisiadau tebyg fel y gall defnyddwyr ddod yn gyfarwydd â'r cynllun a dod o hyd i ddewisiadau'n hawdd. Bydd hyn yn eu gwneud yn fwy hyderus wrth ddefnyddio'r cyfrifiadur.

> **209**
> Mae gan bob dewislen **Ffeil** mewn rhaglenni Windows ddewisiadau Agor, Cadw ac Argraffu.

11.4.4 Rhyngwynebau sain a lleferydd

Mae rhai rhyngwynebau defnyddiwr yn derbyn gorchmynion llafar. Defnyddir microffon fel dyfais fewnbynnu, caiff y sain ei dadansoddi, a chaiff y gorchymyn ei gyflawni. Mae'r math hwn o ryngwyneb yn ddefnyddiol os oes gan y defnyddiwr anabledd neu os nad oes ganddo ddwylo'n rhydd i weithredu dyfeisiau mewnbynnu eraill megis bysellfwrdd neu lygoden. Er enghraifft, gallai llawfeddyg mewn ysbyty ddefnyddio cyfrifiadur gyda rhyngwyneb lleferydd yn ystod llawdriniaeth.

Manteision rhyngwyneb sain/lleferydd:

● Gellir ei ddefnyddio heb ddwylo.

Anfanteision rhyngwyneb sain/lleferydd:

● Mae pobl yn siarad â gwahanol leisiau. Gall tôn y llais fod yn uchel neu'n isel, neu gall pobl siarad ar wahanol gyflymder.

● Mae'n bosibl na fyddai rhywun sy'n siarad ag acen gref yn gallu defnyddio'r rhyngwyneb. Ac mae pobl o fewn ac ar draws gwledydd yn siarad â llawer o wahanol acenion.

● Mae pobl mewn gwahanol wledydd yn siarad gwahanol ieithoedd. Bydd y rhyngwyneb yn gallu deall un ohonynt yn unig fel rheol.

Mae rhyngwynebau lleferydd yn ddefnyddiol i bobl nad oes ganddynt ddwylo'n rhydd i ddefnyddio bysellfwrdd neu lygoden, ond rhaid iddynt weithio gyda phobl â gwahanol acenion a ffyrdd o siarad.

■ Gweithgaredd 11.1 Meddalwedd cyfannol

Enghraifft o feddalwedd cyfannol yw Microsoft Office. Mae'n cynnwys y prif fathau o raglen.

Gan ddefnyddio'r tair rhaglen yn Microsoft Office neu gyfres debyg o feddalwedd cyfannol (prosesydd geiriau, taenlen, cronfa ddata), gwnewch nodyn o'r hyn sy'n gyffredin i bob rhaglen.

Rhowch sylw gofalus i:

● eiconau a botymau;
● dewislenni;
● lleoliad;
● lliw.

Crynodeb

01 Dilyniant o gyfarwyddiadau ar gyfer cyfrifiadur yw rhaglen.

02 Meddalwedd yw'r enw a roddir ar y rhaglenni sy'n rhedeg ar gyfrifiadur.

03 Mae meddalwedd systemau yn helpu system gyfrifiadurol i gyflawni tasgau pob dydd.

04 Mae meddalwedd rhaglenni yn cyflawni tasg benodol.

05 Rhaglen sy'n rhedeg cyfrifiadur yw system weithredu.

06 Mae cychwyn cyfrifiadur yn llwytho'r system weithredu i'r cof.

07 Mae systemau gweithredu rhaglen sengl yn llwytho ac yn rhedeg un rhaglen ar y tro.

08 Mae systemau swp-brosesu'n casglu gorchwylion tebyg ynghyd ac yn eu rhedeg ar adegau llai prysur.

09 Mae gan systemau amlraglennu fwy nag un rhaglen wedi'i llwytho yn y cof. Rhoddir tafell o amser prosesu i bob rhaglen yn ei thro.

10 Mewn system amlfynediad, mae llawer o ddefnyddwyr wedi'u cysylltu'n uniongyrchol ag un cyfrifiadur.

11 Mae gan system ddosbarthol adnoddau ar nifer o wahanol gyfrifiaduron. Nid yw'r defnyddiwr yn ymwybodol ei fod yn defnyddio mwy nag un cyfrifiadur.

Mae systemau amser real yn prosesu data mewnbwn ar unwaith.

Enghreifftiau o systemau amser real yw systemau rheolaeth ar broses.

Mewn system prosesu trafodion amser real, caiff y trafodion eu prosesu yn y drefn y cânt eu mewnbynnu. Caiff pob trafod ei gwblhau cyn prosesu'r un nesaf.

Mae'r data mewn system amser real bob amser yn gyfoes.

Mae systemau prosesu paralel yn rhannu'r prosesu rhwng nifer o brosesyddion.

Mae systemau rhyngweithiol yn cynnwys cyfathrebu dwyffordd rhwng y defnyddiwr a'r cyfrifiadur.

Mae system weithredu yn rhoi rhai mesurau diogelwch yn eu lle i sicrhau nad yw data'n cael eu newid neu eu dileu'n ddamweiniol neu'n faleisus.

Y rhyngwyneb defnyddiwr yw'r ffordd y mae'r defnyddiwr yn cyfathrebu â'r cyfrifiadur.

Mae rhyngwyneb llinell orchymyn yn gofyn i'r defnyddiwr deipio cyfarwyddiadau i mewn. Rhaid i'r defnyddiwr ddysgu'r cyfarwyddiadau a beth y maent yn ei wneud.

Mae rhyngwyneb dewisyriad yn arddangos rhestr o ddewisiadau ac mae'r defnyddiwr yn dewis un ohonynt.

Mae RDG (*GUI*) yn defnyddio eiconau (lluniau bach) i gynrychioli'r dewisiadau.

Mae amgylchedd *WIMP* yn defnyddio Ffenestri, Eiconau, Dewislenni a Chyrchwyr.

Mae RDG (*GUI*) yn darparu rhyngwyneb hawdd ei ddefnyddio a greddfol i bobl sydd â sgiliau TGCh isel neu bobl nad ydynt wedi arfer â defnyddio cyfrifiaduron.

Mae rhyngwynebau lleferydd yn ddefnyddiol i bobl nad ydynt yn gallu defnyddio bysellfwrdd neu lygoden, ond gall problemau godi os oes gan y siaradwr acen gref neu os yw'n siarad iaith dramor.

Cwestiynau ymarfer 11

1 Penderfynwch pa un o'r systemau gweithredu canlynol sy'n fwyaf addas ar gyfer y cymwysiadau yn y rhestr isod: amser real; trafodion amser real; swp-brosesu; amlfynediad. Ym mhob achos, rhowch eich rhesymau.

   a) System archebu ar-lein mewn theatr. [2]

   b) Arddangos neges gwall bod argraffydd wedi rhedeg allan o bapur. [2]

   c) Paratoi ac argraffu biliau trydan. [2]

2 Pa rai o'r tasgau canlynol sy'n cael eu cyflawni gan system weithredu?

   a) Llwytho gêm cyfrifiadur.

   b) Arddangos neges gwall bod argraffydd wedi rhedeg allan o bapur.

   c) Rhoi mwy o bapur mewn argraffydd.

   ch) Cadw cofnod data mewn cronfa ddata ar y disg caled. [3]

3 Pe baech chi'n dylunio pecyn cyfannol o feddalwedd sy'n rhedeg o dan RDG (*GUI*), sut y byddech yn sicrhau bod y rhaglenni'n hawdd eu defnyddio? [3]

A allwch gofio…?

1 Beth yw system weithredu?

2 Beth yw dwy brif fantais rhedeg system swp-brosesu?

3 Beth yw prif fantais prosesu paralel?

4 Beth yw rhaglen gyfrifiadurol?

5 Am beth y mae RDG yn sefyll?

6 Am beth y mae *WIMP* yn sefyll (yn y Gymraeg a'r Saesneg)?

7 Wrth benderfynu ar ryngwyneb defnyddiwr, pa ffactorau a allai ddylanwadu ar eich penderfyniad?

8 Rhowch enghraifft o ble y gallai rhyngwyneb lleferydd gael ei ddefnyddio.

9 Nodwch dair tasg y gallai system weithredu eu cyflawni i gynnal diogelwch system gyfrifiadurol.

12 Rhwydweithiau

12.1 Cyflwyniad

Pan gaiff dau neu ragor o gyfrifiaduron eu cysylltu â'i gilydd i gyfnewid data, dywedwn fod hyn yn **rhwydwaith**. Mae cyfrifiadur sydd heb ei gysylltu â rhwydwaith yn cael ei alw'n gyfrifiadur **arunig**. Er enghraifft, efallai fod gan fusnes nifer o swyddfeydd mewn gwahanol drefi. Os caiff eu cyfrifiaduron eu rhwydweithio, yna gall gweithiwr mewn un swyddfa weld a defnyddio'r data sy'n cael eu storio ar un o'r cyfrifiaduron mewn swyddfa arall.

Mae manteision rhwydweithiau mor fawr fel bod bron pob busnes, ysgol a chorff arall sy'n meddu ar fwy nag un cyfrifiadur yn eu defnyddio. Mae rhai rhwydweithiau'n cynnwys miloedd lawer o gyfrifiaduron wedi'u cysylltu â'i gilydd, ond gall eraill, er enghraifft yn y cartref, gynnwys dau yn unig.

Y rhwydwaith mwyaf yw'r **Rhyngrwyd**. Miloedd o rwydweithiau wedi'u cysylltu â'i gilydd sy'n cwmpasu'r byd cyfan yw hwn.

Math arbennig o gyfrifiadur ar y rhwydwaith yw **gweinydd**. Mae ganddo adnodd sy'n cael ei rannu a all gael ei ddefnyddio gan unrhyw gyfrifiadur arall ar y rhwydwaith. Mae sawl gwahanol fath o weinydd:

GWEINYDD: Cyfrifiadur ag adnodd y gellir ei rannu gan unrhyw gyfrifiadur ar y rhwydwaith.

- Mae gan **weinydd ffeiliau** raglenni a ffeiliau data wedi'u storio ar ei storfa gynorthwyol. Bydd ganddo ddisg caled â chynhwysedd mawr fel rheol.
- Mae gan **weinydd argraffu** argraffydd sy'n cael ei rannu. Gall ffeiliau gael eu hargraffu o unrhyw gyfrifiadur ar y rhwydwaith.
- Mae **gweinydd cronfa ddata** yn storio cronfa ddata fawr, a all gael ei chwilio neu ei chynnal gan unrhyw ddefnyddiwr awdurdodedig ar y rhwydwaith.
- Gall **gweinydd post** reoli'r traffig e-bost ar gyfer holl ddefnyddwyr y rhwydwaith.

Gall yr adnoddau hyn gael eu diogelu i rwystro neb ond defnyddwyr awdurdodedig rhag eu cyrchu a'u defnyddio.

12.2 Mathau o rwydwaith

Gall rhwydweithiau fod yn syml – efallai dau gyfrifiadur wedi'u cysylltu â'i gilydd mewn tŷ – neu gallant fod yn hynod o gymhleth. Rhaid dylunio rhwydwaith yn ofalus i sicrhau y bydd yn gweithio'n effeithlon.

12.2.1 Rhwydwaith cymar wrth gymar

Mewn rhwydwaith cymar wrth gymar mae gan yr holl gyfrifiaduron yr un statws: nid yw'r un cyfrifiadur yn bwysicach na'r lleill. Mae gan y cyfrifiaduron fanylebau cyffelyb ac maent yn debyg i'r hyn y byddech yn disgwyl ei gael mewn swyddfa.

Y gwrthwyneb i rwydwaith cymar wrth gymar yw rhwydwaith cleient/gweinydd.

12.2.2 Rhwydwaith cleient/gweinydd

Trefnir rhwydwaith cleient/gweinydd fel bod un cyfrifiadur yn gweithredu fel gweinydd a'r holl gyfrifiaduron eraill fel cleientiaid sy'n rhannu adnoddau'r gweinydd. Mae'r gweinydd yn debygol o fod yn gyfrifiadur mwy nerthol sydd â mwy o gof a storfa gynorthwyol na'r cleient-gyfrifiaduron.

12.2.3 Rhwydwaith Ardal Leol

RHWYDWAITH ARDAL LEOL (***LAN***)**: Mae'r cyfrifiaduron ar yr un safle ac mae cebl yn eu cysylltu.

Os yw'r holl gyfrifiaduron sydd wedi'u rhwydweithio yn yr un adeilad neu ar yr un safle, mae'r rhwydwaith yn cael ei alw'n Rhwydwaith Ardal Leol (*LAN: Local Area Network*). Enghreifftiau yw cyfrifiaduron yn y cartref, mewn swyddfa neu ar draws adeiladau ysgol neu goleg.

Bydd y cyfrifiaduron wedi'u cysylltu'n uniongyrchol â'i gilydd, gan ddefnyddio ceblau.

12.2.4 Rhwydwaith Ardal Eang

RHWYDWAITH ARDAL EANG (***WAN***)**: Mae'r cyfrifiaduron yn bell iawn oddi wrth ei gilydd ac mae'r rhwydwaith ffôn neu loerennau yn eu cysylltu.

Os yw'r cyfrifiaduron sydd i gael eu cysylltu yn ddaearyddol bell oddi wrth ei gilydd, rydym yn galw'r rhwydwaith yn Rhwydwaith Ardal Eang (*WAN: Wide Area Network*). Gall cyfrifiaduron mewn unrhyw ran o'r byd gael eu cysylltu fel rhan o *WAN*. Un enghraifft o *WAN* yw busnes sydd â swyddfeydd cangen mewn nifer o wledydd ledled y byd. Gellir defnyddio *WAN* i gysylltu'r cyfrifiaduron yn y swyddfeydd hyn fel y gall data gael eu cyfnewid rhyngddynt.

Defnyddir y rhwydwaith ffôn a lloerennau i wneud y cysylltiadau.

Yr enghraifft fwyaf adnabyddus o *WAN* yw'r Rhyngrwyd.

12.3 Topolegau rhwydwaith

Mae'r ffordd y mae rhwydwaith wedi'i ffurfweddu'n cael ei galw'n dopoleg rhwydwaith. Mae tri phrif fath o dopoleg rhwydwaith:

● rhwydwaith bws;
● rhwydwaith seren;
● rhwydwaith cylch.

12.3.1 Rhwydwaith bws

Y math symlaf o rwydwaith yw hwn: mae pob cyfrifiadur wedi'i gysylltu â'r cyfrifiadur nesaf mewn llinell.

Ffigur 12.1 *Rhwydwaith syml.*

Mae rhwydweithiau bws yn rhad, ond os yw un cyfrifiadur yn y llinell yn torri i lawr neu os difrodir un o'r ceblau, bydd y rhwydwaith yn cael ei hollti'n ddwy ran na allant gyfathrebu â'i gilydd. Mae cyfathrebu data'n araf mewn rhwydwaith bws.

Ffordd well o sefydlu rhwydwaith bws yw cysylltu pob cyfrifiadur â chebl cyffredin o'r enw bws. Gyda'r system hon, ni fydd methiant un cyfrifiadur yn effeithio ar y lleill.

> Mae rhwydwaith bws yn syml a rhad ei osod, ond mae cyfathrebu'n araf.

Ffigur 12.2 *Rhwydwaith bws.*

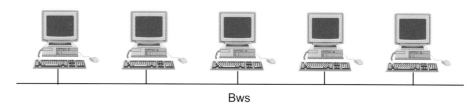

Bws

12.3.2 Rhwydwaith seren

> Mae rhwydwaith seren yn ddrutach na rhwydwaith bws gan fod angen defnyddio llawer o gebl, ond mae'n gyflymach a mwy dibynadwy.

Mae'r holl gyfrifiaduron mewn rhwydwaith seren wedi'u cysylltu â both canolog, sy'n cyfeirio'r llif o ddata, neu â chyfrifiadur canolog sy'n gweithredu fel gweinydd ffeiliau. Mae gan bob cyfrifiadur ei gysylltiad ei hun â'r both, felly, os bydd un cyfrifiadur neu gebl yn torri, ni fydd yn effeithio ar weddill y rhwydwaith. Ond os bydd y both neu weinydd ffeiliau yng nghanol y rhwydwaith yn methu, yna bydd yn effeithio ar yr holl gyfrifiaduron.

Mae gweithio ar y cyfrifiaduron mewn rhwydwaith seren yn gyflym oherwydd y cysylltiad uniongyrchol â'r gweinydd ffeiliau, ac mae dau gebl yn unig yn cysylltu pob cyfrifiadur â'i gilydd.

Gall gosod rhwydweithiau seren fod yn weddol ddrud oherwydd yr holl geblau a ddefnyddir.

Ffigur 12.3 *Rhwydwaith seren gyda gweinydd ffeiliau.*

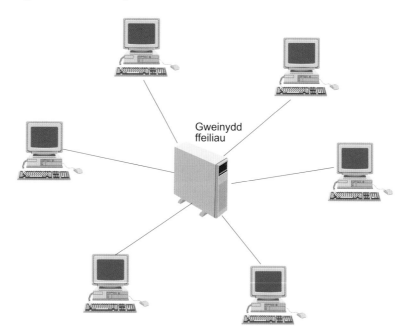

Gweinydd ffeiliau

12.3.3 Rhwydwaith cylch

Mae'r cyfrifiaduron mewn rhwydwaith cylch wedi'u cysylltu â'i gilydd mewn dolen. Defnyddir y dopoleg hon yn aml mewn rhwydwaith cymar wrth gymar oherwydd nad oes angen i un cyfrifiadur fod yn fwy nerthol na'r gweddill, fel sy'n angenrheidiol mewn rhwydwaith seren.

Mae cyfrifiaduron ar rwydwaith cylch yn cyfathrebu drwy anfon data o amgylch y ddolen, i'r un cyfeiriad bob amser. Mae pob cyfrifiadur yn trosglwyddo'r data i'r un nesaf, hyd nes cyrraedd y cyfrifiadur y cafodd ei anfon iddo.

Mae rhwydwaith cylch yn debyg i rwydwaith bws, ond mae'r cyfrifiadur olaf wedi'i gysylltu'n ôl â'r cyntaf. Felly os bydd un cyfrifiadur neu gebl yn torri, bydd y rhwydwaith cyfan yn methu.

> **214**
> Defnyddir rhwydweithiau cylch yn aml mewn rhwydweithiau cymar wrth gymar. Maent yn rhad ond gall methiant cyfrifiadur neu gebl effeithio arnynt.

Ffigur 12.4 *Rhwydwaith cylch.*

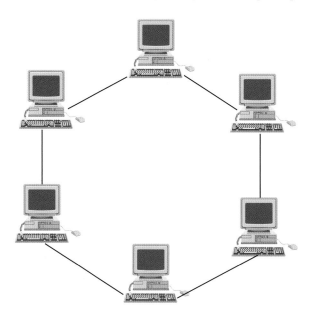

Mewn gwirionedd, cyfuniadau o nifer o'r topolegau hyn yw rhwydweithiau mawr.

12.4 Diogelu'r rhwydwaith

Bydd busnesau a sefydliadau'n rhoi sylw mawr i ddiogelwch ar rwydweithiau. Maent yn awyddus i sicrhau nad yw ffeiliau'n cael eu difrodi neu eu dileu, a chymerant fesurau i'w diogelu rhag damweiniau neu gamddefnydd maleisus. Gall problemau godi hefyd os caiff gwybodaeth ei datgelu i'r bobl anghywir.

Gall rhwydweithiau fod mewn perygl oddi wrth hacwyr, firysau, caledwedd yn torri, neu gamgymeriadau dynol.

Bydd **polisi diogelwch** yn cael ei lunio sy'n nodi'r pethau y gall pobl eu gwneud a pha bobl sydd ag awdurdod i wneud y pethau hyn. Maent yn cynnwys:

> **215**
> Rhaid sicrhau nad yw data a ffeiliau ar gyfrifiaduron ar rwydwaith yn cael eu difrodi neu eu dileu, yn ddamweiniol neu'n faleisus.

- Cyrchu data: edrych ar y data sydd wedi'u storio;
- Addasu data: newid y data yn y ffeiliau;
- Dileu data: cael gwared â data neu ffeiliau cyfan.

Cyfrineiriau

Mae pob defnyddiwr awdurdodedig yn cael enw defnyddiwr a chyfrinair. Bydd angen teipio'r rhain pryd bynnag y bydd defnyddiwr yn mewngofnodi ar y rhwydwaith, ac ni fydd y system weithredu yn caniatáu mynediad i'r rhwydwaith oni bai bod y cyfrinair yn gywir.

Mae rhwydweithiau yn eithaf agored i hacwyr (pobl sy'n cyrchu data heb awdurdod) a dylai cyfrineiriau ei gwneud hi'n anos iddynt gael mynediad i ffeiliau.

Mae'n bosibl y bydd rhai adnoddau ar gael i rai unigolion yn unig, a gall gwahanol lefelau o ddiogelwch gael eu defnyddio.

Amgryptio

Os caiff data ar gyfrifiadur eu hamgryptio, byddant yn ddiystyr i unrhyw un sydd heb gael ei awdurdodi i'w cyrchu. Defnyddir allwedd arbennig sy'n hysbys i staff awdurdodedig yn unig i godio'r data. Gall y staff hyn ddatgodio'r data pan fo angen eu defnyddio.

Copïau wrth gefn

Mae'n hanfodol gwneud copïau rheolaidd o'r data sydd wedi'u storio ar rwydwaith. Mae'n haws gwneud hyn ar rwydwaith cleientiaid/gweinydd lle mae'r holl ffeiliau wedi'u storio ar weinydd ffeiliau. Gellir trefnu i gopi wrth gefn gael ei wneud o'r holl ffeiliau ar adegau rheolaidd, megis bob nos. Mae'n well storio'r copi wrth gefn mewn lleoliad gwahanol rhag ofn trychineb megis tân.

Os bydd problem yn codi gyda'r ffeiliau data gwreiddiol, yna bydd y copi wrth gefn yn cael ei lwytho, a rhaid i'r holl newidiadau a wnaethpwyd ers creu'r copi wrth gefn gael eu gwneud eto.

Hawliau i gyrchu ffeiliau

Efallai y bydd yn bosibl cyfyngu ar hawliau i gyrchu ffeil. Mae hyn yn golygu mai dim ond rhai pobl sy'n cael cyrchu'r data yn y ffeil dan sylw.

Gall fod gan ddefnyddiwr:

- dim hawliau i gyrchu ffeil o gwbl;
- yr hawl i weld ond nid i newid ffeil;
- rheolaeth lawn, fel y gall weld a newid y ffeil.

Gall caniatâd i gyrchu gael ei osod ar ffeiliau neu ffolderi, a gall gael ei gyfyngu i rai grwpiau'n unig o ddefnyddwyr.

Log trafodion

Os yw problem fawr yn codi gyda chyfrifiadur, mae'n bwysig gallu ail-greu unrhyw ffeiliau sydd wedi cael eu colli. Mae'n debyg bod copi wrth gefn wedi'i wneud o'r holl ffeiliau y noson gynt, ond mae angen cofnodi'r holl drafodion y mae busnes wedi'u cyflawni y diwrnod wedyn er mwyn gallu eu prosesu eto ar unrhyw gopi wrth gefn os oes angen.

Y **log trafodion** yw hwn. Caiff yr holl drafodion eu cofnodi wrth iddynt ddigwydd. Mae unrhyw weithred sy'n achosi newid i'r data yn cael ei hychwanegu at y cofnod.

216

Mae'n haws trefnu i gopïau wrth gefn gael eu gwneud yn rheolaidd os yw'r holl ffeiliau wedi'u storio ar weinydd ffeiliau.

PORTH: Cyfrifiadur sy'n cysylltu dau rwydwaith.

Mur gwarchod

Meddalwedd sy'n rhedeg ar gyfrifiadur porth sy'n cysylltu dau rwydwaith yw mur gwarchod. Er enghraifft, gall gael ei redeg ar gyfrifiadur sy'n cysylltu rhwydwaith ysgol â'r Rhyngrwyd i rwystro hacwyr rhag cael mynediad i rwydwaith yr ysgol.

Diogelu rhag firysau

Gall cyfrifiaduron ar rwydwaith sydd wedi'i gysylltu â'r Rhyngrwyd gael eu heintio gan firysau wrth i'r defnyddwyr lwytho ffeiliau i lawr neu dderbyn e-bost. I ddiogelu'r holl gyfrifiaduron ar y rhwydwaith dylai'r gweinydd Rhyngrwyd, sef y cyfrifiadur sydd wedi'i gysylltu â'r Rhyngrwyd, redeg meddalwedd gwrthfirysau i atal firysau.

12.5 Manteision rhwydweithiau

Gall y cyfrifiaduron ar rwydwaith rannu caledwedd, meddalwedd a data. Mae hi hefyd yn haws iddynt gyfathrebu.

Mae rhwydweithiau'n caniatáu i gyfrifiaduron rannu adnoddau. Gall y cyfrifiaduron ar rwydwaith rannu:

● Caledwedd: Er enghraifft, gall argraffydd sydd wedi'i gysylltu â gweinydd argraffu gael ei ddefnyddio gan unrhyw gyfrifiadur ar y rhwydwaith. Gellir rhannu caledwedd megis sganwyr a disgyrwyr CD-ROM hefyd.
● Meddalwedd: Gall rhaglenni ar un cyfrifiadur gael eu rhedeg dros y rhwydwaith ar gyfrifiadur arall. Nid yw hyn yn syniad da fel rheol gan ei fod yn arafu'r rhaglen.
● Data: Gall holl ddefnyddwyr rhwydwaith gyrchu a defnyddio data sy'n cael eu cadw mewn cronfa ddata ar storfa gynorthwyol y gweinydd ffeiliau.

Un fantais bwysig arall yw fod rhwydweithiau'n caniatáu i gyfrifiaduron gyfathrebu â'i gilydd. Gall y defnyddwyr anfon negeseuon, ffeiliau data neu e-bost i'w gilydd pa un a yw'r rhwydwaith yn RAL mewn swyddfa neu RAE byd-eang.

Hefyd mae gwell rheolaeth dros y defnydd o gyfrifiaduron ar rwydwaith. Gall rheolwr y rhwydwaith roi caniatâd i ddefnyddwyr unigol sy'n cyfyngu ar yr hyn y gallant ei wneud neu'r lle storio y gallant ei ddefnyddio.

Os yw'r ffeiliau data a gyrchir gan ddefnyddwyr rhwydwaith yn cael eu storio mewn gweinydd ffeiliau, mae'n haws gwneud copïau wrth gefn ar adegau penodol na phe bai'r ffeiliau'n cael eu storio ar sawl gwahanol gyfrifiadur.

Mantais cyfrifiadur arunig yw nad yw mor agored i ymosodiad gan firysau neu hacwyr.

12.6 Trawsyrru data

Gall y data mewn rhwydwaith gael eu trawsyrru mewn sawl ffordd:

● **Cebl**: Mae cerdyn rhwydwaith wedi'i osod ar bob cyfrifiadur (gweler Ffigur 2.25). Mae soced ar y cerdyn lle mae'r cebl yn cael ei gysylltu. Rhaid gosod meddalwedd rhwydwaith (gyrwyr) cyn gallu defnyddio'r cerdyn rhwydwaith.

218

Gall **buaneddau** trawsyrru data amrywio yn ôl y math o gebl. Mae ceblau ffibr-optig yn fwy dibynadwy ac yn cario mwy o ddata na cheblau gwifren gopr.

219

Gall rhwydweithiau cartref ddefnyddio technoleg ddiwifr i drawsyrru data i liniaduron y gellir eu defnyddio mewn unrhyw le yn y tŷ.

Ffigur 12.5 *Both diwifr.*

Mae dau brif fath o gebl: gwifren gopr fetel (pâr dirdro neu gyfechelog) a ffibr-optig. Mae gan geblau ffibr-optig gynhwysedd llawer uwch na cheblau gwifren gopr, a gallant gario milwaith yn fwy o wybodaeth heb unrhyw ymyriant bron. Maent hefyd yn llai ac nid ydynt yn cyrydu fel y mae ceblau copr yn ei wneud. (Gweler Adran 2.4.1 hefyd.)

- **Ffôn**: Defnyddir modem i gysylltu cyfrifiadur â rhwydwaith fel y Rhyngrwyd (gweler Adran 2.3.2).
- **Diwifr (microdon, isgoch, radio)**: I osgoi'r anghyfleuster o gael llawer o geblau, defnyddir technoleg ddiwifr weithiau wrth osod rhwydweithiau. Mae angen cerdyn rhwydwaith diwifr ar bob cyfrifiadur a rhaid gosod y gyrwyr meddalwedd priodol.

Mae both diwifr yn trawsyrru signalau radio sy'n cael eu derbyn gan gardiau rhwydwaith ym mhob cyfrifiadur. Un enghraifft yw rhwydwaith cartref lle mae both diwifr wedi'i gysylltu â chysylltiad Rhyngrwyd band llydan. Mae'r both yn trawsyrru signalau radio i unrhyw gyfrifiadur arall yn y tŷ sydd â cherdyn rhwydwaith diwifr. Gellir cario gliniaduron a'u defnyddio mewn unrhyw le yn y tŷ, neu hyd yn oed allan yn yr ardd.

Mae'n bwysig i fusnesau gofio bod rhwydweithiau diwifr yn gallu bod yn anniogel oherwydd y gall hacwyr 'diwnio i mewn' i'r data sy'n cael eu trawsyrru.

- **Lloeren**: Mae rhai rhwydweithiau'n defnyddio lloerennau sydd mewn orbit yn y gofod. Mae lloerennau geogydamseredig (*geosynchronous*) yn troi ar yr un buanedd â throelliad y Ddaear, felly maent yn llonydd i bob pwrpas a gall signal cyson gael ei drawsyrru. Gall rhwydweithiau lloeren anfon signalau dros bellter mawr, ond mae angen dysglau lloeren arbennig i'w derbyn.

Crynodeb

01 Rhwydwaith yw'r enw ar ddau neu ragor o gyfrifiaduron sydd wedi'u cysylltu â'i gilydd fel y gallant gyfnewid data.

02 Cyfrifiadur ar rwydwaith y mae ganddo adnodd y gall cyfrifiaduron eraill ar yr un rhwydwaith ei ddefnyddio yw gweinydd (e.e. mae gweinydd ffeiliau yn storio ffeiliau).

03 Mewn rhwydwaith cymar wrth gymar mae'r holl gyfrifiaduron yr un mor bwysig.

04 Mae gan rwydwaith cleient/gweinydd gyfrifiadur mawr sy'n gweithredu fel gweinydd ffeiliau.

05 Rhwydwaith Ardal Leol yw RAL (*LAN*). Mae ceblau yn cysylltu cyfrifiaduron ar yr un safle.

06 Rhwydwaith Ardal Eang yw RAE (*WAN*). Defnyddir y system ffôn neu dechnoleg ddiwifr (lloerennau neu signalau microdon) i gysylltu cyfrifiaduron sy'n ddaearyddol bell oddi wrth ei gilydd.

07 Mae tri phrif fath o dopoleg rhwydwaith: bws, seren neu gylch.

08 Rhaid diogelu'r ffeiliau ar rwydwaith rhag difrod maleisus neu ddamweiniol. Mae polisi diogelwch ar gyfer y rhwydwaith yn gosod rheolau i'r defnyddwyr.

09 Bydd gan ddefnyddwyr rhwydwaith enwau defnyddwyr a chyfrineiriau y mae'n rhaid iddynt eu teipio i mewn wrth fewngofnodi.

10 Gall ffeiliau data gael eu hamgryptio.

11 Rhaid gwneud copïau wrth gefn o ffeiliau data pwysig yn rheolaidd.

12 Bydd muriau gwarchod yn diogelu rhwydweithiau cyfrifiadurol rhag hacwyr.

13 Mae log trafodion yn cofnodi'r holl newidiadau a wneir i ffeiliau data.

14 Bydd meddalwedd gwrthfirysau'n diogelu cyfrifiaduron rhag firysau.

15 Gall y cyfrifiaduron ar rwydwaith:
- rannu caledwedd;
- rhannu meddalwedd;
- rhannu data;
- cyfathrebu.

16 Gall y cebl ar gyfer rhwydweithiau fod yn gopr neu'n ffibr-optig.

17 Gall cebl ffibr-optig drawsyrru data'n llawer cyflymach na chebl copr.

18 Mae angen both diwifr ar rwydweithiau diwifr sy'n trawsyrru signalau i gardiau rhwydwaith mewn cyfrifiaduron eraill.

19 Nid oes angen ceblau ar rwydweithiau diwifr.

20 Defnyddir signalau radio, microdon neu isgoch i drawsyrru data mewn rhwydweithiau diwifr.

Cwestiynau ymarfer 12

1 Mae llawer o fusnesau'n defnyddio rhwydwaith cyfrifiadurol yn eu swyddfa.
  a) Beth yw rhwydwaith? [1]
  b) Rhowch dair mantais defnyddio rhwydwaith cyfrifiadurol yn hytrach na chyfrifiaduron arunig. [3]

2 a) Beth yw RAL? [1]
  b) Beth yw RAE? [1]
  c) Esboniwch y gwahaniaeth rhwng RAL a RAE. [2]

3 Rheolwr y rhwydwaith sy'n gyfrifol am ddiogelwch y rhwydwaith.
  a) Rhowch ddwy ffordd o ddiogelu'r rhwydwaith rhag cael ei gyrchu gan bobl sydd heb awdurdod. [2]
  b) Rhowch ddwy ffordd o ddiogelu'r rhwydwaith rhag firysau. [2]

A allwch chi gofio...?

1 Beth yw gweinydd ffeiliau?

2 Beth yw'r gwahaniaeth rhwng rhwydwaith cleientiaid/gweinydd a rhwydwaith cymar wrth gymar?

3 Beth yw'r tri phrif fath o dopoleg rhwydwaith? A allwch chi dynnu lluniau ohonynt?

4 Beth yw'r ddau brif fath o gebl rhwydwaith? Pa un yw'r rhataf? Pa un yw'r cyflymaf?

5 Pa geblau y mae rhwydwaith diwifr yn eu defnyddio?

6 Beth yw log trafodion?

13 Dadansoddi systemau

13.1 Cyflwyniad

Mae TGCh yn newid o hyd. Drwy'r adeg, mae caledwedd newydd yn cael ei ddatblygu ac mae dyfeisiau newydd yn cael eu creu. Mae cyfrifiaduron yn cynnwys prosesyddion cyflymach a mwy nerthol ac mae cynhwysedd dyfeisiau storfa gynorthwyol yn cynyddu. Mae datblygwyr meddalwedd yn cyflwyno fersiynau newydd o'u meddalwedd yn rheolaidd a daw rhaglenni newydd ar y farchnad. Caiff systemau gweithredu eu newid fel y gallant weithio gyda chaledwedd newydd a chwrdd â gofynion rhwydweithio newydd.

Bydd busnesau'n gwario llawer o arian ar y systemau cyfrifiadurol diweddaraf ac yna'n darganfod, ar ôl ychydig o flynyddoedd, eu bod wedi dyddio a bod angen eu huwchraddio. Gall fod angen i fusnesau newydd, neu fusnesau nad oes ganddynt system gyfrifiadurol, ddylunio system o'r cychwyn cyntaf.

Yr enw a roddir ar ddylunio systemau cyfrifiadurol newydd yw dadansoddi systemau, ac mae'r person sy'n gwneud y dylunio yn cael ei alw'n ddadansoddydd systemau.

> **DADANSODDI SYSTEMAU:**
> Y broses o ddylunio a gwneud system gyfrifiadurol newydd.

13.2 Cylchred oes y system

Mae pob system gyfrifiadurol yn mynd drwy gylchred oes (Ffigur 13.1).

Ffigur 13.1 *Y pedwar cam yng nghylchred oes system.*

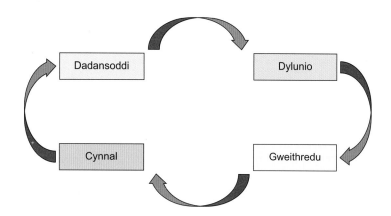

13.2.1 Dadansoddi

Y cam cyntaf wrth ddatblygu system gyfrifiadurol newydd yw penderfynu beth y mae angen i'r system newydd ei wneud. Mae'n bosibl na fydd y dadansoddydd systemau yn un o weithwyr y cwmni, ac felly bydd angen iddo/iddi ddarganfod sut mae'n gweithio a pha rannau ohoni sy'n addas i'w cyfrifiaduro.

Gellir gwneud yr ymchwiliad hwn mewn pedair ffordd:

- **Cyfweliadau**: Gall y dadansoddydd systemau holi'r rheolwyr a staff eraill am y ffordd y mae'r busnes yn gweithredu.
- **Holiaduron**: Gellir gofyn i'r staff lenwi holiaduron.
- **Arsylwi**: Gellir astudio'r staff wrth eu gwaith i weld beth y maent yn ei wneud.
- **Dogfennaeth**: Os oedd hen system gyfrifiadurol gan y cwmni, yna bydd y dogfennau ar gyfer hon ar gael, a gellir eu darllen er mwyn dod i ddeall y system bresennol.

Bydd y dadansoddiad yn ceisio ateb y cwestiynau canlynol:

- Pa ddata y mae'r busnes yn eu storio?
- Sut y mae'r data'n cael eu casglu yn y lle cyntaf? A oes unrhyw ffurflenni cipio data?
- Sut y caiff y data eu storio: mewn system gyfrifiadurol neu gwpwrdd ffeilio?
- Pa ddata sydd eu hangen fel mewnbwn i'w brosesu yn y system bresennol, hyd yn oed os yw'r data'n cael eu prosesu â llaw?
- Pa ganlyniadau sy'n cael eu hallbynnu, a sut y cânt eu cyflwyno? A ydynt yn cael eu hargraffu ar bapur, neu eu hysgrifennu â llaw, neu a oes dull arall?
- Pwy sy'n gweithio ar bob un o'r prosesau uchod?
- Pa broblemau sy'n codi gyda'r system bresennol?

Bydd y dadansoddydd systemau yn casglu'r holl wybodaeth y mae'n ei darganfod ac yn ei dadansoddi. Erbyn hyn dylai ddeall yn llwyr sut mae'r system bresennol yn gweithio a beth yw problemau'r system, a dylai fod wedi nodi'r rhannau o'r system sy'n addas i'w rhoi ar gyfrifiadur.

Bydd yn cynhyrchu **adroddiad dichonoldeb** sy'n ystyried a fyddai'n ymarferol a rhesymol i'r cwmni gyflwyno system gyfrifiadurol newydd. Rhoddir sylw i gostau a'r effaith ar y staff presennol.

Ni fydd yn gwneud synnwyr i fwrw ymlaen â system newydd os bydd yn costio mwy i'w chreu a'i rhedeg na'r arian ychwanegol y bydd yn ei chynhyrchu, a gallai fod yn syniad gwael os yw'n golygu diswyddo'r rhan fwyaf o'r gweithwyr.

Bydd yr adroddiad dichonoldeb yn pwyso'r manteision yn erbyn yr anfanteision ac yn cael ei gyflwyno i'r rheolwyr, a fydd yn penderfynu a ddylid datblygu'r system newydd ai peidio.

13.2.2 Dylunio

Os bydd y rheolwyr yn penderfynu bwrw ymlaen â datblygu'r system newydd, y cam nesaf fydd ei dylunio.

Bydd angen datgan yr amcanion ar gyfer y system newydd. Y rhain yw'r targedau y bydd gofyn i'r system newydd gwrdd â nhw, megis:

Sidebar notes:

220
Byddwch yn gwneud **dadansoddiad** o system ar gyfer eich project gwaith cwrs.

221
Mae cyfrifiadura yn golygu newid o wneud gwaith â llaw i wneud gwaith ar gyfrifiaduron.

222
Dylai dylunio da greu system sy'n gweithio'n dda heb wallau.

Lleihau o 50 y cant yr amser y mae'n ei gymryd i brosesu archeb cwsmer.

Bydd manyleb ddylunio'r system newydd yn cynnwys:

- **Gofynion caledwedd**: Pa gyfrifiaduron neu ddyfeisiau newydd y mae angen eu prynu a'u gosod. Ai cyfrifiaduron arunig neu gyfrifiaduron wedi'u rhwydweithio fyddant?
- **Gofynion meddalwedd**: Pa feddalwedd newydd y mae angen ei brynu a'i osod. A fydd angen gosod y rhaglenni ar bob cyfrifiadur neu ar weinydd rhwydwaith yn unig? Pa fersiwn o ba system weithredu a gaiff ei ddefnyddio?
- **Rheoli data**: Pa ddata y mae angen eu storio? Sut y caiff y data eu casglu? Os defnyddir ffurflenni cipio data, bydd angen eu dylunio. Pa wiriadau gwireddu neu ddilysu a ddefnyddir i sicrhau nad oes unrhyw wallau yn y data?
- **Dyluniadau'r sgriniau mewnbwn**: Bydd angen dylunio'r arddangosiadau sgrin.
- **Adroddiadau a allbynnir**: Pa allbynnau a gynhyrchir a sut y cânt eu cyflwyno (sgrin neu bapur, testun neu graffigau)?
- **Diogelwch**: Pa fesurau diogelwch y bydd eu hangen i sicrhau nad yw'r data'n cael eu difrodi neu eu dileu'n ddamweiniol neu'n faleisus? Pa fesurau corfforol a ddefnyddir i ddiogelu'r system, megis cloi'r ystafell gyfrifiaduron a defnyddio dyfeisiau sganio olion bysedd i rwystro mynediad i bobl sydd heb eu hawdurdodi?
- **Profi**: Bydd angen penderfynu sut y caiff y system newydd ei phrofi.
- **Dogfennaeth**: Mae angen dogfennaeth ar gyfer pob system. Bydd hyn yn galluogi pobl nad ydynt wedi creu'r system i ddeall sut mae'n gweithio, rhag ofn bod angen ei newid yn nes ymlaen.
- **Meini prawf gwerthuso**: Sut y caiff effeithlonrwydd y system newydd ei barnu? Bydd safonau'n cael eu gosod, a mesurir llwyddiant y system newydd yn erbyn y rhain.

Hefyd mae angen i'r dadansoddydd systemau gymryd i ystyriaeth oblygiadau cymdeithasol y system newydd a'r effaith y gallai ei chael ar y gweithlu. A fydd staff yn colli eu swyddi, neu a fydd angen hyfforddi'r staff i ymgymryd â thasgau newydd?

Gellir ystyried yr effeithiau ar iechyd hefyd. A fydd y staff yn treulio gormod o amser yn eistedd wrth gyfrifiaduron, fel nad ydynt yn cael digon o ymarfer?

13.2.3 Gweithredu

Mae'r cam hwn yn cynnwys creu'r system newydd a'i rhoi ar waith. Bydd yr hen system yn cael ei dirwyn i ben a bydd yr holl staff yn dechrau defnyddio'r system newydd.

Mae **gweithredu** yn golygu rhoi'r system newydd ar waith.

- **Caledwedd**: Bydd unrhyw gyfrifiaduron a chyfarpar newydd yn cael eu prynu a'u gosod.
- **Meddalwedd**: Bydd rhaglenni newydd yn cael eu prynu a'u gosod ar y cyfrifiaduron. Os oes angen ysgrifennu unrhyw raglenni, bydd y rhaglenwyr yn eu codio, eu profi a'u datfygio.
- **Data**: Bydd angen trosglwyddo data o'r hen system i'r system newydd. Gall hyn gynnwys trawsgrifio'r data i mewn i gronfa ddata newydd, neu fewnforio data o hen gronfeydd data.
- **Profi**: Rhaid i'r system newydd gael ei phrofi'n systematig a llawn. Gallai busnes fod mewn trafferth fawr os nad yw'r system newydd yn gweithio'n iawn. Defnyddir profion sy'n cynnwys data dilys, data annilys, data coll neu ddata eithafol megis

rhifau mawr iawn. Os bydd unrhyw brofion yn methu, bydd yn rhaid datrys y problemau sydd wedi achosi'r methiant.

- **Newid drosodd**: Newid drosodd o'r hen system i'r system newydd. Gellir gwneud hyn drwy:
  - **Newid drosodd uniongyrchol**: Mae'r staff yn peidio â defnyddio'r hen system ac yn dechrau defnyddio'r system newydd ar unwaith. Gallai hyn fod yn drychinebus os oes gwallau yn y system newydd.
  - **Gweithredu ochr yn ochr**: Mae'r system newydd yn cael ei dechrau ond mae'r hen system yn parhau i redeg yr un pryd. Mae hyn yn ffordd fwy diogel o gyflwyno'r system newydd, ond mae llawer o waith ychwanegol oherwydd bod yn rhaid gwneud pob tasg ddwywaith.
  - **Astudiaeth beilot**: Rhoddir cynnig ar y system newydd mewn un rhan yn unig o'r cwmni, megis un gangen o fusnes mawr, i ddarganfod a yw'n gweithio. Os ydyw, gall gweddill y cwmni ddechrau defnyddio'r system newydd.
  - **Cyflwyno graddol**: Mae'r system yn cael ei chyflwyno un rhan ar y tro. Os nad oes unrhyw broblemau gellir cyflwyno'r rhan nesaf. Mae hyn yn parhau hyd nes bod y system gyfan yn weithredol.
- **Gwerthuso'r system**: Rhaid gwirio'r system newydd i ddarganfod a yw'n cyflawni ei holl amcanion ac a yw'r holl ofynion dylunio wedi cael eu bodloni. Rhoddir sylw hefyd i effaith y system newydd ar swyddi (diswyddiadau neu ailhyfforddi) ac unrhyw broblemau cymdeithasol megis ynysu gweithwyr.

13.2.4 Cynnal

Mae angen cynnal pob system gyfrifiadurol. Mae busnesau'n newid: gallant dyfu neu leihau; gallant agor canghennau newydd; gallant ddechrau gwerthu nwyddau newydd. Bydd angen i system gyfrifiadurol y busnes addasu i'r newidiadau hyn.

> **224**
> Mae anghenion busnesau'n newid drwy'r adeg, felly mae'n rhaid iddynt addasu eu systemau. Mae **cynnal** system yn golygu gwneud newidiadau iddi.

- **Data**: Mae angen diweddaru'r data. Gall fod angen ychwanegu cofnodion newydd neu newid y data presennol.
- **Caledwedd**: Mae caledwedd newydd yn cael ei gynhyrchu drwy'r adeg a gall fod yn syniad da i uwchraddio. Os bydd yn torri i lawr, bydd angen cael caledwedd newydd.
- **Meddalwedd**: Gall gwallau ddod i'r golwg na chawsant eu darganfod pan oedd y system yn cael ei phrofi. Gall fod angen newid y rhaglenni i ddatrys y problemau hyn.
- **Gwaith cynnal perffeithiol**: Mae hyn yn golygu bod gwelliannau'n cael eu gwneud i'r system bresennol i'w gwella mewn rhyw ffordd, er enghraifft, perfformio un o'r tasgau'n gyflymach.

Pan fydd newidiadau'n cael eu gwneud i system, rhaid diweddaru'r ddogfennaeth. Rhaid i unrhyw wahaniaethau yn y ffordd y defnyddir y system gael eu cofnodi yn y ddogfennaeth defnyddiwr, a rhaid cynnwys unrhyw newidiadau i'r caledwedd neu'r feddalwedd yn y ddogfennaeth dechnegol.

Wrth newid rhaglen, bydd yn aml yn cael ei hailysgrifennu gan raglennwr gwahanol i'r un a ysgrifennodd y cod gwreiddiol. Bydd y ddogfennaeth dechnegol yn dangos sut mae'r rhaglen yn gweithio a bydd angen ei hastudio er mwyn gwneud newidiadau'n llwyddiannus. Dyma pam y mae mor bwysig i'r ddogfennaeth dechnegol gael ei hysgrifennu'n dda a'i diweddaru.

> **225**
> Bydd rhaglenwyr yn aml yn newid cod a ysgrifennwyd gan raglennwr arall.

Os caiff rhaglen ei newid, bydd angen ei phrofi eto i sicrhau nad yw'n cynnwys unrhyw wallau.

Crynodeb

01 Mae system gyfrifiadurol yn cynnwys caledwedd, meddalwedd, pobl a phrosesau.

02 Mae angen uwchraddio pob system gyfrifiadurol o dro i dro.

03 Dadansoddi systemau yw'r enw ar y broses o ddylunio system gyfrifiadurol newydd.

04 Mae pedwar prif gam mewn dadansoddi systemau:
- Dadansoddi: Ymchwilio i'r hen system a gofynion y system newydd.
- Dylunio: Cynllunio'r system newydd.
- Gweithredu: Cael y system newydd i weithio.
- Cynnal: Gwneud newidiadau i'r system.

05 Pedwar dull ymchwilio a ddefnyddir i ddadansoddi system yw holiaduron, cyfweliadau, arsylwi a darllen y ddogfennaeth bresennol.

06 Bydd y system newydd yn cael ei phrofi ym mhob cam.

07 Mae dogfennau'r system yn cynnwys:
- Dogfennaeth defnyddiwr: Gwybodaeth ar sut i ddefnyddio'r system.
- Dogfennaeth dechnegol: Yn ddefnyddiol i raglenwyr sy'n dymuno gwneud newidiadau.

08 Gellir newid drosodd i'r system newydd mewn pedair ffordd:
- Newid drosodd uniongyrchol: Rhoi'r gorau i ddefnyddio'r hen system a dechrau'r un newydd ar unwaith.
- Gweithredu ochr yn ochr: Rhedeg y ddwy system a rhoi'r gorau i'r hen system pan fydd y system newydd yn gweithio'n berffaith.
- Astudiaeth beilot: Rhoi cynnig ar y system newydd mewn un rhan o'r busnes yn gyntaf.
- Cyflwyno graddol: Gweithredu rhannau o'r system newydd yn raddol.

09 Mae gwerthuso'r system yn golygu pwyso a mesur a yw'r system newydd yn cyflawni ei hamcanion.

Cwestiynau ymarfer 13.1

1 Mae dadansoddydd systemau'n cael ei gyflogi i ddylunio a gweithredu system gyfrifiadurol ar gyfer llyfrgell. Disgrifiwch beth y bydd yn ei wneud ym mhob un o'r camau canlynol:

a) Dadansoddi'r system bresennol. [2]

b) Dylunio'r system newydd. [2]

c) Gweithredu'r system newydd. [2]

ch) Cynnal y system. [2]

Rhan bwysig o system newydd yw'r ddogfennaeth.

d) Beth yw'r ddau brif fath o ddogfennaeth? [2]

13.3 Systemau gwybodaeth a'r gymdeithas

Mae TGCh wedi datblygu'n gyflym iawn yn ystod y deng mlynedd ar hugain diwethaf, ac mae cymdeithas wedi gorfod gwneud llawer o newidiadau o'i herwydd. Ond mae newidiadau mewn meysydd cysylltiedig, megis y gyfraith, wedi bod yn araf, ac mae llawer agwedd ar y gyfraith yn amwys mewn perthynas â TGCh.

Mae nifer o gyfreithiau pwysig wedi cael eu pasio sy'n berthnasol i systemau cyfrifiadurol a byddwn yn astudio tair ohonynt yma.

13.3.1 Y Ddeddf Gwarchod Data

Cafodd y Ddeddf Gwarchod Data gyntaf ei phasio ym 1984, ond cyflwynwyd fersiwn diwygiedig ym 1998. Cafodd ei chyflwyno gan fod cymaint o wybodaeth am bobl yn cael ei storio ar systemau cyfrifiadurol ac nad oedd y ddeddfwriaeth bresennol yn briodol.

Mae'r Ddeddf yn ymdrin â **data personol**, hynny yw, data sy'n cael eu cadw am unigolyn. Mae llawer o gyrff a busnesau'n cadw data personol am bob un ohonom. Dyma rai enghreifftiau:

- Y Swyddfa Dreth;
- Meddyg neu ddeintydd;
- Yr Asiantaeth Trwyddedu Gyrwyr a Cherbydau (*DVLA*);
- Yr heddlu.

DEDDF GWARCHOD DATA: Deddfwriaeth sy'n nodi'r rhwymedigaethau ar gwmni sy'n storio data personol a hawliau testun y data: ond mae nifer o eithriadau.

Mae'r Ddeddf yn dweud bod gan destun y data (yr unigolyn y mae ei ddata personol wedi'u storio ar gyfrifiadur) **hawliau**, a bod gan y corff sy'n storio'r data **rwymedigaethau**.

Os yw corff yn dymuno storio data personol, bydd yn rhaid iddo gofrestru o dan y Ddeddf Gwarchod Data, a nodi pam y mae angen yr wybodaeth arno.

Rhwymedigaethau'r corff sy'n storio'r data yw:

- Rhaid peidio â storio neu brosesu data ac eithrio at bwrpas cyfreithlon.
- Rhaid casglu a phrosesu'r data yn deg a chyfreithlon.
- Rhaid i'r data fod yn ddigonol a pherthnasol a heb fod yn ormodol at y pwrpas.
- Rhaid cwrdd â hawliau testun y data wrth brosesu'r data.
- Rhaid i'r data fod yn gywir a chyfoes.
- Rhaid peidio â chadw'r data yn hwy nag sydd ei angen.
- Rhaid cadw'r data yn ddiogel.
- Rhaid peidio ag anfon y data dramor, ac eithrio i wledydd yr UE.

Hawliau testun y data yw:

- Hawl i weld: mae hawl gan destunau data i weld y data personol sy'n cael eu storio amdanynt.
- Hawl i gywiro: os yw data anghywir yn cael eu storio, mae gan destun y data yr hawl i fynnu eu bod yn cael eu cywiro.
- Hawl i iawndal: os bydd prosesu'r data'n anghyfreithlon yn arwain at niwed neu drallod, bydd gan destun y data hawl i iawndal.

Gallai data anghywir arwain at wrthod benthyciad neu swydd neu hyd yn oed arestio person diniwed.

Mae'r Ddeddf yn diffinio 'Data Personol Sensitif' hefyd, sef data na ellir eu datgelu na'u prosesu heb wybodaeth a chaniatâd y testun data, oni bai bod hyn yn angenrheidiol am resymau cyfreithiol.

Mae Data Personol Sensitif yn cynnwys y data hyn:

- tarddiad hiliol neu ethnig;
- credoau crefyddol;
- argyhoeddiadau gwleidyddol;
- aelodaeth o undeb llafur;
- iechyd corfforol neu feddyliol;
- troseddau ac euogfarnau.

Nid oes angen i bob corff gofrestru ei ddefnydd o ddata personol. Dyma ddata sydd wedi'u heithrio o'r Ddeddf Gwarchod Data:

- Data sy'n cael eu cadw at bwrpas diogelwch cenedlaethol.
- Data sy'n helpu i ddarganfod troseddwyr.
- Data at ddefnydd y cartref (defnydd domestig neu adloniadol).
- Data a ddefnyddir i gyfrifo cyflogau, pensiynau neu dreth.
- Data a ddefnyddir ar gyfer dosbarthu llenyddiaeth, gwybodaeth neu hysbysebion.

13.3.2 Cyfraith hawlfraint

Mae gan gwmnïau sy'n cynhyrchu meddalwedd cyfrifiadurol broblem. Gall pobl gael copïau anghyfreithlon o'u meddalwedd heb dalu, naill ai drwy wneud copi o feddalwedd rhywun arall neu ei lwytho i lawr o'r Rhyngrwyd. Mae datblygu a phrofi meddalwedd yn ddrud iawn, ac mae dwyn meddalwedd yn gost fawr i'r cwmnïau.

Mae **Deddf Hawlfraint, Dyluniadau a Phatentau 1989** yn gwneud lladrad meddalwedd yn anghyfreithlon. Mae hi'n drosedd dwyn neu gopïo meddalwedd heb ganiatâd deiliad yr hawlfraint neu berchennog y meddalwedd. Hefyd, mae hi'n drosedd rhedeg meddalwedd sydd wedi'i ddwyn.

Mae peth meddalwedd yn gofyn i'r defnyddiwr deipio rhif trwydded arbennig i mewn wrth osod y rhaglen. Mae'r rhif trwydded hwn yn cael ei roi i brynwr y meddalwedd neu'n cael ei gynnwys yn y ddogfennaeth mewn ymgais i atal lladrad meddalwedd.

Bydd rhai cwmnïau'n prynu trwyddedau safle ar gyfer meddalwedd. Mae'r rhain yn rhoi caniatâd cyfreithiol iddynt redeg y rhaglenni ar nifer penodol o gyfrifiaduron ar eu safle, a all fod yn swyddfa, yn ysgol neu'n gampws coleg.

Y broblem i gwmnïau meddalwedd yw ei bod hi'n anodd iawn gorfodi'r gyfraith hon. Mae lladrad meddalwedd yn gyffredin iawn, ond mae'n anodd ei ganfod ac yn fwy anodd byth ei brofi.

LLADRAD MEDDALWEDD: Dwyn neu gopïo meddalwedd heb gael caniatâd deiliad yr hawlfraint.

13.3.3 Y Ddeddf Camddefnyddio Cyfrifiaduron

Mae deddfau newydd wedi cael eu cyflwyno i ymladd troseddau newydd sydd wedi codi wrth i TGCh ddatblygu. Yn ôl **Deddf Camddefnyddio Cyfrifiaduron 1990** mae'n anghyfreithlon:

- Cyrchu heb awdurdod y ffeiliau sydd wedi'u storio ar system gyfrifiadurol, gan gynnwys edrych ar y ffeiliau a'u copïo. Mae'n drosedd ceisio hacio i mewn i system, hyd yn oed os methwch.
- Cyrchu ffeiliau heb awdurdod a'u defnyddio ar gyfer gweithgareddau troseddol megis twyll neu flacmel.
- Newid neu ddileu ffeiliau oni bai bod gennych awdurdod i wneud. Mae hyn yn cynnwys creu neu blannu firysau oherwydd y gallant newid neu ddileu ffeiliau.

DEDDF CAMDDEFNYDDIO CYFRIFIADURON: Deddfwriaeth y DU sy'n gwneud hacio, yn ogystal â chreu neu blannu firysau, yn anghyfreithlon.

Crynodeb

01 Mae'r Ddeddf Gwarchod Data yn ymdrin â data personol.

02 Mae'r Ddeddf Gwarchod Data yn gosod rhwymedigaethau ar gyrff sy'n storio data:

- Rhaid bod rheswm da am storio a phrosesu data.
- Rhaid casglu data yn deg a chyfreithlon.
- Rhaid i'r data fod yn ddigonol a pherthnasol, a heb fod yn ormodol at y pwrpas.
- Rhaid peidio â thramgwyddo hawliau testun y data wrth brosesu'r data.
- Rhaid i'r data fod yn gywir a chyfoes.
- Rhaid peidio â chadw'r data yn hwy nag sydd ei angen.
- Rhaid cadw'r data yn ddiogel.
- Rhaid peidio ag anfon y data i wledydd y tu allan i'r UE.

03 Mae'r Ddeddf Gwarchod Data yn rhoi rhai hawliau i destunau data.

- Yr hawl i weld y data personol sy'n cael eu storio amdanynt.
- Yr hawl i fynnu cywiro data anghywir.
- Yr hawl i iawndal os bydd prosesu'r data'n peri trallod i destun y data.

04 Mae data sydd wedi'u heithrio o'r Ddeddf Gwarchod Data yn cynnwys: data at bwrpas diogelwch cenedlaethol, data i ddarganfod troseddwyr, data domestig ac adloniadol, data at ddibenion treth, data dosbarthu gwybodaeth megis post-dafliadau.

05 O dan y Gyfraith Hawlfraint, mae hi'n drosedd copïo ffeil heb gael caniatâd y perchennog neu ddeiliad yr hawlfraint.

06 O dan y Ddeddf Camddefnyddio Cyfrifiaduron, mae hi'n drosedd hacio i mewn i system gyfrifiadurol, defnyddio ffeiliau data at bwrpas twyll neu flacmel, a chreu neu blannu firysau.

Cwestiynau ymarfer 13.2

1 Mae meddygfa'n storio gwybodaeth bersonol am ei chleifion ar ei system gyfrifiadurol.

   a) Enwch dri math o ddata personol, ar wahân i enw, cyfeiriad a rhif ffôn, a allai gael eu storio gan y feddygfa. [3]

   b) Sut bydd y feddygfa yn cydymffurfio â'r Ddeddf Gwarchod Data? [2]

   c) Pam na allai'r feddygfa roi'r data i gwmni yswiriant? [1]

   ch) Mae claf yn anhapus ynglŷn â'r data sy'n cael eu storio amdano ar gyfrifiadur y feddygfa, ac mae'n mynnu eu gweld. Mae'r feddygfa yn gwrthod ei gais. Pwy sy'n gywir? [1]

   d) Enwch dri math o ddata sydd wedi'u heithrio o'r Ddeddf Gwarchod Data. [3]

2 Pa droseddau y mae'r Ddeddf Camddefnyddio Cyfrifiaduron yn eu trin? [3]

ADRAN **3**

Portffolio

14 Cyflwyniad: Yr hyn a ddisgwylir gan y disgybl

Mae'r cwrs TGAU yn cael ei asesu mewn dwy ran:

- Yr **arholiad(au) ysgrifenedig: 40 y cant** o gyfanswm y marciau.
- Y **gwaith cwrs: 60 y cant** o gyfanswm y marciau.

Mae hyn yr un fath ar gyfer y Cwrs Llawn a'r Cwrs Byr.

> ♫♫♫
>
> Mae'r mwyafrif o'r marciau am waith cwrs, felly rhaid rhoi cynnig da arni!

14.1 Cwrs byr

Nid oes ond un arholiad ysgrifenedig (Papur 1), ac mae'n cael ei gynnig ar ddwy lefel:

- Lefel Sylfaenol: 1 awr.
- Lefel Uwch: 1 awr 30 munud.

Bydd y rheiny sy'n cymryd yr arholiad Lefel Sylfaenol yn cael gradd o C i G.

Bydd y rheiny sy'n cymryd yr arholiad Lefel Uwch yn cael gradd o A* i D.

Mae'r gwaith cwrs yn cynnwys **portffolio** o waith y rhoddir 60 y cant o gyfanswm y marciau amdano

14.2 Cwrs llawn

Mae **dau** arholiad ysgrifenedig (Papurau 1 a 2), ac maent yn cael eu cynnig ar ddwy lefel:

- Lefel Sylfaenol: 1 awr.
- Lefel Uwch: 1 awr 30 munud.

Bydd y rheiny sy'n cymryd yr arholiad Lefel Sylfaenol yn cael gradd o C i G.

Bydd y rheiny sy'n cymryd yr arholiad Lefel Uwch yn cael gradd o A* i D.

Mae'r gwaith cwrs yn cynnwys:

- **portffolio** y rhoddir 30 y cant o gyfanswm y marciau amdano;
- **project** y rhoddir 30 y cant o gyfanswm y marciau amdano.

Crynodeb

Mae'r tabl canlynol yn dangos sut mae'r marciau wedi'u rhannu:

	Cwrs byr		Cwrs llawn	
Papur arholiad ysgrifenedig	Papur 1	40%	Papur 1 Papur 2	20% 20%
Gwaith cwrs	Portffolio	60%	Portffolio Project	30% 30%
		100%		100%

Cwrs ymarferol yw'r cwrs TGCh hwn, ac mae hyn yn cael ei adlewyrchu yn y ffaith bod y mwyafrif o'r marciau ar gyfer y gwaith cwrs. I lwyddo, rhaid i chi allu gweithio'n dda ar y cyfrifiaduron ar eich pen eich hun a chanolbwyntio ar yr hyn yr ydych chi'n ei wneud, a pheidio â gadael i bobl eraill fynd â'ch sylw.

Y portffolio

15.1 Cyflwyniad

Mae tair rhan i'r portffolio:

- Trin gwybodaeth
- Modelu taenlenni
- Cyfathrebu gwybodaeth.

Gall y tair tasg hyn gael eu trin ar wahân neu gellir eu cyflwyno fel un dasg integredig. Bydd y portffolio enghreifftiol yn y llyfr hwn yn trin y portffolio fel tri aseiniad ar wahân.

Gellir gwneud y tair tasg mewn unrhyw drefn.

15.2 Tasg bortffolio 1: Trin gwybodaeth

Bydd y dasg hon yn rhoi cyfle i chi i ddangos popeth a wyddoch am gronfeydd data. Byddwch yn dylunio ac yn creu eich cronfa ddata eich hun, ac yna'n ei defnyddio i chwilio am wybodaeth a'i threfnu.

Gyda phob un o'r tasgau portffolio, mae'n bwysig ichi gadw trefn ar eich gwaith a sicrhau bod gennych ddigon o dystiolaeth ohono drwy ei argraffu.

Eich targed yw **20 marc**. Defnyddiwch restr wirio (gweler y Gweithgaredd ar ddiwedd yr adran hon) i roi tic wrth ymyl pob tasg ar ôl ei chwblhau.

Bydd eich athro/athrawes yn rhoi pwnc i chi ar gyfer y dasg bortffolio hon.

1	
Defnyddiwch	Prosesydd geiriau (Microsoft Word)
Teitl	Gwybodaeth gefndirol
Tasg	• Disgrifio'r sefyllfa lle defnyddir y gronfa ddata ac egluro at ba bwrpas y bydd yn cael ei defnyddio.
Marciau	Nid oes angen i'r dasg hon fod yn fwy nag ychydig o baragraffau o hyd, ac ni roddir unrhyw farciau amdani. Ymarfer paratoi yw hwn, a gyda rhyw lwc byddwch yn meddwl am rai syniadau.

Prif ofyniad y dasg hon yw eich bod yn creu cronfa ddata ac yna'n ei defnyddio i ddatrys rhai problemau.

Gall y gronfa ddata gynnwys unrhyw ddata o'ch dewis.

Mae **cynllunio** y gronfa ddata yn bwysig a'r dasg gyntaf fydd creu tabl strwythur data.

I wneud hyn, mae angen penderfynu:

- Pa ddata a fydd yn cael eu storio a pha enwau a roddir i'r meysydd?
- Pa fath o ddata a gaiff ei storio ym mhob maes?

Gwnewch yn siŵr fod gennych nifer o wahanol fathau data: testun, rhif, dyddiad, arian, ac ati.

2	
Defnyddiwch	Prosesydd geiriau (Microsoft Word)
Teitl	Tabl strwythur data
Tasg	• Ysgrifennu cyflwyniad byr yn nodi pa ddata a fydd yn cael eu storio yn eich cronfa ddata a sut y caiff y data eu casglu. (Byddwch yn dylunio ffurflen cipio data yn nes ymlaen.) • Creu'r tabl strwythur data. Bydd angen ichi greu tabl â thair colofn a rhes ar gyfer pob maes, a llenwi enw'r maes a'r math data ac ychwanegu unrhyw sylwadau am y maes.
Marciau	1 marc am ddylunio'r tabl strwythur data.

Ar gyfer ein cronfa ddata enghreifftiol ni, efallai y byddwn yn penderfynu ar y tabl strwythur data canlynol:

Mae'n bwysig ichi ddewis meysydd sydd ag amrywiaeth o wahanol fathau data: testun, rhifau, arian a dyddiadau.

Enw Maes	Math Data	Sylwadau
Rhif Adnabod y Reid	Cyfanrif	Maes allweddol y gronfa ddata
Enw	Testun	Hyd mwyaf 30
Dyddiad Agor	Dyddiad	Fformat: dd/mm/bb
Pris Oedolyn	Arian	e.e. £1.50
Pris Plentyn	Arian	
Reidiau'r WH	Rhif	Reidiau a werthwyd yr wythnos hon
Reidiau Eleni	Rhif	Reidiau a werthwyd eleni
Categori	Testun	Cod: 'T' = Teulu, 'O' = Oedolyn yn unig.

Dylai fod gan bob maes testun hyd mwyaf, a dylech roi manylion unrhyw ffordd benodol o fformatio meysydd rhif neu feysydd arian.

3	
Defnyddiwch	Meddalwedd cronfa ddata (Microsoft Access)
Teitl	Creu cronfa ddata

Tasg	• Creu cronfa ddata wag newydd.
	• Creu tabl newydd mewn golwg dylunio (*Design View*) a rhoi manylion pob maes. Gwnewch yn siŵr eich bod chi'n:
	  • gosod y maes allweddol;
	  • cadw'r tabl, gan ddefnyddio enw synhwyrol.

Marciau	1 marc os ydych wedi defnyddio a gosod maes allweddol.

Mae'n syniad da creu ffolder newydd i roi eich holl ffeiliau gwaith cwrs ynddi.

Pan grëwch gronfa ddata wag newydd, rhowch hi mewn ffolder y gallwch ddod o hyd iddi'n hawdd. A rhowch enw synhwyrol iddi!

4	
Defnyddiwch	(a) Meddalwedd cronfa ddata (Microsoft Access) a (b) Prosesydd geiriau (Microsoft Word)
Teitl	Dilysu
Tasg	(a) Gosod Rheolau Dilysu ar gyfer rhai o'r meysydd rhifol (cyfanrif, real, arian neu ddyddiad), yn ogystal â negeseuon Testun Dilysu sy'n ymddangos pan fewnbynnir data annilys.
	(b) Profi'r Rheolau Dilysu a darparu prawf eu bod yn gweithio.
Marciau	1 marc am ddylunio'r Rheolau Dilysu. 1 marc am y profion dilysu, sy'n defnyddio data dilys ac annilys.

Pwrpas **dilysu** yw gwirio'r data i sicrhau eu bod yn gwneud synnwyr, ac mae yna reolau y gallwch eu gosod ar gyfer meysydd rhifol (cyfanrif, real, arian neu ddyddiad).

Y rhain yw'r Rheolau Dilysu, a bydd y data yn cael eu gwirio bob tro y cânt eu mewnbynnu i sicrhau eu bod yn ufuddhau i'r rheolau.

Defnyddir anhafaleddau i osod y rheolau.

Testun Dilysu (*Validation Text*) yw'r enw a roddir ar y neges gwall sy'n ymddangos os yw'r data yn anghywir.

Rhaid i chi nawr sicrhau bod y Rheolau Dilysu yn gweithio. Y ffordd orau o wneud hyn yw drwy ddarparu sgrinluniau o'r Testun Dilysu (y neges gwall sy'n ymddangos os ceisiwch fewnbynnu data annilys).

Agorwch eich tabl a cheisiwch roi data annilys i mewn. Dylai neges gwall ymddangos.

Defnyddiwch brosesydd geiriau i roi pennawd 'Profion Dilysu' a:

> ⌐ ⌐ ∟
> Gwnewch brofion gyda data dilys ac annilys.

- disgrifiwch y Rheolau Dilysu yr ydych chi wedi'u gosod;
- rhowch fanylion y data yr ydych chi'n eu defnyddio i'w profi (un dilys ac un annilys).

Bydd sgrinluniau fel yr un isod yn profi eu bod yn gweithio.

Data annilys

5	
Defnyddiwch	Meddalwedd cronfa ddata (Microsoft Access)
Teiti	Mewnbynnu data
Tasg	● Agor eich tabl mewn golwg dalen ddata (*Datasheet View*) a mewnbynnu data. Rhaid sicrhau nad oes unrhyw gamgymeriadau a bod y data a ddefnyddiwch yn synhwyrol.
Marciau	1 marc os defnyddiwch ddau wahanol fath data.
	1 marc arall os defnyddiwch dri neu ragor o wahanol fathau data (testun, cyfanrif, arian, dyddiad, am-edrych (LOOKUP)).
	1 marc os nad oes unrhyw gamgymeriadau.
	1 marc os yw'r data yn synhwyrol a pherthnasol.
	1 arc am allbrint o'r tabl.

Cadwch eich tabl yn rheolaidd rhag ofn y cewch broblemau gyda'r cyfrifiadur!

Astudiwch allbrint eich tabl i sicrhau nad oes unrhyw gamgymeriadau. Os oes, cywirwch nhw ac argraffwch y tabl eto.

Rydych chi wedi gwneud yr holl waith paratoi a'r cam nesaf yw creu'r cofnodion yn y gronfa ddata.

Agorwch y tabl mewn golwg dalen ddata a mewnbynnwch o leiaf 10 cofnod o ddata. Rhaid i chi wneud yn siŵr nad oes unrhyw gamgymeriadau megis camgymeriadau sillafu a bod priflythrennau'n cael eu defnyddio'n gywir (e.e. dylai enwau priod ddechrau gyda phriflythyren).

Hefyd mae'n bwysig sicrhau bod y data yn gredadwy, hynny yw, eu bod yn realistig ac nad ydynt yn cynnwys unrhyw wallau megis person o'r enw 'Sali' sy'n 'Wryw'.

Ar ôl cwblhau'r tabl, cadwch ac argraffwch ef.

Astudiwch eich allbrint yn ofalus gan ei fod yn darparu tystiolaeth o nifer o bethau megis y gwahanol fathau data yr ydych wedi'u defnyddio yn y meysydd. Gwnewch yn siŵr nad oes unrhyw gamgymeriadau sillafu ac ati, a bod y data'n rhesymol a realistig.

	RhAdnReid	Enw	Agorwyd	PrisOedolyn	PrisPlentyn	Reidiau'rWythnos	ReidiauEleni	Categori
	1000	Llithren Fawr	12/04/2004	£2.00	£1.00	25	189	T
	1001	Igamogam	08/07/2005	£2.50	£1.50	18	241	T
	1002	Tŷ Sgerbydau	25/06/2002	£3.00	£2.00	39	398	O
	1003	Llaid Lloerig	08/04/2001	£2.00	£1.00	57	658	T
	1004	Nerfau Dur	16/12/2000	£3.50	£1.50	19	169	O
	1005	Chwyrligwgan	16/12/2000	£2.00	£1.00	12	89	T
	1006	Her y Diafol	19/02/2001	£3.50	£2.00	25	204	T
	1007	Antur Roced	08/04/2001	£2.00	£1.00	16	167	T
	1008	Saethu Hwyaid	16/12/2000	£2.00	£0.75	35	268	T
	1009	Mur Angau	12/04/2004	£1.50	£0.50	39	359	O
	1010	Llethr Llithrig	27/11/2003	£1.00	£0.50	57	685	T
	1011	Serennog Nos	16/12/2000	£3.50	£2.00	25	542	T
	1012	Sgwd Ddŵr	16/12/2000	£2.50	£1.50	102	980	T
	1013	Hedfanwr	25/06/2002	£2.00	£1.00	69	710	T
▶	1014	Trên Gwyllt	08/04/2001	£2.00	£1.00	34	544	T
	1015	Dinas Wallgof	25/06/2002	£2.50	£1.50	98	898	O
*	0			£0.00	£0.00	0	0	

Reidiau : Table

Record: 15 of 16

6	
Defnyddiwch	Meddalwedd cronfa ddata (Microsoft Access)
Teitl	Trefniadau
Tasg	● Rhoi rheswm dros drefnu'r data, a chyflwyno allbrint o'r gronfa ddata ar ôl ei threfnu. ● Gwneud hyn eto ar gyfer ail drefniad.
Marciau	1 marc am drefnu data am reswm dilys. 1 marc am ail drefniad gwahanol gyda rheswm.

SYLWER: Os yw eich meddalwedd cronfa ddata yn caniatáu, gallwch greu graff o beth o'r data yn lle un o'r trefniadau. Rhaid i chi roi rheswm synhwyrol dros gynhyrchu'r graff.

Mae trefnu data'n golygu rhoi'r data mewn un o'r meysydd mewn trefn rifiadol neu yn nhrefn yr wyddor. Gall y trefniad fod yn esgynnol (lleiaf yn gyntaf) neu'n ddisgynnol (mwyaf yn gyntaf).

Os ydych yn defnyddio Microsoft Access, yna rhaid creu Ymholiad (*Query*) ar gyfer pob trefniad, gan roi'r meysydd yr ydych chi'n dymuno eu harddangos, gosod y maes sydd i'w drefnu, a nodi a fydd y trefniad yn esgynnol neu'n ddisgynnol.

Defnyddiwch brosesydd geiriau i greu dogfen â'r pennawd 'Trefniad 1'.

Rhowch fanylion eich trefniad ac eglurwch y **rheswm** amdano.

Yn y gronfa ddata, crëwch ymholiad sy'n cyflawni'r trefniad a chynhwyswch ddyluniad y grid yn ogystal â chanlyniadau'r trefniad. Gellir copïo'r rhain a'u gludo yn y ddogfen.

Nawr mae angen i chi ddilyn yr un drefn ar gyfer trefniad gwahanol, ond rhaid i chi sicrhau bod rheswm gwahanol drosto, a bod meysydd gwahanol yn cael eu harddangos.

Ni chewch y marciau am y trefniadau hyn os na roddwch reswm realistig drostynt.

7	
Defnyddiwch	Meddalwedd cronfa ddata (Microsoft Access)
Teitl	Chwiliadau syml
Tasg	● Rhoi rheswm dros wneud chwiliad syml, a gwneud y chwiliad. ● Gwneud ail chwiliad syml, a rhoi rheswm.
Marciau	1 marc am chwiliad syml gyda rheswm. 1 marc am ail chwiliad syml gyda rheswm.

Chwiliad mewn un maes yn unig yw **chwiliad syml**.

Meddyliwch am reswm dros wneud y chwiliad, ond gwnewch yn siŵr ei fod yn rheswm realistig. Crëwch yr Ymholiad a gwnewch y chwiliad.

Argraffwch y grid, gan ddangos y **meini prawf chwilio** yr ydych wedi'u defnyddio a chanlyniadau'r chwiliad. Copïwch a gludwch y rhain i ddogfen prosesydd geiriau sy'n egluro beth yr ydych wedi'i wneud.

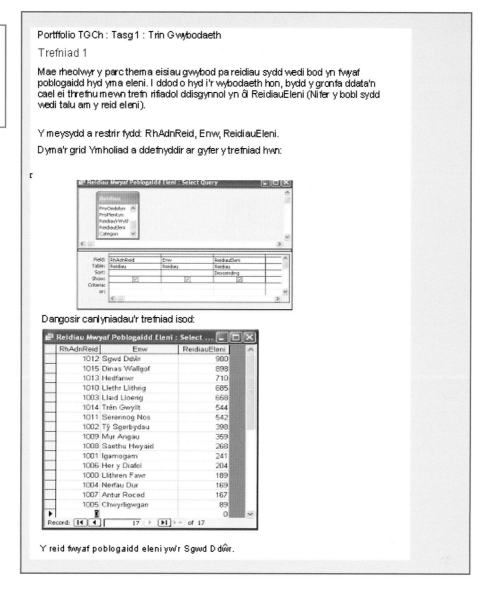

Mae angen rhoi manylion llawn y trefniad yn ogystal â thystiolaeth ei fod yn gweithio.

Portffolio TGCh : Tasg 1 : Trin Gwybodaeth

Trefniad 1

Mae rheolwyr y parc thema eisiau gwybod pa reidiau sydd wedi bod yn fwyaf poblogaidd hyd yma eleni. I ddod o hyd i'r wybodaeth hon, bydd y gronfa ddata'n cael ei threfnu mewn trefn rifiadol ddisgynnol yn ôl ReidiauEleni (Nifer y bobl sydd wedi talu am y reid eleni).

Y meysydd a restrir fydd: RhAdnReid, Enw, ReidiauEleni.

Dyma'r grid Ymholiad a ddefnyddir ar gyfer y trefniad hwn:

Dangosir canlyniadau'r trefniad isod:

Y reid fwyaf poblogaidd eleni yw'r Sgwd D dŵr.

Byddai'n syniad da defnyddio nodchwiliwr ar gyfer y chwiliad hwn.

Dylech roi'r rheswm, y meini prawf chwilio, y grid a'r canlyniadau mewn dogfen prosesydd geiriau o'r enw 'Chwiliad Syml 1', ac argraffu'r ddogfen.

Nawr mae angen gwneud chwiliad syml gwahanol arall, gyda rheswm realistig gwahanol arall a gwahanol feysydd. Dilynwch yr un drefn ag uchod ac argraffwch ddogfen o'r enw 'Chwiliad Syml 2'.

8	
Defnyddiwch	Meddalwedd cronfa ddata (Microsoft Access)
Teitl	Chwiliadau cymhleth
Tasg	● Rhoi rheswm dros wneud chwiliad cymhleth, a gwneud y chwiliad. ● Gwneud ail chwiliad cymhleth, a rhoi rheswm.
Marciau	1 marc am chwiliad cymhleth gyda rheswm. 1 marc am ail chwiliad cymhleth gyda rheswm. 1 marc am egluro'r meini prawf chwilio

239

Sylwch nad yw unedau mesur yn cael eu defnyddio yn y meini prawf chwilio.

Mae **chwiliad cymhleth** yn chwilio am ddata mewn dau neu ragor o feysydd, ac yn defnyddio'r gweithredyddion rhesymegol OR, AND neu NOT.

Dylech roi'r rheswm, y meini prawf chwilio, y grid a'r canlyniadau mewn dogfen prosesydd geiriau o'r enw 'Chwiliad Cymhleth 1', ac argraffu'r ddogfen.

Mae angen i chi wneud **ail** chwiliad cymhleth hollol wahanol. Gwnewch yn siŵr fod y meysydd a arddangosir a'r meini prawf chwilio yn wahanol i'r un cyntaf.

9	
Defnyddiwch	Prosesydd geiriau (Microsoft Word)
Teitl	Ffurflen cipio data
Tasg	● Dylunio ffurflen cipio data.
Marciau	1 marc am ddylunio ffurflen cipio data.

Ffurflen bapur yw ffurflen cipio data sy'n cael ei llenwi pryd bynnag y mae angen ychwanegu cofnod newydd at y ffeil gronfa ddata. Yna bydd y ffurflen yn cael ei rhoi i rywun i fewnbynnu'r data.

Rhaid i'r meysydd ar y ffurflen cipio data gyfateb i'r meysydd yn y tabl cronfa ddata.

Agorwch ddogfen newydd yn eich prosesydd geiriau a theipiwch y pennawd 'Ffurflen Cipio Data'. Yna disgrifiwch sut mae'r data yn eich cronfa ddata'n cael eu casglu. Ble mae'r ffurflen cipio data? Pwy sy'n llenwi'r ffurflenni? I ble maent yn mynd ar ôl cael eu llenwi? Pwy sy'n mewnbynnu'r data?

Gwnewch yn siŵr fod digon o le gwag ar y dudalen ac yna argraffwch y ddogfen.

Tynnwch ddyluniad y ffurflen cipio data â llaw ar yr un ddalen o bapur, gan nodi cynlluniau lliw.

10	
Defnyddiwch	Prosesydd geiriau (Microsoft Word)
Teitl	Storio data
Tasg	● Argraffu manylion lleoliad y ffeiliau.
Marciau	1 marc am ddangos ble mae'r ffeiliau wedi'u storio.

Crëwch ddogfen newydd â'ch prosesydd geiriau a theipiwch y pennawd 'Storio Data'.

Rhowch fanylion eich ffeiliau, hynny yw, eu henwau a ble maent wedi'u storio. Gallwch wneud hyn drwy gopïo a gludo sgrinlun o'r ffeiliau.

11	
Defnyddiwch	Meddalwedd cronfa ddata (Microsoft Access)
Teitl	Prosesu uwch
Tasg	● Disgrifio unrhyw brosesu uwch a ddefnyddiwyd.
Marciau	2 farc am dystiolaeth o ddefnyddio unrhyw ddwy nodwedd a restrir isod.

Mae **dau farc ychwanegol** ar gael os gwnewch rai o'r canlynol wrth ymgymryd â'r dasg:

● Mewnforio neu allforio data.
● Penynnau/troedynnau.
● Defnyddio ffurflenni ar gyfer mewnbynnu data.
● Botymau gorchymyn ar ffurflenni.
● Hypergysylltau ar ffurflenni.
● Dylunio ac allbynnu adroddiad.
● Defnyddio fformiwlâu neu gyfrifiadau mewn ffeiliau.
● Masgiau mewnbynnu.
● Defnyddio ymholiad paramedr.
● Defnyddio macro.
● Defnyddio is-ffurflen.
● Postgyfuno.

Ar gyfer pob dewis, bydd angen agor dogfen prosesydd geiriau, disgrifio beth yr ydych wedi'i wneud a darparu tystiolaeth eich bod chi wedi'i wneud yn foddhaol drwy gopïo a gludo sgrinluniau.

12	
Defnyddiwch	
Teitl	Clawr blaen / rhwymo
Tasg	● Creu clawr blaen, casglu a rhwymo'r holl ddogfennau.
Marciau	

Gwnewch yn siŵr fod dalennau argraffedig eich tasg bortffolio yn y drefn gywir a'u bod wedi'u rhwymo'n briodol neu eu rhoi mewn ffeil.

Mae Gweithgaredd 15.1 yn rhoi rhestr wirio o'r tasgau.

240

Er mai dau o'r rhain yn unig sydd eu hangen, gwnewch ragor os gallwch.

■ Gweithgaredd 15.1 Rhestr Wirio ar gyfer Tasg Bortffolio 1 (Taenlen)

Crëwch daenlen newydd a chopïwch y tabl isod i mewn i'r celloedd.

Rhif y Dasg	Tasg	Cwblhawyd	Marciau
1	Gwybodaeth gefndirol		
2	Tabl strwythur data		1
3	Creu cronfa ddata		1
4	Rheolau dilysu		1
	Profion dilysu		1
5	Mewnbynnu data (2 fath data)		1
	Mewnbynnu data (3 neu ragor o fathau data)		1
	Mewnbynnu data (dim camgymeriadau)		1
	Mewnbynnu data (data synhwyrol a pherthnasol)		1
	Mewnbynnu data (allbrint)		1
6	Trefniad 1		1
	Trefniad 2 (neu graff)		1
7	Chwiliad syml 1		1
	Chwiliad syml 2		1
8	Chwiliad cymhleth 1		1
	Chwiliad cymhleth 2		1
	Egluro'r meini prawf chwilio		1
9	Ffurflen cipio data		1
10	Storio data		1
11	Prosesu uwch 1		1
	Prosesu uwch 2		1
12	Clawr blaen / rhwymo		
		Cyfanswm	20

Cadwch y daenlen hon a defnyddiwch hi fel rhestr wirio. Pan gwblhewch bob tasg, lliwiwch y sgwâr yn y golofn 'Cwblhawyd' yn wyrdd.

15.3 Tasg bortffolio 2: Modelu taenlen

Bydd y dasg hon yn rhoi cyfle i chi i ddangos yr holl bethau rhyfeddol y gallwch eu gwneud gyda thaenlen.

Eich targed yw **20 marc**. Defnyddiwch restr wirio (gweler y Gweithgaredd ar ddiwedd yr adran hon) i roi tic wrth ymyl pob tasg ar ôl ei chwblhau.

Bydd eich athro/athrawes yn rhoi pwnc i chi ar gyfer y dasg bortffolio hon.

1	
Defnyddiwch	Prosesydd geiriau (Microsoft Word)
Teitl	Gwybodaeth gefndirol
Tasg	● Egluro'r sefyllfa a disgrifio beth yr ydych chi'n bwriadu defnyddio taenlen i ymchwilio iddo.
Marciau	Nid oes angen i'r dasg hon fod yn fwy nag ychydig o baragraffau o hyd, ac ni roddir unrhyw farciau amdani. Y nod yw eich helpu i gael dealltwriaeth gliriach o beth y byddwch chi'n ei wneud.

Defnyddiwch eich prosesydd geiriau i greu dogfen newydd â'r pennawd 'Gwybodaeth Gefndirol' a disgrifiwch y sefyllfa a'ch rheswm dros wneud yr ymchwiliad ac i beth y byddwch yn defnyddio'r daenlen.

2	
Defnyddiwch	Prosesydd geiriau (Microsoft Word)
Teitl	Dylunio taenlen
Tasg	● Creu dyluniadau â llaw ar gyfer pob dalen o'r daenlen.
Marciau	Dim eto. Amynedd biau hi.

2.4.1

Mae'n bwysig edrych ar y rhestr o nodweddion cymhleth a thechnegau prosesu uwch (Tasgau 12 ac 13) i weld a allwch ddefnyddio rhai ohonynt yn eich taenlen.

Defnyddiwch eich prosesydd geiriau i greu dogfen newydd â'r pennawd 'Dylunio Taenlen'. Argraffwch y ddogfen hon: bydd angen i chi dynnu llun arni.

Ar y ddalen hon, brasluniwch amlinell fras o'r daenlen yr ydych chi eisiau ei chreu. Bydd angen un dyluniad ar gyfer pob dalen o'r daenlen, a chynnwys manylion lliwio a fformatio.

Nodwch y celloedd a fydd yn cynnwys fformiwlâu (cyfrifiadau), ond nid oes angen ichi fanylu ar y rhain oherwydd y cânt eu hegluro'n ddiweddarach.

2.4.2

Ceisiwch gynnwys gwahanol fathau o ddata: testun, rhif, arian, dyddiadau, ac ati.

Nodwch y dylai'r dyluniad gynnwys gwybodaeth am:

● Labeli
● Lliwiau
● Ffontiau
● Fformatio
● Alinio
● Fformiwlâu.

Mae'r ddalen arall a ddefnyddir yn yr enghraifft hon yn rhoi manylion y reidiau a'u prisiau.

Gall y dyluniad a wnewch â llaw fod yn fras iawn ond mae'n bwysig dangos bod eich gwaith wedi cael ei gynllunio'n dda.

Mae'r enghraifft hon yn dangos un ddalen yn unig: Tocyn Oedolyn.
Ond rhaid i chi ddarparu dyluniad ar gyfer pob dalen y byddwch yn ei defnyddio.

3	
Defnyddiwch	Taenlen (Microsoft Excel)
Teitl	Creu amlinell taenlen
Tasg	● Creu grid amlinell ar gyfer pob dalen o'r daenlen.
Marciau	1 marc am y grid amlinell, labeli ac o leiaf un rhes o ddata.

Gan ddefnyddio rhaglen daenlen, crëwch grid amlinell ar gyfer eich taenlen.

Gosodwch y llinellau grid, y labeli, y ffontiau, y fformatio a'r fformiwlâu.

Cynhwyswch un llinell yn unig o ddata am y tro.

Ar ôl ei orffen, argraffwch y grid amlinell.

Dangosir y grid amlinell yn yr enghraifft hon. Sylwch mai un llinell yn unig o ddata sydd wedi cael ei mewnbynnu.

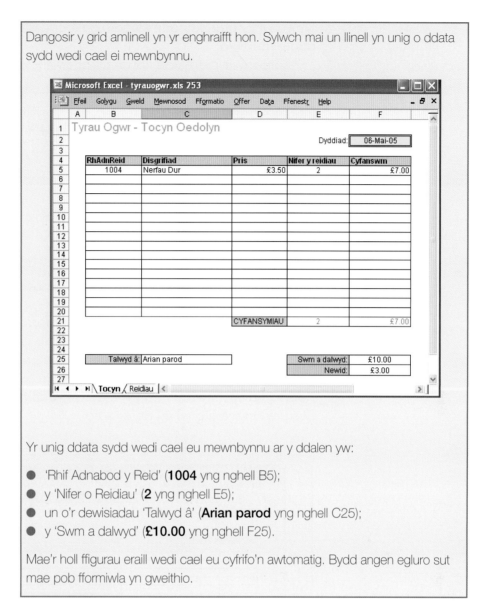

Yr unig ddata sydd wedi cael eu mewnbynnu ar y ddalen yw:

● 'Rhif Adnabod y Reid' (**1004** yng nghell B5);
● y 'Nifer o Reidiau' (**2** yng nghell E5);
● un o'r dewisiadau 'Talwyd â' (**Arian parod** yng nghell C25);
● y 'Swm a dalwyd' (**£10.00** yng nghell F25).

Mae'r holl ffigurau eraill wedi cael eu cyfrifo'n awtomatig. Bydd angen egluro sut mae pob fformiwla yn gweithio.

4	
Defnyddiwch	Prosesydd geiriau (Microsoft Word)
Teitl	Egluro fformatio
Tasg	● Creu dogfen a disgrifio'r fformatio a ddefnyddir yn y daenlen.
Marciau	1 marc am fformatio priodol.

Mae angen y cam hwn gan nad yw'r fformatio bob amser yn amlwg mewn allbrint.

Crëwch ddogfen newydd â'r pennawd 'Fformatio'. Dylech roi disgrifiad manwl o'r fformatio yr ydych wedi'i ddefnyddio yn y daenlen.

Mae fformatio'n cynnwys:

● **Alinio**;
● **Fformatio testun** (ffont a lliw);
● **Fformatio cell** (arian, rhifau neu ddyddiadau).

Dylech roi'r gell neu amrediad o gelloedd a'r fformatio a ddefnyddiwyd.

Rhaid rhoi'r manylion fformatio ar gyfer pob dalen yn y daenlen.

5	
Defnyddiwch	Prosesydd geiriau (Microsoft Word)
Teitl	Egluro fformiwlâu
Tasg	● Creu dogfen ac egluro'r fformiwlâu a ddefnyddir yn y daenlen.
Marciau	1 marc am lunio fformiwlâu cywir.
	1 marc am egluro'r fformiwlâu.
	1 marc os ydych wedi defnyddio fformiwlâu syml i greu data newydd.

Crëwch ddogfen â'r pennawd 'Egluro'r fformiwlâu', ac eglurwch yr holl fformiwlâu yr ydych wedi'u defnyddio yn y daenlen.

Dylech hefyd ddarparu allbrintiau o holl ddalennau eich taenlen sy'n dangos y fformiwlâu. Bydd hyn yn profi eich bod chi wedi defnyddio fformiwlâu: nid yw'n amlwg o allbrint cyffredin bod fformiwlâu wedi cael eu defnyddio.

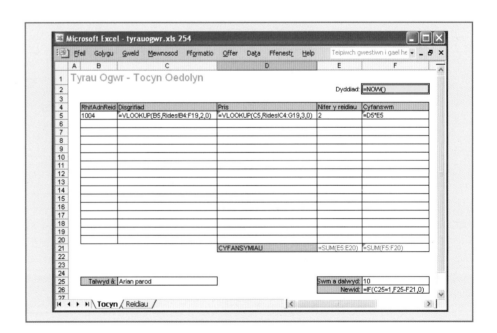

Y fformiwlâu a ddefnyddiwyd yn y ddalen uchod yw:

Cell	Fformiwla	Esboniad
F2	=NOW()	Yn mewnbynnu'r dyddiad yn awtomatig.
	=VLOOKUP(B5, Reidiau!B4:F19,2,0)	Yn edrych am y cod yn B5 yn y tabl ar y ddalen 'Reidiau' ac yn dychwelyd y disgrifiad.
D5	=VLOOKUP(B5, Reidiau!B4:F19,3,0)	Yn edrych am y cod yn B5 yn y tabl ar y ddalen 'Reidiau' ac yn dychwelyd y pris.
F5	=D5*F5	Yn lluosi'r pris â'r nifer o reidiau i roi cyfanswm cost y reid honno.
E21	=SUM(E5:E20)	Yn adio'r nifer o reidiau.
F21	=SUM(F5:F20)	Yn adio cyfanswm cost pob reid i roi'r cyfanswm sy'n ddyledus.
F26	=IF(C25=1,F25-F21,0)	Os dewisir 'Arian parod' yn C25, yna mae'n cyfrifo'r newid drwy dynnu'r cyfanswm sy'n ddyledus o'r swm a dalwyd.

243

Defnyddir rhai fformiwlâu clyfar yn yr enghraifft hon. Rhoddir marciau am y rhain, felly ceisiwch eu deall a'u defnyddio.

6	
Defnyddiwch	Taenlen (Microsoft Excel)
Teitl	Mewnbynnu data i daenlen
Tasg	● Cwblhau'r daenlen drwy lenwi gweddill y data.
Marciau	1 marc am ddefnyddio labeli a chyfanrifau.
	1 marc am ddefnyddio o leiaf 2 fath data arall (real, testun, arian neu ddyddiadau).
	1 marc am ddefnyddio mwy nag un ddalen.
	1 marc os nad oes unrhyw wallau amlwg.
	1 marc os yw'r data yn synhwyrol ac yn addas i bwrpas y daenlen.

Llenwch holl ddalennau'r daenlen â'r data sy'n weddill.

7	
Defnyddiwch	Taenlen (Microsoft Excel) a Phrosesydd geiriau (Microsoft Word)
Teitl	Graff
Tasg	● Defnyddio'r daenlen i greu graff. Rhaid rhoi rheswm dilys dros y graff.
Marciau	1 marc am graff gyda rheswm.

244

Mae angen bod yn ofalus wrth roi teitl ac wrth labelu'r echelinau er mwyn sicrhau bod y graff yn gwneud synnwyr.

Dylech ddisgrifio rheswm dilys a synhwyrol dros greu graff, a dylai'r math o graff fod yn briodol, gan gyd-fynd â'r rheswm hwn.

Crëwch y graff a gwnewch yn siŵr ei fod wedi'i labelu'n gywir ac y bydd yn gwneud synnwyr i unrhyw un arall sy'n edrych arno. Sicrhewch hefyd ei fod yn gyson â'r rheswm a ddisgrifiwyd gennych.

8	
Defnyddiwch	Taenlen (Microsoft Excel) a Phrosesydd geiriau (Microsoft Word)
Teitl	Ymchwiliad 1
Tasg	● Defnyddio'r daenlen i wneud ymchwiliad sy'n cynnwys newid data.
Marciau	1 marc am ymchwiliad, gyda rheswm a sylw ar y canlyniad.

Nawr gallwch ddefnyddio'r daenlen yr ydych wedi'i chreu. Penderfynwch ar gwestiwn realistig y gall fod angen ateb iddo a gwnewch ymchwiliad sy'n cynnwys newid peth o'r data ar y dalennau.

Dylai fod gan ymchwiliad:

● gwestiwn;
● tystiolaeth bod y daenlen wedi cael ei defnyddio;
● ateb.

Crëwch ddogfen newydd â'r pennawd 'Ymchwiliad 1', a disgrifiwch yr ymchwiliad y byddwch yn ei wneud.

Defnyddiwch y daenlen i wneud yr ymchwiliad, ac argraffwch fersiynau 'cynt' ac 'wedyn' o'r daenlen.

24.5

Rhaid i'r ymchwiliad hwn gynnwys newid peth o'r data.

9	
Defnyddiwch	Taenlen (Microsoft Excel) a Phrosesydd geiriau (Microsoft Word)
Teitl	Ymchwiliad 2
Tasg	● Defnyddio'r daenlen i wneud ymchwiliad sy'n cynnwys newid fformiwlâu.
Marciau	1 marc am ymchwiliad, gyda rheswm a sylw ar y canlyniad.

Rhaid i ail ymchwiliad gynnwys newid y fformiwlâu neu strwythur y daenlen.

Unwaith eto, meddyliwch am gwestiwn, dangoswch sut y cafodd yr ymchwiliad ei wneud, a rhowch ateb.

Bydd angen argraffu fersiynau 'cynt' ac 'wedyn' o'r daenlen sy'n dangos y fformiwlâu, i brofi eich bod chi wedi'u newid.

10	
Defnyddiwch	Taenlen (Microsoft Excel) a Phrosesydd geiriau (Microsoft Word)
Teitl	Ymchwiliad 3
Tasg	● Defnyddio'r daenlen i wneud ymchwiliad sy'n cynnwys newid y daenlen.
Marciau	1 marc am ymchwiliad, gyda rheswm a sylw ar y canlyniad.

Rhaid i chi ddefnyddio'ch taenlen i wneud trydydd ymchwiliad. Mae angen newid fformiwlâu neu strwythur y daenlen, ond rhaid i'r ymchwiliad hwn fod yn wahanol iawn i'r rhai blaenorol.

Mae cwsmer yn dod i'r dderbynfa ac yn gofyn:

Cwestiwn: 'Beth yw'r nifer mwyaf o wahanol reidiau y gallaf i fynd arnynt os oes gen i £20 yn unig i'w gwario?'

Mae'r daenlen yn dangos y byddai'n costio £35.50 i fynd ar yr holl reidiau. Llawer gormod!

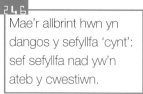

Mae'r allbrint hwn yn dangos y sefyllfa 'cynt': sef sefyllfa nad yw'n ateb y cwestiwn.

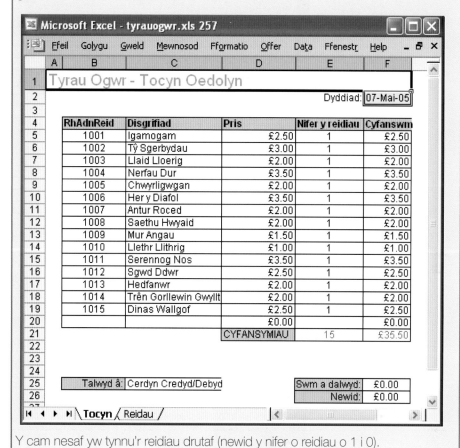

RhAdnReid	Disgrifiad	Pris	Nifer y reidiau	Cyfanswm
1001	Igamogam	£2.50	1	£2.50
1002	Tŷ Sgerbydau	£3.00	1	£3.00
1003	Llaid Lloerig	£2.00	1	£2.00
1004	Nerfau Dur	£3.50	1	£3.50
1005	Chwyrligwgan	£2.00	1	£2.00
1006	Her y Diafol	£3.50	1	£3.50
1007	Antur Roced	£2.00	1	£2.00
1008	Saethu Hwyaid	£2.00	1	£2.00
1009	Mur Angau	£1.50	1	£1.50
1010	Llethr Llithrig	£1.00	1	£1.00
1011	Serennog Nos	£3.50	1	£3.50
1012	Sgwd Ddwr	£2.50	1	£2.50
1013	Hedfanwr	£2.00	1	£2.00
1014	Trên Gorllewin Gwyllt	£2.00	1	£2.00
1015	Dinas Wallgof	£2.50	1	£2.50
		£0.00		£0.00
		CYFANSYMIAU	15	£35.50

Talwyd â: Cerdyn Credyd/Debyd   Swm a dalwyd: £0.00   Newid: £0.00

Y cam nesaf yw tynnu'r reidiau drutaf (newid y nifer o reidiau o 1 i 0).

Tystiolaeth:

247
Dyma allbrint o'r sefyllfa 'wedyn', sy'n dangos yr ateb.

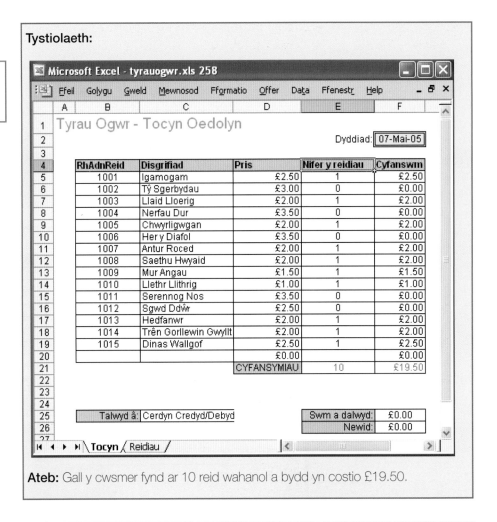

Microsoft Excel - tyrauogwr.xls 258

| | Ffeil | Golygu | Gweld | Mewnosod | Fformatio | Offer | Data | Ffenestr | Help |

	A	B	C	D	E	F
1		Tyrau Ogwr - Tocyn Oedolyn				
2					Dyddiad:	07-Mai-05
3						
4		RhAdnReid	Disgrifiad	Pris	Nifer y reidiau	Cyfanswm
5		1001	Igamogam	£2.50	1	£2.50
6		1002	Tŷ Sgerbydau	£3.00	0	£0.00
7		1003	Llaid Lloerig	£2.00	1	£2.00
8		1004	Nerfau Dur	£3.50	0	£0.00
9		1005	Chwyrligwgan	£2.00	1	£2.00
10		1006	Her y Diafol	£3.50	0	£0.00
11		1007	Antur Roced	£2.00	1	£2.00
12		1008	Saethu Hwyaid	£2.00	1	£2.00
13		1009	Mur Angau	£1.50	1	£1.50
14		1010	Llethr Llithrig	£1.00	1	£1.00
15		1011	Serennog Nos	£3.50	0	£0.00
16		1012	Sgwd Ddŵr	£2.50	0	£0.00
17		1013	Hedfanwr	£2.00	1	£2.00
18		1014	Trên Gorllewin Gwyllt	£2.00	1	£2.00
19		1015	Dinas Wallgof	£2.50	1	£2.50
20				£0.00		£0.00
21				CYFANSYMIAU	10	£19.50
22						
23						
24						
25			Talwyd â:	Cerdyn Credyd/Debyd	Swm a dalwyd:	£0.00
26					Newid:	£0.00
27						

Tocyn / Reidiau /

Ateb: Gall y cwsmer fynd ar 10 reid wahanol a bydd yn costio £19.50.

11	
Defnyddiwch	Prosesydd geiriau (Microsoft Word)
Teitl	Storio data
Tasg	● Argraffu manylion yn dangos lleoliad y ffeiliau.
Marciau	1 marc am ddangos ble mae'r ffeiliau wedi'u storio.

Defnyddiwch eich prosesydd geiriau i greu dogfen newydd â'r pennawd 'Storio Data'.

Nodwch enwau'r ffeiliau a ble maent wedi'u storio. Gallwch wneud hyn drwy gopïo a gludo sgrinlun o'r ffeiliau yn dangos ble y maent.

12	
Defnyddiwch	Taenlen (Microsoft Excel) a Phrosesydd geiriau (Microsoft Word)
Teitl	Nodweddion cymhleth
Tasg	
Marks	3 marc am dystiolaeth o ddefnyddio rhai o'r nodweddion yn y rhestr isod.

248
Defnyddiwch o leiaf tair o'r nodweddion cymhleth hyn yn eich taenlen.

Mae **tri marc ychwanegol** ar gael am ddefnyddio rhai o'r nodweddion hyn yn eich taenlen:

● Ffwythiannau IF
● Cyfeirio absoliwt
● Trefniadau syml
● Dilysu
● Cyfeiriadau at ddata ar ddalennau eraill
● Tablau LOOKUP (am-edrych)
● Gwarchod celloedd drwy eu cuddio neu eu cloi
● Chwiliadau.

Mae angen ichi ddefnyddio prosesydd geiriau i greu dogfen newydd â'r pennawd 'Nodweddion Cymhleth'. Nodwch y nodweddion, eglurwch pam yr ydych wedi'u defnyddio a disgrifiwch ble y gellir dod o hyd iddynt. Mae sgrinluniau'n ddefnyddiol yma, oherwydd y bydd angen ichi brofi eich bod wedi defnyddio'r nodweddion hyn yn llwyddiannus.

Er enghraifft, os **trefnwch** beth o'r data, gwnewch yn siŵr eich bod yn darparu sgrinluniau ohono cyn eu trefnu yn ogystal ag wedyn.

Os defnyddiwch **reolau dilysu** ar rai o'r celloedd, bydd angen darparu sgrinluniau o'r negesau gwall a fydd yn ymddangos pan gaiff data anghywir eu mewnbynnu.

13	
Defnyddiwch	Taenlen (Microsoft Excel) a Phrosesydd geiriau (Microsoft Word)
Teitl	Prosesu uwch
Tasg	
Marciau	2 farc am dystiolaeth o ddefnyddio rhai o'r nodweddion yn y rhestr isod.

Mae **dau farc ychwanegol** ar gael am ddefnyddio rhai o'r technegau prosesu uwch hyn yn eich taenlen:

● Mewnforio/allforio i gronfa ddata neu ddogfen
● Trefniadau aml-lefel
● Ffwythiannau IF lluosog
● Macros
● Botymau rheoli
● VLOOKUP neu HLOOKUP ar draws dalennau lluosog
● Ffurflenni mewnbynnu data
● Penynnau a throedynnau (gan gynnwys nodweddion awtomatig megis amser a dyddiad)
● Tablau *pivot*.

Defnyddiwch eich prosesydd geiriau i greu dogfen â'r pennawd 'Prosesu Uwch'. Eglurwch bob un o'r technegau prosesu uwch yr ydych wedi'u defnyddio a dangoswch eu bod wedi bod yn llwyddiannus drwy gynnwys sgrinluniau.

> 249
> Gellir defnyddio macros i greu templed ar gyfer pob dalen mewn taenlen.

Casglwch eich holl ddogfennau ynghyd. Yna rhwymwch nhw neu ffeiliwch nhw yn y drefn gywir.

Defnyddiwch y rhestr wirio isod i sicrhau bod yr holl dasgau wedi cael eu cwblhau.

■ Gweithgaredd 15.2 Rhestr Wirio ar gyfer Tasg Bortffolio 2 (Taenlen)

Crëwch daenlen newydd a chopïwch y tabl isod i mewn i'r celloedd.

Rhif y Dasg	Tasg	Cwblhawyd	Marciau
1	Gwybodaeth gefndirol		
2	Dylunio taenlen		
3	Creu amlinell taenlen		1
4	Egluro fformatio		1
5	Egluro fformiwlâu (eu llunio'n gywir)		1
	Egluro fformiwlâu (esboniad)		1
	Egluro fformiwlâu (defnydd)		1
6	Mewnbynnu data i daenlen (labeli a chyfanrifau)		1
	Mewnbynnu data i daenlen (2 fath data ychwanegol)		1
	Mewnbynnu data i daenlen (mwy nag un ddalen)		1
	Mewnbynnu data i daenlen (dim gwallau)		1
	Mewnbynnu data i daenlen (addas i bwrpas)		1
7	Graff		1
8	Ymchwiliad 1		1
9	Ymchwiliad 2		1
10	Ymchwiliad 3		1
11	Storio data		1
12	Nodweddion cymhleth		3
13	Prosesu uwch		2
14	Clawr blaen / rhwymo		
		Cyfanswm	20

Cadwch y daenlen hon a defnyddiwch hi fel rhestr wirio. Pan gwblhewch bob tasg, lliwiwch y sgwâr yn y golofn 'Cwblhawyd' yn wyrdd.

15.4 Tasg bortffolio 3: Cyfathrebu gwybodaeth

Cewch ddewis meddalwedd o blith y canlynol ar gyfer y dasg hon:

- Meddalwedd cyhoeddi bwrdd gwaith (e.e. Microsoft Publisher);
- Meddalwedd cyflwyniad amlgyfrwng (e.e. Microsoft PowerPoint);
- Meddalwedd awduro gwefan (e.e. Microsoft FrontPage Express).

Mae angen ichi wneud dau gyflwyniad ar gyfer y dasg hon, ond os dewiswch ddau o'r un math rhaid iddynt fod yn sylweddol wahanol o ran cynnwys ac arddull.

> **250**
> Mae'n syniad da creu templed ar gyfer pob tudalen sy'n cael ei gairbrosesu yn y dasg hon. Bydd yn edrych yn broffesiynol ac yn sicrhau marc ychwanegol.

1	
Defnyddiwch	Prosesydd geiriau (Microsoft Word)
Teitl	Gwybodaeth gefndirol
Tasg	● Disgrifio'r cyflwyniadau yr ydych chi'n bwriadu eu cynhyrchu a sut y byddwch yn eu defnyddio yn eich sefyllfa chi.
Marciau	1 marc am ddogfen destun wedi'i chyflwyno'n addas.

Penderfynwch ar y ddau gyflwyniad yr ydych chi'n bwriadu eu cynhyrchu. Disgrifiwch y sefyllfa, ac eglurwch pam y mae angen y cyflwyniadau a sut y byddant yn cael eu defnyddio.

Rhagarweiniad yn unig yw hyn, ond mae angen defnyddio rhai technegau fformatio syml i wneud iddo edrych yn dda. Defnyddiwch o leiaf un enghraifft, megis teip trwm, teip italig, tanlinellu, mewnoli neu baragraffau.

> **251**
> Nid oes angen lluniau yma, ond gwnewch yn siŵr eich bod yn defnyddio peth fformatio syml (trwm, italig, tanlinellu, ac ati).

2	
Defnyddiwch	Prosesydd geiriau (Microsoft Word)
Teitl	Fformatio syml
Tasg	● Disgrifio'r fformatio a ddefnyddiwyd yn yr wybodaeth gefndirol.
Marciau	1 marc am ddefnyddio un math o fformatio syml (trwm, italig, tanlinellu, alinio testun, mewnoli).

Crëwch ddogfen newydd â'r pennawd 'Fformatio Syml' ac eglurwch y fformatio yr ydych wedi'i ddefnyddio yn y ddogfen yn Nhasg 1.

Nodwch y ffont a maint y testun.

3	
Defnyddiwch	Prosesydd geiriau (Microsoft Word)
Teitl	Dylunio cyflwyniad 1
Tasg	● Nodi pwrpas eich cyflwyniad cyntaf a braslunio dyluniad ohono.
Marciau	1 marc am fraslunio dyluniad.
	1 marc am egluro nodweddion y dyluniad.
	1 marc am egluro o ble mae'r testun a'r lluniau'n dod.

Crëwch ddogfen â'r pennawd 'Dylunio Cyflwyniad 1'.

Eglurwch mewn paragraff byr beth yw Cyflwyniad 1 a pha feddalwedd y byddwch yn ei ddefnyddio i'w greu.

Argraffwch y ddalen a gwnewch fraslun o ddyluniad y cyflwyniad.

Labelwch brif rannau'r dyluniad (y testun a'r graffig) ac egluro beth yw cynnwys pob un.

Un graffig yn unig sydd i gael ei gynnwys. Eglurwch o ble mae'r graffig wedi dod (e.e. ffotograff o gamera digidol, delwedd wedi'i sganio, cliplun, wedi'i gopïo o'r Rhyngrwyd, neu unrhyw ffynhonnell arall).

Yn ein henghraifft ni, gall dyluniad y daflen edrych fel hyn:

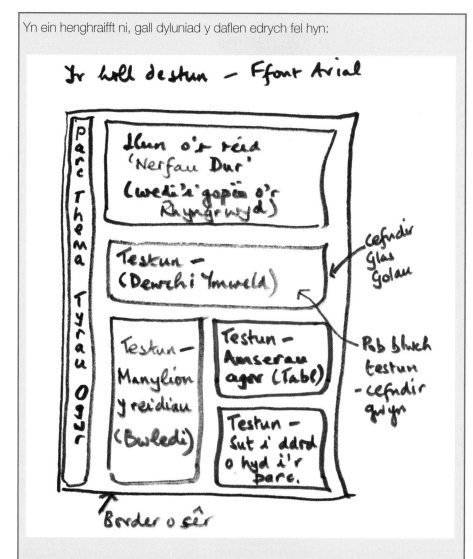

Pwrpas y daflen yw gwneud pobl leol yn fwy ymwybodol o atyniadau'r parc, ble mae ef a phryd mae ar agor, a cheisio eu hannog i ddod yno.

Bydd y ddogfen yn cael ei chreu ar dudalen A4, gydag ymylon:

Chwith, De: 1.5 cm

Brig, Gwaelod: 2 cm

4	
Defnyddiwch	Prosesydd geiriau (Microsoft Word) neu *DTP* (Microsoft Publisher)
Teitl	Cyflwyniad 1
Tasg	● Creu ac argraffu Cyflwyniad 1.
Marciau	1 marc am gyflwyniad sy'n cynnwys testun ac un graffig wedi'i fewnforio'n electronig.
	1 marc am beth testun….
	1 marc am ragor o destun perthnasol.
	1 marc am fwy byth o destun perthnasol gyda digonedd o fanylion.
	1 marc os nad oes unrhyw gamgymeriadau sillafu.
	1 marc os yw'r testun a'r graffig yn berthnasol i'r pwnc.

Defnyddiwch raglen prosesu geiriau neu raglen cyhoeddi bwrdd gwaith i greu'r cyflwyniad yr ydych wedi'i ddylunio yn yr adran flaenorol.

Gwnewch yn siŵr eich bod yn cynnwys o leiaf un o'r technegau cyflwyno syml hyn:

● Ffrâm
● Border
● Effaith lanw
● WordArt.

Astudiwch y rhestr o dechnegau fformatio uwch a cheisiwch gynnwys rhai ohonynt yn eich cyflwyniad.

252
Edrychwch ar Dasg 8 a gwnewch yn siŵr eich bod chi'n cynnwys rhai o'r technegau fformatio uwch yn eich dyluniad.

253
Defnyddiwyd nifer o wahanol dechnegau fformatio a chyflwyno yn y poster hwn: tabl, fframiau, pwyntiau bwled a chyfeiriadaeth testun.

5	
Defnyddiwch	Prosesydd geiriau (Microsoft Word)
Teitl	Technegau cyflwyno syml
Tasg	● Disgrifio'r technegau fformatio syml yr ydych wedi'u defnyddio yng nghyflwyniad 1.
Marciau	1 marc am un o'r technegau cyflwyno syml (ffrâm, border, effeithiau llenwi, WordArt).

Defnyddiwch eich rhaglen prosesu geiriau i greu dogfen newydd â'r pennawd 'Technegau Cyflwyno Syml'.

Disgrifiwch y technegau cyflwyno yr ydych wedi'u defnyddio yn eich cyflwyniad cyntaf a ble y gellir dod o hyd iddynt.

6	
Defnyddiwch	Prosesydd geiriau (Microsoft Word) neu *DTP* (Microsoft Publisher)
Teitl	Dylunio cyflwyniad 2
Tasg	● Nodi pwrpas a braslunio dyluniad o'ch ail gyflwyniad.
Marciau	3 marc, ond mae'r rhain yn cael eu rhannu â 'Dylunio Cyflwyniad 1'.

> **2 54**
> Edrychwch ar Dasg 8 a cheisiwch gynnwys rhai o'r technegau fformatio uwch na wnaethoch eu defnyddio yn y cyflwyniad cyntaf.

> **2 55**
> Mae'n bosibl na fydd popeth i'w weld ar allbrint ac y bydd angen ichi egluro pethau megis y defnydd o sain, animeiddio, trawsnewidiadau sleid, ac ati.

Dylai eich ail gyflwyniad fod yn fath gwahanol o gyflwyniad i'r cyntaf, a dylai ei bwrpas a'i gynnwys fod cryn dipyn yn wahanol.

Defnyddiwch brosesydd geiriau i greu dogfen newydd â'r pennawd 'Dylunio Cyflwyniad 2'.

Brasluniwch y dyluniad gan roi gwybodaeth fanwl am y testun a'r graffigau neu unrhyw nodweddion eraill sydd i gael eu cynnwys. Gwnewch yn siŵr eich bod yn cynnwys rhai o'r technegau uwch a restrir yn Nhasg 8.

Brasluniwch ddyluniadau o holl rannau eich ail gyflwyniad. Er enghraifft, os ydych chi'n bwriadu creu cyflwyniad amlgyfrwng, dylai'r dyluniad gynnwys manylion megis cynnwys pob sleid ac o ble mae'r graffigau'n dod, yn ogystal â gwybodaeth am unrhyw animeiddio a thrawsnewidiadau sleid.

Cofiwch na ellir gweld rhai pethau ar bapur. Ni fydd yr arholwr yn gallu gweld animeiddiad er enghraifft, felly rhaid i chi ei ddisgrifio.

Os ydych chi'n bwriadu creu tudalen we, rhaid rhoi manylion yr hypergysylltau.

7	
Defnyddiwch	Prosesydd geiriau (Microsoft Word) neu *DTP* (Microsoft Publisher)
Teitl	Cyflwyniad 2
Tasg	● Nodi pwrpas eich ail gyflwyniad a braslunio dyluniad ohono.
Marciau	1 marc am gyflwyniad sy'n addas i'r pwrpas a nodwyd. 1 marc os oes mwy nag un math o ddata sydd wedi cael ei fewnforio'n electronig (e.e. cliplun, delwedd wedi'i sganio, copïo o wefan).

Crëwch eich ail gyflwyniad ac argraffwch ef.

8	
Defnyddiwch	Prosesydd geiriau (Microsoft Word)
Teitl	Fformatio uwch
Tasg	● Disgrifio unrhyw fformatio uwch yr ydych wedi'i ddefnyddio yn eich cyflwyniadau.
Marciau	3 marc am unrhyw dri o'r technegau fformatio uwch sydd wedi'u rhestru isod.

Crëwch ddogfen newydd â'r pennawd 'Fformatio Uwch', a nodwch ble yr ydych chi wedi defnyddio unrhyw dechnegau fformatio uwch.
   Y technegau fformatio uwch yw:

● Penynnau a throedynnau
● Cynnwys tablau neu daenlenni
● Cynhyrchu a chadw at gynllun sy'n cynnwys ymylon, cwteri, cyfeiriadaeth, ac ati
● Defnydd cymhleth o fframiau (e.e. fframiau gorgyffwrdd)
● Uwchysgrif neu isysgrif
● Cyfeiriadaeth testun
● Siapio testun
● Arddulliau, tabiau neu fewnoliadau
● Pwyntiau bwled
● Bylchiad llinellau
● Amddifaid a gweddwon
● Graffiau neu siartiau
● Hypergysylltau
● Botymau hofran
● Botymau gorchymyn
● Effeithiau animeiddio
● Mewnforio sain neu fideo.

9	
Defnyddiwch	Prosesydd geiriau (Microsoft Word)
Teitl	Rheolweithiau uwch ac awtomataidd
Tasg	● Disgrifio'r rheolweithiau uwch ac awtomataidd a ddefnyddiwyd yn y dogfennau.
Marciau	2 farc am ddefnyddio unrhyw reolweithiau uwch ac awtomataidd.

Crëwch ddogfen newydd â'r pennawd 'Rheolweithiau Uwch ac Awtomataidd' a nodwch ble yr ydych chi wedi defnyddio unrhyw reolweithiau uwch ac awtomataidd:

● Mewnforio neu allforio data o gymwysiadau eraill neu ffeiliau testun.
● Rhifo tudalennau awtomataidd (nid defnyddio dewin).
● Templedi.
● Defnyddio fformiwla mewn dogfen.
● Macros.
● Cynhyrchu cynnwys yn awtomatig.
● Cynhyrchu mynegai yn awtomatig.
● Defnyddio sgript (JavaScript neu VB Script) i wella tudalennau gwe.

Gallwch ennill marc o dan yr adran hon am greu templed ar gyfer pob tudalen sy'n cael ei gairbrosesu.

Gallech recordio macro i wneud hyn hefyd.

Gall rhifo tudalennau awtomataidd gael ei wneud ym mhennyn neu droedyn pob tudalen.

10	
Defnyddiwch	Prosesydd geiriau (Microsoft Word)
Teitl	Storio data
Tasg	● Argraffu manylion yn dangos lleoliad y ffeiliau.
Marciau	1 marc am ddangos ble mae'r ffeiliau wedi'u storio.

Defnyddiwch eich prosesydd geiriau i greu dogfen newydd â'r pennawd 'Storio Data'.

Nodwch enwau'r ffeiliau a ble maent wedi'u storio. Gallwch wneud hyn drwy gopïo a gludo sgrinlun o'r ffeiliau yn dangos ble y maent.

11	
Defnyddiwch	
Teitl	Clawr blaen / rhwymo
Tasg	● Creu clawr blaen, casglu a rhwymo'r holl ddogfennau.
Marciau	

Casglwch eich holl ddogfennau ynghyd. Yna rhwymwch nhw neu ffeiliwch nhw yn y drefn gywir.

Defnyddiwch y rhestr wirio isod i sicrhau bod yr holl dasgau wedi cael eu cwblhau.

■ Gweithgaredd 15.3 Rhestr Wirio ar gyfer Tasg Bortffolio 3 (Taenlen)

Crëwch daenlen newydd a chopïwch y tabl isod i mewn i'r celloedd.

Rhif y Dasg	Tasg	Cwblhawyd	Marciau
1	Gwybodaeth gefndirol		1
2	Fformatio syml		1
3	Dylunio cyflwyniad 1		(3)
4	Cyflwyniad 1		6
5	Technegau cyflwyno syml		1
6	Dylunio cyflwyniad 2		(3)
7	Cyflwyniad 2		2
8	Fformatio uwch		3
9	Rheolweithiau uwch ac awtomataidd		2
10	Storio data		1
11	Clawr blaen / rhwymo		
		Cyfanswm	20

Cadwch y daenlen hon a defnyddiwch hi fel rhestr wirio. Pan gwblhewch bob tasg, lliwiwch y sgwâr yn y golofn 'Cwblhawyd' yn wyrdd.

ADRAN **4** Project

16 Cyflwyniad: Yr hyn a ddisgwylir gan y disgybl

Dim ond y rheiny sy'n gwneud y CWRS TGAU LLAWN sy'n cyflwyno Project. Rhoddir **30 y cant** o gyfanswm y marciau am y Project, felly mae'n bwysig ichi wneud eich gorau!

Mae'r Project yn cynnwys adroddiad ar ddatrysiad problem, a rhaid iddo ddangos yr holl sgiliau TGCh yr ydych wedi'u dysgu. Darn sylweddol o waith yw hwn, a rhaid ei gynllunio a'i drefnu'n dda neu byddwch chi'n mynd yn brin o amser neu'n cyflwyno Project nad yw'n gwneud cyfiawnder â chi.

Chi sy'n dewis pwnc y Project ond rhaid iddo fod yn wahanol i bwnc y Portffolio a rhaid i chi ei gyflwyno ar wahân. Yn wir, mae'n bosibl mai'r peth anoddaf fydd penderfynu ar y pwnc.

Mae'r camau a ddilynwch wrth gwblhau Project wedi'u rhestru isod, a rhaid sicrhau eich bod chi'n cofio gwneud pob un ohonynt ac yn eu cwblhau mewn da bryd. Os cyflwynwch eich Project yn gynnar, efallai y bydd yn bosibl ichi ei wella. Os cyflwynwch ef ar y dyddiad olaf, bydd yn rhy hwyr i wneud hyn.

Dylai'r pwnc a ddewiswch fod yn sefyllfa lle mae busnes neu gorff yn cael problemau. Chi yw'r dadansoddwr systemau a fydd yn eu helpu drwy ddylunio a gweithredu system gyfrifiadurol newydd iddynt. Efallai fod ganddynt system gyfrifiadurol sydd wedi dyddio, neu efallai nad oes ganddynt unrhyw system gyfrifiadurol o gwbl – mae'r holl waith papur yn cael ei wneud â llaw.

- Dylai'r holl brojectau gael eu cyflwyno ar bapur A4 mewn amlen neu ffeil fflat (mae ffeiliau modrwy yn rhy drwchus ac nid ydynt yn dderbyniol).
- Dylai'r dudalen gyntaf fod yn wynebddalen a dylai gynnwys:
  - eich enw a'ch rhif arholiad;
  - enw a rhif eich ysgol neu ganolfan;
  - teitl y Project.
- Dylai'r ail dudalen fod yn dudalen fynegai. Ni fyddwch yn gallu cwblhau hon hyd nes ichi orffen y Project.

Cyn dechrau...

Bydd angen ichi ddewis sefyllfa a fydd yn eich barn chi yn elwa ar ddatrysiad cyfrifiadurol. Gorau oll os ydych chi'n gyfarwydd â'r pwnc.

Dylech ymchwilio'n drwyadl i'r pwnc fel bod gennych syniad da iawn o sut mae'r system yn gweithredu ar hyn o bryd. Yna gallwch nodi'r problemau gyda'r system a llunio a gweithredu datrysiad.

256
Cwblhewch eich project yn gynnar, a bydd gennych ddigon o amser i'w wella ac i sicrhau y caiff farc da.

257
Mae mynegai yn bwysig fel y gall y person sy'n marcio'ch Project ddod o hyd i bopeth yn hawdd.

Cyngor ar gyfer y Project

- Gwnewch i'ch Project edrych yn broffesiynol drwy greu **Templed** ar gyfer y ddogfen a'i ddefnyddio ar gyfer pob tudalen sy'n cael ei gairbrosesu. Gall y templed gynnwys enw'r cwmni, manylion megis ei gyfeiriad e-bost, logo, llinellau rhannu, ac ati, ond cadwch hyn oll yn fach ac effeithiol.

- Defnyddiwch **Benynnau a throedynnau**. Cynhwyswch deitl y Project a'ch enw, rhag ofn bod rhai o'ch tudalennau'n mynd ar gyfeiliorn.

- Gwnewch yn siŵr fod gan bob dogfen **Bennawd** clir. Ni fydd yr arholwr yn fodlon ar dudalennau sy'n anodd eu deall. Os na all yr arholwr weld beth yr ydych wedi'i wneud, ni chewch unrhyw farciau.

- Defnyddiwch **Ranwyr**. Tudalen ar ddechrau pob adran yw rhannwr.

- **Eglurwch** bopeth. Cofiwch nad yw rhai pethau i'w gweld ar allbrintiau:

  - Os ydych chi'n defnyddio taenlen nid yw'r fformiwlâu i'w gweld, felly rhaid gwneud allbrint arall sy'n dangos y fformiwlâu.

  - Nid yw canlyniadau chwiliad cronfa ddata yn dangos sut y cafodd y chwiliad ei wneud. Felly rhaid i chi egluro pa feini prawf chwilio a ddefnyddiwyd.

  - Ni ellir gweld animeiddiadau, trawsnewidiadau sleid, seiniau a fideos mewn cyflwyniadau amlgyfrwng.

  - Nid yw hypergysylltau ar dudalennau gwe yn dangos â beth y maent yn cysylltu.

- Gwnewch yn siŵr mai eich gwaith chi yw'r holl waith. Bydd angen i'ch athro/athrawes eich gweld yn gweithio ar eich Project yn y dosbarth, hyd yn oed os gwnewch lawer o'r gwaith gartref.

- Y cyngor pwysicaf! Mae llawer i'w wneud a dim amser i'w wastraffu. Canolbwyntiwch ar y dasg a cheisiwch ei gorffen yn gynnar fel na fyddwch dan bwysau tua'r diwedd. Ceisiwch gadw **ar y blaen** i'ch ffrindiau sy'n gwneud yr un project.

17 Y project

17.1 Adran 1: Datganiad o'r broblem a dadansoddiad

Yn yr adran hon byddwch yn disgrifio'r pwnc yr ydych chi'n bwriadu ei ystyried ac yn ymchwilio i sut mae'r system gyfredol yn gweithio. Mae angen darganfod a dadansoddi problemau'r system gyfredol cyn gallu dylunio system well.

Rhif y Dasg	Disgrifiad	Marciau
1.1	**Teitl a Chefndir**	2
	Disgrifiwch y broblem yr ydych chi'n bwriadu ei datrys. Nid oes angen llawer o fanylion yma – dim ond trafodaeth gyffredinol o'r busnes, clwb, siop neu sefydliad.	
	Tua thudalen o wybodaeth sydd ei hangen – rhowch rwydd hynt i'ch dychymyg.	
	Rhowch Deitl clir i'ch Project – enw'r busnes efallai.	
1.2	**Dadansoddiad o'r System Gyfredol**	4
	Y peth cyntaf y bydd dadansoddwr systemau'n ei wneud yw ymchwilio i'r system gyfredol. Bydd angen disgrifio sut yr aethoch ati i wneud hyn.	
	Cofiwch fod pedwar dull ymchwilio:	
	Holiadur – Cynhwyswch holiadur yn yr adran hon. Argraffwch ddau gopi a llenwch un ohonynt.	
	Cyfweliad – Gallech gynnwys trawsgrifiad o gyfweliad a gawsoch gydag un o'r rheolwyr.	
	Arsylwi – Disgrifiwch yr hyn a welsoch pan aethoch i'r busnes neu'r sefydliad am ddiwrnod i wylio'r staff yn gweithio.	
	Dogfennaeth – Pa ddogfennau am y system gyfredol yr ydych wedi eu darllen?	

Disgrifiwch yn fanwl sut mae'r system gyfredol yn gweithio:

- Sut mae'r data'n cael eu casglu?
- Sut mae'r data'n cael eu storio?
- Sut mae'r data'n cael eu cyrchu a'u defnyddio?
- Pwy sy'n defnyddio'r wybodaeth?

Gwnewch yn siŵr eich bod yn ymchwilio i bob agwedd ar y pwnc. Rhaid i'r ymchwiliad hwn fod yn fanwl – ni ddylai gynnwys ychydig o bwyntiau cyffredinol yn unig.

1.3 **Problemau gyda'r System Gyfredol** **2**

Disgrifiwch y problemau y mae'r staff yn eu cael gyda'r system gyfredol. Dyma ychydig o awgrymiadau:

Cyffredinol:

- Mae angen i'r busnes gael rhagor o gwsmeriaid gan fod gwerthiant yn gostwng.
- Mae cwsmeriaid yn cael eu colli oherwydd rheolaeth stoc wael.
- Mae'r busnes yn cael trafferth recriwtio staff oherwydd natur y gwaith.

Storio data:

- Dim ond un person ar y tro sy'n gallu cyrchu'r data.
- Mae trefnu data bron â bod yn amhosibl gan fod cymaint ohono, yn enwedig data ar bapur.
- Mae chwilio'n anodd ac yn cymryd llawer o amser.

Dogfennau:

- Mae angen storio llawer iawn o bapur.
- Methu â dod o hyd i ddogfennau.
- Mae'n anodd gwneud newidiadau i ddogfennau.
- Nid yw'n bosibl newid maint testun na graffigau.
- Rhaid aildeipio dogfennau, hyd yn oed i wneud un newid bach.

Taenlen:

- Mae'n anodd gwneud unrhyw newidiadau i daenlenni sy'n seiliedig ar bapur.
- Os bydd y data'n cael eu newid, bydd angen gwneud y cyfrifiadau eto.

1.4 **Nodau ac Amcanion** **2**

Disgrifiwch y gwelliannau yr ydych chi'n bwriadu eu gwneud i'r system.

Beth yw amcanion y system newydd (cysylltwch y rhain â'r problemau yr ydych wedi'u nodi yn yr adran flaenorol)? Beth yr ydych chi'n gobeithio ei gyflawni?

Disgrifiwch sut y byddwch chi'n mesur a yw'r system newydd yn welliant ar yr hen system.

258

Gwnewch yn siŵr fod y problemau a drafodwch yn briodol i'ch pwnc.

273

Yn yr adran hon byddwch yn cynllunio datrysiad i'r problemau sydd gan y system gyfredol.

Rhif y Dasg	Disgrifiad	Marciau
2.1	**Dulliau gwahanol**	1

Disgrifiwch y gwahanol ffyrdd y gallech ddatrys problemau'r hen system.

Dyma rai awgrymiadau:

- Os oes system bapur, gallech ei gwella drwy brynu cypyrddau ffeilio mwy o faint.
- Aildrefnu'r system ffeilio.
- Cyflogi rhagor o staff.
- Hysbysebu'r busnes ar y radio neu'r teledu.
- Os oes hen system gyfrifiadurol gallech uwchraddio'r caledwedd – e.e. prynu prosesyddion cyflymach, mwy o gof neu yriannau disg caled â chynhwysedd storio mwy.
- Rhoi'r system bapur bresennol ar gyfrifiadur.
- Prynu rhaglenni arbenigol.
- Talu rhaglennwr i ysgrifennu rhaglenni i'r busnes neu i sefydlu cronfa ddata.
- Defnyddio pecynnau meddalwedd cyfannol megis Microsoft Office.

| 2.2 | **Meddalwedd** | 1 |

Disgrifiwch y **meddalwedd** a gaiff ei osod a'i ddefnyddio yn eich busnes neu sefydliad. (Nid y meddalwedd yr ydych chi'n ei ddefnyddio i wneud y Project hwn!)

Pa raglenni a gaiff eu gosod ar y cyfrifiaduron?

A fydd angen porwyr gwe neu raglenni e-bost?

A fydd angen porwyr gwe neu raglenni e-bost?

| 2.3 | **Trin gwybodaeth** | 3 |

Dyluniwch y **tabl strwythur data** ar gyfer y gronfa ddata.

Defnyddiwch benawdau colofnau: Enw Maes, Math, Disgrifiad.

Dangoswch y maes a ddefnyddir yn faes allweddol.

Dyluniwch a lluniwch **ffurflen cipio data**.

Dylai'r meysydd ar y ffurflen hon gyfateb yn union i'r meysydd yn y tabl strwythur data.

Argraffwch ddau gopi o'r ffurflen orffenedig a llenwch un â llaw.

Dilysu data – Lluniwch dabl o'r meysydd a disgrifiwch y dulliau dilysu a ddefnyddir i sicrhau bod y data a fewnbynnir yn dderbyniol.

Defnyddiwch benawdau colofnau: Enw Maes, Rheol Dilysu, Testun Dilysu.

Nid oes angen dilysu pob maes, ond cynhwyswch nhw yn y tabl.

Y Testun Dilysu yw'r neges gwall sy'n ymddangos pan fewnbynnir data anghywir.

2.4 **Modelu** 3

Brasluniwch ddyluniad o'r daenlen **â llaw**.

Cynhwyswch yr holl ddalennau os oes mwy nag un.

Gwnewch yn siŵr eich bod yn cynnwys rhai o'r nodweddion mwy cymhleth megis:

- Ffwythiannau IF
- Ffwythiannau LOOKUP
- Cyfeiriadau at ddata ar ddalennau eraill
- Rheolau dilysu mewn celloedd
- Cwymplenni.

(Rhai enghreifftiau'n unig yw'r rhain.)

Dylunio'r fformiwlâu:

Nodwch pa gelloedd a fydd yn cynnwys fformiwlâu a beth y bydd y fformiwlâu yn ei gyfrifo.

Defnyddiwch **ddyluniadau neu fformiwlâu mwy cymhleth**.

Eglurwch nodweddion cymhleth eich taenlen a ble y cânt eu defnyddio. Cofiwch nad yw pob nodwedd i'w gweld ar allbrintiau.

2.5 **Cyfathrebu gwybodaeth** 3

Brasluniwch **ddyluniad y cyflwyniad cyntaf â llaw**.

Gwnewch yn siŵr fod y dyluniad yn cynnwys digon o fanylion am:

- Ffontiau: mathau a meintiau
- Lliwiau a chyfeiriadaeth y testun
- Y pwnc
- Y graffigau
- Fframiau, borderi, ac ati.

Brasluniwch **ddyluniad yr ail gyflwyniad â llaw**.

(Gwnewch yn siŵr fod yr ail gyflwyniad o fath gwahanol i'r un cyntaf. Enghreifftiau yw taflenni neu bosteri, cyflwyniadau amlgyfrwng, tudalennau gwe.)

Nodwch o ble mae'r testun yn dod. A yw'n wreiddiol neu a yw'n dod o ddogfen sy'n bod eisoes?

Nodwch o ble mae unrhyw graffigau'n dod. A ydynt yn ddelweddau wedi'u sganio, wedi'u copïo o'r Rhyngrwyd, wedi'u llwytho i lawr o gamera digidol?

Gwnewch hyn ar gyfer y ddau gyflwyniad.

2.6 **Dylunio llif data** 1

Dyluniwch ddogfen y byddwch chi'n ei defnyddio ar gyfer postgyfuno.

Rhowch eich rheswm dros wneud y postgyfuno.

Yn yr adran hon byddwch yn creu'r datrysiad: y gronfa ddata, y daenlen a'r cyflwyniadau.

Rhif y Dasg	Disgrifiad	Marciau
3.1	**Dogfennaeth defnyddiwr**	4
	Disgrifiwch y **caledwedd** a ddefnyddir yn y system newydd.	
	Sawl cyfrifiadur fydd yn eich busnes neu sefydliad?	
	Pa fath o gyfrifiaduron fyddant, a beth yw eu manylebau?	
	A fyddant yn cael eu rhwydweithio?	
	Disgrifiwch y mesurau **diogelwch** a sut y bydd defnyddiwr yn cyrchu'r system.	
	A fydd y system wedi'i diogelu rhag firysau, ysbïwedd a hacwyr?	
	Rhowch **gyfarwyddiadau** ar sut i ddefnyddio'r system. (Nid oes angen i hwn fod yn llyfryn mawr!)	
	Manylwch ar unrhyw **nodweddion uwch** a ddefnyddir megis: ● Macros ● Templedi ar gyfer dogfennau newydd ● Mewnforio neu allforio data. E.e. mewnforio data o'ch cronfa ddata i'ch taenlen ● Ffurflenni mewnbynnu data ● Ymholiadau paramedr yn eich cronfa ddata ... a llawer mwy. (Os ydych chi'n meddwl gwneud rhywbeth gwirioneddol glyfar, soniwch amdano yma!)	
3.2	**Llif data**	2
	Defnyddiwch eich dyluniad yn Nhasg 2.6 i greu **llythyr parod** i'w ddefnyddio ar gyfer postgyfuno.	
	Argraffwch y llythyr parod hwn, a gwnewch yn siŵr fod enwau'r meysydd i'w gweld.	
	Defnyddiwch gronfa ddata fach (3 chofnod) i gyfuno'r meysydd yn y llythyr parod ac yna argraffwch y **dogfennau terfynol**.	
3.3	**Trin gwybodaeth**	8
	Crëwch y **tabl cronfa ddata** mewn golwg dylunio (*Design View*), gan ddefnyddio'r tabl strwythur data yn Nhasg 2.3.	
	Mewnbynnwch nifer o gofnodion (tua 20).	
	Gwnewch yn siŵr eich bod chi wedi defnyddio **amrywiaeth o fathau data** (testun, cyfanrif, real, arian, dyddiad).	

| Cynllun Profi: | **Prawf 1: Newid y data mewn cofnod** (neu ddileu cofnod neu lunio graff) |

- Disgrifiwch y newid yr ydych chi'n bwriadu ei wneud (e.e. mae cyfenw menyw wedi newid o 'Williams' i 'Jones' ar ôl iddi briodi).
- Argraffwch y cofnod cyn y newid.
- Golygwch y data ac argraffwch y cofnod ar ôl y newid.

Prawf 2: Chwiliad a threfniad syml

- Disgrifiwch y prawf, a ddylai gynnwys chwiliad mewn un maes yn unig a threfnu'r canlyniad yn nhrefn un o'r meysydd eraill.
- Enwch y meysydd sydd i gael eu harddangos.
- Rhowch y meini prawf chwilio ar gyfer y prawf hwn. (Gludwch y Grid Ymholi ac eglurwch.)
- Pa faes a ddefnyddir i drefnu'r canlyniadau? Trefn esgynnol neu ddisgynnol?

Gwnewch **Brawf 2** ac argraffwch y canlyniadau. Gwnewch yn siŵr fod gan eich allbrint bennyn neu droedyn i egluro beth yw'r allbrint.

Prawf 3: Chwiliad cymhleth

Disgrifiwch y prawf yn llawn, a ddylai gynnwys chwiliad mewn mwy nag un maes.

Gwnewch **Brawf 3** ac argraffwch y canlyniadau. Gwnewch yn siŵr fod gan eich allbrint bennyn neu droedyn i egluro beth yw'r allbrint.

| 3.4 | **Modelu** | 8 |

Defnyddiwch eich dyluniad yn Nhasg 2.4 i greu eich taenlen. Crëwch y grid a rhowch yr holl **fformiwlâu** i mewn.

Mewnbynnwch yr holl **ddata** a sicrhewch nad oes unrhyw gamgymeriadau.

Argraffwch y daenlen orffenedig.

Argraffwch y daenlen orffenedig, gan ddangos yr holl fformiwlâu.

Crëwch **graff** ac eglurwch pam y mae ei angen.

Gwnewch yn siŵr fod yr holl echelinau wedi'u labelu'n briodol a bod y graff yn addas ar gyfer y dasg.

Argraffwch y graff.

| Cynllun Profi: | **Ymchwiliad 1** |

Rhowch fanylion ymchwiliad 'beth os' sy'n golygu newid y data yn y daenlen.

Rhowch y rheswm dros yr ymchwiliad – Beth yw'r **cwestiwn**?

Argraffwch daenlenni 'cynt' ac 'wedyn' i ddarparu **tystiolaeth** o'r ymchwiliad.

Beth yw'r **ateb** i'r cwestiwn?

Ymchwiliad 2

Rhowch fanylion ymchwiliad 'beth os' sy'n golygu newid y fformiwlâu yn y daenlen.

Rhowch y rheswm dros yr ymchwiliad – Beth yw'r **cwestiwn**?

Argraffwch daenlenni 'cynt' ac 'wedyn' i ddarparu **tystiolaeth** o'r ymchwiliad.

Beth yw'r **ateb** i'r cwestiwn?

3.5	**Cyfathrebu gwybodaeth**	**8**

Crëwch **Gyflwyniad 1** o'r dyluniad yn Nhasg 2.5.

Crëwch **Gyflwyniad 2** o'r dyluniad yn Nhasg 2.5.

Gwnewch yn siŵr nad oes unrhyw **gamgymeriadau** yn y naill gyflwyniad na'r llall.

Gwnewch yn siŵr fod un o'r cyflwyniadau'n cynnwys **testun**.

Gwnewch yn siŵr fod un o'r cyflwyniadau'n cynnwys **graff** sydd wedi cael ei gopïo a'i ludo...

... a chliplun, neu lun wedi'i sganio, neu ffotograff wedi'i lwytho i lawr o gamera digidol.

Gwnewch yn siŵr fod un **dechneg uwch** yn cael ei defnyddio yn un o'r cyflwyniadau:

- Tabl
- Fframiau'n gorgyffwrdd
- Cyfeiriadaeth testun
- Siapio testun
- Pwyntiau bwled
- Hypergysylltau
- Botymau hofran
- Botymau gorchymyn
- Animeiddiadau
- Sain neu fideo
- Macro
- Templed

... a gwnewch yn siŵr fod yna **ail dechneg uwch**.

17.4 Adran 4: Gwerthuso

Yn yr adran hon byddwch yn ystyried a yw'r hyn yr ydych wedi'i wneud yn ddatrysiad addas i'r problemau yr oedd y busnes neu'r sefydliad yn eu cael, ac a yw'r datrysiad yn un da yn eich barn chi.

Rhif y Dasg	Disgrifiad	Marciau
4.1	**Gwerthuso**	**8**

Crëwch ddogfen â'r pennawd '**Gwerthuso**'.

Gwerthuswch pa mor briodol yw'r data yn y gronfa ddata.

- Pam yr oedd y data'n addas?
- Pa wahaniaethau sydd rhwng y data hyn a'r data a oedd yn cael eu cadw yn yr hen system?
- Beth y mae'r data newydd hyn yn eich galluogi i'w wneud nad oeddech yn gallu ei wneud o'r blaen?

Rhowch sylwadau ar ba mor dda y mae'r gronfa ddata'n gweithio.

- A yw'r gronfa ddata yn caniatáu ichi ddod o hyd i wybodaeth yn hawdd a chyflym?
- A gawsoch unrhyw broblemau wrth ei defnyddio, ac a ydych wedi eu cywiro?
- A yw'n hawdd argraffu rhestri sydd wedi'u trefnu?
- A yw'r gronfa ddata'n datrys y problemau a nodwyd yn Nhasg 1.3?

Gwerthuswch pa mor briodol yw'r data yn y daenlen.

- Pam yr oedd y data'n addas?
- Pa wahaniaethau sydd rhyngddo a'r data a ddefnyddid yn yr hen system?
- Beth y mae'r data newydd hyn yn eich galluogi i'w wneud nad oeddech yn gallu ei wneud o'r blaen?

Rhowch sylwadau ar ba mor dda y mae'r daenlen yn gweithio.

- A yw'n hawdd ei defnyddio?
- A yw'n gywir?
- A yw'r cyfrifiadau awtomatig yn arbed gwaith?
- A yw'n arbed amser? Pam?
- A yw'n datrys y problemau a nodwyd yn Nhasg 1.3?

Gwerthuswch pa mor briodol yw'r data yn y cyflwyniad.

- A oes gan y cyflwyniadau wybodaeth berthnasol?
- A yw'r lluniau'n berthnasol?

Rhowch sylwadau ar ba mor dda y mae'r cyflwyniadau'n gweithio.

- A yw'r cyflwyniadau yn llawn gwybodaeth?
- A fyddant yn denu sylw'r gynulleidfa?
- A ellir eu defnyddio i ddatrys y problemau a nodwyd yn Nhasg 1.3?

Nodwch sut y gellid addasu a datblygu'r system yn y dyfodol ...

- A fyddai rhagor o galedwedd yn ddefnyddiol?
- A fyddai rhagor o feddalwedd yn ddefnyddiol?
- A fyddai'r busnes yn elwa drwy gael ei wefan ei hun?

... neu drwy wneud newidiadau i'r gronfa ddata, taenlen neu gyflwyniadau megis:

- Ychwanegu rhagor o feysydd at y gronfa ddata.
- Ychwanegu rhagor o fformiwlâu at y daenlen.
- Ychwanegu rhagor o wybodaeth at y cyflwyniadau?

AC YN OLAF ...

Rhwymwch eich holl waith gan ddefnyddio'r rhestr wirio hon yn ganllaw.

Ychwanegwch dudalen '**Cynnwys**' a chlawr blaen ... Rhifwch y tudalennau ... Rhowch eich gwaith i'r athro. A dyna chi wedi gorffen!

ADRAN

Yr arholiad

18 Paratoi ar gyfer yr arholiad

18.1 Adolygu

Mae'n amhosibl cofio popeth a ddysgwch yn y gwersi, a bydd angen i chi dreulio peth amser yn adolygu: yn atgoffa'ch hun o'r pynciau yr ydych wedi ymdrin â nhw yn ystod y cwrs.

Eich cyfrifoldeb **chi** yw adolygu ar gyfer eich arholiadau, ac ni fydd dim yn digwydd oni bai y byddwch **chi** yn gwneud rhywbeth yn ei gylch!

Yr allwedd i adolygu llwyddiannus yw cynllunio a threfnu.

Bydd gennych arholiadau eraill hefyd, felly bydd yn rhaid i chi gynllunio eich adolygu TGCh fel rhan o'r adolygu ar gyfer eich holl arholiadau. Gwnewch yn siŵr nad ydych yn gadael pethau'n rhy hwyr fel bod gennych lwyth o waith i'w wneud mewn ychydig o ddyddiau cyn yr arholiad.

Yn gyntaf oll, bydd angen rhestr wirio o'r holl bynciau. Gwnewch hon eich hun, neu llwythwch un i lawr o'r wefan ar gyfer y llyfr hwn. Os gwnewch eich rhestr eich hun, byddai taenlen yn ddelfrydol at y pwrpas.

Wrth adolygu, defnyddiwch god lliwiau i dywyllu'r sgwâr wrth ymyl pob pwnc:

259

Gwnewch yn siŵr fod gennych gynllun adolygu a gosodwch dargedau dyddiol i chi eich hun...a gwobrau!

- Gwyrdd: Rydw i'n deall y pwnc cyfan ac mae'n hawdd.
- Melyn: Efallai y dylwn edrych ar y pwnc hwn eto os oes gen i ddigon o amser.
- Coch: Anodd. Dydw i ddim yn ei lwyr ddeall a rhaid i mi ei adolygu eto.

260

Os yw'r awyrgylch yn iawn, gall adolygu fod yn hwyl!

Ar ôl i chi ddarllen drwy'r holl bynciau, bydd y rhai coch a melyn sydd angen rhagor o sylw i'w gweld yn glir. Os ydych chi'n eu deall yn well ar ôl mynd drostynt eto, gallwch newid y cod lliwiau.

Os ydych chi'n adolygu gartref, peidiwch â dal ati'n rhy hir. Ceisiwch wneud eich adolygu yn dasg ddifyr.

Cynghorion ar gyfer adolygu

- Gweithiwch am gyfnod penodol o amser. Mae tua 20–30 munud yn llawn digon. Mae sawl sesiwn fer yn well nag un sesiwn hir.

'Byddaf yn adolygu TGCh am 20 munud ac yn cael seibiant am 7.30 p.m.'

- Rhowch wobrau i chi eich hun.

'Ar ôl stopio adolygu, byddaf yn cael bar o siocled a diod ac yn gwylio'r teledu.'

- Os ydych chi'n blino, cymerwch seibiant. Os yw eich ymennydd yn flinedig, ni fydd eich adolygu'n effeithiol: byddwch yn meddwl eich bod chi wedi adolygu pwnc, ond ni fyddwch wedi'i gymryd i mewn yn llwyr.
- Gosodwch dargedau ar gyfer eich sesiwn adolygu, a gwnewch restr o'r rhain. Ticiwch nhw wrth i chi eu cwblhau.

> **'Byddaf yn dysgu'r rhestr hon o 10 talfyriad ac am beth y maent yn sefyll.'**

- Ewch i le distaw. Gall hyn fod yn brofiad rhyfedd i ddechrau os ydych wedi arfer â cherddoriaeth swnllyd, ond buan y dewch i arfer â'r llonyddwch. Os oes rhaid i chi chwarae cerddoriaeth, defnyddiwch gerddoriaeth ddistaw heb eiriau i greu awyrgylch hamddenol.

Rhai dulliau adolygu da:

- **Ysgrifennwch** nodiadau o werslyfr, neu defnyddiwch brosesydd geiriau, neu copïwch nodiadau yr ydych wedi'u gwneud. Byddwch yn eu dysgu drwy eu hysgrifennu neu eu teipio. Mae nodiadau byr yn haws eu dysgu, felly cofnodwch y pwyntiau allweddol.
- **Darllenwch** eich nodiadau'n uchel.
- **Gwnewch restri**. Mae'n haws dysgu o restri nag o bloc o destun. Mae pwyntiau bwled, fel y rhai yn y paragraff hwn, yn ddefnyddiol ar gyfer gwneud rhestri o bwyntiau pwysig.
- **Adolygwch gyda rhywun arall** sy'n gwneud yr un arholiad. Trafodwch y pynciau a rhowch brawf ar eich gilydd...ond rhaid cytuno'n gyntaf eich bod chi'n bwriadu adolygu ac nid trafod parti'r penwythnos nesaf! Rhaid bod yn ddisgybledig!
- Rhowch gynnig ar **bapur arholiad blaenorol**. Os gallwch gael copi o'r atebion bydd yn ddefnyddiol, ond os nad ydych yn gallu ateb cwestiwn neu os nad ydych chi'n siŵr beth yw'r ateb cywir, gofynnwch i'ch athro/athrawes.

Y peth pwysig yw sicrhau eich bod chi mor barod â phosibl pan ewch i mewn i wneud yr arholiad. Ni fydd pawb yn cael y graddau uchaf ac mae angen i chi fod yn realistig. Ond peth braf yw gallu dweud pan ddewch chi allan o'r arholiad ...

> **'Wel, fe wnes i fy ngorau glas.'**

18.2 Cyn yr arholiad

Os ydych wedi dilyn cynllun adolygu da, ni ddylai fod gennych gymaint â hynny i'w wneud yn y dyddiau olaf cyn yr arholiad. Mae'n bwysig ymlacio rhywfaint a gwneud adolygu ysgafn yn unig.

Un camgymeriad mawr y mae disgyblion yn ei wneud yw treulio llawer o amser yn adolygu ar y diwrnod cyn yr arholiad. Peidiwch â gwneud hyn! Byddwch wedi ymlâdd yn feddyliol, ac ni fyddwch yn gallu gwneud eich gorau ar ddiwrnod yr arholiad. Byddai'n well mynd i'r awyr iach a gwneud peth ymarfer ysgafn, mynd â'r ci am dro, mynd i'r parc i gael gêm o bêl-droed, neu fynd am dro ar y traeth gyda'ch ffrindiau.

Cip sydyn ar eich nodiadau gyda'r nos a noson gynnar yw'r polisi gorau. Os cewch noson dda o gwsg, byddwch yn deffro'n ffres yn y bore ac yn barod ar gyfer yr arholiad.

Felly cofiwch:

● Mae sesiynau adolygu hir y noson cyn yr arholiad wedi'u gwahardd!

● Chwythwch y gweoedd pryf cop i ffwrdd gydag ychydig o ymarfer ysgafn y diwrnod cyn yr arholiad.

● Peidiwch â phoeni'n ormodol! Mae'n bwysig, ond dydy hi ddim yn ddiwedd y byd.

Mae un peth pwysig arall y mae'n rhaid i chi ei wneud cyn yr arholiad. Rhaid darganfod pryd mae'n dechrau a ble y byddwch yn ei gymryd. Mae'n bosibl y rhoddir rhif ystafell a rhif sedd i chi. Gall fod yn brofiad annifyr iawn os ewch i'r lle anghywir ar yr adeg anghywir!

18.3 Yn yr arholiad

Rydych yn eistedd yno gyda'r papur arholiad o'ch blaen ac mae'r goruchwyliwr yn dweud wrthych y gallwch ddechrau.....Help!

Rydych wedi gwneud yr holl bethau hawdd fel ysgrifennu eich enw a'ch rhif arholiad ar y clawr blaen, a nawr mae'r gwaith yn dechrau...

Rydych chi'n agor y papur arholiad a gwelwch lawer o gwestiynau a diagramau. Rydych chi'n ceisio darllen y cwestiwn cyntaf ond edrychwch i fyny a gwelwch fod pawb arall wedi dechrau ysgrifennu eisoes. Rydych chi'n ei ddarllen eto. Ni allwch wneud na phen na chynffon ohono. Mae eich meddwl yn wag. Rydych chi'n dechrau cynhyrfu!

Beth sydd ei angen arnoch yw:

Cyngor ar gyfer llwyddo mewn arholiadau TGCh

● **Peidiwch â rhuthro**. Mae digonedd o amser i wneud y papur arholiad ysgrifenedig. Nid ydych mewn ras!

● **Darllenwch y cwestiwn**...darllenwch y cwestiwn eto...a daliwch ati i'w ddarllen hyd nes eich bod chi'n deall y sefyllfa'n llwyr a beth sy'n cael ei ofyn.

● **Atebwch y cwestiwn**. Gwnewch yn siŵr eich bod chi'n rhoi ateb i'r cwestiwn yn y papur ac nid i gwestiwn yr hoffech ei ateb!

● **Gorchuddiwch** y cwestiynau eraill. Os oes gennych ddalen sbâr o bapur, gorchuddiwch y cwestiynau nad ydych wedi'u cyrraedd eto. Bydd y papur cyfan yn ymddangos yn llawer symlach.

● **Meddyliwch cyn ysgrifennu**. Ar ôl i chi ddarllen y cwestiwn a deall beth sy'n cael ei ofyn, cymerwch amser i feddwl: 'Beth yw'r ffordd orau o esbonio fy ateb?' Bydd gormod o ddisgyblion yn rhuthro drwy'r arholiad ysgrifenedig ac yn methu â gwneud eu hatebion yn ddigon clir.

● **Geiriau gwaharddedig**. Peidiwch byth â defnyddio geiriau fel 'peth', 'rhywbeth' neu 'stwff'.

DRWG: Peth ar gyfer darllen stwff ar yr eitemau mewn siop.

DA: Dyfais ar gyfer darllen codau bar ar yr eitemau mewn siop.

● **Eglurwch**. Sicrhewch bob amser y gall yr arholwr ddeall eich ateb. Ceisiwch fod mor fanwl â phosibl.

DRWG: Mae'n gyflymach.

DA: Mae gwasanaethu cwsmeriaid yn gyflymach.

26.1

Y Tair Rheol Euraid:

1 Darllenwch y cwestiwn.

2 Darllenwch y cwestiwn.

3 Atebwch y cwestiwn.

26.2

Mae'n siŵr y gall eich athro ychwanegu rhagor o eiriau gwaharddedig at y rhestr hon.

- **Atebwch bob cwestiwn**. Ni chewch unrhyw farciau am bapur gwag, felly mae bob amser yn werth dyfalu: pwy a ŵyr, efallai y byddwch yn iawn.

- **Peidiwch â rhoi atebion un gair** (oni bai ei bod hi'n amlwg bod angen hynny). Defnyddiwch frawddegau llawn os oes gennych ddigon o le.

- **Defnyddiwch y cynllun marciau**. Mae nifer y marciau a roddir i bob cwestiwn yn dangos faint i'w ysgrifennu. Os oes gan gwestiwn ddau farc, er enghraifft, yna mae angen ysgrifennu dau o wahanol bwyntiau. Hefyd, cadwch lygad ar faint o le sydd ar gyfer yr ateb.

Yn fwy na dim, gwnewch yn siŵr eich bod chi wedi paratoi'n iawn ar gyfer yr arholiad. Os ydych wedi adolygu'n drylwyr byddwch yn gallu mynd i mewn i'r arholiad â hyder, ... ond ddim gormod!

Ar ôl yr arholiad, ... anghofiwch amdano! Ymlaciwch neu paratowch ar gyfer yr un nesaf!

Pob lwc!

ADRAN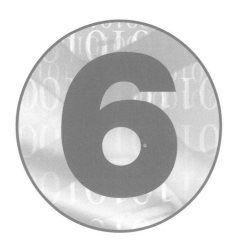

Cwestiynau ymarfer: Atebion

Pennod 1

1 a) Gall dogfennau gael eu storio a'u hailddefnyddio felly bydd llai o deipio; llai o amser yn chwilio am ddogfennau; gellir argraffu llawer o gopïau o un ddogfen, gan arbed amser teipio.

b) Bydd angen cyflogi llai o staff yn y swyddfa; bydd prosesu dogfennau'n gyflymach yn gwneud y cleientiaid yn hapusach.

c) Gall y cyfarpar cyfrifiadurol fod yn ddrud iawn.

ch) Dylid gwneud copïau wrth gefn rheolaidd o'r dogfennau a'u storio mewn lle gwahanol i'r rhai gwreiddiol.

2 a) Gall data gael eu llenwi'n anghywir ar y ffurflen; gall data gael eu trawsgrifio (eu copïo o'r ffurflen a'u teipio i'r cyfrifiadur) yn anghywir.

b) Dylunio'r ffurflen yn well neu wirio'r data yn ofalus; gwireddu data (darllen proflenni neu deipio'r data ddwywaith).

A allwch chi gofio...?

1 Mae *GIGO* yn sefyll am *Garbage In, Garbage Out* (Sbwriel i Mewn, Sbwriel Allan). Os caiff data anghywir eu mewnbynnu, caiff canlyniadau anghywir eu hallbynnu.

2 Mae gwireddu data yn golygu chwilio am wallau trawsgrifio.

3 Mae dilysu data yn golygu sicrhau bod data'n 'synhwyrol' ac yn dderbyniol.

4 Gwiriad amrediad: sicrhau bod y data o fewn amrediad derbyniol.
Gwiriad presenoldeb: sicrhau nad oes unrhyw ddata ar goll.
Gwiriad fformat: sicrhau bod y data o'r math cywir ac yn y fformat cywir.
Digid gwirio: digid wedi'i gyfrifo a ychwanegir at ddata rhifiadol.

5 Rhaglen sy'n gallu ei gopïo ei hun yw firws. Gallwch osod meddalwedd gwrthfirysau.

6 Rhywun sy'n cyrchu data heb awdurdod yw haciwr. Gallwch ddefnyddio system o enwau defnyddwyr a chyfrineiriau i warchod rhag hacio.

Pennod 2

Cwestiynau ymarfer 2.1

1 a) Wrth y ddesg dalu.

b) Darllenydd codau bar, bysellbad, darllenydd cardiau striped magnetig.

c) Sgrin *LCD* (monitor); seinydd; argraffydd derbynebau.

ch) Gwasanaeth cyflymach felly llai o giwio; bydd llai o gamgymeriadau'n cael eu gwneud.

d) System rheolaeth stoc awtomatig, felly mae'r siop yn llai tebygol o redeg allan o nwyddau; gellir cyflogi llai o staff oherwydd nad oes angen i'r staff gasglu manylion am y stoc.

2 a) Rhoddir talebau 'arian i ffwrdd' i gwsmeriaid i leihau eu biliau siopa.

b) Gall annog cwsmeriaid i ddychwelyd a pheidio â mynd i siopau eraill.

3 a) ● Yn y derfynell pwynt talu, mae'r eitem sy'n cael ei phrynu yn cael ei hadnabod (cod bar, tag darllenadwy i beiriant) ac anfonir y manylion i'r prif gyfrifiadur.

● Mae'r cyfrifiadur yn addasu lefel y stoc ar y gronfa ddata stoc.

● Mae eitemau y mae eu lefelau stoc yn mynd yn is na'r lefelau ailarchebu yn cael eu hailarchebu'n awtomatig oddi wrth y cyflenwyr.

b) Os oes gormod o stoc, mae'n bosibl na chaiff ei gwerthu, a gall fod yn ddarfodus; os nad oes digon o stoc, gall y siop redeg allan ohoni.

A allwch chi gofio...?

1 Mae AMG yn sefyll am Adnabod Marciau Gweledol (*OMR: Optical Mark Recognition*).

2 Mae ANG yn sefyll am Adnabod Nodau Gweledol (*OCR: Optical Character Recognition*).

3 **a)** Defnyddir ANG ar gyfer sganio dogfen brintiedig.

   b) Defnyddir AMG ar gyfer darllen data o docyn loteri.

4 Gall dyfeisiau Terfynell Mewnbynnu Data Gludadwy gael eu cario o'r naill le i'r llall.

5 Mae sgriniau sensitif i gyffyrddiad yn llai tebygol o gael eu dwyn neu eu difrodi.

Cwestiynau ymarfer 2.2

1 **a)** Rhif Adnabod Personol (*PIN*), y swm o arian y mae eisiau ei dynnu allan.

   b) Maent ar agor 24 awr y dydd, bob dydd; maent yn gyfleus wrth law; mae'r gwasanaeth yn gyflym felly nid oes angen ciwio'n hir.

   c) Mae'n bosibl na fydd y peiriant arian parod yn gallu darllen eich cerdyn os yw wedi'i ddifrodi; gall y peiriant redeg allan o arian.

   ch) Mae llai o gwsmeriaid yn y banciau felly gallant gyflogi llai o staff.

   d) Argraffu gweddill; argraffu cyfriflen fach; newid *PIN*; archebu llyfr siec.

2 **a)** Mae ANIM yn sefyll am Adnabod Nodau Inc Magnetig.

   b) Cod didoli'r banc; rhif cyfrif y banc; rhif y siec.

   c) Mae ANIM yn gallu darllen data ar sieciau'n gyflymach na dulliau eraill; gellir darllen sieciau sydd wedi'u difetha fel rheol; mae'n anodd defnyddio sieciau ffug.

A allwch chi gofio...?

1 Y dyddiad; y person/y cwmni sy'n cael ei dalu; y swm mewn geiriau; y swm mewn ffigurau; llofnod.

2 Rhestr o'r trafodion mwyaf diweddar.

3 Y swm o arian sydd ar ôl yn y cyfrif.

4 ● Cerdyn credyd: mae cwmni cerdyn credyd yn rhoi benthyg yr arian i chi a rhaid i chi ei dalu'n ôl.

  ● Cerdyn debyd: mae arian yn cael ei symud yn uniongyrchol o'ch cyfrif i gyfrif y cwmni sy'n cael ei dalu.

5 Trosglwyddo cyfalaf electronig: mae arian yn cael ei drosglwyddo gan gyfrifiadur o un cyfrif i gyfrif arall.

6 Mae *PIN* yn sefyll am *Personal Identity Number* (Rhif Adnabod Personol).

7 Ni ddylech ddweud wrth neb arall beth yw eich *PIN*; ni ddylech adael i bobl eich gweld chi'n rhoi eich *PIN* i mewn i beiriant arian parod neu ddyfais 'sglodyn a *PIN*'.

Cwestiynau ymarfer 2.3

1 **a)** Gall y signal fod yn rhy wan; gall y batri fynd yn fflat.

   b) Gallwch ddefnyddio ffôn symudol mewn unrhyw le (os oes signal).

   c) Anfon neges testun; tynnu ac anfon lluniau neu fideos; anfon e-bost; chwarae gemau; gwrando ar gerddoriaeth.

2 **a)** Post electronig. System ar gyfer anfon negeseuon rhwng y defnyddwyr ar rwydwaith o gyfrifiaduron.

   b) Mae e-bost yn cyrraedd mewn eiliadau; gallwch anfon e-bost o'ch cartref (nid oes angen mynd i flwch postio); nid oes angen prynu stamp (er y bydd tâl am ddefnyddio'r ffôn); gallwch anfon un e-bost i nifer o wahanol bobl.

   c) Ni allwch anfon gwrthrychau; gallwch gael firysau o atodiadau e-bost.

3 **a)** *Internet Service Provider* (Darparwr Gwasanaeth Rhyngrwyd): cwmni y mae ganddo gyfrifiaduron sydd wedi'u cysylltu â'r Rhyngrwyd.

   b) Sefydlu gwefan.

   c) Gallwch gyrraedd marchnad ehangach a byd-eang.

A allwch chi gofio...?

1 Mae *URL* yn sefyll am *Uniform Resource Locator* (Lleolydd Adnoddau Unffurf); mae'n cael ei ddefnyddio i ddod o hyd i wefan.

2 Talu bil; trosglwyddo arian rhwng cyfrifon; argraffu cyfriflen; agor cyfrifon newydd; trefnu archebion sefydlog neu ddebydau uniongyrchol.

3 Mantais: gallwch delefancio o'ch cartref ar unrhyw adeg.
Anfantais: mae'n bosibl nad yw telefancio'n cynnig yr holl wasanaethau a ddarperir gan fanciau; pryderon ynghylch diogelwch; diffyg cyffyrddiad personol.

4 Cynnal cyfarfodydd dros y Rhyngrwyd rhwng pobl nad ydynt yn gweithio yn yr un lle.

5 Peidiwch byth â rhoi manylion personol ar linell sgwrsio.

6 Mae angen porwr Rhyngwyd.

7 E-bost; siopa o'ch cartref; llinellau sgwrsio; peiriannau chwilio i ddod o hyd i wybodaeth; darlledu radio; cronfeydd data ar-lein; bancio cartref; cyhoeddi gwe.

8 Gwylio rhyngweithiol (e.e. gwylio digwyddiad chwaraeon o wahanol onglau); arolygon; siopa; dewis beth i'w wylio; e-bost.

Cwestiynau ymarfer 2.4

1 a) Mae rhwydwaith yn cynnwys nifer o gyfrifiaduron wedi'u cysylltu â'i gilydd fel y gallant gyfathrebu â'i gilydd.

b) Gall cyfrifiaduron ar rwydwaith rannu caledwedd (e.e. argraffydd); gall cyfrifiaduron ar rwydwaith gyfathrebu â'i gilydd (gellir anfon ffeiliau data neu negeseuon rhyngddynt).

c) Gall rhwydwaith ledu firysau; gall hacwyr ddefnyddio rhwydweithiau i gyrchu data heb awdurdod.

ch) Enw defnyddiwr a chyfrinair.

d) Nid oes angen unrhyw geblau.

2 Alinio testun (canoli); newid ym maint y ffont (teitl y sioe gerdd); teip trwm; defnyddio lliw; defnyddio border.

A allwch chi gofio...?

1 Rhyngwyneb llinell orchymyn; rhyngwyneb dewislen; RDG (Rhyngwyneb Defnyddiwr Graffigol (*GUI: Graphical User Interface*)).

2 Straenio'r llygaid; straenio'r gwddf neu'r cefn; Anaf Straen Ailadroddus (*RSI*).

3 Mae AWAG yn sefyll am A Welwch A Gewch (*WYSIWYG: What You See IS What You Get*).

4 Didfap; fector.

Cwestiynau ymarfer 2.5

1 a) Paratoi cyllideb deuluol fisol.

b) System larwm neu system wresogi wedi'i rheoli gan gyfrifiadur.

c) Paratoi taflen newyddion ar gyfer clwb hamdden.

ch) Creu cronfa ddata o'r holl CDau cerddoriaeth sydd yn y tŷ.

2 a) Gallant helpu pobl i ymlacio neu gallant ddarparu saib rhwng tasgau anniddorol.

b) Gall pobl fynd yn gaeth iddynt a gallant rwystro disgybl rhag gwneud tasgau pwysig.

3 a) Gall myfyrwyr ddysgu gartref ar unrhyw adeg; gall myfyrwyr symud yn eu blaen wrth eu pwysau eu hunain.

b) Gall plant bach neu anifeiliaid anwes darfu ar fyfyrwyr.

A allwch chi gofio...?

1 Mae *CAL* yn sefyll am *Computer Aided Learning* (Dysgu drwy Gymorth Cyfrifiadur).

2 Synhwyrydd symudiad; synhwyrydd golau; synhwyrydd gwasgedd.

3 Dyfais â microbrosesydd un pwrpas y tu mewn iddi.

4 Popty microdon; peiriant golchi; chwaraewr fideo/DVD; rheolyddion gwres canolog; ffôn symudol; peiriant golchi llestri.

5 Trawsnewidydd analog-digidol yw TAD (*ADC: Analog–Digital Converter*).

6 Bydd angen i signalau analog a dderbynnir gan synhwyrydd gael eu trawsnewid yn signalau digidol cyn y gall cyfrifiadur eu prosesu.

Cwestiynau ymarfer 2.6

1 **a)** Bysellfwrdd Braille; cyffyrddell; system adnabod llais; llygoden pen-lwybro; sgrin gyffwrdd.

b) Defnyddio digon o sgriniau lliwgar; defnyddio sain, fideo neu animeiddiadau.

2 Mynd ar y Rhyngrwyd a defnyddio peiriant chwilio a phorwr; anfon e-bost at arbenigwyr neu ffrindiau sy'n gwybod rhywbeth am y pwnc; defnyddio gwyddoniaduron ar CD neu DVD.

A allwch chi gofio...?

1 Mae darlleniadau data awtomatig yn cael eu cymryd yn rheolaidd gan synwyryddion a'u mewnbynnu i gyfrifiadur.

2 Dros ba gyfnod o amser y cymerir y darlleniadau; yr amser rhwng pob darlleniad (amlder y darlleniadau).

3 Darlleniadau yn fwy cywir; llai tebygol o golli darlleniad; nid oes angen i bobl wneud dim a gall y darlleniadau gael eu cymryd dros gyfnod maith o amser; gellir cymryd darlleniadau mewn sefyllfaoedd peryglus (e.e. ymbelydrol, tymheredd eithafol).

4 Gall defnyddwyr adael negeseuon mewn fforwm a chyfathrebu â defnyddwyr eraill sydd â'r un diddordeb.

Pennod 3

1 **a)** Nid oes angen swyddfeydd na chyfleusterau megis ffreutur neu doiledau; nid oes angen i'r cyflogwyr dalu treuliau teithio.

b) Gall gweithwyr wneud y gwaith pan yw'n gyfleus, gan fod oriau'n hyblyg; nid oes angen cymudo i'r gwaith.

c) Gall gweithwyr golli cysylltiadau cymdeithasol a theimlo'n unig.

2 Mae cyfathrebu'n cael ei wneud drwy e-bost yn hytrach na defnyddio llythyrau a'r gwasanaeth post; prynir llawer o nwyddau dros y Rhyngrwyd yn lle teithio i'r siopau; oriau gwaith estynedig gan fod gliniaduron yn gludadwy; defnyddir ffonau symudol yn aml yn lle ffonau llinell tir ac felly mae'n bosibl cyfathrebu o bron unrhyw le.

3 **a)** Clercod ffeilio; cynorthwywyr siop sy'n cyfrif stoc; llawer o swyddi belt cludo mewn diwydiannau gweithgynhyrchu; clercod mewn banciau.

b) Dadansoddwyr systemau; rhaglenwyr cyfrifiaduron neu robotiaid; cynnal robotiaid; technegwyr TGCh; dylunwyr caledwedd cyfrifiadurol.

c) Hacio; rhaglennu neu blannu firysau; dwyn hunaniaeth; lladrad meddalwedd.

Pennod 4

1 **a)** 5 cofnod.

b) 7 maes.

c) Gallai redeg ymholiad syml (Hoffter = "Goleuo").

ch) Gallai redeg ymholiad cymhleth (Hoffter = "Actio") AND (Rhyw = "G").

2 a) ii) B4–C4.

b) ii) SUM(B2:B7) neu iv) B2+B3+B4+B5+B6+B7.

c) D3; C8; D8.

Pennod 5

1 a) anemomedr; thermomedr; baromedr; hygromedr.

b) Mae angen i gwmnïau fferi wybod pryd y bydd y gwyntoedd yn gryf neu'r môr yn arw; mae angen i ffermwyr wybod pryd y bydd y tywydd yn braf er mwyn cynaeafu eu cnydau.

c) Cyfrifiaduron prif ffrâm (uwchgyfrifiaduron).

2 a) Chwistrellu paent; cydosod rhannau; weldio; nôl a chario nwyddau.

b) Gweithiant 24 awr y dydd bob dydd; nid oes angen eu talu; ansawdd y gwaith yn gyson.

c) Costau cyflwyno'n uchel iawn; gallant achosi diweithdra; efallai na fyddant yn ymateb yn dda mewn argyfwng.

3 a) Curiad y galon; tymheredd; pwysedd gwaed. (Hefyd cyfradd anadlu, nwyon yn y gwaed.)

b) Monitro parhaus; system larwm awtomatig; rhyddhau staff ysbyty i gyflawni dyletswyddau eraill; dim camgymeriadau oherwydd blinder staff.

A allwch chi gofio...?

1 Mae *CAD* yn sefyll am *Computer Aided Design* (Cynllunio drwy Gymorth Cyfrifiadur). Mae *CAM* yn sefyll am *Computer Aided Manufacture* (Gweithgynhyrchu drwy Gymorth Cyfrifiadur).

2 System gyfrifiadurol wedi'i seilio ar wybodaeth sy'n cymryd lle arbenigwr dynol.

3 Cronfa ddata fawr o wybodaeth; nid yw systemau arbenigo byth yn cael ffeithiau'n anghywir; nid yw systemau arbenigo byth yn ymddeol nac yn rhoi'r gorau i'w gwaith fel y mae pobl yn ei wneud.

4 System archebu mewn theatr: system trafodion amser real ar-lein.
System filio: swp-brosesu.
Rheolaeth ar broses yn y diwydiant gweithgynhyrchu ceir: system amser real.
Rhestr gyflogau: swp-brosesu.

5 Codau bar.

6 Mae *CAL* yn sefyll am *Computer Aided Learning* (Dysgu drwy Gymorth Cyfrifiadur).
Gall disgyblion ddysgu ar eu cyflymder eu hunain; mae'r cymhelliant i ddysgu yn uwch; adborth ar unwaith o brofion; gellir mynd dros bynciau anodd dro ar ôl tro.

Pennod 6

1 Mewnbynnu: darllen y cyfarwyddiadau.
Prosesu: adeiladu'r gist o ddroriau.
Allbynnu: y dodrefn gorffenedig; ei ddangos i'r wraig.

2 Mewnbynnu: darllen o'r ddalen o gerddoriaeth.
Prosesu: gwasgu'r bysellau ar yr utgorn; chwarae'r alaw.
Allbynnu: yr alaw swnllyd.

3 Mewnbynnu: data am y gemau a'r dyddiadau.
Prosesu: trefnu'r gemau yn ôl dyddiad.
Allbynnu: y rhestr argraffedig o gemau.

4 Mewnbynnu: darlleniadau o'r synwyryddion (symudiad, sain, pelydr isgoch yn cael eu torri, ac ati).

Prosesu: dadansoddi a yw rhywun wedi torri i mewn.

Allbynnu: seinio'r larwm; galwad i'r heddlu.

Pennod 7

1 a) Darllen y data ar sieciau banc: ANIM.

b) Darllen y data ar docynnau loteri: AMG.

c) Sganio testun i brosesydd geiriau: ANG.

ch) Cofnodi manylion llyfrau a roddir ar fenthyg gan lyfrgell: codau bar.

2 a) Gwiriad amrediad: rhaid i'r gwerth fod rhwng 1 a 12.

b) Cyfanswm swp: dylid cynnwys cyfanswm y marciau fel cyfanswm swp.

c) Digid gwirio.

3 John Joness: gwireddu data. 12/99/85: dilysu data (gwiriad amrediad).

A allwch chi gofio...?

1 Digid gwirio.

2 Darllen proflenni ac allweddu dwbl.

3 Sicrhau nad yw data ar goll.

4 Adnabod Marciau Gweledol (*Optical Mark Recognition*).

5 Adnabod Nodau Gweledol (*Optical Character Recognition*).

6 Adnabod Nodau Inc Magnetig (*Magnetic Ink Character Recognition*).

7 Defnyddir paredd i chwilio am wallau pan drawsyrrir data dros rwydwaith. Eilbaredd: mae cyfanswm y didau 1 ym mhob rhif deuaidd yn eilrif.

8 Gellir defnyddio llawer o holiaduron ar yr un pryd; rhaid gwneud cyfweliadau un ar y tro.

Pennod 8

1 a) Artist: Testun (Llinyn); Stoc: Cyfanrif (Rhifiadol); Cost(£): Arian.

b) Cod yw'r maes allweddol.

c) Lefel Ailarchebu; Nifer a Werthwyd y Mis Hwn.

ch) Mae CD newydd yn cael ei ryddhau ac mae perchennog y siop yn penderfynu ei werthu.

d) Mae perchennog y siop yn penderfynu peidio â gwerthu un o'r CDau.

dd) Gall cost un o'r CDau gael ei newid (e.e. mewn sêl).

e) Mae meysydd hyd penodol yn cael eu prosesu'n gyflymach.

f) Mae meysydd hyd newidiol yn golygu bod y ffeil yn llai ac yn defnyddio llai o le storio.

2 a) Cloi drysau'r ystafell gyfrifiaduron; defnyddio cardiau neu systemau biometrig i rwystro mynediad.

b) Mynediad drwy gyfrineiriau'n unig; amgryptio'r data.

A allwch chi gofio...?

1 Eitem unigol o ddata yw maes. Casgliad o feysydd cysylltiedig yw cofnod. Casgliad trefnedig o gofnodion cysylltiedig yw ffeil.

2 Ffeil barhaol o'r holl ddata yw meistr-ffeil. Ffeil dros dro o beth o'r data yw ffeil drafodion.

3 Ffeil sy'n cael ei storio am gyfnod hir yw ffeil archif.

Pennod 9

1 ● Byddai ffont ffurfiol yn cael ei ddefnyddio i gynhyrchu'r llythyr ond gellid defnyddio ffont mwy hwyliog a thrawiadol ar y gwahoddiad.

● Byddai cynllun y llythyr yn fwy ffurfiol, gyda phennawd llythyr a fformat safonol, ond gallai cynllun y gwahoddiad fod yn fwy anturus gyda geiriau wedi'u cylchdroi neu eu siapio.

● Gallai'r gwahoddiad fod yn fwy lliwgar na'r llythyr.

● Mae graffigau'n fwy tebygol o fod ar y gwahoddiad nag ar y llythyr.

2 ● Gallai'r hysbyseb gael ei hargraffu ar bapur. Gellid ei harddangos mewn lleoedd lle gallai pobl ei gweld neu gellid ei phostio i gleientiaid posibl (post-dafliad), neu ei rhoi fel taflen mewn papurau newydd neu gylchgronau.

● Gallai'r hysbyseb gael ei harddangos ar y teledu. Mantais hyn yw y gellid ychwanegu sain, animeiddiad neu glip fideo.

● Gallai'r hysbyseb gael ei harddangos fel tudalen we ar y Rhyngrwyd. Gallai gael ei gweld gan bobl mewn pedwar ban byd: cynulleidfa fyd-eang.

Pennod 10

1 a) Disg magnetig (disg caled, disg hyblyg); tâp magnetig.

b) CD; DVD.

2 a) Mae *RAM* yn sefyll am *Random Access Memory* (Cof Hapgyrch).

b) I storio data a rhaglenni dros dro.

c) Cof Darllen yn Unig.

ch) Disgyrrwr caled; llosgydd CD/DVD.

d) Hard drive; CD/DVD burner.

dd) Mae 1024 beit mewn 1 cilobeit.

e) beit – cilobeit – megabeit – gigabeit.

f) Gall disg caled storio llawer mwy o ddata na disg hyblyg.

ff) Mae disg hyblyg yn gludadwy. Gellir cadw data ar CD neu DVD cludadwy.

A allwch chi gofio...?

1 Cyfrifiadur prif ffrâm (uwchgyfrifiadur).

2 Gallwch gario gliniadur gyda chi (mae'n gludadwy). Gall y batri fynd yn fflat.

3 Mae ACF yn sefyll am Allbwn Cyfrifiadurol ar Ficroffilm (*COM: Computer Output on Microfilm*). Nid oes angen cymaint o le storio ac mae ffilm yn para'n well na phapur.

4 Mae ffyn cof *USB* yn gludadwy. Gall data gael eu cadw arnynt a'u cario i gyfrifiadur arall. Maent yn storio mwy o ddata na disg hyblyg.

5 Sganio ffotograff neu lwytho ffotograff i lawr o gamera digidol.

6 Synwyryddion.

Pennod 11

1 a) System archebu ar-lein mewn theatr: trafodion amser real. Rhaid cadw'r data'n gyfoes i osgoi bwcio dwbl.

b) Goleuadau traffig: amser real. Rhaid i'r system ymateb ar unwaith i amodau traffig.

c) Biliau trydan: swp-brosesu. Nid oes unrhyw frys a gellir argraffu'r biliau pan fyddant i gyd yn barod, ar adegau pan nad yw'r cyfrifiaduron mor brysur.

2 Mae system weithredu yn cyflawni (a), (b) ac (ch).

3 Defnyddio eiconau ystyrlon a chyfarwydd i gynrychioli'r rhaglenni; defnyddio botymau gorchymyn cyson ar bob rhaglen (sicrhau bod botymau sy'n cyflawni'r un dasg yn edrych yr un fath ym mhob rhaglen); sicrhau bod y botymau a ddefnyddir yn yr un lle ar bob rhaglen; sicrhau bod y dewislenni'n debyg ble bynnag y bo modd ar bob rhaglen, ac yn yr un drefn (e.e. mae'r ddewislen 'Ffeil' bob amser yn dod yn gyntaf).

A allwch chi gofio...?

1 Rhaglen sy'n rheoli gweithrediad y cyfrifiadur.

2 Gellir rhedeg system swp-brosesu ar adegau pan nad yw'r cyfrifiaduron yn brysur; nid oes angen unrhyw ymyrraeth ddynol.

3 Prosesu cyflymach.

4 Dilyniant o gyfarwyddiadau ar gyfer cyfrifiadur.

5 Mae RDG yn sefyll am Ryngwyneb Defnyddiwr Graffigol (*GUI: Graphic User Interface*).

6 Mae *WIMP* yn sefyll am *Windows, Icons, Menus, Pointers* (Ffenestri, Eiconau, Dewislenni a Phwyntyddion).

7 Sgiliau TG y defnyddwyr; pŵer ac adnoddau'r cyfrifiadur.

8 Mewn awyren ymladd (lle mae'r peilot yn defnyddio ei ddwylo i hedfan yr awyren).

9 Gwirio enwau defnyddwyr a chyfrineiriau; cadw log o ddefnydd o'r cyfrifiadur; gwneud copïau wrth gefn ar adegau rheolaidd.

Pennod 12

1 a) Mae rhwydwaith yn cynnwys dau neu ragor o gyfrifiaduron wedi'u cysylltu â'i gilydd fel y gallant gyfathrebu.

b) Gall cyfrifiaduron ar rwydwaith rannu caledwedd megis argraffydd; gall cyfrifiaduron ar rwydwaith rannu data (gallant i gyd gyrchu'r un gronfa ddata sydd wedi'i storio ar un o'r cyfrifiaduron); gall cyfrifiaduron ar rwydwaith gyfathrebu (trosglwyddo data neu negeseuon o'r naill i'r llall).

2 a) Rhwydwaith Ardal Leol.

b) Rhwydwaith Ardal Eang.

c) Mae RAL yn cysylltu cyfrifiaduron ar yr un safle, gan ddefnyddio ceblau fel rheol. Mae RAE yn cysylltu cyfrifiaduron a all fod cryn bellter oddi wrth ei gilydd, drwy'r rhwydwaith ffôn fel rheol.

3 a) Gellid defnyddio system o enwau defnyddwyr a chyfrineiriau; gellid gosod mur gwarchod.

b) Gosod meddalwedd gwrthfirysau; gosod hidlydd e-bost sy'n atal e-bost di-eisiau (sbam) neu ffeiliau ag atodiadau sy'n dod o anfonwyr anhysbys.

A allwch chi gofio...?

1 Cyfrifiadur ar rwydwaith lle caiff ffeiliau eu storio yw gweinydd ffeiliau.

2 Mae gweinydd mwy nerthol gan rwydwaith cleientiaid/gweinydd sy'n gweithredu fel gweinydd ffeiliau. Nid oes gweinydd gan rwydwaith cymar wrth gymar (mae'r holl gyfrifiaduron ar y rhwydwaith yr un mor bwysig).

3 Rhwydwaith bws; rhwydwaith cylch; rhwydwaith seren. (Gweler y diagramau yn y llyfr.)

4 Copr a ffibr-optig. Mae ceblau metel yn rhatach. Mae ceblau ffibr-optig yn trawsyrru data'n gyflymach.

5 Ni ddefnyddir unrhyw geblau mewn rhwydwaith diwifr.

6 Cofnod o'r holl drafodion sydd wedi achosi newid mewn ffeiliau data yw log trafodion.

Pennod 13

Cwestiynau ymarfer 13.1

1 a)
- Ymchwilio i'r hen system drwy ddefnyddio holiaduron a chyfweliadau, arsylwi, a darllen y ddogfennaeth bresennol.
- Diffinio problemau'r hen system a gosod amcanion ar gyfer y system newydd.

b)
- Penderfynu ar y caledwedd i'w ddefnyddio yn y system newydd.
- Penderfynu ar y meddalwedd i'w osod neu'r rhaglenni newydd i'w hysgrifennu.
- Penderfynu ar strwythurau cronfa ddata.
- Dylunio'r mewnbynnau a'r allbynnau.

c)
- Ysgrifennu, profi a datfygio rhaglenni newydd.
- Creu'r gronfa ddata a mewnbynnu'r data.
- Prynu'r caledwedd newydd a gosod y meddalwedd newydd.

ch)
- Ymdrin ag unrhyw broblemau sy'n codi.
- Uwchraddio'r caledwedd.
- Gwneud newidiadau i'r meddalwedd neu'r gronfa ddata os oes unrhyw newidiadau yn y llyfrgell.

d)
- Dogfennaeth defnyddiwr: esboniad annhechnegol o sut i ddefnyddio'r system.
- Dogfennaeth dechnegol: i raglenwyr eraill, fel y gallant wneud newidiadau i'r system.

Cwestiynau ymarfer 13.2

1 a) Afiechydon y cleifion; brechlynnau a roddwyd; dyddiad geni.

b) Mae angen i'r feddygfa gofrestru o dan y Ddeddf Gwarchod Data a nodi at ba bwrpas y mae'n cadw'r data personol.

c) Ni fyddai'r data'n cael eu storio at y pwrpas a nodwyd.

ch) Y claf sy'n gywir.

d) Mae'r eithriadau'n cynnwys data at bwrpas treth, data ar gyfer canfod ac atal troseddau, data at ddefnydd y cartref neu glwb adloniadol.

2 Creu neu blannu firysau; hacio; defnyddio data cyfrifiadurol at bwrpas blacmel.

Mynegai

Mae cofnodion mewn **teip trwm** yn
cyfeirio at eitemau sydd wedi'u diffinio ar
y **dudalen** sydd mewn **teip trwm**.